U0458302

江南大学基本科研计划-重大项目培育课题和
江南大学基本科研计划重点项目"语言认知与跨文化研究"
（编号分别为JUSRP1910ZD和2020JDZD02）的资助

张俊萍 著

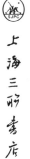

上海三联书店

《管锥编》西文文献类纂笺释

目　　录

序 ……………………………………………………………………………… 001

上篇:《管锥编》中的西文资源

《管锥编》中引用的英国作家作品 …………………………………………… 005
《管锥编》中引用的法国作家作品 …………………………………………… 103
《管锥编》中引用的德国作家作品 …………………………………………… 156
《管锥编》中引用的美国作家作品 …………………………………………… 198
《管锥编》中引用的意大利作家作品 ………………………………………… 222
《管锥编》中引用的(古)希腊、希伯来作家作品 …………………………… 251
《管锥编》中引用的古罗马(拉丁语)作家作品 ……………………………… 273
《管锥编》中引用的奥地利作家作品 ………………………………………… 293
《管锥编》中引用的西班牙作家作品 ………………………………………… 300
《管锥编》中引用的加拿大、澳大利亚、俄国(前苏联)作家作品 ………… 306
《管锥编》中引用的荷兰、丹麦、芬兰、挪威、比利时作家作品 ………… 309
《管锥编》中引用的阿拉伯、叙利亚、叙拉古作家作品 …………………… 314

下篇:《管锥编》中的西方文史哲名家

《管锥编》中的亚里士多德(又译亚理士多德)【Aristotle】 ……………… 319
《管锥编》中的柏拉图【Plato】 ……………………………………………… 323
《管锥编》中的格利乌斯【Aulus Gellius】 ………………………………… 326
《管锥编》中的第欧根尼·拉尔修【Diogenes Laertius】 …………………… 328
《管锥编》中的帖撒罗尼迦的安替帕特【Antipater of Thessalonica】

……………………………………………………………………………… 330
《管锥编》中的阿忒纳乌斯【Athenaeus】 ………………………………… 332

《管锥编》中的阿里斯托芬【Aristophanes】 ············ 335

《管锥编》中的德米特里【Demetrius】 ············ 336

《管锥编》中的黑格尔【G. W. F. Hegel】 ············ 337

《管锥编》中的叔本华【Arthur Schopenhauer】 ············ 343

《管锥编》中的尼采【Friedrich Wilhelm Nietzsche】 ············ 345

《管锥编》中的 E. R. 库尔提乌斯【Ernst Robert Curtius】 ············ 349

《管锥编》中的 E. 罗德【Erwin Rohde】 ············ 350

《管锥编》中的 E. 卡西尔【Ernst Cassirer】 ············ 352

《管锥编》中的格林兄弟【Brüder Grimm】 ············ 353

《管锥编》中的弗兰齐斯科·彼特拉克【Francesco Petrarca】 ············ 355

《管锥编》中的克罗齐【Benedetto Croce】 ············ 358

《管锥编》中的切里尼【Benvenuto Cellini】 ············ 364

《管锥编》中的 F. 圭恰尔迪尼【Francesco Guicciardini】 ············ 365

《管锥编》中的斯宾诺莎【Baruch de Spinoza】 ············ 366

《管锥编》中的莎士比亚【William Shakespeare】 ············ 369

《管锥编》中的培根【Francis Bacon】 ············ 375

《管锥编》中的乔叟【Geoffrey Chaucer】 ············ 377

《管锥编》中的本·琼森(又译班·琼生)【Ben Jonson】 ············ 378

《管锥编》中的亚历山大·蒲柏(又译蒲伯)【Alexander Pope】 ············ 380

《管锥编》中的 C. S. 刘易斯【Clive Staples Lewis】 ············ 383

《管锥编》中的弥尔顿(又译密尔敦)【John Milton】 ············ 385

《管锥编》中的 C. K. 奥格登【Charles Kay Ogden】 ············ 388

《管锥编》中的查尔斯·狄更斯(又译迭更司)【Charles John Huffam
  Dickens】 ············ 390

《管锥编》中的 A. 赫胥黎【Aldous Leonard Huxley】 ············ 392

《管锥编》中的 D. H. 劳伦斯【D. H. Lawrence】 ············ 394

《管锥编》中的克里斯蒂娜·罗塞蒂【Christina Georgina Rossetti】
  ············ 396

《管锥编》中的但丁·加百利·罗塞蒂【Dante Gabriel Rossetti】 ····· 397

《管锥编》中的查尔斯·里德【Charles Reade】 ············ 398

《管锥编》中的伏尔泰【Voltaire】 ············ 399

《管锥编》中的狄德罗【Denis Diderot】 ············ 402

《管锥编》中的孟德斯鸠【Montesquieu】 ·············· 404

《管锥编》中的帕斯卡（又译巴斯楷尔）【Blaise Pascal】 ·············· 406

《管锥编》中的笛卡尔【Descartes】·············· 407

《管锥编》中的波德莱尔（又译波德莱亚）【Charles Pierre Baudelaire】
·············· 408

《管锥编》中的阿尔弗雷德·德·缪塞【Alfred de Musset】 ·············· 411

《管锥编》中的拉兰德【André Lalande】 ·············· 413

《管锥编》中的里瓦罗（又译李伐洛）【Antoine Rivarol】 ·············· 415

《管锥编》中的查尔斯·索雷尔【Charles Sorel】 ·············· 417

《管锥编》中的阿尔弗雷·德·维尼【Alfred de Vigny】·············· 419

附：《管锥编》中的英国文学文化名家名作 ·············· 422

后记 ·············· 433

序

　　《管锥编》是钱钟书先生于 20 世纪 60—70 年代写作的古文笔记体著作。其中引述了四千位著作家的上万种著作中的数万条书证。据统计，《管锥编》引用过的西文作家一千多人，西文书籍达一千七百多种。但对于钱先生究竟读了哪些西文书籍、怎么读它们、怎么评论它们，学界尚未有比较全面、比较落地的调查、考证和探索，而这，对于我们了解这位比较文学大师的西学思想又极其重要。

　　本书从钱钟书《管锥编》的西文注释着手，对《管锥编》中出现的数千种西文著作和上万条西文书证作了文献考察、搜索、厘清和梳理的基础性工作，对《管锥编》中的西学资源和西学目录作了系统的整理。把《管锥编》里所引用到的西方文史哲名家、名作全部按"国别—作（论）家—作品"顺序梳理出来，并且作了大量资料查证工作，不仅对这些作家作品作了简要介绍，还指出这些作家作品在《管锥编》中引用之处的页码，以方便钱钟书研究学者、中外文学文化关系研究学者进一步系统地探究钱钟书对西方名家名作的具体评述，也为一般知识读者研读《管锥编》提供一部方便的索引工具书、一部关于《管锥编》西文资料的特色类书、一部了解钱钟书学术作品中外语文献资料的重要参考书，力图使普通读者和钱学研究者在面对钱钟书丰富多彩而又"庞大驳杂"的西学知识和西学思想时，能够"一目了然"。

　　本书主要内容分两大部分：

　　第一部分为"上篇——《管锥编》中的西文资料"。此部分把钱钟书先生在《管锥编》中对西方国家或地区的作家作品的引用情况加以分门别类编纂。主要按国别分出 12 类，列出《管锥编》中所引用的英国、法国、德国、美国、意大利、西班牙、奥地利、荷兰、挪威、芬兰、丹麦、比利时、加拿大、俄罗斯（苏联）、澳大利亚、（古）希腊、古罗马（拉丁语）等国家或地区的作（论）家、作品。一方面，对于《管锥编》中引用过的西方国家（或地区）的作（论）家、作品，以作者的首字母为序作了编排，并对作者、作品作简要介绍;另一方面,标明这些作(论)家、作品在《管锥编》四册书中被引用的具体位置(本书中所标的"第几册第几页注释几"指的是生活·读书·新知三联书店 2001 年版四册《管锥编》中的出处页码),方便读者或学者了解钱钟书的西学渊源,为他们做钱学研究提供方便。

第二部分为"下篇——《管锥编》中的西方文史哲名家"。此部分把《管锥编》中钱钟书引用、评论较多的 45 位西方名家按国家和作者顺序编纂。一方面,摘录出具体的引文,审视钱钟书如何引用或评论这些文史哲名家、如何拿他们跟中国文史哲名家的思想或作品作比较;另一方面,也对其中一部分引文及钱钟书的论述予以简单评述。

最后的附录是对钱钟书如何引用英国(引用频率相对较高的国家)作家作品的情况作出统计和概述。

上篇:《管锥编》中的西文资源

《管锥编》中引用的英国作家作品

A

【C. C. Abbott】C. C. 艾博特（第四册 P226 注释①）

C. C. 艾博特（C. C. Abbott，1843—1919），英国考古学家，代表作有《新泽西的石器时代》《自然王国》等。

《G. M. 霍普金斯与 R. W. 狄克逊的通信》（第四册 P226 注释①）

《G. M. 霍普金斯与 R. W. 狄克逊的通信》*The Correspondence of G. M. Hopkins and R. W. Dixon*：C. C. 艾博特编著。此作收录了 G. M. 霍普金斯的诗歌、论文和信件。R. W. 狄克逊是 G. M. 霍普金斯的好友。霍普金斯于 1886 年 9 月在威尔士北部徒步旅行时写了大量书信给狄克逊。

【Joseph Addison】艾迪生（第一册 P647 注释①）

艾迪生（Joseph Addison，1672—1719），英国散文家、诗人、剧作家、政治家。他与他的好友理查德·斯蒂尔（Richard Steele）是 17、18 世纪英国两份著名杂志《闲谈者》（*Tatler*）与《旁观者报》（*Spectator*）的创办者。代表作有《战役》等。

《旁观者报》（第一册 P647 注释①）

《旁观者报》*Spectator*：英国全国性的周刊杂志中最悠久的杂志之一，是艾迪生与他的好朋友理查德·斯蒂尔一起于 1711 年创办的杂志。《旁观者报》对社会生活中的错误行径与愚蠢行为进行了嘲讽，对一些好人好事则作了赞扬，还虚构了一些非常古怪的人物，然后根据这些人物杜撰一些有趣的故事。该杂志聚焦国内政治与热点新闻评论，现由巴克莱兄弟（Barclay Brothers）和《每日电讯报》拥有。

【Richard Aldington】理查德·奥尔丁顿（第一册 P183 注释②）

理查德·奥尔丁顿（Richard Aldington，1892—1962），现代英国诗人兼小说家。著有诗集《新与旧的意象》。

《为生而生》（第一册 P183 注释②）

《为生而生》*Life for Life's Sake*（原名为 *Life for Life's Sake：Memories of a Vanished England and a Changing World*）：理查德·奥尔丁顿著，其他不详。

【J. W. H. Atkins】J. W. H. 阿特肯斯（第四册 P394 注释①）

J. W. H. 阿特肯斯（J. W. H. Atkins，生卒年不详），英国文学批评家，代表作有《英国文学批评：中世纪阶段》《猫头鹰与夜莺》等。

《英国文学批评：中世纪阶段》（第四册 P394 注释①）

《英国文学批评：中世纪阶段》*English Literary Criticism：the Renaissance*：J. W. H. 阿特肯斯著，发表于 1952 年。此作是一部关于中世纪和文艺复兴文学批评的经典论著。

【John Arbuthnot】约翰·阿布斯诺特（第一册 P30 注释①）

约翰·阿布斯诺特（John Arbuthnot，1667—1735），常被称为阿布斯诺特医生，是苏格兰内科医生、讽刺作家、伦敦的博物学家。因其数学上的成就、涂鸦社成员的身份、他所创造的"约翰牛"的形象而为世人所知。

《马蒂努斯·斯克里布莱拉斯回忆录》（第一册 P30 注释①）

《马蒂努斯·斯克里布莱拉斯回忆录》*Memoirs of Martinus Scriblerus*：一部未完成的讽刺作品。表面上由涂鸦社的成员所合著，实际上主要是由约翰·阿布斯诺特所撰写。这部作品中唯一已完成的一卷，于 1741 年被当作亚历山大·蒲柏（Alexander Pope，1688—1744）作品的一部分出版。

【Matthew Arnold】马修·阿诺德（第二册 P119 注释①、第二册 P376 注释①）

马修·阿诺德（Matthew Arnold，1822—1888），英国近代诗人、教育家、评论家。写过大量关于文学、社会、教育问题的随笔，成为当时知识界的批评之声，影响了 T. S. 艾略特、利维斯等一代文人。代表作有《评论一集》《评论二集》《郡莱布和罗斯托》《文化与无政府主义》《色希斯》《吉卜赛学者》和《多佛滩》等。

《写于雄伟的卡尔特寺院的诗章》（第二册 P376 注释①）

《写于雄伟的卡尔特寺院的诗章》*Stanzas from the Grand Chartreuse*：马修·阿诺德著的诗篇。19 世纪中叶，英国经济发展迅速，但是资本主义制度所引起的各种社会矛盾尖锐，在繁荣景象的背后潜伏着焦虑不安的暗流。阿诺德敏锐地捕捉到时代的症候，在诗中揭示了人们的处境："彷徨在两个世界之间，一个已经死去，另一个无力诞生。"

【John Aubrey】约翰·奥布里（第一册 P286 注释①、第二册 P674 注释①、第三册 P194 注释①）

约翰·奥布里（John Aubrey，1626—1697），英国古文物研究者、自然哲学家、考古学家、博物学家、作家。他首次发现并记录下了英格兰南部的巨石阵及其他遗迹。代表作有《短暂人生》《不列颠历史遗迹》《名人小传》等等。

《名人小传》（第一册 P286 注释①、第二册 P674 注释①、第三册 P194 注释①）

《名人小传》*Brief Lives*：奥布里著的一部短篇传记集。此作因其极具地方色彩的语调而深受读者喜爱。这是他留给后世的一本奇书。奥布里细心搜集资料，上门拜访知情者，获得所有资料，为他那个时代的人物一一立传。当后世读者落入奥布里传记的庞杂细节中不知所向时，却发现，这不是一本描述名人生平及所为的一般传记，而是对文艺复兴晚期世界的详尽描绘。

【W. H. Auden】W. H. 奥登（第一册 P128 注释①、第二册 P327【增订四】）

W. H. 奥登（Wystan Hugh Auden，1907—1973），英裔美国诗人，20世纪重要的文学家之一，现代诗坛名家。奥登的写作，尤其是诗歌的写作技巧，深受北欧主要诗歌派别的影响，他被公认为是艾略特之后最重要的英语诗人。

《费伯的格言书》*The Faber Book of Aphorisms*：W. H. 奥登和路易斯·克罗内伯格合编，1964 年出版。这本选集包含来自赫拉克利特到奥格登纳什，以及简·奥斯汀、帕斯卡、弗洛伊德、歌德、惠灵顿公爵等众多格言家的 3 000 则语录。

《牛津谐趣诗集》（第二册 P327【增订四】）

《牛津谐趣诗集》 *The Oxford Book of Light Verse*：也译作《牛津轻体诗选》，由 W. H. 奥登编，于 1938 年出版。该诗集收集了很多打油诗、谐趣诗，包含很多令人惊讶的发现。作者对谐趣诗作出了富有辩论性的诠释，对诗歌经典进行了重新思考。

【Jane Austen】简·奥斯汀（第二册 P128 注释①）

简·奥斯汀（Jane Austen，1775—1817），英国小说家。代表作有《傲慢与偏见》《理智与情感》《爱玛》等。

《信件集》（第二册 P128 注释①）

《信件集》 *Letters*：简·奥斯汀与家人、朋友的信件集。奥斯汀的信有点像日记，虽不及小说有章法，却向读者展现出一个更加真实的作家奥斯汀。

B

【Francis Bacon】弗朗西斯·培根（第一册 P286 注释①、第一册 P323 注释②、第一册 P434 注释①、第一册 P584 注释①、第二册 P30 注释⑤、第二册 P173 注释②、第二册 P524【增订三】、第二册 P783 注释①、第三册 P194 注释①、第三册 P214 注释②、第三册 P274 注释①）

弗朗西斯·培根（Francis Bacon，1561—1626），英国文艺复兴时期散文家、科学家、政治家、实验科学的创始人，唯物主义哲学家，近代归纳法的创始人，也是给科学研究程序进行逻辑组织化的先驱。代表作有《培根随笔》《论学术的推进》《新工具》等。

《论学术的进展》（第一册 P434 注释①、第二册 P30 注释⑤、第二册 P173 注释②、第三册 P214 注释②）

《论学术的进展》 *Advancement of Learning*：培根著，出版于 1605 年，是培根关于认识论的著作。培根从哲学的高度总结人类知识发展的过程，他反对旧的、关门论道的、空泛无用的经院哲学，主张学术不能脱离实际，科学要与工业结合。此作批判了贬损知识的蒙昧主义，并从宗教的信仰、国家的文治武功、社会的发展、个人的道德品性各个方面论证了知识的巨大作用和价值，为培根后来提出"知识就是力量"的著名口号打下了基础。书中还提出了新的科学分类原则,即依据记忆、想象、理性三种人类理论能力,相应地把科学划分为历史、诗歌、哲学。《论学术的进展》所阐明的科学分类以及由此建立起来的科学知识体系的新结构,对全部人类知识作了系统的划分,提供了当时人们还不曾想过的科学百科全书的蓝图,成为近代科学分类的先导。

《随笔集》(第一册 P323 注释②、第二册 P524【增订三】、第二册 P783 注释①、第三册 P274 注释①)

《随笔集》*Essays*:培根著。是培根在文学方面的代表作。此书的内容涉及爱情、政治、经济、婚姻、友谊、宗教、艺术、教育和伦理等,触及了人类生活的多个方面。其中的《论读书》《论真理》《论待机》《论死亡》语言简洁文笔优美,说理透彻,警句迭出,蕴含着培根的思想精华,是他的著名篇章。

《新工具》(第一册 P584 注释①)

《新工具》*Novum Organum*:培根著,1620 年出版,全书两卷,共 182 条格言。该书的主要内容是批判演绎法,建立归纳法。他认为,演绎法脱离经验,不能给人们扩大和提供新的知识,而且从概念到概念,只能引起无聊的争论,所以要用归纳法取代它。《新工具》试图为近代新兴的自然科学制订一套正确的方法,对近代科学产生了深远的影响。

【W. Bagehot】白芝浩(第三册 P520 注释③)

白芝浩(W. Bagehot,1826—1877),英国政治社会学家、经济学家和公法学家。他善于评论,文风简洁、机智风趣。他的评论文章后来被编为五本文集,即《英国宪制》《物理与政治》《隆巴特街》《文学研究》与《经济研究》。

《文学研究》(第三册 P80 注释③)

《文学研究》*Literary Studies*:白芝浩于 1879 年编撰的五本文集之一。

【N. W. F. Barbellion】N. W. F. 巴别尔里昂(第二册 P809 注释①)

N. W. F. 巴别尔里昂(N. W. F. Barbellion,1889—1919),英国日记作者。

《失望者日记》(第二册 P809 注释①)

《失望者日记》*The Journal of a Disappointed Man*：巴别尔里昂著，是作者从 13 岁开始写的日记，此作一开始记载了巴别尔里昂在德文郡乡村的一些失误，后半部作品为一系列感人的叙述，讲述了他与贫穷、无法接受正规教育、求爱失败、慢性病硬化症等斗争的故事。这部作品被称为是"最动人的日记"。

【**Richard Harris Barham**】**R. H. 巴勒姆**（第一册 P560 注释②、第二册 P778 注释②）

R. H. 巴勒姆（Richard Harris Barham，1788—1845），英国小说家、幽默诗人，因其笔名托马斯·英格尔兹比（Thomas Ingoldsby）而为人所熟知。代表作有《英格尔兹比传奇故事集》《李夫的生平和书信》等。

《英格尔兹比传奇故事集》（第一册 P560 注释②、第二册 P778 注释②）

《英格尔兹比传奇故事集》*The Ingoldsby Legends*：R. H. 巴勒姆著，19 世纪 30—40 年代出版，此书包含神话、传说、鬼魂故事与诗歌等内容。

【**William Barnes**】**威廉·巴恩斯**（第三册 P195 注释①）

威廉·巴恩斯（William Barnes，生卒年不详），英国诗人，其他不详。

《诗选集》*Select Poems*：威廉·巴恩斯著，托马斯·哈代（Thomas Hardy）编，其他不详。

【**E. Stuart Bates**】**E. 斯图尔特·贝茨**（第四册 P92 注释②）

E. 斯图尔特·贝茨（E. Stuart Bates，生卒年不详），英国翻译理论家。关于翻译，贝茨强调，翻译是一种创作性工作，"翻译不应该着眼于表面，而应看精神实质。既然译者可能像原作者一样娴熟地驾驭自己的语言，甚至比原作者更善于驾驭自己的语言，译者完全可以让译作像原作一样经久不衰，甚至超过原文"。

《现代翻译》（第四册 P92 注释②）

《现代翻译》*Modern Translation*：E. 斯图尔特·贝茨著，其他不详。

【**Francis Beaumont**】**弗朗西斯·博蒙特**（第四册 P58 注释①、第四册

P177 注释①）

　　弗朗西斯·博蒙特（Francis Beaumont，1584—1616），欧洲文艺复兴时期英国剧作家。他曾与约翰·弗莱彻（John Fletcher，1579—1625，英国剧作家，是继威廉·莎士比亚之后的又一位国王剧院的宫廷剧作家，在其时代最为多产，也最负盛名）保持密切合作，两人一起创作了几十部传奇戏剧和喜剧，并联合署名"博蒙特与弗莱彻"。代表作有《少女的悲剧》《是国王，又不是国王》《厌恶妇女者》《燃杵骑士》等。博蒙特和弗莱彻是戏剧改革家，他们不满足于旧的戏剧类型，不写英国历史编年剧和复仇悲剧。他们写的多数戏剧接近于莎士比亚晚年创作的传奇式的悲喜剧，即同一剧中既有悲剧场面，也有喜剧场面，当情节发展到悲剧高峰时，往往以欢乐的喜剧结尾。

　　《是国王，又不是国王》（第四册 P58 注释①）

　　《是国王，又不是国王》A King and No King：博蒙特和弗莱彻合写的剧本，1611 年初次上演。在弗莱彻及其合作者的经典著作中，它历来是最受好评和欢迎的作品之一。到 17 世纪中叶，该剧的名字几乎家喻户晓，在关于政治危机的论战文学中它常被用来指代查理一世的问题和困境。

　　《少女的悲剧》（第四册 P177 注释①）

　　《少女的悲剧》The Maid's Tragedy：博蒙特与弗莱彻合写的一部复仇悲剧。戏剧内容丰富，主题包括背叛、复仇、君权神授、弑君、叛乱、荣誉、暴政等，该剧完成于 1610—1611 年；于 1619 年首次出版。

　　【Max Beerbohm】马克思·比尔博姆（第二册 P761 注释①）

　　马克思·比尔博姆（Max Beerbohm，1872—1956），英国散文家、剧评家、漫画家，曾侨居意大利二十年左右。有《马克斯·比尔博姆文集》传世。

　　《快乐的伪君子》（第二册 P761 注释①）

　　《快乐的伪君子》The Happy Hypocrite：比尔博姆著的一本寓言集。

　　【Clive Bell】克莱夫·贝尔（第三册 P455 注释①）

　　克莱夫·贝尔（Clive Bell，1881—1964），英国美学家，当代西方形式主义艺术理论的代表人物。代表作有《自塞尚以来的绘画》《艺术》《欣赏绘画》《法国绘画简介》《19 世纪绘画的里程碑》等。

《艺术》(第三册 P455 注释①)

《艺术》*Art*：克莱夫·贝尔创作于 1914 年，此作围绕后期印象派以及立体主义等现代艺术实践，阐述了艺术与宗教、艺术与社会、艺术创造与自由等问题，提出了艺术的本质属性乃是"有意味的形式"这一著名美学观点。

【Hilaire Belloc】希莱尔·贝洛克(第四册 P200 注释⑤)

希莱尔·贝洛克(Hilaire Belloc，1873—1953)，英国作家。其散文辛辣犀利，视角独特，其广博的知识和丰富的经历使其作品厚重耐读，而无处不在的英式冷幽默也很有特色。贝洛克因写儿童读物而声名大噪。《警世寓言》和《一个坏孩子的书》被认为是所谓"黑色幽默"的最初尝试。

【Jeremy Bentham】边沁(第一册 P540【增订三】、第二册 P13 注释②、第三册 P300 注释①、第四册 P8 注释①)

边沁(Jeremy Bentham，1748—1832)，英国经济学家、社会改革者、法理学家、哲学家。他是功利主义哲学的创立者、自然权利的反对者、动物权利及社会福利制度的宣扬者、英国法律改革运动的先驱和领袖。代表作有《惩罚原理》《道德与立法原理导论》《政府片论》等。

《边沁的虚构理论》(第一册 P540【增订三】、第二册 P13 注释②、第四册 P8 注释①)

《边沁的虚构理论》*Bentham's Theory of Fictions*：边沁著，C. K. 奥格登编，1932 年初版，此作是 C. K. 奥格登从边沁的诸多著作和手稿中整理汇编而成的一部著作，它旨在"澄清隐含在边沁法律思想当中的哲学方法"，是西方研究边沁法律理论的重要著作。但由于其中涉及大量语言哲学问题，如语言本质，语言与思想、世界的关系，此书后来被列入国际哲学书库"思维与语言"系列再次出版。

【Frank Binder】弗兰克·宾德(第四册 P443 注释③)

弗兰克·宾德(Frank Binder，生卒年不详)，英国作家。代表作有《英格兰之旅》《辩证法或思维策略》等。

《辩证法或思维策略》(第四册 P443 注释③)

《辩证法或思维策略》*Dialectic or the Tactics of Thinking*：弗兰

克·宾德著于 1932 年。其他不详。

【R. D. Blackmore】R. D. 布莱克默尔（第三册 P235 注释①）

R. D. 布莱克默尔（R. D. Blackmore，1825—1900），英国小说家，也是当时小说运动的先驱。代表作有《克拉拉·沃恩》《洛娜·杜恩》等。其作因对乡村生动且拟人化的描写而大受赞扬。

《**洛娜·杜恩**》（第三册 P235 注释①）

《**洛娜·杜恩**》Lorna Doone：R. D. 布莱克默尔著于 1869 年的畅销小说。该书以 17 世纪末英国历史上一个动荡时代为背景，描述了詹姆斯二世与蒙茅斯公爵之间为争夺王位而发生的一场内战，歌颂了男女主人公约翰·里德与洛娜·杜恩历经患难终成眷属的爱情故事。

【William Blake】威廉·布莱克（第二册 P76 注释③、第二册 P199 注释①、第三册 P560 注释①）

威廉·布莱克（William Blake，1757—1827），英国浪漫派诗人、石刻版画家。主要诗作有诗集《经验之歌》《纯真之歌》等。早期作品简洁明快，中后期作品充满神秘色彩。

《**威廉·布莱克传**》Life of William Blake：A. 吉尔克里斯特著（备注：A. Gilchrist，1828—1861，研究威廉·布莱克的传记作家。他写的传记是研究布莱克的权威参考资料）。此作分上下两卷，出版于 1863 年。第一卷是传记，第二卷整理了布莱克的诗歌、散文、艺术作品和其杰出的手稿。A. 吉尔克里斯特花了许多年整理汇编材料，并采访了许多布莱克的朋友。此书是第一部有关布莱克的权威作品，是进一步研究布莱克生平和作品的文献。

《**天堂与地狱的婚姻**》（第二册 P76 注释③、第二册 P199 注释①）

《**天堂与地狱的婚姻**》The Marriage of Heaven and Hell：布莱克著的诗集。在此诗集中，布莱克表达了希望天堂与地狱结合成为理想人世的愿望。

【C. V. Bock】C. V. 博克（第一册 P649 注释②、第二册 P567 注释③）

C. V. 博克（C. V. Bock，生卒年不详），疑为英国学者，其他不详。

《**评论家歌德**》（第一册 P649 注释②、第二册 P567 注释③）

《评论家歌德》Goethe the Critic：G. F. 斯奈尔和 C. V. 博克编，其他不详。

【George Borrow】乔治·博罗（第二册 P342 注释①、第三册 P70 注释①）

乔治·博罗（George Borrow，1803—1881），英国作家、语言学家，通晓六十种语言。代表作有《圣经在西班牙》等。

《圣经在西班牙》（第二册 P342 注释①）

《圣经在西班牙》The Bible in Spain：乔治·博罗最为著名的作品。此书记叙了他在西班牙传教期间的见闻，尤其是他与吉卜赛人的故事。作者在西班牙见过王侯，下过监狱，所有这些经历构成了他笔下丰富多彩的西班牙。

《拉文格罗》（第三册 P70 注释①）

《拉文格罗》Lavengro（或称《吉卜赛男人》）：乔治·博罗于 1851 年著，故事讲述了一个喜欢语言的英国男孩的成长史。他生长于伦敦，然后离开伦敦四处漫游，碰到了形形色色的人与事。书中对 19 世纪的英国的描写与同时代作品不尽相同，全书富于哲理思考。

【Bernard Bosanquet】伯纳德·鲍桑葵（第一册 P101 注释②、第二册 P568 注释①、第三册 P540 注释①）

伯纳德·鲍桑葵（Bernard Bosanquet，1848—1923），英国学者，唯心主义、新黑格尔主义、新自由主义的代表人物。他在哲学、政治哲学、逻辑学、美学、心理学、宗教学等方面均有创见。他一生编著超过 20 本书，著名的有《美学的历史》等，并发表了 150 篇左右的论文。

《美学的历史》（第一册 P101 注释②、第二册 P568 注释①）

《美学的历史》A History of Aesthetic：伯纳德·鲍桑葵著。此书是一部比较详细而完整的西方美学史专著，是当代美学研究的经典。此作全面、系统地考察了从古希腊罗马至当代的美学发展历程，叙述了各个时期审美意识的特征以及这些审美特征得以形成的历史基础和现实条件，重点论述了自然美同艺术美的关系，集中反映了作者的唯心主义美学史观。

《美学三讲》（第三册 P540 注释①）

《美学三讲》Three Lectures on Aesthetic：该书是鲍桑葵 1914 年在伦敦大学做的一次讲演。分为三讲：第一讲谈审美态度的一般性质——静观与创作；第二讲谈审美态度的体现——自然与各种艺术；第三讲谈审美满足的形式及其反面——美与丑。鲍桑葵详细解释了美的定义，同时论述了丑的问题。

【James Boswell】詹姆斯·鲍斯韦尔（第二册 P152 注释①、第三册 P194 注释②、第三册 P520 注释②）

詹姆斯·鲍斯韦尔（James Boswell，1740—1795），英国家喻户晓的文学大师、传记作家、现代传记文学的开创者，出生于苏格兰贵族家庭。鲍斯韦尔的代表作是《约翰逊传》。这部传记有 70 余万字，按年记述约翰逊的生平，对重大事件则本末悉记，记约翰逊的谈话尤为详实生动。它是 18 世纪英国社会与文化的评论与实录。其中记载人物众多，文坛掌故和逸闻趣事俯拾即是，笔墨生动，该书至今畅销。

《约翰逊传》（第三册 P520 注释②）

《约翰逊传》_Life of Johnson_：创作于 1791 年，是鲍斯韦尔为 18 世纪英国文坛巨擘塞缪尔·约翰逊所作的传记。由于这部作品，约翰逊成为英国人民家喻户晓的人物，鲍斯韦尔也因此成为世界文坛上最著名的传记作家之一。

【F. H. Bradley】F. H. 布拉德利（第二册 P210【增订三】、第二册 P761 注释①、第四册 P380 注释②）

F. H. 布拉德利（Francis Herbert Bradley，1846—1924），英国唯心主义哲学家，新黑格尔主义者。代表作有《表象和现实》等。

《格言》（第二册 P761 注释①、第四册 P380 注释②）

《格言》_Aphorisms_：F. H. 布拉德利著，其他不详。

《逻辑原理》（第二册 P210【增订三】）

《逻辑原理》_Principles of Logic_：F. H. 布拉德利著，1883 出版。作者在逻辑学的许多领域中详细阐述了他的观点，从普遍性和推理的本质到法则和基础概率。

《表象与现实》_Appearance and Reality_：F. H. 布拉德利著于 1893 年。布拉德利深受黑格尔的影响，他的关注点锁定在表象上，并且尝试从表象的迷雾中寻找出真实，他称之为"绝对"。该书提供了布拉德利形而上学观点的主要内容，是布拉德利最重要的作品。

【Nicholas Breton】尼古拉斯·布雷顿（第二册 P236 注释②）

尼古拉斯·布雷顿（Nicholas Breton，1545—1626），英国诗人、小说家。他的作品包括宗教诗、田园诗以及各种题材的散文。布雷顿的宗教诗展示了他虔诚的思想，抒情诗清新而又纯粹，其小说善于运用大量比喻。

【Robert Bridges】罗伯特·布里奇斯（第四册 P547 注释①）

罗伯特·布里奇斯（Robert Bridges，1844—1930），英国诗人、剧作家。英国 1913 年的桂冠诗人。布里奇斯的长诗和剧作有《赐火者普罗米修斯》《埃罗斯与普叙赫》《尤利西斯之归来》等，但他主要以抒情短诗闻名。布里吉斯的诗精雕细琢，力求完美，反映了他与世无争的宁静隐居生活。他的《短诗集》（1890，1893）曾被诗人豪斯曼大加推崇，认为他的"诗艺登峰造极，英国诗集中无出其右者"。他的诗集《人的精神》也流传甚广。他还有两部散文作品——《弥尔顿的音韵》和《约翰·济慈》，在评论两个诗人的创作同时探讨英诗词藻及作诗的技巧。

《伦敦的雪》（第四册 P547 注释①）

《伦敦的雪》*London Snow*：罗伯特·布里奇斯的诗歌。

【Katharine Mary Briggs】凯瑟琳·玛丽·布里格（第一册 P68【增订四】、第二册 P327【增订四】、第二册 P766【增订四】、第三册 P400 注释①【增订三】、第四册 P357【增订四】）

凯瑟琳·玛丽·布里格（Katharine Mary Briggs，1898—1980），英国民俗学家、作家；被誉为英国最受尊敬的民俗学者之一；1969—1972 年任英国民间故事协会会长。撰写过大量关于童话和民间传说方面的书籍，如《童话词典》《小鬼迪克》《英格兰民间传说》等。

《童话词典》（第一册 P68【增订四】、第二册 P327【增订四】、第二册 P766【增订四】、第四册 P357【增订四】）

《童话词典》*A Dictionary of Fairies*：凯瑟琳·布里格著，1976 年出版。

《仙女词书》*The Wizard's Gillie*：凯瑟琳·布里格著，2002 年出版。

【C. O. Brink】C. O. 布林克（第三册 P338 注释①）

C. O. 布林克（C. O. Brink，生卒年不详），疑为英国学者，其他不详。

《贺拉斯论诗》(第三册 P338 注释①)

《贺拉斯论诗》*Horace on Poetry*：C. O. 布林克著,最初发表于 1971 年。此作是研究贺拉斯文学书信三卷评论《书札》中的第二卷《诗艺》的重要文本。

【Christine Brooke-Rose】克里斯汀·布鲁克·罗斯(第二册 P386 注释①)

克里斯汀·布鲁克·罗斯(Christine Brooke-Rose,1923—2012),英国作家、文学评论家,著作颇丰,但主要以她后期的实验性小说闻名。

《隐喻语法》(第二册 P386 注释①)

《隐喻语法》*A Grammar of Metaphor*：克里斯汀·布鲁克·罗斯著。其他不详。

【Thomas Browne】托马斯·布朗(第一册 P25 注释①)

托马斯·布朗(Thomas Browne,1605—1682),英国医师、作家、哲学家和联想主义心理学家。他把联想主义称为提示原则,对联想主义心理学的发展起了较大的促进作用。代表作有《人的心灵哲学演讲集》等。

《常见错误》(第一册 P25 注释①)

《常见错误》*Pseudodoxia Epidemica*：托马斯·布朗著于 1646 年。此书反驳了生物学、地理学和历史领域的众多错误观念。

【Robert Browning】勃朗宁(第三册 P557 注释②)

勃朗宁(Robert Browning,1812—1889),英国诗人、剧作家。他与丁尼生齐名,均为维多利亚时代大诗人。主要作品有《戏剧抒情诗》《指环与书》以及诗剧《巴拉塞尔士》等。

《指环与书》(第三册 P557 注释②)

《指环与书》*The Ring and the Book*：勃朗宁晚年所著的代表作,创作于 1868—1869 年,该诗叙述一个老夫杀死少妻的故事。

【A. H. Bullen】A. H. 布伦(第三册 P151 注释②、第四册 P534 注释①)

A. H. 布伦(A. H. Bullen,1857—1920),英国学者、编辑和出版商,其他不详。

《玻璃情人》（第三册 P151 注释②、第四册 P534 注释①）

《玻璃情人》*Speculum Amantis*：原名《玻璃情人：17 世纪罕有歌本和杂记中的情诗》（*Speculum Amantis*：*Love-Poems from Rare Song-Books and Miscellanies of the Seventeenth Century*），A. H. 布伦编，发表于 1857 年。其他不详。

【Geoffrey Bullough】G. 布尔卢（第三册 P594 注释①）

G. 布尔卢（Geoffrey Bullough，1901—1982），英国文艺理论家。代表作有《福尔克·格雷维尔的诗歌与戏剧》《莎士比亚的叙事与戏剧来源》以及《现代诗歌的趋势》。

《思想之镜》（第三册 P594 注释①）

《思想之镜》*Mirror of Minds*：全称《思想之镜——英语诗歌中心理信仰的变化》，G. 布尔卢著，发表于 1962 年。此作探索了英国诗歌在不同时期反映人类思想现况的一些方式。第一章论述了从中世纪继承下来的人的微观概念，并在一些寓言和说教诗、抒情诗和史诗中追寻其影响。第二章论述了莎士比亚对思想和人性的态度的发展。第三章探讨了 17 世纪哲学和科学革命的一些影响，包括对明晰和秩序的探索，对理性和激情的兴趣，以及心理学协会的兴起。第四章阐述了浪漫主义诗人如何运用联想和直觉，并探讨了维多利亚时代诗人对不朽的期望和恐惧与科学进步的关系。最后一章追溯了"时刻"哲学对美学家艾略特的影响，并区分了 20 世纪某些心理学对现代诗歌的影响。

【John Bunyan】约翰·班扬（第一册 P104 注释③）

约翰·班扬（John Bunyan，1628—1688），英国著名作家、布道家，著有《天路历程》（*The Pilgrim's Progress*）一书。

【Edmund Burke】埃德蒙·伯克（第一册 P215 注释②、第一册 P503 注释②、第三册 P341 注释①、第三册 P408 注释②、第四册 P243 注释④）

伯克（Edmund Burke，1729—1797），爱尔兰政治家、演说家、政治理论家、美学家和哲学家。著有《对法国大革命的反思》《论崇高与美丽概念起源的哲学探究》等。

《论崇高与美丽概念起源的哲学探究》（第一册 P215 注释②、第一册

P503 注释②、第三册 P408 注释②、第四册 P243 注释④)

《论崇高与美丽概念起源的哲学探究》*Inquiry into the Sublime and Beautiful*：伯克著，此作探讨美学问题。

【John Burnet】J. 伯内特（第一册 P539 注释①）

J. 伯内特（John Burnet，1863—1928），苏格兰古典学家，以研究柏拉图闻名，代表作有《早期希腊哲学》等。

《早期希腊哲学》（第一册 P539 注释①）

《早期希腊哲学》*Early Greek Philosophy*：J. 伯内特著。此书收集的作品构成了西方哲学的基础——柏拉图和亚里士多德及其继承者建立的哲学基础。

【Fanny Burney】范妮·伯尼（第一册 P529 注释②）

范妮·伯尼（Fanny Burney，1752—1840），也称达布莱夫人，英国作家。代表作有小说《伊夫莱娜》《塞西莉亚》《卡米拉》等，还有剧作《才女》《爱情与时尚》《繁忙一日》《厌恨女人者》等，范妮还留下了大量的日记和书信。这些材料具有很高的史料价值和艺术价值。

《日记》（第一册 P529 注释②）

《日记》：范妮·伯尼著。原名《早年日记：1768—1778》(*The Early Diary of Frances Burney，1768—1778*)，1889 年出版。

【Richard Francis Burton】理查德·伯顿（第一册 P411 注释①、第二册 P325【增订四】）

理查德·伯顿（Sir Richard Francis Burton，1821—1890），英国探险家、地理学家、翻译家、作家、东方学家、诗人、语言学家、人类学家，通晓 25 种语言和 15 种方言。代表作《走向圣城》，此书记载了他对东方的考察，描述了东方知识、理论、实物、制度等，也研究了东方经验、观念、风俗、生活方式等。

《一千零一夜》（第一册 P411 注释①、第二册 P284 注释①、第二册 P482 注释②、第二册 P808 注释①）

《一千零一夜》*Thousand Nights and A Night*：理查德·伯顿所著的关于阿拉伯民间故事集《一千零一夜》（又名《天方夜谭》）的论著。

【Robert Burton】罗伯特·伯顿（第一册 P37 注释④、第一册 P176 注释③、第一册 P373 注释①、第一册 P455 注释①、第一册 P654 注释①、第一册 P707 注释①、第二册 P160 注释③、第二册 P236 注释③、第二册 P248 注释①、第二册 P281 注释①、第二册 P338 注释①、第二册 P408 注释①、第二册 P547【增订四】、第二册 P628 注释①、第二册 P743 注释①、第二册 P809 注释①、第三册 P142【增订四】、第三册 P214 注释③、第三册 P250 注释①、第三册 P350 注释①、第三册 P379 注释①、第四册 P17 注释①、第四册 P210 注释①、第四册 P563 注释①）

罗伯特·伯顿（Robert Burton，1577—1638），英国学者、诗人、牧师。他擅作拉丁文和英文诗，参写了数部学术选集。闻名于世的有《忧郁的解剖》。

《忧郁的解剖》（第一册 P37 注释④、第一册 P69 注释②、第一册 P176 注释③、第一册 P373 注释①、第一册 P455 注释①、第一册 P654 注释①、第一册 P707 注释①、第二册 P160 注释③、第二册 P236 注释③、第二册 P248 注释①、第二册 P281 注释①、第二册 P338 注释①、第二册 P408 注释①、P547【增订四】、第二册 P628 注释①、第二册 P743 注释①、第二册 P809 注释①、第三册 P142【增订四】、第三册 P214 注释③、第三册 P250 注释①、第三册 P350 注释①、第三册 P379 注释①、第四册 P17 注释①、第四册 P210 注释①、第四册 P563 注释①）

《忧郁的解剖》_Anatomy of Melancholy_：罗伯特·伯顿著，在 1621 年首次出版。这本书从封面标题来看，是一本探讨忧郁症的医学教科书（其中还包括临床抑郁症），但其内容以哲学和科学居多，往往超越该书探讨的主题，读来又如小说一般轻快，是一部内涵丰富的人类情感百科全书；而且此书所谓的"忧郁"和"解剖"其实是用忧郁的笔调来剖析人类所有情感和思想表达方式。

【Samuel Butler】S. 巴特勒（第一册 P592 注释①、第一册 P592 注释④、第二册 P272 注释①、第二册 P634 注释①、第四册 P89 注释①、第四册 P574 注释①）

S. 巴特勒（Samuel Butler，1835—1902），英国作家，代表作有小说《众生之路》《埃瑞璜》等。

《阿尔卑斯与避难所》（第一册 P592 注释①）

《阿尔卑斯与避难所》*Alps and Sanctuaries*：S. 巴特勒著，1881 年出版。

《人物和段落摘记》（第一册 P592 注释④、第二册 P272 注释①、第二册 P634 注释①、第四册 P89 注释①）

《人物和段落摘记》*Characters and Passages from Notebooks*：巴特勒著，其他不详。

《埃瑞璜》（第四册 P574 注释①）

《埃瑞璜》*Erewhon*：巴特勒的第一部作品。创作于 1872 年，是一部"反乌托邦"讽刺小说。此作描写了一个假想的乡村，此地与我们居住的地方既有相似之处，又有不同之点。巴特勒借此辛辣地讽刺了英国维多利亚时期的社会秩序和风俗习惯。

【Samuel Henry Butcher】萨缪·亨利·布彻（第一册 P123 注释①）

萨缪·亨利·布彻（Samuel Henry Butcher，1850—1910），爱尔兰古典学家、政治家，著有《亚里士多德的诗歌和艺术理论》等。

《亚里士多德的诗歌和艺术理论》（第一册 P123 注释①）

《亚里士多德的诗歌和艺术理论》*Aristotle's Theory of Poetry and Fine Art*：萨缪·亨利·布彻的译著。此书被认为是史上最具影响力的翻译佳作。布彻在此作中还解读了亚里士多德关于艺术和道德的讨论以及诗学的真理所在等等。

【George Gordon Byron】乔治·戈登·拜伦（第一册 P72 注释①、第一册 P190 注释①、第二册 P340 注释②、第三册 P31 注释①、第三册 P39 注释②、第三册 P61 注释①、第四册 P186 注释①）

乔治·戈登·拜伦（George Gordon Byron，1788—1824），英国 19 世纪初伟大的浪漫主义诗人。他的代表作品有《恰尔德·哈洛尔德游记》《唐璜》等。他在诗歌里塑造了一批"拜伦式英雄"。

《唐璜》（第一册 P72 注释①、第一册 P190 注释①、第二册 P340 注释②、第三册 P31 注释①、第四册 P186 注释①）

《唐璜》*Don Juan*：拜伦的代表作。这部长篇诗体小说，通过叙述主人公唐璜在西班牙、希腊、土耳其、俄国和英国等不同国家的浪漫奇遇，刻画了 19 世纪初欧洲社会的人物百态、山水名城和社会风情，讽刺了欧洲反动势力。

《她走在美丽的光彩中》(第三册 P39 注释②、第三册 P61 注释①)

《她走在美丽的光彩中》*She Walks in Beauty*:拜伦著。拜伦写这首诗是在赞美一个女人。这个女人很可能是拜伦美丽年轻的表妹罗伯特·约翰·威尔莫特夫人。

C

【J. Cairncross】凯恩克罗斯(第二册 P499 注释①)

凯恩克罗斯(J. Cairncross,1913—1995),英国作家,其他不详。

《重新审视莫里哀》(第二册 P499 注释①)

《重新审视莫里哀》*New Light on Molière*:凯恩克罗斯著,其他不详。

【Thomas Carlyle】卡莱尔(第二册 P463【增订三】)

卡莱尔(Thomas Carlyle,1795—1881),英国哲学家、历史学家和散文家,主要著作有《论英雄、英雄崇拜和历史上的英雄事迹》《法国革命》(3卷)和《普鲁士腓特烈大帝史》(6卷)。

《法国革命》(第二册 P463【增订三】)

《法国革命》*The French Revolution*:卡莱尔著,1837 出版,全书分三卷。此作论述了 1774—1795 年法国大革命发生前后二十余年的动荡历史。内容涉及法国国王路易十五之死、无套裤汉的崛起、攻克巴士底狱、王室逃亡之路、雅各宾派的恐怖政治和热月党人的胜利等。

《普鲁士腓特烈大帝史》*Frederick the Great*:托马斯·卡莱尔著于1858—1865 年,此作是继其《法国革命》之后又一部史学著作。

【Lewis Carroll】刘易斯·卡罗尔(第二册 P708 注释①、第二册 P804注释②、第三册 P47 注释①)

刘易斯·卡罗尔(Lewis Carroll,1832—1898),英国童话作家、数学家、逻辑学家、摄影师、牧师。他在小说、诗歌、儿童摄影、逻辑等方面都颇有造诣。代表作有童话故事《爱丽丝镜中世界奇遇记》《爱丽丝漫游奇境记》。这两部作品虽是儿童故事,却富含哲理,里面有大量逻辑与文字游戏,作者通过虚幻荒诞、童趣横生的情节,刻画了 19 世纪后期英国社会的世道人情。

《爱丽丝镜中世界奇遇记》(第三册 P47 注释①)

《爱丽丝镜中世界奇遇记》*Through the Looking-Glass*：刘易斯·卡罗尔著，于 1871 年出版。作者通过虚幻荒诞、童趣横生的情节，刻画了 19 世纪后期英国社会的世道人情。该作品流传与影响甚广。

《西尔薇与布鲁诺》(第二册 P708 注释①、第二册 P804 注释②)

《西尔薇与布鲁诺》*Sylvie and Bruno*：刘易斯·卡罗尔著，是他在《爱丽丝漫游奇境记》之后的另一部重要长篇童话，首次出版于 1889 年，并在 1893 年出版了《西尔薇与布鲁诺之完结篇》(*Sylvie and Bruno Concluded*)。此作是卡罗尔生前出版的最后一部童话小说。这部童话作品有两个情节主线：一个发生在这本书出版时的当代现实世界(维多利亚时代)；另外一条主线发生在幻想世界仙境。幻想世界仙境的情节，与卡罗尔的《爱丽丝漫游奇境记》类似；而现实世界则是维多利亚时代的英国现实社会，其中的人物主要讨论宗教、社会、哲学和道德的各种概念和方面，这一点又与班扬的名著《天路历程》有应合之处。卡罗尔在这部写给大人看的童话中创造了现代文艺中所喜闻乐见的穿越形式。

【Geoffrey Chaucer】乔叟(第三册 P344 注释①、第四册 P15 注释③)

乔叟(Geoffrey Chaucer，1343—1400)，诗人、哲学家、炼金术士、天文学家，被称为英国文学之父和中世纪最伟大的英国诗人，也是首位葬在威斯敏斯特教堂"诗人之角"的诗人。他创作了《公爵之书》《声誉之屋》《贤妇传奇》《特洛伊罗斯与克丽西达》等作品，其中最为著名的是《坎伯雷故事集》。

《特洛伊罗斯与克丽西达》(第三册 P344 注释①、第四册 P15 注释③)

**《特洛伊罗斯与克丽西达》*Troilus and Criseyde*：又称《特罗勒斯和克莱西德》，乔叟在受到意大利和法国文学的影响后于 1385 年著成。这首叙事诗是根据薄伽丘的一部长诗改写的，诗中有对现实社会中的人物和生活细节的描写，人物性格塑造生动细腻，语言机智幽默。这是乔叟的第一部现实主义作品。

【E. Charteris】E. 查特里斯(第三册 P158 注释④)

E. 查特里斯(E. Charteris，生卒年不详)，疑为英国学者，其他不详。

《埃德蒙·戈斯爵士的生平和书信》(第三册 P158 注释④)

《埃德蒙·戈斯爵士的生平和书信》*Life and Letters of Sir Edmund Gosse*:E. 查特里斯著,其他不详。(备注:埃德蒙·戈斯,Edmund William Gosse,1849—1928,英国诗人、文学批评家、文学史家,翻译家,也是斯堪的纳维亚语言专家。代表作有《18 世纪文学》《现代英国文学》等,他还为当时很多知名作家写过传记。)

【Samuel C. Chew】塞缪尔·C. 丘(第二册 P681 注释①、第三册 P121 注释①)

塞缪尔·C. 丘(Samuel C. Chew,生卒年不详),英国学者,专攻诗歌和视觉艺术之间的关系研究,特别是英国文艺复兴时期的诗歌和视觉艺术。代表作有《和解的美德》《英国文学史》等。

《和解的美德》(第二册 P681 注释①、第三册 P121 注释①)

《和解的美德》*The Virtues Reconciled*:塞缪尔·C. 丘著。此作包括了塞缪尔·C. 丘在英国文艺复兴领域内的研究结果,探讨了寓言表征、视觉和语言以及四种美德,即真理和正义、怜悯与和平。

【A. M. Clark】A. M. 克拉克(第一册 P672【增订一】、第四册 P110 注释①)

A. M. 克拉克(A. M. Clark,生卒年不详),英国学者,其他不详。

《文学模式研究》(第一册 P672【增订一】、第四册 P110 注释①)

《文学模式研究》*Studies in Literary Modes*:A. M. 克拉克著,其他不详。

【J. Clark】J. 克拉克(第二册 P204 注释②、第二册 P355【增订四】)

J. 克拉克(J. Clark,生卒年不详),疑为英国作家。他选编、翻译并注释了德国神秘主义者埃克哈特的布道文,于 1957 年出版了《大师埃克哈特:作品研究和布道文选编》(*Meister Eckhart:An Introduction to the Study of His Works*,*with an Anthology of His Sermons*)。

《大师埃克哈特》(第二册 P204 注释②、第二册 P355【增订四】)

《大师埃克哈特》*Meister Eckhart*:J. 克拉克编、注、译,1957 年出版。

【Robert J. Clements】罗伯特·J. 克莱门茨（第一册 P713 注释①）

罗伯特·J. 克莱门茨（Robert J. Clements，生卒年不详），疑为英国学者，其他不详。

《米开朗基罗艺术理论》*Michelangelo's Theory of Art*：Robert J. 克莱门茨著。此作揭示米开朗基罗如何因其才华和技巧而面临的佛罗伦萨的大部分阴谋，他与上帝的关系，以及他如何在他的作品中表达神圣之光等。

【John Cleveland】约翰·克利夫兰（第三册 P205 注释①）

约翰·克利夫兰（John Cleveland，1613—1658），英国诗人，以政治讽刺诗著称。其他不详。

《祭其情人》（第三册 P205 注释①）

《祭其情人》*The Hecatomb to his Mistress*：约翰·克利夫兰著的一首诗。

【Samuel Taylor Coleridge】柯勒律治（第一册 P16 注释、第一册 P99 注释④、第一册 P102 注释②、第一册 P256 注释①、第一册 P272 注释①、第一册 P440 注释④、第一册 P489 注释①、第二册 P72 注释③、第二册 P138 注释③、第二册 P162 注释①、第二册 P397 注释①、第二册 P581 注释②、第二册 P707 注释①、第二册 P715 注释②、第三册 P30 注释③、第三册 P58 注释①、第三册 P76 注释①、第三册 P194 注释②、第三册 P572 注释②、第三册 P590 注释③、第四册 P357 注释②）

柯勒律治（Samuel Taylor Coleridge，1772—1834），英国浪漫主义诗人、湖畔派诗歌的代表作家、文艺批评家。1795 年与威廉·华兹华斯相遇并结成好友。3 年后两人联合出版《抒情歌谣集》，开英国浪漫主义文学之先河。代表作有诗歌《古舟子吟》《忽必烈》及哲学、文艺批评的论著《文学传记》等。

《柯勒律治笔记》（第一册 P16 注释①【增订四】、第二册 P707 注释①、第二册 P715 注释②、第三册 P194 注释②）

《柯勒律治笔记》*The Notebooks of S. T. Coleridge*，凯瑟琳·科伯恩（Kathleen Coburn，1905—1991，加拿大学者，是研究诗人柯勒律治的权威专家）编。

《S. T. 柯勒律治漫谈录》（第一册 P102 注释②）

《S. T. 柯勒律治漫谈录》_The Table-Talk of S. T. Coleridge_：或译《桌边闲谈》或《桌边文谈》，由 T. 阿什和乔治·贝尔（T. Ashe，George Bell）编辑，其他不详。

《论神圣的思想》（第三册 P30 注释③）

《论神圣的思想》_On the Divine Ideas_：柯勒律治著，其他不详。

《文学传记》（第一册 P489 注释①、第二册 P72 注释③、第二册 P138 注释③、第二册 P162 注释①、第二册 P397 注释①、第二册 P581 注释②、第三册 P590 注释③）

《文学传记》_Biographia Literaria_：柯勒律治著于 1817 年。此作囊括了柯勒律治二十多年来对文学批评、诗歌和艺术心理的思考。他写作此书，本是为自己诗集作序，阐释自己的诗歌，但写成了一本文学自传，涵盖了自己的生活、文学历程、文学批评和哲学思考。此作对想象（imagination）与幻想（fancy）的区别在文学批评史上尤为著名。

《杂论》（第三册 P572 注释②）

《杂论》_Miscellaneous Criticism_：柯勒律治著，其他不详。

《查莫尼山谷黎明的赞歌》（第一册 P16 注释①、第一册 P272 注释①）

《查莫尼山谷黎明的赞歌》_Hymn before Sunrise, in the Vale of Chamouni_：选自《柯勒律治诗选》。

《风弦琴》（第一册 P272 注释①）

《风弦琴》_The Aeolian Harp_：柯勒律治的诗歌。诗歌中描写的大自然宁静而又祥和："遥远的大海静静的低语/告诉我们沉默。"

《柯勒律治书信集》（第一册 P99 注释④）

《柯勒律治书信集》_Collected Letters_，E. L. 格里格斯（E. L. Griggs）编的柯勒律治书信。

【Jonas Cohn】乔纳斯·科恩（第一册 P10 注释②、第一册 P649 注释①、第二册 P25 注释①、第二册 P105 注释①）

乔纳斯·科恩（Jonas Cohn，也有译作"寇恩"的，1869—1947），德国新康德主义理论家，代表作有《辩证法理论》（或译《道义论》）。

【Robin George Collingwood】R. G. 科林伍德（第一册 P317 注释①、第一册 P482 注释①、第二册 P316 注释③）

R. G. 科林伍德（Robin George Collingwood，1889—1943），英国历史学家、哲学家，也是表现主义美学的主要代表之一。主要著作有《宗教与哲学》《历史的观念》《艺术原理》《心灵的思辨》等。他否定了艺术认识生活的基本功能，认为只有表现情感的艺术才是"真正的艺术"，而任何再现艺术都是"伪艺术"。

《历史的观念》（第一册 P317 注释①、第一册 P482 注释①）

《历史的观念》_The Idea of History_：科林伍德著，1936 年出版。

《艺术原理》（第二册 P316 注释③）

《艺术原理》_Principles of Art_：科林伍德著的现代西方美学名著。此书对艺术概念作了考证和辨析，提出了真正的艺术即情感表现这一观点，肯定了意大利著名美学家克罗齐的观点——想象与表现的同一性，集中体现了科林伍德的艺术理论。

【Francis Macdonald Cornford】F. M. 康福德（第一册 P578 注释①）

F. M. 康福德（Francis Macdonald Cornford，1874—1943），英国古典学者、翻译家。代表作有《从宗教到哲学》等。

《从宗教到哲学》（第一册 P578 注释①）

《从宗教到哲学》：F. M. 康福德著，原名为《从宗教到哲学：西方思想起源论》（_From Religion to Philosophy：A Study in the Origins of Western Speculation_），出版于 1912 年，此作探讨了早期希腊哲人的宗教观和社会观。

【Abraham Cowley】亚伯拉罕·考利（第二册 P356 注释②、第二册 P463【增订三】、第三册 P590 注释①）

亚伯拉罕·考利（Abraham Cowley，1618—1667），英国作家，诗人和散文家。他是当时形而上学派和 18 世纪新古典主义之间的过渡性人物。他的诗作受玄学派诗人约翰·多恩的影响，好用幻想和曲喻，晚年开始写随笔，笔调清新，与其诗歌风格迥异。18 世纪的大文豪约翰逊曾为其立传。同时代的大诗人弥尔顿认为他是和莎士比亚、斯宾塞并称的三大诗人之一。代表作有《爱情之谜》《品达颂》等。

《论文与散文集》（第二册 P463【增订三】）

《论文与散文集》_Essays and Other Prose Writings_：亚伯拉罕·考利

著，1668 年出版。

《大卫记》(第二册 P356 注释②)

《大卫记》*Davideis*：亚伯拉罕·考利著，其他不详。

【Maurice Cranston】莫里斯·克兰斯顿(第二册 P241 注释①)

莫里斯·克兰斯顿(Maurice Cranston，1920—1993)，英国政治哲学家、作家。

《约翰·洛克》(第二册 P241 注释①)

《约翰·洛克》*John Locke*：克兰斯顿为英国哲学家约翰·洛克写的一本传记作品，也是克兰斯顿最有名的作品之一。

【Richard Crashaw】理查德·克拉肖(第二册 P107 注释③)

理查德·克拉肖(Richard Crashaw，1613—1649)，英国玄学派诗人。克拉肖的诗作不仅带有神秘主义的色彩，而且辞藻华丽、充满美感。

D

【Charles Frederick D'Arcy】C. F. 达西(第一册 P399 注释④、第四册 P390 注释①)

C. F. 达西(Charles Frederick D'Arcy，1859—1938)，爱尔兰神学家、作家和植物学家。

《伦理学简论》(第一册 P399 注释④、第四册 P390 注释①)

《伦理学简论》*A Short Study of Ethics*：C. F. 达西著，其他不详。

【Charles John Huffam Dickens】查尔斯·狄更斯(第一册 P99 注释①、第一册 P401 注释①、第二册 P621 注释①、第三册 P178 注释①、第四册 P150 注释①)

查尔斯·狄更斯(Charles John Huffam Dickens，1812—1870)，英国小说家。1837 年他完成了第一部长篇小说《匹克威克外传》，后来出版了《雾都孤儿》《董贝父子》《老古玩店》《艰难时世》《大卫·科波菲尔》《远大前程》《双城记》等小说，深刻地反映了当时英国复杂的社会现实，无情地批判了当时的社会制度，为英国批判现实主义文学的开拓和发展做出了重要贡献。狄更斯善于描写社会底层"小人物"的生活。他在小说描写的现实性和人物的个性化方面成绩突出,成为继莎士比亚之后塑造作品人物数量最多的作家之一。

《大卫·科波菲尔》(第一册 P99 注释①)

《大卫·科波菲尔》*David Copperfield*:狄更斯创作的长篇小说,于1849—1850 年发表。全书采用第一人称叙事,讲述了主人公大卫从幼年至中年的生活历程。展示了 19 世纪中叶英国的广阔画面,反映了狄更斯人道主义理想。小说语言诙谐风趣。

《尼古拉斯·尼克贝》(第二册 P621 注释①)

《尼古拉斯·尼克贝》*Nicholas Nickleby*:狄更斯著,是一部幽默小说和教育小说。它原本以连载的形式出版,为狄更斯第三本小说,发表于1839 年。这本长篇小说主要讲述尼古拉斯·尼克贝的生平和事迹,其中充满逼真的描写和对黑暗社会的尖锐控诉。

《匹克威克外传》(第一册 P401 注释①、第三册 P178 注释①、第四册P150 注释①)

《匹克威克外传》*Pickwick Papers*:狄更斯著的小说,1836 年出版。此作写老绅士匹克威克一行五人到英国各地漫游的故事,主要叙述了匹克威克等人在旅途的见闻和遭遇。

【Daniel Defoe】丹尼尔·笛福(第一册 P390 注释③)

丹尼尔·笛福(Daniel Defoe,1660—1731),英国作家,被誉为欧洲的"小说之父""英国小说之父"和"英国报业先驱"等。其作品可读性强。代表作有《鲁滨孙漂流记》等。

《鲁滨逊的沉思集》(第一册 P390 注释③)

《鲁滨逊的沉思集》*Serious Reflections of Robinson Crusoe*:笛福著,《鲁滨逊漂流记》的续集,于 1720 年完成。该作品是一部流传很广、影响很大的文学著作,它表现了资产阶级的进取精神和启蒙精神。

【Bonamy Dobrée】B. 多布雷(第一册 P98 注释①、第三册 P117 注释①、第四册 P484【增订四】)

B. 多布雷(Bonamy Dobrée,1891—1974),英国学者,曾任利兹大学英国文学教授。

《信件》(第一册 P98 注释①、第三册 P117 注释①、第四册 P484【增订四】)

《信件》*Letters*:B. 多布雷编。内容是切斯特菲尔德致他儿子的信件。〔备注:切斯特菲尔德(Philip Dormer Stanhope, 4th Earl of Chesterfield, 1694—1773),是英国政治家、文学家。他因写给私生子菲利普·斯坦霍普(Philip Stanhope)的书信而闻名——1737—1768 年间的信件,1774 年出版——这些书信风格简洁优美、充满了处事智慧、睿智的建议和犀利的评论。"切斯特菲尔德式"(Chesterfieldian)成为温文儒雅的代名词。〕

【E. R. Dodds】E. R. 多德(第二册 P78 注释②)

E. R. 多德(E. R. Dodds,1893—1979),爱尔兰学者,专攻古典文化。代表作有《为什么我不相信生存》等。

【John Donne】约翰·邓恩(第一册 P168 注释②、第二册 P107 注释③、第三册 P514 注释①、第四册 P421 注释②)

约翰·邓恩(John Donne,1572—1631),英国诗人、牧师,英国玄学派诗歌的奠基者。他的作品包括十四行诗、宗教诗、爱情诗、隽语、挽歌、歌词等,代表作《日出》《歌谣与十四行诗》《神圣十四行诗》《给圣父的赞美诗》等。

《祷告》(第二册 P107 注释③)

《祷告》*Devotions*:邓恩著。此作将一种几乎是令人恐惧的强烈的感情与精巧细致的韵律和比喻结合在一起,与传统的宗教文学有很大区别。

《邓恩诗歌全集和文章选集》(第一册 P168 注释②、第三册 P514 注释①、第四册 P14【增订三】、第四册 P421 注释②)

【John Dryden】约翰·德莱顿(第一册 P44 注释②、第一册 P290 注释②、第一册 P505 注释①、第二册 P566 注释①)

约翰·德莱顿(John Dryden,1631—1700),英国剧作家、文学批评家、诗人,也是英国戏剧评论的鼻祖,是当时英国文学界的主导人物。代表作有《时髦的婚礼》《一切为了爱情》《阿龙沙与施弗托》《论戏剧诗》《悲剧批评的基础》等。

《牝鹿与豹》(第一册 P505 注释①)

《牝鹿与豹》*The Hind and the Panther*:德莱顿所著的由三首诗构成的诗集(1687)。

《宗教》(第一册 P44 注释②)

《宗教》*Religio Laici*:德莱顿著于 1682 年,其他不详。

【J. Dunlop】J. 邓洛普(第二册 P564 注释①、第二册 P673 注释②、第二册 P743 注释②、第二册 P822 注释②、第三册 P330 注释①、第四册 P307 注释①)

J. 邓洛普(J. Dunlop,1785—1842),英国历史学家、文学史家。代表作有《小说的历史》《罗马文学史》等。

《小说的历史》(第二册 P564 注释①、第二册 P673 注释②、第二册 P743 注释②、第二册 P822 注释②、第三册 P330 注释①、第四册 P307 注释①)

《小说的历史》*The History of Fiction*:邓洛普著,出版于 1814 年。此作批判性地论述了历史上著名的虚构性作品,从希腊早期的罗曼司到当代的小说。

E

【Mary Eden】玛利·伊登及其《床的哲学》*The Philosophy of the Bed*(第二册 P817 注释②):疑为英国作家作品。

【George Eliot】乔治·艾略特(第一册 P647 注释①、第二册 P463【增订三】)

乔治·艾略特(George Eliot,1819—1880),原名玛丽·安·伊万斯(Mary Ann Evans),英国作家、翻译家、编辑。作为小说家,她擅长描写人物。代表作有《亚当·比德》《织工马南传》《弗洛斯河上的磨坊》《米德尔马契》等。

《织工马南传》(第一册 P647 注释①)

《织工马南传》*Silas Marner*:乔治·爱略特著的小说,1861 年出版。此作讲述了织工马南曲折的人生经历。

《弗洛斯河上的磨坊》（第二册 P463【增订三】）

《弗洛斯河上的磨坊》*The Mill on the Floss*：爱略特的第二部长篇巨著。这部经典小说于 1860 年首次出版，讲述了玛吉·图利弗的故事。玛吉是维多利亚时代文学的著名女主角之一。此作也是乔治·艾略特最富有自传色彩的小说，是她最受欢迎和最有影响力的作品之一。

【T. S. Eliot】T. S. 艾略特（第二册 P53 注释③、第三册 P334 注释②、第三册 P372 注释①、第三册 P591【增订四】、第三册 P593 注释①）

T. S. 艾略特（T. S. Eliot，1888—1965），英国（美国）诗人、剧作家和文学批评家，现代派诗歌运动的领袖。艾略特曾在哈佛大学学习哲学和比较文学，接触过梵文和东方文化，也曾受到法国象征主义文学的影响。代表作——1922 年发表的《荒原》被认为是英美现代诗歌的里程碑，被评论界当作是 20 世纪最有影响力的一部诗作。1948 年因其作品《四个四重奏》（1943 年）获得了的诺贝尔文学奖。

《关于诗歌与诗人》（第三册 P591【增订四】）

《关于诗歌与诗人》*On Poetry and Poets*：T. S. 艾略特著，出版于 1957 年。

《批评批评家》（第二册 P53 注释③、第三册 P372 注释①、第三册 P593 注释①）

《批评批评家》*To Criticize the Critic*：艾略特著，收录了艾略特 1917—1961 年的 9 篇评论文章和演讲稿。此作中，艾略特以独到的眼光对众多文化现象进行了评论，如对文学批评的运用的论述，还评价了对他产生巨大影响的若干作家，并强调了接受正确教育的重要性。

【H. Havelock Ellis】亨利·哈维洛克·艾利斯（第三册 P254 注释①、第三册 P343 注释①）

亨利·哈维洛克·艾利斯（H. Havelock Ellis，1859—1939），英国心理学家、作家，是指出性别与染色体相关的第一人。代表作有《罪犯》等。

《罪犯》（第三册 P254 注释①、第三册 P343 注释①）

《罪犯》*The Criminal*：艾利斯著，出版于 1890 年。此作从犯罪人类学的角度对犯罪心理进行了研究。

【O. Elton】O. 埃尔顿（第二册 P636 注释①、第四册 P335 注释①）

O. 埃尔顿（O. Elton，1861—1945），英国学者。编写过长达六卷的《英国文学概况（1730—1880）》，写过评论文和传记，还翻译过几种语言的作品（包括冰岛语和俄语）。

《英国文学概况（1730—1880）》（第二册 P636 注释①）

《英国文学概况（1730—1880）》 *A Survey of English Literature 1730—1880*：O. 埃尔顿编著，其他不详。

《散文和演讲》（第四册 P335 注释①）

《散文和演讲》 *Essays and Addresses*：O. 埃尔顿著。其他不详。

【Dame Joan Evans】琼·埃文斯（第四册 P121 注释①）

琼·埃文斯（Dame Joan Evans，1893—1977），英国历史学家，主要研究法国和英国中世纪艺术。代表作有《装饰风格》《品味与气质》《无私的利己主义者：约瑟夫·朱伯特的一生》等。

《品味与气质》（第四册 P121 注释①）

《品味与气质》 *Taste and Temperament*：琼·埃文斯发表于 1939 年。此作分析了心理类型与视觉艺术的关系。

F

【Henry Fielding】亨利·菲尔丁（第一册 P146 注释②、第一册 P459 注释②、第三册 P46 注释①、第三册 P487 注释③、第三册 P590 注释①、第四册 P63 注释①、第四册 P186 注释①）

亨利·菲尔丁（Henry Fielding，1707—1754），18 世纪英国启蒙运动的代表人物之一，小说家、戏剧家。他既从事小说创作，又在小说理论方面有很大的建树。菲尔丁奠定了至 19 世纪末一直支配着英国小说的现实主义传统。代表作有《约瑟夫·安德鲁斯》《汤姆·琼斯》《阿米莉亚》等。

《阿米莉亚》（第三册 P487 注释③）

《阿米莉亚》 *Amelia*：或译《阿米利亚》，是菲尔丁最后一部小说，于 1751 年出版。这是一本现实主义社会批判型小说。这部作品为 19 世纪英国批判现实主义小说奠定基础。

《歌舞会中的恋爱》（第四册 P63 注释①）

《歌舞会中的恋爱》Love in Several Masques：菲尔丁著于 1728 年的戏剧，也是他的第一部戏剧。此作了模仿威廉·康格里夫的风俗喜剧。

《汤姆·琼斯》（第一册 P146 注释②、第一册 P459 注释②、第三册 P46 注释①、第三册 P590 注释①、第四册 P186 注释①）

《汤姆·琼斯》Tom Jones：菲尔丁的代表作。全书围绕汤姆·琼斯和索菲亚的爱情故事，描绘出 18 世纪英国社会的全景图。作品篇幅宏大、内容广泛，在叙述角度、结构、人物塑造等方面都富有创造性。该作被视为英国小说发展史上的里程碑。

【Edward Fitzgerald】爱德华·菲茨杰拉德（第二册 P191 注释②、第三册 P80 注释③、第三册 P487 注释③）

爱德华·菲茨杰拉德（Edward Fitzgerald，1809—1883），英国翻译家、诗人，代表性译作有《鲁拜集》。

《鲁拜集》（第二册 P191 注释②、第三册 P487 注释③）

《鲁拜集》Rubaiyāt：相传为前波斯（现伊朗）的天文学家、数学家、哲学家和诗人奥玛·海亚姆（Omar Khayyám）所著，但在奥玛名义之下的"四行诗"即谓之"鲁拜集"的原创诗稿，流传下来的数量无法确认。现在流传的诗集《鲁拜集》，是菲茨杰拉德创造性译出的英文诗集。1859 年出版第一版英译版，菲茨杰拉德将此书译过五稿，他没有将奥玛的原诗逐字逐词忠实地翻译，他将上千首奥玛的零散诗稿排列、组合、整理、改编，"碾碎重抟"，创作的成分甚多。正是菲氏的这种"创译""衍译"，使他发挥了极为自由的想象力，淋漓尽致地抒发了极富文采的诗情画意。

《给芬妮·肯布尔的信》（第三册 P80 注释③）

《给芬妮·肯布尔的信》Letters to Fanny Kemble：菲茨杰拉德写给他的终生好友芬妮·肯布尔的信，包括从 1871 年开始一直到他临终前三周（1883 年）的信件，由 W. A. 赖特编辑。

【Giles Fletcher】贾尔斯·弗莱彻（第四册 P292 注释①）

贾尔斯·弗莱彻（Giles Fletcher，生卒年不详），英国外交使节，曾长时间居住在俄国。代表作有《丽西娅》《俄罗斯联邦》《基督的胜利》等。

《丽西娅》（第四册 P292 注释①）

《丽西娅》*Licia*：贾尔斯·弗莱彻著于 1593 年。此作抨击了沙皇专制对俄国文化和教育的贫乏所造成的恶劣影响。

【Phineas Fletcher】菲尼亚斯·弗莱彻（第一册 P69 注释①）

菲尼亚斯·弗莱彻（Phineas Fletcher，1582—1650），英国诗人。他的作品包括三卷宗教散文、一部史诗、一部小型史诗、一部戏剧、几部中篇叙事小说、田园诗、书信集、赞美诗、诗篇翻译、各种歌词等。在范围、种类和质量方面，他的作品在那个时代都是首屈一指的。

《蝗虫》（第一册 P69 注释①）

《蝗虫》*The Locusts*：菲尼亚斯·弗莱彻著，1627 年出版。该作为不规则的简短的斯宾塞流派史诗。

【John Carl Flügel】J. C. 弗吕格尔（第一册 P435 注释④、第二册 P157 注释③）

J. C. 弗吕格尔（John Carl Flügel，1884—1955），英国实验心理学家和精神分析学家，著名心理学家弗洛伊德的弟子。代表作有《人，道德，社会》《衣服的心理》《家庭的心解研究》等。

《人，道德，社会》（第一册 P435 注释④、第二册 P157 注释③）

《人，道德，社会》*Man，Morals and Society*：J. C. 弗吕格尔著，原名《人，道德，社会：精神分析研究》（*Man，Morals and Society：A Psycho-Analytical Study*），出版于 1945 年。

【John Ford】约翰·福特（第二册 P694 注释①）

约翰·福特（John Ford，生卒年不详），文艺复兴时期的英国剧作家。他最有名的悲剧作品是《可惜她是娼妇》。

《可惜她是娼妇》*'Tis Pity She's a Whore*（第二册 P694 注释①）：约翰·福特著，其他不详。

【James George Frazer】詹姆斯·弗雷泽（第一册 P688 注释①）

詹姆斯·弗雷泽（James George Frazer，1854—1941），英国人类学家、宗教历史学、民俗学家，是认为"巫术先于宗教"的第一人。其著述甚丰，代表作为《金枝》。《金枝》研究巫术、宗教和科学对于人类思想发展的重要性。此书使其在世界学术界获得了崇高声誉。

《旧约中的民俗》(第一册 P688 注释①)

《旧约中的民俗》*Folklore in the Old Testament*：弗雷泽著。作者认为,《旧约》中的民俗素材是一种早期和过时的世界观的遗存,仅作为迷信而留了下来;这部书已成为人类学和《圣经》研究者的必备读物。

G

【Francis Galton】弗朗西斯·高尔顿(第三册 P343 注释①)

弗朗西斯·高尔顿(Francis Galton,1822—1911),英国心理学家,心理测量学上生理计量法的创始人,被称为差异心理学之父;他也是一名探险家。代表作有《遗传的天才》《人类的才能及其发展研究》等。

【David Garnett】大卫·嘉奈特(第二册 P545 注释②)

大卫·嘉奈特(David Garnett,1892—1981),英国作家、出版商。他是布鲁姆斯伯里团体(这一团体包括作家、艺术家和知识分子)的杰出成员之一。他的小说《夫人在福克斯》在 1922 年获得了詹姆斯·泰特·布莱克纪念奖,从而确立其在文学界的地位。代表作有《爱情面面观》等。

《熟悉的脸庞》(第二册 P545 注释②)

《熟悉的脸庞》*The Familiar Faces*：大卫·嘉奈特著,其他不详。

【Elizabeth Cleghorn Gaskell】盖斯凯尔夫人(第二册 P621 注释②)

盖斯凯尔夫人(Elizabeth Cleghorn Gaskell,1810—1865),英国小说家。以工业小说闻名后世。她为同时代的女作家夏洛蒂·勃朗特所作的传记也非常有名。她的小说描绘了当时英国社会不同阶层的生活,尤其擅长写中产阶级出身的年轻女性的感情。代表作《南方与北方》《克兰福德》等。

《克兰福德》(第二册 P621 注释②)

《克兰福德》*Cranford*：盖斯凯尔夫人的一部重要小说。她用幽默的笔调描写了克兰福德小镇上目光短浅、幼稚天真的小市民之间发生的故事。该作在选材和语言运用方面都有较高成就,塑造的人物富有个性。

【Edward Gibbon】爱德华·吉本（第一册 P35 注释①、第一册 P371 注释①、第二册 P195 注释①、第二册 P230 注释①、第二册 P421 注释④、第二册 P430 注释①、第三册 P256 注释①、第四册 P57【增订三】、第四册 P210 注释①）

爱德华·吉本（Edward Gibbon，1737—1794），英国历史学家，《罗马帝国衰亡史》的作者。受法国启蒙思想家伏尔泰、狄德罗等人影响。1764 年，他参观罗马废墟时萌发写作罗马帝国史的念头。1776 年《罗马帝国衰亡史》第一卷出版，1781 年《罗马帝国衰亡史》第二、三卷出版，1788 年所有手稿全部出版，受到广泛赞扬。

《罗马帝国衰亡史》（第一册 P35 注释①、第一册 P371 注释①、第二册 P195 注释①、第二册 P230 注释①、第二册 P421 注释④、第二册 P430 注释①、第三册 P256 注释①、第四册 P57【增订三】、第四册 P210 注释①）

《罗马帝国衰亡史》_The History of The Decline and Fall of the Roman Empire_：爱德华·吉本创作的一部历史著作。全书共六卷，分期出版。该作包括罗马帝国后期和整个拜占庭帝国的历史事件。书中包含许多详尽的考证，为后来众多历史学家们引用。

【M. Gibbon】M. 吉本（第三册 P300 注释①）

M. 吉本（M. Gibbon，1896—1987），爱尔兰诗人、多产作家，被誉为"爱尔兰文坛上的元老"。他现存的二十多卷诗集、自传、游记和评论集均保存于贝尔法斯特女王大学。除了与叶芝、乔治·威廉·拉塞尔、乔治·莫尔的来往信件为人熟知外，吉本还写过许多小说，但常常被人们描述为过于"自我关注和尖刻"。

《杰作与人》（第三册 P300 注释①）

《杰作与人》_The Masterpiece and the Man_：全称《杰作与人：我所认识的叶芝》，M. 吉本著于 1959 年。在这部作品中吉本对其表亲爱尔兰著名诗人威廉·巴特勒·叶芝做了尖刻的描绘。

【A. Gilchrist】A. 吉尔克里斯特（第二册 P735 注释①）

A. 吉尔克里斯特（A. Gilchrist，1828—1861），研究威廉·布莱克的传记作家。他写的传记是研究布莱克的权威参考资料。

《威廉·布莱克传》（第二册 P735 注释①）

《威廉·布莱克传》：A. 吉尔克里斯特著。此作分上下两卷，出版于 1863 年。第一卷是传记，第二卷整理了布莱克的诗歌、散文、艺术作品和其杰出的手稿。A. 吉尔克里斯特花了许多年整理汇编材料，并采访了许多布莱克的朋友。此书是第一部有关布莱克的权威作品，是进一步研究布莱克生平和作品的文献。

【Herbert Allen Giles】H. A. 翟理斯（第四册 P235 注释②）

H. A. 翟理斯（Herbert Allen Giles，1845—1935），英国作家、牛津大学耶稣文集学院资深成员，是研究中国语言文化、文学及翻译的著名汉学家，曾生活于中国。他于 1910 年以《孙子十家会注》为原本，将其译成英文。其他代表作有《中国概要》《华英字典》《中国文学史》等。

《中国绘画史导论》（第四册 P235 注释②）

《中国绘画史导论》_Introduction to the History of Chinese Pictorial Art_：H. A. 翟理斯著，出版于 1905 年。此作译介了自远古时期直至明末（1644 年）的中国艺术评论家、画家的著作和作品，如阎立本、赵大年、王世贞、王羲之等等。

【Eric Gill】埃里克·吉尔（第三册 P144 注释②、第三册 P460 注释①）

埃里克·吉尔（Eric Gill，1882—1940），英国雕刻家、字体设计师、版画家、工艺美术运动的参与者。吉尔获得过英国皇家艺术协会设立的英国设计师的最高奖项，他也是英国皇家设计师工业学院的创立者之一，也被誉为是西方的书法家。代表作有《雕版藏书票 1950—1970 年》等等。

《自传》（第三册 P460 注释①）

《自传》_Autobiography_：埃里克·吉尔著。其在自传中详尽地阐述了对色情、性和宗教的看法，又简要地记载了游学伦敦的经历，建立艺术社区及其自身在各项艺术方面的卓越成就。

【Terrot Reaveley Glover】T. R. 格洛弗（第一册 P37 注释②、第一册 P488 注释①、第二册 P578 注释①）

T. R. 格洛弗（Terrot Reaveley Glover，1869—1943），英国古典学者、历史学家。代表作有《罗马帝国早期的宗教矛盾》《门徒》等。

《希腊的小路》（第一册 P37 注释②、第一册 P488 注释①、第二册
P578 注释①）

《希腊的小路》Greek Byways：T. R. 格洛弗著，初版于 1932 年。此
作涉及古希腊生活的方方面面。格洛弗研究了诸如古代旅行、礼仪和将
异邦神纳入希腊万神殿等话题。

【Oliver Goldsmith】奥利弗·哥德史密斯（第二册 P156【增订四】、第
二册 P563 注释①）

奥利弗·哥德史密斯（Oliver Goldsmith，1730—1774），英国新闻体
散文家、诗人和剧作家。不论是诗歌、小说、文章还是剧本，均是以嬉笑怒
骂的形式讽刺时弊。他最著名的两出喜剧是《屈身求爱》和《善性之人》。
他称自己的喜剧为畅笑喜剧（"laughing" comedy），其创作目的是提高公
众的品味，打破当时英国舞台盛行的感伤主义。

《威克菲尔德牧师传》（第二册 P156【增订四】）

《威克菲尔德牧师传》The Vicar of Wakefield：奥利弗·哥德史密斯
创作的一部小说，1766 年出版。这部名作既是社会小说，又是家庭小说。
小说主人公普里姆罗斯博士以第一人称叙述他一家悲欢离合的经过。

《世界公民》（第二册 P563 注释①）

《世界公民》The Citizen of the World：哥德史密斯著。此书中，哥德
史密斯虚构了一位中国智者连奇（Lien Chi），他来到西方，传播中国思
想，批判英国社会弊端。此作采用了当时启蒙哲学家常用的借虚构的东
方旅行者的角色批判西方社会与文化宗教制度的写法。

【Ernst Hans Josef Gombrich】E. H. 贡布里希（第二册 P569【增订
四】、第二册 P581 注释④、第三册 P244【增订四】）

E. H. 贡布里希（Ernst Hans Josef Gombrich，1909—2001），奥地利
裔英国美学家、艺术史家，艺术史、艺术哲学和艺术心理学领域的大师级
人物。代表作有《理想与偶像》《艺术与人文科学》《秩序感》《艺术与错觉》
《象征的图像》《艺术发展史》等。

《艺术与错觉》（第二册 P569【增订四】、第三册 P244【增订四】）

《艺术与错觉》Art and Illusion：E. H. 贡布里希著，1960 年出版，
是 20 世纪西方思想史上的重要文献。此作旨在回答艺术为什么会有一

部历史这个问题,探讨了艺术家们在描绘现实时为什么会用如此众多的风格这个现象。

《木马沉思录》(第二册 P581 注释④)

《木马沉思录》*Meditations on a Hobby Horse*:贡布里希著,出版于1963 年。此作是贡布里希写的一系列散文的合集。在此书中,贡布里希解决了艺术成就的本质、艺术价值的评价标准、解读意象过程中语言的重要性等基本问题。这些文章探讨了艺术和艺术历史写作中的隐喻、类比、象征、神话、规约和传统等一系列特征,同时还探讨了表征、表达、抽象和幻觉的概念。

【Edmund Gosse】E. 戈斯(第二册 P505 注释①、第三册 P158 注释④)

E. 戈斯(Edmund Gosse,1849—1928),英国诗人、作家、文学史家、文学批评家、翻译家,也是斯堪的纳维亚语言专家。代表作有《18 世纪文学》《现代英国文学》等,他还为当时很多知名作家写过传记。他的自传《父与子》也较为有名。

《父与子》(第二册 P505 注释①)

《父与子》*Father and Son*:E. 戈斯著的传记。作者讲述了自己摆脱父权和宗教压迫走向自由与独立的经历,建构了一个挑战父权、严父,与维多利亚时代父权观念背道而驰的"叛逆成长"的青春期形象。这部自传一反隐晦的维多利亚时代传记风格,是传记文学中的精品。

【Sabine Baring-Gould】S. 巴林·古尔德(第三册 P411【增订三】)

S. 巴林·古尔德(Sabine Baring-Gould,1834—1924),英国圣公会牧师、圣徒传记作家、古物学家、小说家、民歌收集家和学者。其书目包括 1 240 多种出版物。代表作有《一本西方的书》《康沃尔人的性格和奇怪的事件》《中世纪的奇妙神话》等。

《中世纪的奇妙神话》(第三册 P411【增订三】)

《中世纪的奇妙神话》*Curious Myths of the Middle Ages*:S. 巴林·古尔德最经久不衰的作品之一,于 1866 年和 1868 年分两部分首次出版,此后又多次再版。评论家史蒂文·J. 马里科达写道:"这本书的 24 章每一章都讲述了一个特定的中世纪迷信及其变体和前因后果。"也有评论家认为,此作是"有效地汇集起来的中世纪知识的奇妙实体"。

【W. Granville】W. 格兰维尔及其《戏剧术语词典》*A Dictionary of Theatrical Terms*（第二册 P277 注释①）：疑为英国作家作品，其他不详。

【Robert Graves】罗伯特·格雷夫斯（第一册 P524 注释①、第三册 P158 注释⑤）

罗伯特·格雷夫斯（Robert Graves，1895—1985），英国小说家、诗人、评论家，第一次世界大战时任军官。因发表战争回忆录《向一切告别》（1929）而成名。战后移居西班牙。代表作有历史小说和传奇小说《克劳狄乌斯自传》《克劳狄乌斯封神记》《白色女神》《荷马之女》等，也写过一些优美洗练的爱情诗。

《漫长周末》（第一册 P524 注释①）

《漫长周末》*The Long Weekend*：由格雷夫斯和艾伦·霍奇（Alan Hodge，1915—1979，英国历史学家和记者，曾与罗伯特·格雷夫斯合作撰写战争期间的英国社会历史）合著。此作主要论一战和二战期间的英国社会，涉及英国政治、商业、科学、宗教、艺术、文学、时尚、教育、时髦娱乐、室内生活以及性关系等诸多方面。

《白色女神》（第三册 P158 注释⑤）

《白色女神》*The White Goddess*：格雷夫斯著，于 1947 年发表。格雷夫斯在《白色女神》一书中认为文艺起源于对原始女神的崇拜。

【Thomas Gray】托马斯·格雷（第三册 P125 注释①、第三册 P161 注释①、第三册 P323 注释③、第四册 P225 注释③）

托马斯·格雷（Thomas Gray，1716—1771），英国 18 世纪重要抒情诗人，也是英国新古典主义后期的重要诗人。格雷一生只写过十几首诗，除了著名的诗《墓园挽歌》外，其他还有《爱猫之死》《诗的发展》《游吟诗人》《欧丁的衰败》等。

《挽歌》（第四册 P225 注释③）

《挽歌》*Elegy*：即《墓园挽歌》，格雷著于 1742 年的长诗。此作堪称 18 世纪英国"感伤主义"诗歌的典范之作。全诗共 128 行，表达了作者对下层人民贫苦不公命运的深切同情和淳朴本质的赞扬。

【William Chase Greene】W. C. 格林尼及其《莫伊拉》*Moira*（第一册

P104 注释①）：疑为英国作家作品，其他不详。

【John Young Thomson Greig】J. Y. T. 基利（第一册 P529 注释②、第三册 P496 注释③）

J. Y. T. 基利（John Young Thomson Greig，1891—1963），英国传记作家。

《大卫·休谟书信集》（第一册 P529 注释②、第四册 P288 注释②）

《大卫·休谟书信集》Letters of David Hume：J. Y. T. 基利编，1932 年出版。此书提供了大量关于哲学家休谟的资料，对于对早期现代思想感兴趣的任何人都具有独特的价值。

《笑与喜剧心理学》（第三册 P496 注释③）

《笑与喜剧心理学》Psychology of Laughter and Comedy：J. Y. T. 基利著于 1923 年。此作幽默有趣，使读者进入微妙的笑声和智慧世界。基利受弗洛伊德影响，并认为笑是在爱的本能行为中所产生的一种反应，而其中的"爱"又与弗洛伊德的"性"相接近。基利的这一观点在一系列章节中被应用于各种类型的笑和喜剧分析之中。

【Fulke Greville】福尔克·格雷维尔（第二册 P707 注释①）

福尔克·格雷维尔（Fulke Greville，1554—1628），英国伊丽莎白时期诗人、剧作家、政治家。1581—1621 年间，他一直在英国下议院任职，获得贵族爵位，因此人称格雷维尔爵士。格雷维尔以其为菲利普·锡德尼爵士所作的传记闻名于世。此外，他的诗风阴郁，表达了对艺术、文学、美以及其他哲学问题的思考，显示出了阴郁的、沉思的以及明显的加尔文主义的观点。

《阿拉姆》（第二册 P707 注释①）

《阿拉姆》Alaham：格雷维尔创作的书斋剧（只供阅读而不适合上演的剧本）。

【Geoffrey Edward Harvey Grigson】G. 格里格森（第一册 P128 注释①、第二册 P67【增订四】、第二册 P260【增订四】、第二册 P327【增订四】、第二册 P804【增订四】）

G. 格里格森（Geoffrey Edward Harvey Grigson，1905—1985），英国

诗人、作家、编辑、批评家、文选编者和自然主义者。在 20 世纪 30 年代，他曾在当时颇具影响力的《新诗》(*New Verse*)担任编辑，并相继出版了收录他自己的诗歌在内的十三部诗歌选集，还编选了其他许多涉及艺术、旅行、乡村等题材的文选。

《费伯流行诗歌集》(第二册 P67【增订四】、第二册 P260【增订四】、第二册 P327【增订四】、第二册 P804【增订四】)(备注：钱钟书引用过其中的《扬基歌》《青蛙和乌鸦》《两术师》《我看见一个鱼塘》)

《费伯流行诗歌集》*The Faber Book of Popular Verse*：G. 格里格森编，1971 年出版。

【William John Gruffydd】格鲁菲德(第三册 P411【增订三】)

格鲁菲德(William John Gruffydd，1881—1954)，英国威尔士学者、诗人、作家、政治家。其他不详。

《里安农》*Rhiannon*：格鲁菲德著，其他不详。

【John Alexander Gunn】J. A. 冈恩(第一册 P107 注释②、第三册 P132 注释①、第三册 P598 注释①)

J. A. 冈恩(John Alexander Gunn，1896—1975)，英国哲学家，著有《柏格森及其哲学》《现代法国哲学》《时间的问题》《社会学角度的艺术》等书。

《社会学角度的艺术》(第三册 P598 注释①)

《社会学角度的艺术》*'Art au Point de Vue sociologique*：冈恩著，出版于 1889 年。此作提出，艺术是一种普遍感观，而美学经验则是一种私人体验。

《时间的问题》(第一册 P107 注释②、第三册 P132 注释①)

《时间的问题》*The Problem of Time*：冈恩著，发表于 1929 年。其他不详。

【Der Guotaere】德·库忒尔(第一册 P68 注释①、第一册 P286 注释③)

德·库忒尔，疑为英国学者，其他不详。

《企鹅图书之德国诗歌卷》(第一册 P68 注释①、第一册 P286 注释③)

《企鹅丛书之德国诗歌卷》_The Penguin Books of German Verse_：德·库忒尔编著的诗歌选集。此选集追溯了从中世纪早期到 20 世纪德国诗歌的演变——从中世纪的歌词、民谣到 16 世纪的新教赞美诗，再到德国文学大爆炸时期的歌德和席勒的诗，以及后来的孤独的天才荷尔德林的诗，直至 19 世纪后期的自然主义诗歌、一战后的表现主义诗歌以及 20 世纪其他诸如洛克（Loerke）和贝托尔特·布莱希特（Bertolt Brecht）等著名诗人的诗。

H

【Jean H. Hagstrum】让·H. 哈格斯特鲁姆（第二册 P81【增订四】、第二册 P566 注释①、第四册 P235 注释①）

让·H. 哈格斯特鲁姆（Jean H. Hagstrum，1913—1995），英国学者。在 1941—1981 年任教期间，主要讲授 18 世纪和浪漫主义时期的文学，并发表了许多相关的作品。他关注诗歌与绘画之间的关系，研究路径不仅仅基于史实，还包括心理学。

《姐妹艺术》（第二册 P81【增订四】、第二册 P566 注释①、第四册 P235 注释①）

《姐妹艺术》_The Sister Arts_：哈格斯特鲁姆著，发表于 1958 年，探讨了从德莱顿时代到格雷时代有关文学描写以及英语诗歌的传统。

【Antoine Hamilton】安托万·汉米尔顿（第一册 P485 注释②、第一册 P558 注释④、第二册 P393 注释①）

安托万·汉米尔顿（Antoine Hamilton，1646—1720），爱尔兰古典作家，主要作品均用法语创作。

《四个方面》（第一册 P485 注释②）

《四个方面》_Les Quatre Facardins_：安托万·汉米尔顿著，其他不详。

《迷人的浮士德》（第一册 P558 注释④）

《迷人的浮士德》_L'Enchanteur Faustus_：安托万·汉米尔顿著，其他不详。

【B. Hathaway】B. 海瑟薇（第四册 P66 注释①）

B. **海瑟薇**,疑为英国作家,其他不详。

《批评时代》(第四册 P66 注释①)

《批评时代》*The Age of Criticism*:B. 海瑟薇著,其他不详。

【Hardy】**托马斯·哈代**(第二册 P57 注释①、第二册 P673 注释②、第三册 P195 注释①、P591【增订四】)

托马斯·哈代(Thomas Hardy),英国诗人、小说家。早期和中期的创作以小说为主,继承和发扬了维多利亚时代的文学传统;晚年以出色的诗歌开拓了英国 20 世纪的现代文学。代表作有《德伯家的苔丝》《无名的裘德》《还乡》和《卡斯特桥市长》等。

《埃塞贝妲的婚事》(第二册 P673 注释②)

《埃塞贝妲的婚事》*The Hand of Ethelberta*:哈代著的小说。在此作中,哈代着意进行了小说结构技巧方面的实验。

【William Hazlitt】**威廉·哈兹里特**(第一册 P608【增订三】、第二册 P151【增订三】)

威廉·哈兹里特(William Hazlitt,1778—1830),英国散文家、评论家、画家。代表作有散文集《席间闲谈》和《时代精神》等。

《全集》(第二册 P151【增订三】)

《全集》*Complete Works*:P. P. 贺维(P. P. Howe)编。

《说梦》(第二册 P151【增订三】)

《说梦》*On Dreams*:威廉·哈兹里特著。其他不详。

《席间闲谈》(第一册 P608【增订三】)

《席间闲谈》*Table-Talk*,*Essays on Men and Manners*:哈兹里特著,作于 1821—1822 年,共两卷,文章涉及艺术、文学和哲学等主题。

《詹姆斯·诺斯科特的谈话》(第一册 P608【增订三】)

《詹姆斯·诺斯科特的谈话》:出版于 1826 年,主要内容是詹姆斯·诺斯科特(James Northcote,1746—1831,英国画家)的辛辣和愤世嫉俗的"谈话",被收录到《席间闲谈》中。

【Robert Herrick】**赫里克**(第二册 P239 注释①、第三册 P118 注释①)

赫里克(Robert Herrick,1591—1674),英国资产阶级革命时期和复

辟时期的"骑士派"诗人之一,以田园抒情诗和爱情抒情诗著称,其抒情诗往往以淳朴的农村生活为题材,如《樱桃熟了》《快摘玫瑰花苞》《致水仙》《疯姑娘之歌》等。他的许多诗被谱曲传唱。赫里克传世的约 1 400 首诗分别收在《雅歌》和《西方乐土》中。

《莱肯和色希斯》(第二册 P239 注释①)

《莱肯和色希斯》*Lacon and Thyrsis*:赫里克著的诗歌,其他不详。

【G. B. Hill】G. B. 希尔(第二册 P563 注释①)

G. B. 希尔(G. B. Hill,生卒年不详),疑为英国作家,其他不详。

《约翰逊杂录》(第二册 P563 注释①)

《约翰逊杂录》*Johnsonian Miscellanies*:G. B. 希尔著,其他不详。

【George Herbert】乔治·赫伯特(第一册 P98 注释①、第一册 P330 注释①、第二册 P126 注释①、第二册 P265 注释①、第二册 P366 注释②、第二册 P479 注释②)(备注:钱钟书引用过乔治·赫伯特的《天意》《眩晕》《忏悔》《复活节》等诗作。)

乔治·赫伯特(George Herbert,1593—1633),英国威尔士诗人、演说家、牧师、玄学派诗人。他的作品将丰富的感情和清晰的逻辑融为一体,描写生动形象,隐喻出神入化,特别是,他坚持不懈用精确的语言来创作宗教诗。代表作有诗作《衣领》等。

《箴言集》(第一册 P98 注释①、第二册 P479 注释②)

《箴言集》*Maximes Posthume*:也被叫做"智者的飞镖",是乔治·赫伯特在 17 世纪编辑的近 1 200 条谚语的集子。这个选集富有趣味,迎合了人们的好奇心。

【Thomas Hobbes】托马斯·霍布斯(第一册 P362 注释⑤、第一册 P428 注释①、第二册 P15 注释①)

托马斯·霍布斯(Thomas Hobbes,1588—1679),英国政治家、哲学家。他反对君权神授,主张君主专制,提出"自然状态"和国家起源说,指出国家是人们为了遵守"自然法"而订立契约所形成的一部人造"机器"。他把罗马教皇比作魔王,僧侣比作群鬼,但主张利用"国教"来管束人民,维护"秩序"。代表作有《论政体》《利维坦》《论人》《论社会》等。

《利维坦》(第一册 P362 注释⑤、第一册 P428 注释①、第二册 P15 注释①)

《利维坦》*Leviathan*:托马斯·霍布斯著,1651 年出版。全名为《利维坦,或教会国家和市民国家的实质、形式和权力》(*Leviathan or The Matter, Forme and Power of a Common Wealth Ecclesiastical and Civil*;又译《巨灵论》),是西方最著名和有影响力的政治哲学著作之一。该书系统阐述了国家学说,探讨了社会的结构。"利维坦"原为《圣经·旧约》中记载的一种怪兽,在本书中用来比喻强势的国家。书里的大多数篇幅都用于证明只有强大的中央权威才能够避免邪恶的混乱和内战,其中的社会契约论、人性论,以及国家的本质和作用等思想在西方产生了深远影响。

【Alan Hodge】艾伦·霍奇(第一册 P524 注释①)

艾伦·霍奇(Alan Hodge,1915—1979),英国历史学家和记者,曾与罗伯特·格雷夫斯合作撰写战争期间的英国社会历史。

《漫长周末》(第一册 P524 注释①)

《漫长周末》*The Long Weekend*:由艾伦·霍奇与罗伯特·格雷夫斯(Robert Graves,1895—1985,英国小说家、诗人、评论家。代表作有历史小说和传奇小说《克劳狄乌斯自传》《克劳狄乌斯封神记》《白色女神》《荷马之女》等,也写过一些优美洗练的爱情诗)合著。此作主要论一战和二战期间的英国社会,涉及英国政治、商业、科学、宗教、艺术、文学、时尚、教育、时髦娱乐、室内生活以及性关系等诸多方面。

【W. Hogarth】霍加斯(第二册 P316 注释①、第二册 P537【增订三】、第二册 P579 注释③、第三册 P292 注释②)

霍加斯(W. Hogarth,1697—1764),英国画家、18 世纪英国风俗画奠基人、讽刺画和欧洲连环漫画的先驱、艺术理论家,可以说是英国第一位在欧洲赢得声誉并富于民族特色的美术家,被称为"英国绘画之父"。他兼具画家的眼、手和小说家的头脑。创作题材多数取自现实生活,作品范围极广,对现实社会中的人物和事件都有敏锐的观察和理解,作品经常讽刺和嘲笑当时的政治和风俗,其绘画风格被称为"霍加斯风格"。绘画代表作有《时髦婚姻》《浪子回头》《卖虾女》等,还有美学著作《美的分析》等。

《美的分析》（第二册 P316 注释①、第二册 P537【增订三】、第三册 P292 注释②）

《美的分析》*The Analysis of Beauty*：霍加斯著，于 1753 年发表，是欧洲美学史上第一篇关于形式分析的美学专著。此作对后来的绘画发展有较大的影响，并引起了英国民族艺术风格的兴起。作者认为，达到绘画美的钥匙就是优美、雅致的曲线。

【Richard Hoggart】R. 霍加特（第二册 P157 注释①）

R. 霍加特（Richard Hoggart，1918—2014），英国学者，研究领域涉及社会学、英语文学与文化研究，主要关注英国大众文化。他是英国文化研究的奠基人和创建者。代表作有《识字的用途》等。

《识字的用途》（第二册 P157 注释①）

《识字的用途》*The Uses of Literacy*：霍加特著。此作详细绘制了一幅 20 世纪 50 年代英国工人阶级的生活文化图，描绘了二战后广告、大众媒介和美国化对此阶级的生活及其价值观的腐蚀，被《卫报》誉为"稳居 20 世纪伟大书目之列"。

【Thomas Hood】托马斯·胡德（第二册 P160 注释②）

托马斯·胡德（Thomas Hood，1799—1845），英国诗人、作家，最著名的诗歌有《叹息之桥》和《衬衫之歌》。

【Lady Saba Holland】萨巴·赫兰德（第一册 P47 注释①）

萨巴·赫兰德（Lady Saba Holland，1802—1866），悉尼·史密斯（Sydney Smith）的长女，因其所著关于其父亲悉尼·史密斯的回忆录而闻名。

《悉尼·史密斯传》（第一册 P47 注释①）

《悉尼·史密斯传》*A Memoir of Sydney Smith*：萨巴·赫兰德为其父亲所著传记。悉尼·史密斯（1771—1845）是英国作家、圣公会牧师。

【A. E. Housman】A. E. 豪斯曼（第三册 P158 注释⑤）

A. E. 豪斯曼（A. E. Housman，1859—1936），英国最富盛名的古典

主义学者之一,同时也是著名的悲观主义诗人,作为田园式、爱国主义、怀旧等主题的创作高手至今受到英国人的欢迎。代表作有诗集《西罗普郡少年》《诗后集》及《诗外集》等。

【M. de Wolfe Howe】德·伍尔夫·霍尔及其编撰的《福尔摩斯与波洛克的信件》[原名 Holmes-Pollock Letters: the Correspondence of Mr Justice Holmes & Sir Frederick Pollock 1874—1932,欧·福尔摩斯(O. W. Holmes)著,1942 年出版](第一册 P430 注释①):疑为英国作家作品。

【David Hume】大卫·休谟(第一册 P391 注释③、第一册 P529 注释②、第二册 P59 注释①、第二册 P71 注释①、第三册 P304 注释①)

大卫·休谟(David Hume,1711—1776),英国哲学家、经济学家和历史学家,苏格兰人,是苏格兰启蒙运动中最重要的人物之一。休谟的哲学主要受到经验主义者约翰·洛克和乔治·贝克莱的深刻影响。休谟最直接、最重要的贡献是推动了康德批判哲学的形成,他总结了自笛卡儿以来近代西方哲学的成果。

《大卫·休谟书信集》(第一册 P529 注释②、第四册 P288 注释②)

《大卫·休谟书信集》*The Letters of David Hume*:J. Y. T. 基利编,1932 年出版。此书提供了大量关于休谟的资料,对于对早期现代思想感兴趣的任何人都具有独特的价值。

《道德和政治论文集》(第三册 P304 注释①)

《道德和政治论文集》*Essays, Moral, Political, and Literary*:休谟著,1744 年出版,此作收集了休谟多年累积的一系列论文,并在休谟去世前不久被汇编为一册出版。

《人性论》(第一册 P391 注释③、第二册 P59 注释①、第二册 P71 注释①)

《人性论》*Treatise of Human Nature*:休谟于 1739—1740 年发表的哲学著作。全书分三卷,分别是"论知性""论情感"和"论道德"。此作阐述了休谟思想中最重要的方面,如关于社会秩序和制度正义的看法,关于人性的三个假设,关于自私和同情的看法等等。《人性论》是人类思想史中极其重要的一部作品。

【L'eigh Hunt】利·亨特(第二册 P446 注释①)

利·亨特(L'eigh Hunt,1784—1859),英国散文家、诗人、新闻记者、政论家。他于 1808 年创办《考察者》(*Examiner*)周刊,因主张废止奴隶买卖等进步主张而下狱,当时被公众视为争取言论自由的英雄。他与济慈、雪莱等浪漫主义诗人也交往密切,传为文坛佳话。他的散文极具洞察力与可读性,他的诗作则幽默、细腻。

【Henricus Huntindoniensis】亨利·亨廷顿(第一册 P523 注释②)

亨利·亨廷顿(Henricus Huntindoniensis,1088—1157),英国历史学家。代表作有《盎格鲁史》(*Historia Anglorum*)等。

《亨利·亨廷顿编年史》(第一册 P523 注释②)

《亨利·亨廷顿编年史》:亨利·亨廷顿著,其他不详。

【Aldous Leonard Huxley】A. 赫胥黎(第一册 P458 注释④、第二册 P35 注释①、第二册 P201 注释①、第二册 P205 注释②)

A. 赫胥黎(Aldous Leonard Huxley,1894—1963),英国作家,他以小说和大量散文作品闻名于世,也出版过短篇小说、游记、电影故事和剧本。代表作有《美丽新世界》《铬黄》《男女滑稽圆舞》等。

《夜之乐》(第一册 P458 注释④)

《夜之乐》:A. 赫胥黎著的论文集,1931 年出版。

《幕后操纵者》(第二册 P35 注释①)

《幕后操纵者》:A. 赫胥黎著。此作是关于弗朗索瓦·勒克莱尔·德·特朗布莱的传记。弗朗索瓦是嘉布遣修会修士,人称约瑟夫神父。

《正题与借口》(第二册 P201 注释①)

《正题与借口》:A. 赫胥黎所著的文集,里面包括一些诗文和评论。文集中,赫胥黎区分了所谓的信息和真正的知识,他认为,信息灵通和有修养是互相排斥的两回事。

《橄榄树》(第二册 P205 注释②)

《橄榄树》The Olive Tree:A. 赫胥黎著的散文集。

《劳伦斯信件》(第一册 P146 注释②)

《劳伦斯信件》The Letters of D. H. Lawrence:D. H. 劳伦斯著,A. 赫胥黎编。

J

【Henry James】亨利·詹姆斯（第一册 P400 注释①、第一册 P559 注释④、第四册 P560 注释①）

亨利·詹姆斯（Henry James，1843—1916），美国（英国）小说家、文学批评家、剧作家和散文家，被认为是心理分析小说的开创者之一，他对人的行为的认识有独到之处，是 20 世纪小说的意识流写作技巧的先驱。代表作有《一位女士的画像》《鸽翼》《使节》和《金碗》等。他的创作极大程度上影响了 20 世纪崛起的现代派及后现代派文学。

《小说的艺术》（第一册 P400 注释①）

《小说的艺术》*The Art of the Novel*：亨利·詹姆斯著。此作收集了他发表于不同时期的具代表性的文学评论，既包括他对屠格涅夫、巴尔扎克等作家以及小说本身的存在现状、发展前景的论述，也有他为自己的长篇小说撰写的序言。

【John Jones】约翰·琼斯（第二册 P761 注释②）

约翰·琼斯（John Jones，生卒年不详），疑为英国学者。

《论亚里士多德与希腊悲剧》（第二册 P761 注释②）

《论亚里士多德与希腊悲剧》*On Aristotle and Greek Tragedy*：约翰·琼斯著，其他不详。

【Samuel Johnson】塞缪尔·约翰逊（第一册 P411 注释①、第一册 P649 注释①、第三册 P27 注释①、第三册 P87 注释①、第三册 P103【增订四】、第三册 P302 注释①、第三册 P520 注释②、第三册 P587【增订四】、第三册 P590 注释①）

塞缪尔·约翰逊（Samuel Johnson，1709—1784），英国诗人、散文家、文学批评家、词典编纂家。代表作有《英文词典》《诗人传》《阿比西尼亚王子》等。

《拉塞拉斯》（第一册 P649 注释①）

《拉塞拉斯》*Rasselas*：约翰逊著，又名《阿比西尼亚国拉塞拉斯王子传》，出版于 1759 年，是一部富于道德和哲学思索的小说。

《漫步者》(第一册 P411 注释①、第三册 P87 注释①、第三册 P103【增订四】、第三册 P302 注释①)

《漫步者》*Rambler*:约翰逊自编的周刊,主要发表文学评论。

《诗人传》(第三册 P590 注释①)

《诗人传》*Lives of the English Poets*:约翰逊著,又称《诗人列传》(4 卷本,1779 年;6 卷本,1781 年),包含了约翰逊为 50 多个诗人所写的传记。

【Ben Jonson】本·琼森(第一册 P529 注释①、第二册 P673 注释①、第二册 P823 注释①、第三册 P161 注释①、第四册 P15 注释②、第四册 P58 注释①)

本·琼森(Ben Jonson,约 1572—1637),英国文艺复兴时期剧作家、评论家、诗人、演员。他的作品以讽刺剧见长,代表作有《炼金士》《福尔蓬奈》《格言诗》《森林集》等。

《今时不同往日》(第一册 P529 注释①)

《今时不同往日》*The Case is Altered*:本·琼森著,该剧首次出版于 1609 年。

《人人扫兴》(第一册 P529 注释①、第二册 P673 注释①、第四册 P15 注释②)

《人人扫兴》*Every Man out of His Humour*:本·琼森著。1598 年的《人人高兴》和 1599 年的《人人扫兴》是琼森根据气质论创作的癖性喜剧。《人人扫兴》虽然情节松散,但塑造并讽刺了各种类型的人物。在此剧前言,他提出"气质论",认为剧作家可以用 4 种不同的气质、不同的组合产生不同的人物性格,如嫉妒、多虑、爱吹嘘、胆怯、贪婪等。

《人人高兴》(第二册 P823 注释①)

《人人高兴》*Every Man in His Humour*:本·琼森著于 1598 年。《人人高兴》和《人人扫兴》是琼森根据气质论(中世纪所谓 4 种不同气质产生不同性格的生理学学说)创作的癖性喜剧。在这两部作品中本·琼森展现给读者一批常见的典型人物形象。

《炼金士》(第三册 P161 注释①)

《炼金士》*The Alchemist*:本·琼森于 1610 年创作的一部喜剧,它被认为是本·琼森最优秀的同时也是最具有特色的一出喜剧。《炼金士》被认为是古典"三一律"(地点、时间与情节的一致)剧与讽刺剧的完美结合。

【P. Mansell Jones】曼塞尔·琼斯（第二册 P138 注释①）

曼塞尔·琼斯（P. Mansell Jones，1889—1968），英国学者，其他不详。

《法国现代诗歌的背景》（第二册 P138 注释①）

《法国现代诗歌的背景》*The Background of Modern French Poetry*：曼塞尔·琼斯著，其他不详。

【H. W. B. Joseph】H. W. B. 约瑟夫（第二册 P56 注释①）

H. W. B. 约瑟夫（H. W. B. Joseph，1867—1943），英国作家、学者，代表作有《逻辑学导论》。

《逻辑学导论》（第二册 P56 注释①）

《逻辑学导论》*An Introduction to Logic*：约瑟夫著。此作是一本关于逻辑学的书籍，探讨了逻辑学的诸多方面。

【M. H. A. Jounod】M. H. A. 约诺德及其《一个非洲部落的生活》*The Life of a South African Tribe*（第二册 P573 注释②）：疑为英国作家作品。

【James Joyce】詹姆斯·乔伊斯（第一册 P718 注释①）

詹姆斯·乔伊斯（James Joyce，1882—1941），英国小说家、诗人，出生于爱尔兰。其作品及"意识流"思想对世界文坛影响巨大，被称为后现代文学的奠基者之一。代表作有小说《尤利西斯》《青年艺术家的自画像》《都柏林人》《芬尼根的守灵夜》等。

《尤利西斯》（第一册 P718 注释①）

《尤利西斯》*Ulysses*：乔伊斯著，意识流小说的代表作。该小说描述了男主人公利奥波德·布卢姆于 1904 年 6 月 16 日一天十八个小时之内在都柏林的生活经历。乔伊斯通过描述一个人一天日常生活和精神变化展示了一幅人类社会的缩影。

K

【John Keats】约翰·济慈（第一册 P256 注释①、第二册 P128 注释

①、第二册 P695 注释①、第二册 P744 注释①、第三册 P60 注释①、第三册 P601【增订三】、第四册 P307 注释①、第四册 P534 注释①、第四册 P539 注释①)

约翰·济慈(John Keats,1795—1821),英国诗人、作家,浪漫主义运动的杰出代表,与雪莱、拜伦齐名。济慈才华横溢,擅长描绘自然景色和事物外貌,善于将多种情感与自然完美结合,主张"美即是真,真即是美"。他重视写作技巧,语言华美,对后世抒情诗的创作影响极大。他的诗被认为完美体现了西方浪漫主义诗歌特色,代表作有《恩底弥翁》《夜莺颂》《希腊古瓮颂》。

《书信集》(第二册 P128 注释①、第四册 P539 注释①)

《书信集》*Letters*:收录了济慈的一些信件。济慈的通信者主要是他的弟弟、妹妹、未婚妻以及其他诗人、朋友与出版商等。在这些书信中,济慈不假修饰地表述了他本人对诗歌和人生的见解,其中他对诗、想象力、真与美、善与恶等问题有独特体会,也涉及艺术、哲学乃至人类生存状况等。

《海伯利安》(第二册 P695 注释①)

《海伯利安》*Hyperion*:济慈著。1818 年,济慈出版了以古希腊神话为题材的长诗《恩底弥翁》,描写凡人恩底弥翁和月亮女神塞勒涅的爱情故事,遭到了保守派评论家的恶毒攻击。紧接着他又创作了同样题材的《海伯利安》。但是,诗人还未完成这首诗就去世了。《海伯利安》已完成的前三卷讲述了以萨图恩为首的老一代泰坦神,被他们的儿辈,以朱庇特为首的奥林匹斯神推翻并驱逐的故事。泰坦神失去了力量,仅有太阳神海伯利安保持着统治和尊严,但是泰坦神不甘屈服,他们打算重新复辟。

《拉弥亚》(第二册 P744 注释①)

《拉弥亚》*Lamia*:济慈著的叙事长诗。此作中,济慈以戏剧般的梦幻情节和人物之间的冲突对立展现出诗歌与哲学之间的矛盾关系。拉弥亚,是古希腊神话中半人半蛇的女性怪物,亦是在西方以猎杀小孩闻名的蛇妖。其上半身为娇艳女性,下半身是蛇类。

《忧郁颂》(第三册 P60 注释①)

《忧郁颂》*Ode to Melancholy*:济慈 1818 年的作品,此作表现了他所独有的对大自然的感受、想象以及生动表现这一切的卓越才华。

《希腊古瓮颂》(第四册 P539 注释①)

《希腊古瓮颂》*Ode on a Grecian Urn*：济慈所作的一首诗歌。诗歌通过诗人对古瓮的观感以及与古瓮的对话，得出了"美即是真，真即是美"的结论。

【Charles Kingsley】金斯利（第三册 P80 注释③）

金斯利（Charles Kingsley，1819—1875），英国作家、诗人。其代表作是长篇小说《酵母》《阿尔顿·洛克》，历史小说《向西方》和儿童读物《水孩子》等。

《酵母》（第三册 P80 注释③）

《酵母》*Yeast*：金斯利著，于 1848 年出版。此作描述了贫穷并揭露了社会弊病，表达了社会改良思想，奠定了金斯利文学家的地位。

【W. Knight】W. 奈特（第三册 P563 注释①）

W. 奈特（W. Knight，1836—1916），英国作家。代表作有《华兹华斯的作品和生活》《休姆》《哲学论文：新与旧》等。

《美的哲学》（第三册 P563 注释①）

《美的哲学》*The Philosophy of the Beautiful*：W. 奈特著，出版于 1895 年。此书的内容是作者 1889 年任教于爱丁堡哲学研究院时的演讲文稿，探讨了美的哲学。

【Arthur Koestler】A. 库斯勒（第一册 P592 注释②、第二册 P254 注释①）

A. 库斯勒（Arthur Koestler，1905—1983），英籍匈牙利裔作家。其作关注政治和哲学问题。代表作有《中午的黑暗》《创造的行为》等。

《创造的行为》（第一册 P592 注释②、第二册 P254 注释①）

《创造的行为》*The Act of Creation*：A. 库斯勒著，1964 年出版。此作提出，所有生物都具有创造性活动的能力，而这种生物活动通常受到主导生活的思想和行为惯例的压制；因而，人类最具创造性的时候正是理性思维暂停的时候—— 例如在梦境和恍惚状态。库斯勒通过本书想要建立一个有关人类创造力的理论体系。他在此作中研究了幽默、科学和艺术中的发现、发明、想象和创造过程。他通过描述和比较不同例子的发明和发现，得出结论，它们都有一个共同的模式，并命名为"异类联想"。这一概念为认知语言学家吉勒斯·福科尼耶和马克·特纳所采用,并将其发展为概念整合理论。

L

【G. F. Lahey】G. F. 莱希(第二册 P263 注释①)

G. F. 莱希(G. F. Lahey,生卒年不详),疑为英国作家,其他不详。

《霍普金斯传记》G. M. Hopkins:G. F. 莱希著,1930 年出版。此作是霍普金斯早期研究最权威的一本书。(备注:霍普金斯,G. M. Hopkins,1844—1889,英国诗人。他的诗表现自然界万物的个性以及诗人对大自然的感怀,风格清新,并在格律、意境和词藻上都有所创新。他好用头韵、内韵,仿效"日常语言的自然节奏",用一种"弹跳韵律"。他的诗受济慈、德莱顿、多恩和罗斯金等人的影响,代表作有《风鹰》《春秋》和《星夜》等。)

【Charles Lamb】查尔斯·兰姆(第一册 P560 注释③、第一册 P697 注释③、第二册 P579 注释③、第四册 P175 注释①)

查尔斯·兰姆(Charles Lamb,1775—1834),英国散文家。

《查尔斯·兰姆和玛丽·兰姆作品集》(第二册 P579 注释③)

《查尔斯·兰姆和玛丽·兰姆作品集》Works of Charles and Mary Lamb:查尔斯·兰姆与玛丽·兰姆(Mary Lamb,1764—1847,英国作家,查尔斯·兰姆的姐姐)合作改写的《莎士比亚故事集》,两人以此出名。

《伊利亚随笔》(第一册 P697 注释③)

《伊利亚随笔》Essays of Elia:查尔斯·兰姆的随笔作品。兰姆以"伊利亚"为笔名,写日常作息、家长里短,作者将平生感念娓娓道来,既写本人的独特经历,又浸淫于广阔深挚的人道主义氛围,文风含蓄迂回,又显情真意切。

《英国戏剧诗人之范作》(第一册 P560 注释③、第四册 P175 注释①)

《英国戏剧诗人之范作》Specimens of English Dramatic Poets:兰姆著,原名《莎士比亚同时代英国戏剧诗人之范作及注》(Specimens of English Dramatic Poets, Who Lived about the Time of Shakspeare, with Notes),1808 年出版。

【**Mary Lamb**】玛丽·兰姆（第二册 P579 注释③）

玛丽·兰姆（Mary Lamb，1764—1847），英国作家，是查尔斯·兰姆的姐姐。玛丽与查尔斯合作改写了《莎士比亚故事集》。

【**Walter Savage Landor**】W. S. 兰德（第二册 P463【增订三】、第三册 P337 注释①）

W. S. 兰德（Walter Savage Landor，1775—1864），英国诗人和散文家。作品有抒情诗、剧本、英雄史诗，与当时的桂冠诗人华兹华斯同时代。代表作为《假想对话录》（此书以古喻今，假借古代人物两两对谈，泛论各种主题）、《生与死》《我和谁都不争》等。

【**Edward William Lane**】E. W. 蓝恩（第一册 P186 注释①）

E. W. 蓝恩（Edward William Lane，1801—1876），英国东方学者、翻译家和词典编纂家。他因翻译《一千零一夜》闻名于世，著有《中世纪的阿拉伯社会》《阿拉伯语英语词典》等。

《中世纪的阿拉伯社会》（第一册 P186 注释①）

《中世纪的阿拉伯社会》*Arabian Society in the Middle Ages：Studies from the Thousand and one Nights*：蓝恩著，1883 年出版。该书全面地介绍了中世纪阿拉伯的风土人情，为阅读《一千零一夜》的读者提供了百科全书式的注解。

【**David Herbert Lawrence**】D. H. 劳伦斯（参见第一册 P146 注释②、第二册 P205 注释②、第三册 P34 注释②、第四册 P12 注释①）

D. H. 劳伦斯（David Herbert Lawrence，1885—1930），英国小说家、诗人、散文家。代表作有《爱恋中的女人》《儿子与情人》《虹》和《查太莱夫人的情人》等。

《关于豪猪之死的断想》（第四册 P12 注释①）

《关于豪猪之死的断想》*Reflections on the Death of a Porcupine and Other Essays*：D. H. 劳伦斯著的散文集，发表于 1925 年。

《劳伦斯书信选》（参见第一册 P146 注释②、第二册 P205 注释②）

《劳伦斯书信选》*Collected Letters*：劳伦斯的书信，其他不详。

《羽蛇》（第三册 P34 注释②）

《羽蛇》*The Plumed Serpent*：劳伦斯著，于 1926 年出版。作品讲述了厌恶西方文明世界的主人公凯特去墨西哥寻找新生，不料被卷入当地推翻天主教、恢复羽蛇神古教的漩涡中。凯特相信，一切真正生活的关键在于男女之间充满活力的性爱关系。

【Lewis Gaston Leary】利里（第一册 P628 注释②）

利里（Lewis Gaston Leary，1877—1951），疑为英国学者。

《当代文学研究》（第一册 P628 注释②）

《当代文学研究》*Contemporary Literary Scholarship*：利里编，其他不详。

【Sir Sidney Lee】S. 李（第二册 P816 注释②）

S. 李（Sir Sidney Lee，1859—1926），疑为英国学者，其他不详。

《英格兰的法国文艺复兴》（第二册 P816 注释②）

《英格兰的法国文艺复兴》*The French Renaissance in England*：S. 李著，其他不详。

【Ver Vernon Lee】浮龙·李（第一册 P440 注释③、第三册 P397 注释②、第三册 P455 注释①）

浮龙·李（Ver Vernon Lee，亦译"弗农·李"，原名 Violet Paget，1856—1935），英国文艺批评家、美学家、小说家，"移情说"在英国的主要代表。代表作有《美与丑》《论美》《18 世纪意大利研究》等。

《文艺复兴时期的幻想与研究》（第三册 P455 注释①）

《文艺复兴时期的幻想与研究》*Renaissance Fancies and Studies*：全称《文艺复兴时期的幻想与研究——〈欧福里翁〉续篇》，浮龙·李著于 1895 年。浮龙·李被认为是研究意大利文艺复兴的权威人物，其《欧福里翁》和后来的《文艺复兴时期的幻想与研究》均探讨意大利文艺复兴。《文艺复兴时期的幻想与研究》中汇集了大量的批评论文，从中可以看到浮龙·李对文艺复兴时期从宗教诗歌到雕塑等一系列艺术形式的评论。

《语言掌握》（第一册 P440 注释③）

《语言掌握》*The Handling of Words*：浮龙·李著，1923 年出版，原名《语言使用和其他文学心理学研究杂谈》（*The Handling of Words and Other Studies in Literary Psychology*）。

《音乐及其爱好者》（第三册 P397 注释②）

《音乐及其爱好者》*Music and Its Lovers*：全称《音乐及其爱好者——对音乐的情感和想象反应的实证研究》（*Music and Its Lovers——An Empirical Study of Emotional and Imaginative Responses to Music*）。浮龙·李著于 1932 年。此作体现了浮龙·李对音乐反应的研究。它由 26 个问题组成，论及如何感知意义到联想和记忆。此作不仅吸引了那些对音乐和音乐理论有着浓厚兴趣的人，同样也吸引了与音乐相关的古物、文学收藏者。

【Clive Staples Lewis】C. S. 刘易斯（第一册 P27 注释①、第一册 P372 注释①、第二册 P149 注释①、第二册 P599 注释①、第三册 P38 注释①）

C. S. 刘易斯（Clive Staples Lewis，1898—1963），英国小说家、诗人、学者、中世纪研究者、文学批评家、散文家、神学家。代表作有《纳尼亚传奇》和《太空三部曲》。作为基督教护教者，写过《返璞归真：纯粹的基督教》《四种爱》《痛苦的奥秘》等。

《文字研究》（第一册 P372 注释①、第三册 P38 注释①）

《文字研究》*Studies in Words*：C. S. 刘易斯所撰写的语言学著作，1960 年由剑桥大学出版社出版。此作中，刘易斯探讨了在英语中常用的许多词汇随着历史发展发生的语义变迁现象。

《被弃的意象》（第二册 P149 注释①）

《被弃的意象》*The Discarded Image*：刘易斯著，刻画了一幅中世纪世界观的清晰画卷，提供了中世纪及文艺复兴时期文学的历史和文化背景。此书描绘了被后人抛弃的中世纪综合体这一意象，这一意象将神学、科学和历史看成是一个单一、复杂、和谐的万物心理模型。

《分割的意象》（第二册 P599 注释①）

《分割的意象》*The Divided Image*：C. S. 刘易斯著，其他不详。

【John Locke】洛克（第一册 P539 注释①）

洛克（John Locke，1632—1704），英国哲学家。洛克与乔治·贝克莱、大卫·休谟三人被列为英国经验主义（British Empiricism）的代表人物。他对后代政治哲学的发展也产生了巨大影响，在社会契约理论上做出了重要贡献。洛克提出了心灵是一块"白板"的假设，也是第一个以连续的"意识"来定义自我概念的哲学家。

《人类理解论》（第一册 P539 注释①）

《人类理解论》*An Essay concerning Human Understanding*：洛克著，1690 年出版。此作是英国经验论哲学的代表作，探究了人类知识的缘起、规律和扩展，同时讨论信仰、观点和共识。洛克提出，"人类一切知识的泉源就是经验"，"人心就像一张白纸，上面什么字迹也没有"。

【Frederick Locker】弗雷德里克·洛克（第三册 P151 注释①）

弗雷德里克·洛克（Frederick Locker，生卒年不详），疑为英国作家，其他不详。

《杂谈》（第三册 P151 注释①）

《杂谈》*Patchwork*：弗雷德里克·洛克著，其他不详。

【John Gibson Lockhart】J. G. 洛克哈特（第一册 P287 注释①、第三册 P70 注释①）

J. G. 洛克哈特（John Gibson Lockhart，1794—1854），苏格兰作家和编辑。曾为其岳父司各特（Sir Walter Scott）作传记而出名。

《沃特·斯科特先生的一生》（第一册 P287 注释①、第三册 P70 注释①）

《沃特·司各特先生的一生》*The Life of Sir Walter Scott*：J. G. 洛克哈特所著的关于司各特（Sir Walter Scott）的传记。

【Lyly】李利（第二册 P178 注释①、第二册 P586 注释①）

李利（John Lyly，1554—1606），英国伊丽莎白时代"大学才子派"戏剧家、小说家、科学家。他的喜剧多半以古代神话和古代文学为题材，以田园大自然为背景。李利的传奇刻画当代生活，与中世纪幻想传奇有区别，而且他在传奇中还大量引用古希腊罗马名人轶事的典故、谚语，使用双关语、俏皮话。他还致力于语言革新，创造了"尤菲绮斯体"，并大量使用直喻、隐喻、对仗、双声、拟人等手段，追求绮丽的效果。

《坎巴斯帕》（第二册 P178 注释①）

《坎巴斯帕》*Campaspe*：李利早期的剧本。该作的风格非常华丽。李利没有在作品中进行伦理道德的说教,因此异于之前注重道德说教的戏剧传统。与此同时,这一作品与李利之后的作品也不同,并没有涉及寓言。《坎巴斯帕》呈现了一个浪漫主义的历史传说,具有十分纯粹的娱乐效果。

《尤菲绮斯》(第二册 P586 注释①)

《尤菲绮斯》_Euphues_:李利著。讲述了年青富有的雅典人尤菲绮斯在那不勒斯的经历。尤菲绮斯不听年老的智者的劝告,纵情声色,爱上了朋友菲劳斯特的爱人露西亚。而露西亚喜新厌旧,不久便另结新欢。尤菲绮斯只得重返雅典,埋首书本之中。作者借此谈论了爱情、信仰、道德、教育、习俗等问题。

M

【Christopher Marlowe】克里斯托弗·马洛(第一册 P191 注释①、第一册 P242 注释①、第二册 P341 注释①、第三册 P122 注释①)

克里斯托弗·马洛(Christopher Marlowe,1564—1593),英国文艺复兴时期重要诗人、剧作家。马洛革新了中世纪的戏剧,在舞台上创造了反映时代精神的巨人性格,并创"素体诗",为莎士比亚的创作铺平了道路。

《爱德华二世》(第一册 P242 注释①)

《爱德华二世》_Edward II_:马洛著。此剧讲述了被谋杀的统治者爱德华二世和男伴匹尔·加弗斯丁的同性爱情故事,是英语文化里第一次对同性恋伴侣寄予同情的剧作。

《帖木儿大帝》(第二册 P341 注释①、第三册 P122 注释①)

《帖木儿大帝》_Tamburlaine_:马洛的第一个剧本。此剧讲述了 14 世纪一个普通牧民帖木儿,登上王位,成为鞑靼统治者的故事,是一部"巨星陨落"式的悲剧。骄横跋扈的蒙古大帝帖木儿利用波斯国王的弟弟推翻了波斯王,登上王位后又残杀了波斯王的弟弟。然后帖木儿马不停蹄地战败了土耳其君主并将他关入囚笼示众。最后这个野心勃勃、残暴无情的牧羊人向上天的权威发动攻击,致使他所向披靡的铁骑陷入绝境。作者通过刻画一个权迷心窍、嗜血成性的枭雄,表达了文艺复兴时期人们对权势的无尽渴望。

《希罗与利安德》（第一册 P191 注释①）

　　《希罗与利安德》*Hero & Leander*：作于 1598 年，是马洛创作的最大成就之一，是一首未完成的叙事诗。希罗与利安德各住在赫勒斯滂（Hellespont）的海峡一边，利安德每夜游过海峡去与希罗相会，直到在一天夜里被淹死，希罗也跳海殉情。故事来自希腊，马洛用它做为诗的骨架，细节则很多是他所创造的，但他只写完两章，其余三章由查普曼完成。

【Andrew Marvell】安德鲁·马维尔（第二册 P340 注释③）

　　安德鲁·马维尔（Andrew Marvell，1621—1678），17 世纪英国著名的玄学派诗人，作有许多政治讽刺诗和小品文，抨击政府的腐败和宗教的迫害。但大部分诗作都是在他死后发表的，其中最著名的作品有《致羞涩的情人》《花园》和《哀叹幼鹿之死的仙女》等。

《爱的定义》（第二册 P340 注释③）

　　《爱的定义》*The Definition of Love*：马维尔著。在这首诗中，作者描写了恋爱中有缘无分、爱不可得的失望之情。

【Philip Massinger】菲利普·马辛格（第一册 P589 注释①）

　　菲利普·马辛格（Philip Massinger，1583—1640），英国剧作家，以喜剧闻名，是 17 世纪早期英国剧作家中编剧技巧最佳者之一。代表作有《米兰公爵》《城市夫人》《偿还旧债的新方法》等。

《偿还旧债的新方法》（第一册 P589 注释①）

　　《偿还旧债的新方法》*A New Way to Pay Old Debts*：马辛杰所著的讽刺喜剧。此作塑造了一个工于心计的、贪婪的人物形象，名字就叫诡计·太机灵爵士，整出喜剧具有严肃的劝善、惩恶目的。

【George Du Maurier】杜·莫里耶（第四册 P431 注释①）

　　杜·莫里耶（George Du Maurier，1834—1896），英国小说家、插图画家。1894 年的《软帽子》是他最受欢迎的小说，被改编成戏剧后也很成功。

《软帽子》（第四册 P431 注释①）

　　《软帽子》*Trilby*：杜·莫里耶所著的小说，此作常被改编成戏剧。在这部小说中，有一位名叫斯文加利的阴险音乐家，他用催眠术把巴黎一位画家的模特变成了著名的歌手。斯文加利后来成为可将他人引向成功的具有神秘邪恶力量的人的代名词。

【George Meredith】乔治·梅瑞狄斯（第四册 P527 注释②）

乔治·梅瑞狄斯（George Meredith，1828—1909），英国作家。他一生写了 20 多部小说和许多诗歌。与同时代作家的作品不同，他不注重结构和技巧，而以精彩的对话、充满机智和诗意的宏伟场面以及对人物心理的刻画著称。在女性观方面，他远远超越其时代，他把妇女看成和男子平等的完全独立的个体。

《克劳斯威的黛安娜》（第四册 P527 注释②）

《克劳斯威的黛安娜》*Diana of the Crossways*：梅瑞狄斯著的小说，描写夫妻不和谐的痛苦。

【Richard McKeon】理查德·麦基翁（第一册 P37 注释③）

理查德·麦基翁（Richard McKeon，生卒年不详），疑为英国学者。

《亚里士多德要籍选》（第一册 P37 注释③、第三册 P19 注释②、第三册 P104 注释②、第三册 P539 注释①）

《亚里士多德要籍选》*Basic Works of Aristotle*：理查德·麦基翁主编，1941 年由兰登书屋出版。该著作主要收录了亚里士多德的一些重要著作并加以阐释。

【Alice Meynell】爱丽斯·梅内尔（第二册 P653 注释③、第三册 P58 注释①）

爱丽斯·梅内尔（Alice Meynell，1847—1922），英国诗人、作家、妇女参政主义者。她的第一部诗集名为《序曲》。梅内尔还是西赛莉·汉密顿（Cicely Hamilton）创立的"女作家参政权联盟"（Women Writers' Suffrage League）的主要成员（该组织在 1908—1919 年非常活跃）。她的第一部诗集名为《序曲》，代表作有哲理诗《人生的节奏》等。

【Viola Meynell】薇奥拉·梅内尔（第二册 P653 注释③）

薇奥拉·梅内尔（Viola Meynell，1885—1956），英国作家、小说家、诗人。她总共创作 20 余本书籍，但以其短篇小说和长篇小说闻名于世。

《爱丽丝·梅内尔》（第二册 P653 注释③）

《爱丽丝·梅内尔》*Alice Meynell*：薇奥拉·梅内尔为爱丽丝·梅内尔撰写的回忆录，出版于 1929 年。（备注：爱丽斯·梅内尔，Alice Meynell，1847—1922，英国诗人、作家、妇女参政主义者。见上一条。）

【Thomas Middleton】托马斯·米德尔顿（第一册 P560 注释③、第四册 P175 注释①）

托马斯·米德尔顿（Thomas Middleton，1580—1627），英国剧作家和诗人。他是英国文艺复兴时期为数不多既善写喜剧又善写悲剧的剧作家，此外，他还擅长描绘化装舞会和盛会游行。他的作品种类繁多、成就颇高，是当时唯一一位由莎士比亚剧团在莎翁逝世后授权改编莎翁戏剧的剧作家。代表作有《女人提防女人》《女巫》等。

《女巫》（第一册 P560 注释③、第四册 P175 注释①）

《女巫》*The Witch*：托马斯·米德尔顿创作于 1613—1616 年的一部悲喜剧。该作其后一直以手稿形式流传，直至 1778 年才出版。

【Michael Milgate】马歇尔·密尔盖特及其《托马斯·哈代》_Thomas Hardy_（第三册 P591【增订四】）：疑为英国作家作品，其他不详。

【John Stuart Mill】J. S. 穆勒（第一册 P539 注释①、第一册 P540【增订三】、第二册 P33 注释①）

J. S. 穆勒（John Stuart Mill，或译约翰·斯图尔特·密尔，1806—1873），英国哲学家、经济学家、心理学家、古典自由主义思想家。穆勒是孔德实证主义哲学在英国的继承者。他把实证主义思想从欧洲大陆传到英国，并拿它与英国经验主义传统相结合。代表作有《论自由》《政治经济学原理》《逻辑学体系》等。

《论文和论述》（第一册 P539 注释①）

《论文和论述》*Dissertations and Discussions*：J. S. 穆勒著，1859 年出版。

《逻辑学体系》（第一册 P540【增订三】）

《逻辑学体系》*A System of Logic*：1843 年出版，穆勒的古典逻辑的集大成之作，也是经验主义哲学向逻辑学领域的重大拓展。作者证明，逻辑学与经验主义哲学一脉相承。

《宗教三论》（第二册 P33 注释①）

《宗教三论》*Three Essays on Religion*：穆勒著，1874 年出版。其中第一篇《论自然》于 1854 年完稿。穆勒认为，人的职责是与自然的永恒斗争，迫使自然为人类服务，提升公义与善，是利用厚生，而不是师法自然。他认为，师法自然既不理性、也不道德。不理性，是因为人活在世上，就得改变自然之道来利用厚生；不道德，是因为自然之道充斥着令人极端厌恶的情事。

【**John Milton**】**约翰·弥尔顿**（第一册 P183 注释①、第一册 P286 注释②、第一册 P391 注释①、第一册 P505 注释①、第一册 P505 注释②、第一册 P557 注释③、第一册 P630【增订四】、第一册 P697 注释④、第二册 P151 注释④、第二册 P415 注释③、第二册 P671 注释①、第二册 P694 注释①、第二册 P706 注释①、第二册 P707 注释①、第四册 P175 注释②、第四册 P225 注释①）

约翰·弥尔顿（John Milton，1608—1674），英国诗人、政论家、民主斗士，17 世纪英国资产阶级革命时期的重要人物。代表作有长诗《失乐园》《复乐园》《论出版自由》和《力士参孙》等。

《沉思颂》（第二册 P706 注释①）

《沉思颂》*Il Penseroso*：弥尔顿著。《沉思颂》和《欢乐颂》是弥尔顿早年的两首杰作。这两首诗倾注了诗人对于自然满腔的挚爱，表达了诗人对人生诸世相透彻的思考，对生活积极的态度和深沉的爱恋，对英国后代诗人特别是浪漫派诗人产生了深远影响。

《复乐园》（第一册 P391 注释①）

《复乐园》*Paradise Regained*：弥尔顿著的长诗，发表于 1671 年，是其继长篇圣经题材《失乐园》之后的又一力作，也可以说是《失乐园》的续篇。此作中，作家以饱满的热情讴歌了耶稣的诞生，讲述了耶稣抵御住撒旦的诱惑，从而拯救人类重返伊甸园的故事。

《力士参孙》（第一册 P697 注释④）

《力士参孙》*Samson Agonistes*：弥尔顿所著的长篇诗歌。此作取材于圣经旧约，讲述以色列的大力士参孙被情人腓力斯人大利拉出卖，被弄瞎双眼。参孙不忘复仇，在腓力斯人逼迫下演武时推倒腓力斯人的庙宇，与敌人同归于尽。

《失乐园》(第一册 P183 注释①、第一册 P286 注释②、第一册 P391 注释①、第一册 P505 注释①、第一册 P505 注释②、第一册 P557 注释③、第一册 P630【增订四】、第二册 P151 注释④、第二册 P415 注释③、第二册 P671 注释①、第二册 P694 注释①、第二册 P707 注释①、第三册 P289 注释①、第四册 P175 注释②、第四册 P225 注释①)

《失乐园》*Paradise Lost*：弥尔顿创作的史诗。《失乐园》取材于圣经，讲述撒旦因反抗上帝的权威被打入地狱，而后为复仇寻至伊甸园，引诱亚当与夏娃偷吃上帝的禁果。最终，撒旦及其同伙遭谴全变成了蛇，亚当与夏娃被逐出了伊甸园。

【Charles Edward Montague】C. E. 蒙塔古(第一册 P85 注释①)

C. E. 蒙塔古(Charles Edward Montague，1867—1928)，英国记者，因写小说和散文而闻名。

《作家的行当日记》(第一册 P85 注释①)

《作家的行当日记》*A Writer's Notes on his Trade*：C. E. 蒙塔古著，其他不详。

【Edith J. Morley】伊迪丝·J. 莫利(第三册 P337 注释①、第三册 P576 注释②)

伊迪丝·J. 莫利(Edith J. Morley，1875—1964)，英国文学学者及妇女参政论者，第一位被任命为英国大学教授的女性。

《H. C. 罗宾逊和华兹华斯团体的通信》(第三册 P337 注释①、第三册 P576 注释②)

《H. C. 罗宾逊和华兹华斯团体的通信》*The Correspondence of H. C. Robinson with the Wordsworth Circle*：伊迪丝·J. 莫利编，其他不详。

【Thomas Moore】托马斯·莫尔(第三册 P77 注释①)

托马斯·莫尔(Thomas Moore，1478—1535)，英国文艺复兴时期的思想家、政治家、作家。1516 年他用拉丁文写成《乌托邦》一书。此作对空想社会主义思想的发展有很大影响。

【**John Henry Muirhead**】**J. H. 米尔黑德**(第四册 P503 注释②)

J. H. 米尔黑德(John Henry Muirhead,1855—1940),英国哲学家。代表作有《伦理学概论》《盎格鲁-撒克逊哲学中的柏拉图传统》等。

《盎格鲁-撒克逊哲学中的柏拉图传统》(第四册 P503 注释②)

《盎格鲁-撒克逊哲学中的柏拉图传统》Platonic Tradition in Anglo-Saxon Philosophy,米尔黑德著。其他不详。

N

【**Thomas Nashe**】**托马斯·纳什**(第二册 P602 注释④)

托马斯·纳什(Thomas Nashe,1567—1601),英国伊丽莎白时代的小册子作家、剧作家、诗人、讽刺作家。代表作有小说《不幸的旅行者》等。

《不幸的旅行者》(第二册 P602 注释④)

《不幸的旅行者》The Unfortunate Traveller:原名《不幸的旅行者:或,杰克·威尔顿的生活》(The Unfortunate Traveller:Or, the Life of Jack Wilton),是托马斯·纳什于 1594 年首次出版的一部流浪汉小说。此作故事背景是英格兰亨利八世统治时期。在这部生动活泼、文体大胆的小说中,主人公杰克·威尔顿在欧洲大陆历险,发现自己被卷入 16 世纪的历史潮流中。

【**John Henry Newman**】**J. H. 纽曼**(第四册 P539 注释①)

J. H. 纽曼(John Henry Newman,1801—1890),英国维多利亚时代的著名神学家、文学家、教育家和语言学家。代表作有《论基督教教义的发展》《大学的理想》《赞成语法论》等。

《赞成语法论》(第四册 P539 注释①)

《赞成语法论》Grammar of Assent:原名为 An Essay in Aid of a Grammar of Assent,纽曼著的宗教学兼话语分析著作。

【**John Norris**】**约翰·诺里斯**(第四册 P503 注释②)

约翰·诺里斯(John Norris,1657—1711),英国哲学家。

【**Winifred Nowottny**】**温尼弗莱德·诺沃提尼及其《诗人用言》**The

Language Poets Use（第二册 P318 注释①）：疑为英国作家作品，其他不详。

O

【Charles Kay Ogden】C. K. 奥格登（第一册 P195 注释⑤、第一册 P540【增订三】、第二册 P13 注释②、第三册 P300 注释①、第三册 P557 注释①、第四册 P8 注释①、第四册 P58 注释①）

C. K. 奥格登（Charles Kay Ogden，1889—1957），英国语言学家、哲学家和作家。他参与了许多与文学、政治、艺术和哲学有关的活动，特别是作为编辑，其影响较为深远。他通常被认为是语言心理学家，是基础英语的发明者和传播者。

《边沁的虚构理论》（第一册 P540【增订三】、第四册 P8 注释①）

《边沁的虚构理论》*Bentham's Theory of Fictions*：C. K. 奥格登编，边沁著。详见"边沁"词条解释。

《意义的意义》（第一册 P195 注释⑤、第三册 P557 注释①）

《意义的意义》*The Meaning of Meaning*（原名为 *The Meaning of Meaning：A Study of the Influence of Language upon Thought and of the Science of Symbolism*）：奥格登和瑞恰慈合著的书。此书系统地阐述了符号的语境理论。

【Iona Opie】艾奥娜·奥佩和彼得·奥佩（第二册 P327【增订四】、第二册 P547【增订四】、第二册 P570【增订五】、第二册 P673 注释③、第二册 P689【增订五】、第四册 P454 注释①）

艾奥娜·奥佩（Iona Opie，1923—2017）和**彼得·奥佩**（Peter Mason Opie，1918—1982）：英国学者，文选编者。两人是一对学者夫妻，他们一起研究民俗学和儿童文学，整理汇编了儿童文学、儿童玩具和游戏方面的大部头书籍，代表作有《牛津童谣词典》和《学龄儿童的知识与语言》等。

《经典童话故事》（第二册 P327【增订四】、第二册 P547【增订四】）

《经典童话故事》*The Classical Fairy Tales*：艾奥娜·奥佩和彼得·奥佩编著，1974 年出版。此书收集了来自世界各地的经典童话故事，共包含 24 个童话故事文本，而且从文本的角度剖析了每个故事的历史背景。

《迷信词典》（第二册 P570【增订五】、第二册 P689【增订五】）

《迷信词典》*A Dictionary of Superstitions*：艾奥娜·奥佩和莫伊拉·塔特姆(Moira Tatem，语言学家)合编的词典。这本书包含了人们可以想象的任何迷信背后的有趣故事，迷信以字典格式呈现。

《牛津童谣词典》(第二册 P673 注释③、第四册 P454 注释①)

《牛津童谣词典》*The Oxford Dictionary of Nursery Rhymes*：艾奥娜·奥佩和彼得·奥佩编著。

【Dorothy Osborne】多萝西·奥斯本(第四册 P126 注释①)

多萝西·奥斯本(Dorothy Osborne，1627—1995)，英国女作家，其他不详。

P

【Eric Partridge】埃里克·帕特里奇(第一册 P419 注释【增订三】、第二册 P479【增订二】、第四册 P74 注释①)

埃里克·帕特里奇(Eric Partridge，1894—1979)，新西兰裔英国人，英语词典编纂者，他特别关注俚语，编撰了《英语口头语词典》。

《英语口头语词典》(第一册 P419 注释【增订三】、第二册 P479【增订二】)

《英语口头语词典》*A Dictionary of Catch Phrases*：埃里克·帕特里奇编撰，1978 年出版，含英美从 16 世纪至今的口头语。口头语是指众所周知的、经常使用的短语或说法已经"流行"或在一段时间内变得流行的短语。它通常是诙谐或有哲理性的，这本词典汇集了 7 000 多个这样的短语。

《俚语与非习语英语词典》(第四册 P74 注释①)

《俚语与非习语英语词典》*A Dictionary of Slang and Unconventional English*：埃里克·帕特里奇编撰，其他不详。

【Walter Pater】瓦特·佩特(第二册 P506 注释①、第四册 P340 注释①、第四册 P535【增订四】)

瓦特·佩特(Walter Pater，1839—1894)，英国著名文艺批评家、作家。他是 19 世纪末提倡"为艺术而艺术"的英国唯美主义运动的代表人物。其散文和理论观点,在英国文学发展史上影响极大。代表作有《文艺复兴史研究》等。

《文艺复兴》(第二册 P506 注释①、第四册 P535【增订四】)

《文艺复兴》*The Renaissance*:佩特著。1873 年,他把自己历年发表的关于欧洲文艺复兴的代表人物的研究论文汇集出版,名为《文艺复兴史研究》,提出"为艺术而艺术"的美学主张。他的这部著作中的散文为他赢得了"拉斐尔前派"的称誉。此书再版时,改名为《文艺复兴》,受到了当时年轻的唯美主义者的狂热欢迎,对英国唯美主义作家奥斯卡·王尔德影响极大。

《鉴赏集》(第四册 P340 注释①)

《鉴赏集》*Appreciations*:佩特著于 1889 年。《鉴赏集》一书类似于《文艺复兴》式的评论,不过此作的研究对象是莎士比亚、华兹华斯、柯勒律治、兰姆、罗赛蒂等英国诗人、作家,而不是波提切利、米开朗琪罗、达·芬奇等意大利文艺复兴时期的艺术巨匠。

【Thomas Love Peacock】皮科克(第一册 P301 注释②、第一册 P647 注释①)

T. L. 皮科克(Thomas Love Peacock,1785—1866),英国作家。其小说以对话为主,人物描写和故事情节居于次要地位。1820 年他的短论《论诗的四个时代》引发雪莱(Percy Bysshe Shelley)撰写了著名的《诗之辩护》。皮科克的代表作有《黑德朗大厅》《险峻堂》等。

《黑德朗大厅》(第一册 P647 注释①)

《黑德朗大厅》*Headlong Hall*:皮科克著,1816 年出版,中篇小说。

《险峻堂》(第一册 P301 注释②)

《险峻堂》*Melincourt*:皮科克著的小说,发表于 1817 年。其他不详。

【Edgar Allison Peers】E. 埃里森·皮尔斯(第二册 P107 注释②、第四册 P357 注释⑤)

E. 埃里森·皮尔斯(Edgar Allison Peers,1891—1952),英国西班牙语言研究者和教育家,是利物浦大学西班牙语研究教授,并以创立现代人文研究协会(1918 年)和西班牙研究公报(1934 年)而闻名。代表作有《西班牙神秘主义》等。

《西班牙神秘主义》(第四册 P357 注释⑤)

《西班牙神秘主义》*Spanish Mysticism*：E. 埃里森·皮尔斯著。其他不详。

【Hesketh Pearson】海斯凯茨·皮尔森(第二册 P499 注释②)

海斯凯茨·皮尔森(Hesketh Pearson，1887—1964)，英国著名演员、戏剧导演和作家，以其受欢迎的传记闻名于世。在皮尔森的年代，他的传记使其成为英国传记作家中的领头人物，获得了经济上的极大成功。代表作有《萧伯纳的人生和人格》等。

《萧伯纳的人生与人格》(第二册 P499 注释②)

《萧伯纳的人生与人格》*Bernard Shaw*：海斯凯茨·皮尔森为萧伯纳写的传记，其他不详。

【Alexander Pope】亚历山大·蒲柏(第一册 P100 注释①、第三册 P87 注释①、第三册 P334 注释①、第三册 P579 注释②、第三册 P591【增订四】、第三册 P593【增订五】、第四册 P225 注释③)

亚历山大·蒲柏(Alexander Pope，1688—1744)，英国诗人，18 世纪英国著名的启蒙主义者。他推动了英国新古典主义文学发展。代表作品有《夺发记》《愚人志》等。

(备注：《马蒂努斯·斯克里布莱拉斯回忆录》*Memoirs of Martinus Scriblerus* 是一部未完成的讽刺作品。表面上由涂鸦社的成员所合著，实际上主要是由约翰·阿布斯诺特所撰写。这部作品中唯一已完成的一卷，于 1741 年被当作亚历山大·蒲柏作品的一部分出版。)

《夺发记》(第四册 P225 注释③)

《夺发记》*The Rape of the Lock*：也译作《秀发劫》，是蒲柏著的讽刺诗，发表于 1712 年。蒲柏以滑稽模仿英雄史诗的手法处理了一桩十分可笑的琐事——女王宫中一位公子哥偷偷剪去一位宫女的一撮美发，从而引起两家激烈地争吵。作者有意小题大做，使用华丽文笔写一对贵族男女因追逐游戏而交恶的社会新闻，揭示了时髦人士们生活的空虚无聊。

《批评论》(第三册 P334 注释①、第三册 P579 注释②、第三册 P593【增订五】)

《批评论》*An Essay in Critcism*：蒲伯 23 岁时的成名作。发表于 1711 年。

《愚人志》（第一册 P100 注释①、第三册 P87 注释①）

《愚人志》*The Dunciad*：蒲柏作于 1728—1743 年间的叙事讽刺诗。

【Siegbert Salomon Prawer】S. S. 普罗厄（第二册 P364【增订三】）

S. S. 普洛厄（Siegbert Salomon Prawer，1925—2012），牛津大学德语语言文学教授。

《卡尔·马克思与世界文学》（第二册 P364【增订三】）

《卡尔·马克思与世界文学》*Karl Marx and World Literature*：S. S. 普洛厄著，创作于 1976 年，探索马克思对从埃斯库罗斯到巴尔扎克的文学文本的使用，以及艺术和文学在其批判性视野下的核心作用。

【Alex Preminger】A. 普雷明格（第一册 P209 注释②、第一册 P234 注释①、第一册 P677 注释①、第二册 P340 注释①）

A. 普雷明格（Alex Preminger），英国学者，其他不详。

《新编普林斯顿诗歌与诗学百科全书》（第一册 P209 注释②、第一册 P234 注释①、第一册 P677 注释①、第二册 P340 注释①）

《新编普林斯顿诗歌与诗学百科全书》*Encyclopedia of Poetry and Poetics*：A. 普雷明格编辑，由普林斯顿大学出版，并多次修订。

【M. Prior】M. 普赖尔及其《文学作品》*Literary Works*（第二册 P160 注释③）：疑为英国作家作品。

Q

【Thomas De Quincey】德·昆西（第一册 P415 注释②、第二册 P151 注释①、第三册 P173 注释①、第三册 P244【增订四】）

德·昆西（Thomas De Quincey，1785—1859），英国散文家、文学批评家。因其作华美与瑰奇兼具，激情与舒缓并蓄，是英国浪漫主义文学中的代表性作品，他被誉为"少有的英语文体大师"。德·昆西写了很多散文作品，题材涉及文学、哲学、神学、政治学等领域。代表作有《一个英国鸦片吸食者的自白》等。

《一个英国鸦片吸食者的自白》（第三册 P244【增订四】）

《一个英国鸦片吸食者的自白》*Confessions of an English Opium Eater*：德·昆西于 1821 年出版的自传体小说，主要描述了他的鸦片瘾及鸦片对他生活的影响。

《德·昆西选集》（第一册 P415 注释②）

《德·昆西选集》*Collected Writings*：德·昆西著，D. 马森（D. Masson）编。其他不详。

R

【Charles Reade】查尔斯·里德（第一册 P73 注释①、第二册 P602【增订四】）

查尔斯·里德（Charles Reade，1814—1884），英国小说家，著有《患难与忠诚》《佩格沃零顿》《奥斯陆·约翰斯顿》《设身处地》等。

《患难与忠诚》（第一册 P73 注释①、第二册 P602【增订四】）

《患难与忠诚》*The Cloister and the Hearth*：又译《修道院与壁炉》，查尔斯·里德著。主人公杰勒德是荷兰特尔哥城一个布革商的儿子。他与玛格丽特真情相爱，却遭小人暗算，被迫流落他乡，走上堕落之路，遭刺得救后皈依宗教，成为一名出色的修士。后在教堂偶遇已为他生下一子的玛格丽特，却因极端的宗教信念，不敢留恋世俗情爱，躲进山洞过隐居生活，因玛格丽特夜抱幼子再三苦劝，才放弃隐居。

【Piers Paul Read】P. P. 李德（第一册 P388 注释①）

P. P. 李德（Piers Paul Read，1941—　），英国小说家、历史学家、传记作家。代表作有《活着》等。

《活着》（第一册 P388 注释①）

《活着》*Alive*（原名为 *Alive：The Story of the Andes Survivors*）：P. P. 李德著，1974 年出版。此书以真实事件为基础，叙述 1972 年飞机撞到大雪封顶的安德斯山后，机组人员和乘客求生的故事。

【Sir Joshua Reynolds】雷诺兹（第三册 P577 注释①）

雷诺兹(Sir Joshua Reynolds，1723—1792)，英国历史肖像画家和艺术评论家，英国皇家美术学院的创办人，在 18 世纪后期的英国最负盛名且颇具影响力。代表作有《阿尔贝玛伯爵夫人安娜像》《内莉·奥勃伦像》《约翰逊博士像》《托马斯·梅里克夫人像》等。他强调绘画创作中的理性一面，他曾作过 15 次著名的演讲，其中许多观点是英国 18 世纪美学原理最典型的体现。

《约翰逊杂记》(第三册 P577 注释①)

《约翰逊杂记》*Johnsonian Miscellanies*：雷诺兹著，G. B. 希尔(G. B. Hill)编，其他不详。

【Ivor Armstrong Richards】艾·阿·瑞恰慈(第一册 P195 注释⑤、第三册 P557 注释①)

艾·阿·瑞恰慈(Ivor Armstrong Richards，1893—1979)，英国文学批评家、美学家、诗人、语言教育家，"新批评派"理论的创始人之一。著有《批评原理》《实用批评》等。

《意义的意义》(第一册 P195 注释⑤、第三册 P557 注释①)

《意义的意义》*The Meaning of Meaning*(原名为 *The Meaning of Meaning：A Study of the Influence of Language upon Thought and of the Science of Symbolism*)：瑞恰慈和奥格登合著的书。此书系统地阐述了符号的语境理论。

【P. Rickard】里卡德及其《中世纪法国文学中的英国》*Britain in Medieval French Literature*(第二册 P816 注释②)：疑为英国作家作品，其他不详。

【Allan Edwin Rodway】A. E. 罗德温(第一册 P268 注释①、第一册 P285 注释①)

A. E. 罗德温(Allan Edwin Rodway)：疑为英国作家，其他不详。

《古德温和转型时代》(第一册 P268 注释①)

《古德温和转型时代》*Godwin and the Age of Transition*：A. E. 罗德温编，其他不详。

【W. Rose】W. 萝丝及其《现代德国抒情诗》*A Book of Modern German Lyric Verse*（第二册 P310 注释①）：疑为英国作家作品，其他不详。

【Edward Denison Ross】E. 罗斯（第二册 P594 注释②）

E. 罗斯（Edward Denison Ross，1871—1940），英国东方学专家、语言学家，主要研究远东地区的各种语言。他能够阅读 49 种语言，其中会说的有 30 种。他曾是英国近东信息局的负责人。他与艾琳·鲍尔一起编纂了长达 26 卷的《百老汇旅行者》，其中包括了 17 世纪海军牧师亨利的日记。

《蜡烛的两端》（第二册 P594 注释②）

《蜡烛的两端》*Both Ends of the Candle*：E. 罗斯的自传。

【Christina Georgina Rossetti】克里斯蒂娜·罗塞蒂（第一册 P79 注释①、第一册 P300 注释②、第一册 P669 注释①、第二册 P692 注释①、第四册 P226 注释②）

克里斯蒂娜·罗塞蒂（Christina Georgina Rossetti，1830—1894），英国著名女诗人，与 19 世纪英国文坛的著名女诗人伊丽莎白·芭蕾特·布朗宁齐名。罗塞蒂的主要作品集有《王子的历程》《妖魔集市》《赛会》。她还出版了童谣集《唱歌》，儿童故事集《会说话的画像》，但最著名的还是她的诗歌。她的诗歌表现出一种自相矛盾的感情，一方面它们表达感官上的审美情趣，另一方面又含有神秘圣洁的宗教信仰。

《诗集》（第一册 P79 注释①、第四册 P226 注释②）

《诗集》*Poetical Works*：克里斯蒂娜·罗塞蒂的童谣集，由威廉姆·米歇尔·罗塞蒂（William Michael Rossetti，1829—1919，英国作家和评论家）编，1872 年出版。（备注：钱钟书引用了其中两首诗歌：《唱歌》*Sing-Song* 和《如此浪掷枉费有何用》*To What Purpose Is This Waste*）

《妖魔集市》（第一册 P669 注释①）

《妖魔集市》*Goblin Market*：罗塞蒂著的诗集，1862 年出版。

【John Ruskin】约翰·拉斯金（第二册 P53 注释②）

约翰·拉斯金（John Ruskin，1819—1900），英国艺术家、作家、艺术评论家，同时也是一名哲学家和业余的地质学家。1843 年，他因《现代画家》一书而成名,成为维多利亚时代艺术趣味的代言人。书中,他高度赞扬了威廉·特纳(J. M. W. Turner)的绘画创作。

《现代画家》(第二册 P53 注释②)

《现代画家》Modern Painters:拉斯金著。本书内容丰富,涵盖从文艺复兴到 19 世纪的艺术流派、艺术分析、作品欣赏、画法研究、材料研究、地理文化研究、历史与社会文化分析等多重领域。透过拉斯金所描述的绘画及雕刻等艺术,人们不仅对罗马时期、哥特时期、文艺复兴时期、巴洛克时期以及整个欧洲中世纪时期和近现代绘画艺术的主要特点有了全面而清晰的了解,而且,也对绘画发展所赖以存在的社会、政治、经济、文化等背景有所洞悉,从而可以更好地把握西方绘画发展的一般规律,并能同时感受作者追求美的历程。

【Bertrand Russell】罗素(第一册 P26 注释①、第四册 P209 注释①)

罗素(Bertrand Russell,1872—1970),英国思想家、哲学家、数学家。罗素一生涉猎甚广,著述颇丰,在数学和逻辑学领域建树最大,对西方哲学也产生了深远影响。此外,他的研究还涉及道德、教育、政治、和平等方面。代表作有《意义与真理的探究》《西方哲学史》《数学原理》《物的分析》《心的分析》等。

《西方哲学史》(第一册 P26 注释①、第四册 P209 注释①)

《西方哲学史》A History of Western Philosophy:罗素著,1945 年出版,哲学名著。此书中,罗素全面考察了从古希腊罗马时期到 20 世纪中叶西方哲学思潮的发展历程。他把西方哲学发展史划分为古代哲学、天主教哲学和近代哲学三个时期。他认为,哲学介乎神学和科学之间,其发展过程始终受到来自科学和宗教两方面的影响。科学与宗教、社会团结和个人自由错综复杂地交织在一起与哲学发生交互作用。

【George William Erskine Russell】G. W. E. 拉塞尔(第一册 P72 注释①)

G. W. E. 拉塞尔(George William Erskine Russell,1853—1919),英国自由党政客,以传记和回忆录流传于世。

《趣闻回忆录》(第一册 P72 注释①)

《趣闻回忆录》Collections and Recollections:拉塞尔所撰写的回忆录。作者的朋友詹姆斯·佩恩曾因病无法出门,拉塞尔每周从自己的日记中撷取一些有趣的事情,在探病时讲与他听。在佩恩的劝说下,作者决定将这些趣闻和日记以回忆录的形式整理,并于 1897 年在《曼彻斯特卫报》上连载,颇受读者好评。1898 年初,该书正式出版。

【Gilbert Ryle】G. 赖尔(第二册 P67【增订四】)

G. 赖尔(Gilbert Ryle,1900—1976),英国哲学家,日常语言哲学牛津学派的创始人之一。赖尔对逻辑原子论、逻辑经验主义、胡塞尔的现象学感兴趣,后来转向日常语言哲学。他的著作涉及哲学逻辑、哲学方法论、语言哲学、精神哲学以及哲学史等领域。代表作有《心的概念》《两难论法》《柏拉图的进展》《论思想》等作品。

《心的概念》(第二册 P67【增订四】)

《心的概念》*The Concept of Mind*:G. 赖尔著,出版于 1949 年。赖尔在书中批驳了笛卡尔以来的身心二元论。此书被认为是二战后最有影响的哲学著作之一。

S

【George Saintsbury】G. 圣茨伯里(第三册 P153 注释①、第三册 P205 注释①、第四册 P112 注释①、第四册 P335 注释①、第四册 P379 注释④、第四册 P534 注释①)

G. 圣茨伯里(George Saintsbury,1845—1933),英国学者、文论史家。1900—1904 年出版了他的《欧洲批评和文学趣味的历史》(3 卷本)。此作中,他初步勾勒了文学批评史这一门学科的基本研究范式。在另一部代表作《文学批评史》中,他把文学批评分为:主观的、客观的、科学的、判断的、归纳的、演绎的、印象的、鉴赏的、审美的、历史的、考证的、比较的、道德的十三种。

《废书》(第三册 P153 注释①)

《废书》*A Scrap Book*:G. 圣茨伯里著,其他不详。

《卡洛琳时期的诗人》(第三册 P205 注释①、第四册 P379 注释④、第四册 P534 注释①)

《卡洛琳时期的诗人》*Caroline Poets*:G. 圣茨伯里著,其他不详。

《英国散文韵律史》(第四册 P112 注释①)

《英国散文韵律史》*English Prose Rhythm*：G. 圣茨伯里著，其他不详。

【**David Scott**】戴维·斯科特（第三册 P195 注释②）

戴维·斯科特（David Scott，生卒年不详），疑为英国学者，其他不详。

《文人》（第三册 P195 注释②）

《文人》*Men of Letters*：戴维·斯科特著，其他不详。

【**John Selden**】约翰·塞尔登（第三册 P105 注释③、第四册 P77 注释①）

约翰·塞尔登（John Selden，1584—1654），英国人文主义学者、法学家、历史家。他也是圣经学者、东方学者、哲学家。被称为英国"以博学传世的第一人"。其代表作有《席间闲谈》等。

《席间闲谈》（第四册 P77 注释①）

《席间闲谈》*Table Talk*：约翰·塞尔登著，其他不详。

【**Thomas Shadwell**】托马斯·沙德韦尔（第三册 P251 注释①、第三册 P289 注释②）

托马斯·沙德韦尔（Thomas Shadwell，1642—1692），英国剧作家、桂冠诗人。主要作品有《埃普索姆的堕落》《愁眉不展的情人》《守财奴》《弗托沙》《真正的寡妇》《擅权的女主人》和《阿尔萨蒂阿的乡绅》等。1689年沙德韦尔荣获"桂冠诗人"称号。

《守财奴》（第三册 P251 注释①）

《守财奴》*The Miser*：托马斯·沙德韦尔著的剧本，此作是根据法国戏剧家莫里哀作品改写的韵诗剧。

《浪子》（第三册 P289 注释②）

《浪子》*The Libertine*：托马斯·沙德韦尔于 1675 年创作的一部无韵诗悲剧。

【**William Shakespeare**】威廉·莎士比亚（第一册 P70 注释①、第一册 P146 注释②、第一册 P158 注释①、第一册 P168 注释①、第一册 P199 注释①、第一册 P222 注释①、第一册 P237 注释①、第一册 P322 注释①、第一册 P391 注释②、第一册 P391 注释⑤、第一册 P398 注释①、第一册 P448【增订四】、第一册 P467 注释①、第一册 P503 注释①、第一册 P557 注释②、第一册 P638 注释①、第一册 P694 注释①、第一册 P707 注释③、第一册 P716 注释①、第二册 P41 注释①、第二册 P51 注释②、第二册 P51【增订四】、第二册 P72 注释②、第二册 P138 注释④、第二册 P191 注释②、第二册 P209 注释①、第二册 P239 注释①、第二册 P365 注释③、第二册 P579 注释②、第二册 P632【增订四】、第二册 P707 注释②、第二册 P783 注释①、第二册 P804 注释③、第二册 P822 注释③、第三册 P57 注释①、第三册 P61 注释①、第三册 P120 注释①、第三册 P156 注释①、第三册 P301 注释②、第三册 P311 注释①、第三册 P322 注释③、第三册 P323 注释①、第三册 P570 注释①、第四册 P58 注释①、第四册 P148 注释②、第四册 P286 注释①、第四册 P493 注释②）

威廉·莎士比亚（William Shakespeare，1564—1616），英国戏剧家、欧洲文艺复兴时期最重要、最伟大的作家。著有《奥赛罗》《哈姆雷特》《李尔王》和《麦克白》等 39 部戏剧、154 首十四行诗、两首长叙事诗。

《安东尼与克莉奥佩特拉》（第一册 P168 注释①、第一册 P391 注释②、第一册 P391 注释⑤、第一册 P638 注释①、第三册 P57 注释①、第三册 P311 注释①）

《安东尼与克莉奥佩特拉》*Antony and Cleopatra*：莎士比亚于 1607 年左右创作的悲剧。此剧取材于古罗马历史学家普鲁塔克的《希腊罗马名人传》，讲述当时罗马的三大首领之一安东尼与埃及女王克莉奥佩特拉的故事。

《暴风雨》（第一册 P448【增订四】、第二册 P138 注释④、第二册 P783 注释①）

《暴风雨》*The Tempest*：莎士比亚著的戏剧。剧情大意是：普洛斯彼罗是意大利北部米兰城邦的公爵，他的弟弟安东尼奥野心勃勃，利用那不勒斯国王阿隆索的帮助，篡夺了公爵的宝座。普洛斯彼罗和他三岁的小公主历尽艰险漂流到一个岛上，他用魔法把岛上的精灵和妖怪治得服服贴贴。几年后，普洛斯彼罗用魔法唤起一阵风暴，使其弟弟和那不勒斯国王的船碰碎在这个岛的礁石上，用魔法降服了他的弟弟和阿隆索，使他们答应恢复他的爵位。最后大家一起回到意大利。本剧歌颂了纯真的爱情、友谊和人与人之间的亲善关系。

《错误的喜剧》(第四册 P493 注释②)

《错误的喜剧》*The Comedy of Errors*：莎士比亚于 1592 年创作的模仿罗马戏剧家普劳图斯的喜剧《孪生兄弟》的一出滑稽喜剧。剧中两对主与仆是两对面貌和形体都十分相像的孪生兄弟,他们在海上遇难失散后,一起在异乡城市以弗所出现,造成许多误认的可笑情节。结局是皆大欢喜的团圆。剧中还就夫妻关系、手足之谊、亲子之爱进行了一些严肃的讨论。

《第十二夜》(第一册 P146 注释②、第二册 P804 注释③)

《第十二夜》*Twelfth Night*：莎士比亚写于 1600—1602 年间的喜剧。

《凤凰和斑鸠》(第二册 P72 注释②)

《凤凰和斑鸠》*The Phoenix and the Turtle*：莎士比亚著的一首寓言诗。此作描绘了凤凰和斑鸠的葬礼,凤凰代表着完美,而斑鸠则代表无私的爱。莎士比亚在这首诗中呈现了理想化爱情的死亡。众多批评家认为这首诗是莎士比亚最晦涩难懂的作品之一。

《哈姆雷特》(第一册 P391 注释⑤、第三册 P267 注释②、第三册 P301 注释②)

《哈姆雷特》*Hamlet*：莎士比亚创作的著名悲剧,完成于 1601 年。

《亨利四世》(第一册 P322 注释①、第一册 P503 注释①、第二册 P191 注释②、第二册 P239 注释①)

《亨利四世》*Henry IV*：莎士比亚著的历史剧。此作主要表现亨利四世和他的王子们与反叛的诸侯贵族进行殊死斗争的过程。

《亨利五世》(第三册 P570 注释①)

《亨利五世》*Henry V*：莎士比亚于 1599 年创作的历史剧。情节内容基于英格兰国王亨利五世的生平事迹。此剧着重描写了英法百年战争期间的阿金库尔战役。

《皆大欢喜》(第一册 P557 注释②、第二册 P239 注释①)

《皆大欢喜》*All's Well That Ends Well*：莎士比亚著,大约著于 1598—1600 年间,是莎士比亚创作的"四大喜剧"之一,主要剧情为被流放的公爵的女儿罗瑟琳到森林寻父及她的爱情故事。

《科里奥兰纳斯》(第二册 P41 注释①)

《科里奥兰纳斯》*Coriolanus*：莎士比亚著。此作是莎翁晚年写的一出基于古罗马历史的悲剧。故事情节如下:罗马共和国的英雄马歇斯由于性格上的弱点得罪了群众,成了罗马的敌人而被放逐;他转而投靠敌人带兵围攻罗马,后接受其母劝告,放弃攻打,由此得罪了敌人,被敌人杀死。

《理查二世》(第一册 P237 注释①、第一册 P716 注释①)

《理查二世》*Richard II*:莎士比亚创作的历史剧。该剧于 1597 年首次出版。

《李尔王》(第一册 P694 注释①)

《李尔王》*King Lear*:莎士比亚的四大悲剧之一,讲述的是古代不列颠国王李尔年老昏聩,要根据爱他的程度把国土分给自己三个女儿而后自食其果的悲剧故事。

《露易丝受辱记》(第二册 P51 注释②、第二册 P579 注释②、第三册 P120 注释①)

《露易丝受辱记》*The Rape of Lucrece*:莎士比亚著。该诗是根据古罗马传说创作的诗歌,主人公路修斯·塔昆纽斯(或译塔昆),是罗马王政时代的最后一个国王。他在谋杀岳父、篡据王位后,暴虐无道,民怨沸腾。公元前 509 年,因其子奸污露易丝(也译为鲁克丽丝),激起公愤,他和他的家族被放逐,王朝被推翻,罗马共和国遂告成立。

《罗密欧与朱丽叶》(第一册 P222 注释①、第一册 P467 注释①、第二册 P822 注释③)

《罗密欧与朱丽叶》*Romeo and Juliet*:莎士比亚著名戏剧之一。故事讲述出生于世仇两家的年轻人罗密欧与朱丽叶的爱情故事。

《麦克白》(第二册 P365 注释③)

《麦克白》*Macbeth*:莎士比亚创作后期的一部悲剧,取材于贺林谢德的《编年史》。《麦克白》讲述了利欲熏心的麦克白和麦克白夫人对权力的贪婪,及其最后被推翻的过程。自 19 世纪起,同《哈姆雷特》《奥赛罗》《李尔王》被公认为是莎士比亚的"四大悲剧"。莎士比亚写《麦克白》有深刻的现实意义,他是借古喻今,针砭时弊,向人们展示个人欲望的无限膨胀和畸形发展必然导致罪恶和毁灭。

《情人怨》(第二册 P51【增订四】)

《情人怨》*A Lover's Complaint*:又译为《爱人的怨诉》《情女怨》,是莎士比亚著于 1609 年的一首诗。

《莎士比亚十四行诗》(第三册 P322 注释③)

《莎士比亚十四行诗》*Sonnets*：十四行诗是欧洲一种格律严谨的抒情诗体。最初流行于意大利，彼特拉克的创作使其臻于完美，又称"彼特拉克体"，后传到欧洲各国。莎士比亚创作 154 首十四行诗，于 1604 年著成《莎士比亚十四行诗》。他的十四行诗改变了彼特拉克体十四行诗的格式，由三段四行和一副对句组成，每行诗句有 10 个抑扬格音节。以形象生动、结构巧妙、起承转合自如、音乐性强为特色，常常在最后一副对句中点明主题。

《泰特斯·安德洛尼克斯》（第三册 P61 注释①）

《泰特斯·安德洛尼克斯》*Titus Andronicus*：莎士比亚著，于 1593 年出版。《泰特斯·安德洛尼克斯》是一部罗马式的血腥的复仇剧，共有四幕。它是当时"血与泪"的复仇剧流行的产物。这出戏在制造恐怖场面上是成功的，受到了当时观众的喜爱，给年轻的莎士比亚带来了一定的名声。它也被认为是阅读莎士比亚悲剧的一出很好的入门戏，因为它的语言比较容易，而且内容方面包含了许多后来莎士比亚加以发展的因素的萌芽。

《威廉·莎士比亚作品集》（第二册 P707 注释②）

《威廉·莎士比亚作品集》*William Shakespeare*：莎士比亚著，其他不详。

《维纳斯和阿多尼斯》（第二册 P632【增订四】、第三册 P323 注释①）

《维纳斯和阿多尼斯》*Venus and Adonis*：莎士比亚著的叙事长诗，1593 年首次出版。此作由献词和长诗组成，献词 20 行，长诗 1 194 行，全文共 1 214 行。该长诗取材于奥维德《变形记》中描述维纳斯和阿多尼斯的章节。

《威尼斯商人》（第一册 P70 注释①、第一册 P557 注释②、第三册 P156 注释①）

《威尼斯商人》*The Merchant of Venice*：英国戏剧家莎士比亚创作的一部讽刺喜剧，大约作于 1596—1597 年间。剧本的主题是歌颂仁爱、友谊和爱情，同时也反映了资本主义早期商业资产阶级与高利贷者之间的矛盾。

《辛白林》（第一册 P158 注释①、第二册 P822 注释③）

《辛白林》*Cymbeline*：是莎士比亚于 1610—1611 年创作的喜剧作品。剧中，不列颠国王辛白林的女儿与恋人普修默私订终身，令辛白林大怒，一气之下将普修默放逐到遥远的罗马。遭放逐的普修默深信妻子绝对会对他忠贞,但普修默的朋友埃契摩却认为公主铁定会改嫁。两人于是打赌,埃契摩若能取到公主手上的手镯,普修默便输,并将戴在自己手上象征爱情的戒指输给他。奸诈的埃契摩为了取得那只手镯,使出各种谎言与骗术,甚至还厚颜向公主求爱,但聪明的公主化解了埃契摩所有的骗局,证实了自己纯洁的心意。

《雅典的泰门》(第一册 P199 注释①、第一册 P707 注释、第二册 P209 注释①)

《雅典的泰门》*Timon of Athens*:莎士比亚的最后一部悲剧,大约写于 1607—1608 年。剧情讲述了雅典贵族泰门,由于乐善好施,导致倾家荡产,最后在绝望和孤独中死去。

《尤利乌斯·恺撒》(第四册 P148 注释②)

《尤利乌斯·恺撒》*Julius Caesar*:莎士比亚著于 1599 年的戏剧。此作主要叙述公元前 44 年恺撒遇刺前后古罗马的重要历史事件。(备注:尤利乌斯·恺撒,Gaius Julius Caesar,前 102—前 44,史称恺撒大帝,是罗马共和国末期杰出的政治家、军事统帅,罗马帝国的奠基者。凯撒足智多谋,政治上不囿陈规,一生大部分羁身军伍,文学方面亦多有著述,代表作有《内战记》《高卢战记》等。文笔简洁并颇有文学史料价值。)

《约翰王》(第一册 P398 注释①)

《约翰王》*King John*:莎士比亚著,历史剧。

《仲夏夜之梦》(第四册 P286 注释①)

《仲夏夜之梦》*The Midsummer Night's Dream*:莎士比亚早期所著的喜剧。

【Shaftesbury】沙夫茨伯里(第二册 P570 注释①)

沙夫茨伯里(Shaftesbury,1671—1713),英国政治家、哲学家和作家。英国伦理学说中道德情感主义创始人,在伦理学史上占有一席之地。他对人类情感进行了细致分析,在此基础上提出了道德感的观点,并提出道德起源于情感。沙夫茨伯里的道德情感伦理思想既走出了道德感觉论的局限,也反驳了道德理性主义。他的思想总体呈现一种渐进、调和、稳健的社会启蒙特征,并最终发展成为情感主义伦理学,是近代启蒙运动中不可忽视的重要理论资源。代表作有《道德主义者》等。

《人、风俗、意见与时代之特征：沙夫茨伯里选集》（第二册 P570 注释①）

《人、风俗、意见与时代之特征：沙夫茨伯里选集》*Characteristics*：沙夫茨伯里著，J. M. 罗伯森（J. M. Robertson）编。此作对 17、18 世纪英国自然神论者的经典著作和资料汇编进行了系统性的探讨。自然神论是 17 世纪产生于英国的一种宗教思潮，它在 17、18 世纪的英国科学家和哲学家中影响甚巨，后来从英国传播到欧洲大陆，成为启蒙运动的重要思想根源。

【George Bernard Shaw】萧伯纳（第一册 P416 注释①、第二册 P499 注释②、第三册 P454 注释①）

萧伯纳（George Bernard Shaw，1856—1950），出生于爱尔兰的英国现实主义戏剧家，积极的社会活动家和费边社会主义的宣传者。他擅长幽默与讽刺手法，1925 年获诺贝尔文学奖。代表作有《卖花女》《鳏夫的财产》《华伦夫人的职业》等。

《人与超人》（第三册 P454 注释①）

《人与超人》*Man and Superman*：萧伯纳于 1903 年发表的阐述自然哲学思想的第一部作品。这是一部哲理喜剧。它是萧伯纳大部分"思想剧"中的顶尖之作，这部剧表现了萧伯纳自己特有的哲学——生命力哲学。

【Mary Shelley】玛丽·雪莱（第二册 P194 注释①、第二册 P237 注释①、第二册 P687 注释②）

玛丽·雪莱（Mary Shelley，1797—1851）：英国作家，英国浪漫派著名诗人雪莱的妻子。被称为科幻小说之母。代表作有《弗兰肯斯坦》等。

《弗兰肯斯坦》（第二册 P194 注释①、第二册 P687 注释②）

《弗兰肯斯坦》*Frankenstein*（或译为《科学怪人》《现代普罗米修斯》）：玛丽·雪莱著于 1818 年的科幻小说。

【Percy Bysshe Shelley】雪莱（第一册 P16 注释①、第一册 P272 注释①、第一册 P273 注释①、第二册 P695 注释①、第三册 P131【增订三】、第三册 P156 注释②、第四册 P73 注释①、第四册 P434 注释③）

雪莱(Percy Bysshe Shelley，1792—1822)，英国浪漫主义诗人、文艺理论家。代表作有叙事长诗《麦布女王》《解放了的普罗米修斯》及《西风颂》等。

《阿多尼》(第二册 P695 注释①)

《阿多尼》*L'Adone*：雪莱著。1817 年 2 月 5 日，雪莱与诗人济慈(John Keats)相识。1821 年 2 月济慈去世，雪莱作长诗《阿多尼》吊唁之。雪莱夫人谓此诗实雪莱自挽。《阿多尼》是雪莱最好的作品之一，与弥尔顿的《利西达斯》和丁尼生的《悼念》一起并称为英国三大悼亡诗。

《埃及的奥斯曼迪斯》(第一册 P273 注释①)

《埃及的奥斯曼迪斯》*Ozymandias of Egypt*：雪莱著的诗歌。此诗表达了诗人对权威、传统的反抗情感。

《自由颂》(第一册 P16 注释①)

《自由颂》*Ode to Liberty*：雪莱的"三大颂"之一，另两首分别为《云雀颂》和《西风颂》。该诗创作于 1820 年，是一首支持意大利民族解放斗争的政治诗。

《爱的哲学》(第三册 P131【增订三】)

《爱的哲学》*Love's Philosophy*：雪莱于 1819 年发表的一首著名抒情诗。全诗分为两个诗节，每节有八个小句，排列成十六行。

《为诗辩护》(第三册 P156 注释②、第四册 P434 注释③)

《为诗辩护》*Defense of Poetry*：雪莱于 1821 年著。《为诗辩护》是雪莱的未完成之作，其对诗学作品和理论的探讨见解精辟，独树一帜。

《全集》(第四册 P73 注释①)

《全集》*Complete Works*：雪莱的全集，由 R. 英潘和 W. E. 佩克(Ingpen and W. E. Peck)编。

【W. Shenstone】威廉·申斯通(第三册 P334 注释②)

威廉·申斯通(W. Shenstone，1714—1763)，英国诗人、造园爱好者、评论人及政论家。代表作有《造园偶想》等。

【Philip Sidney】菲利普·西德尼(第一册 P195 注释②、第一册 P319【增订四】、第三册 P321 注释④、第四册 P307 注释①)

菲利普·西德尼(Philip Sidney，1554—1586)，英国政治家、军人、诗

人和学者。其《为诗辩护》将文艺复兴理论家的思想介绍到英国。

《为诗辩护》(第一册 P195 注释②、第一册 P319【增订四】)

《为诗辩护》*An Apology for Poetry*：是西德尼的文学批评作品。该作大约在 1579 年写成，并于 1595 年首次出版。此作中，西德尼为诗辩护，他提出，诗歌在激发读者对美德的作用方面比历史或哲学更有效。

《阿卡迪亚》(第三册 P321 注释④、第四册 P307 注释①)

《阿卡迪亚》*Arcadia*：西德尼的一部用散文和诗歌创作的田园浪漫传奇故事。1584 年，西德尼对《阿卡迪亚》进行彻底的修改，将单线情节模式改为复杂的多线模式，此书在他去世前仅完成一半。这首描写田园生活的叙述体诗歌，是英国文学作品中最具代表性的早期田园诗。

【Adam Smith】亚当·斯密(第一册 P704 注释①)

亚当·斯密(Adam Smith，1723—1790)，英国苏格兰哲学家和经济学家，是政治经济学古典学派的"创立者"，代表作有《国富论》等。

《国富论》(第一册 P704 注释①)

《国富论》*The Wealth of Nations*：亚当·斯密著，于 1776 年第一次出版。此书总结了近代初期各国资本主义发展的经验，批判吸收了当时的重要经济理论，发展出了现代的经济学学科，也提供了现代自由贸易、资本主义和自由意志主义的理论基础，被誉为"第一部系统的伟大的经济学著作"。

【Charles Edward Spearman】C. 斯皮尔曼(第一册 P117 注释①、第一册 P391 注释④、第三册 P27 注释①)

C. 斯皮尔曼(Charles Edward Spearman，1863—1945)，英国心理学家。他根据智力测验相关的研究提出著名的二因素论，认为智力可被分析为 g 因素(一般因素)和 s 因素(特殊因素)。代表作有《智力的性质和认知的原理》《人的能力：本质和尺度》等。

《古今心理学》(第一册 P117 注释①、第一册 P391 注释④、第三册 P27 注释①)

《古今心理学》*Psychology down the Ages*：C. 斯皮尔曼著，1937 年发表。其他不详。

《智力的性质和认知原理》(第三册 P27 注释①)

《智力的性质和认知原理》*Nature of Intelligence and Principles of Cognition*：斯皮尔曼于 1923 年所著，被认为是认知心理学的先驱之作。

【J. Spence】J. 司贲思（第二册 P344 注释①）

J. 司贲思（J. Spence，1699—1768），英国历史学家、文学学者、善谈轶事者。

《旧闻录》（第二册 P344 注释①）

《旧闻录》*Anecdotes*：司贲思著。此书记载了一系列奇闻逸事，为研究 18 世纪英国文学的历史学家提供了宝贵的资料。其中包括亚历山大·蒲柏的生平事迹以及其他一些文学界、科学界人物，如约翰·诺特，艾萨克·牛顿等。

【Stephen Spender】斯蒂芬·斯彭德（第三册 P372 注释①）

斯蒂芬·斯彭德（Stephen Spender，1909—1995），英国作家、评论家、马克思主义诗人。他早期的作品关注社会问题，后期的诗作则带有更为浓重的主观色彩。1933 年发表《诗集》，引起评论界的关注。代表作有：《中国日记》和《神殿》。

《诗歌的创作》（第三册 P372 注释①）

《诗歌的创作》*The Making of a Poem*：斯蒂芬·斯彭德著于 1955 年。这部作品是评论性质的著作，主要研究诗歌本身，即如何写、写什么等问题。

【Edmund Spenser】埃德蒙·斯宾塞（第二册 P322 注释①）

埃德蒙·斯宾塞（Edmund Spenser，1552—1599），英国文艺复兴时期的伟大诗人。其代表作有长篇史诗《仙后》、田园诗集《牧人月历》、组诗《情诗小唱十四行诗集》《婚前曲》《祝婚曲》等。

《老母亲哈伯德的故事》（第二册 P322 注释①）

《老母亲哈伯德的故事》*Prosopopoia：or Mother Hubberd's Tale*：埃德蒙·斯宾塞于 1578—1579 年间所创作的一首英文诗，诗中包含老母亲哈伯德所讲述的"猿猴与狐狸"等一系列故事，暗含政治讽喻。伊丽莎白一世的权丞伯利勋爵（Lord Burghley）对该诗极为反感，并因此故意疏远了斯宾塞与宫廷的关系。

【William Bedell Stanford】W. B. 斯坦福（第一册 P399 注释②、第一册 P676 注释①、第三册 P350 注释①）

W. B. 斯坦福（William Bedell Stanford，1910—1984），爱尔兰古典学者和参议员。他是都柏林三一学院的希腊语讲座教授。

《希腊文学中的歧义性》（第一册 P399 注释②、第一册 P676 注释①、第三册 P350 注释①）

《希腊文学中的歧义性》 *Ambiguity in Greek Literature*：W. B. 斯坦福著。其他不详。

【R. W. Stallman】R. W. 斯托曼（第二册 P386 注释①）

R. W. 斯托曼（R. W. Stallman，生卒年不详），疑为英国学者，其他不详。

《批评者笔记》（第二册 P386 注释①）

《批评者笔记》 *The Critics' Notebook*：R. W. 斯托曼著，其他不详。

【A. J. Steele】A. J. 斯蒂尔（第四册 P380 注释①、第四册 P539 注释②）

A. J. 斯蒂尔（A. J. Steele，生卒年不详），英国学者，其他不详。

《三个世纪的法国诗歌》（第四册 P380 注释①、第四册 P539 注释②）

《三个世纪的法国诗歌》 *Three Centuries of French Verse*：A. J. 斯蒂尔著，其他不详。

【Bram Stoker】布莱姆·斯托克（第二册 P597 注释②）

布莱姆·斯托克（Bram Stoker，1847—1912），爱尔兰小说家、剧作家。代表作有传记《艾尔文个人回忆片断》，以吸血鬼为题材的小说《吸血鬼伯爵德古拉》等。

《吸血鬼伯爵德古拉》（第二册 P597 注释②）

《吸血鬼伯爵德古拉》 *Dracula*：布莱姆·斯托克著。此作属最早的吸血鬼文学之一，其中涉及的概念、体例、角色设定等都为后世无数吸血鬼文学所引用，作品中的惊悚、悬疑、玄奇、爱情、退魔等要素受到惊悚文学爱好者的推崇。大致情节如下：律师乔纳森·哈克前往罗马尼亚的一所古堡办理房产买卖相关事宜，却不慎将吸血鬼德古拉伯爵招致伦敦。伯爵在伦敦掀起一场腥风血雨后，不敌吸血鬼猎人范海辛教授及其朋友，逃回罗马尼亚,最终被循迹追来的众人消灭。布莱姆·斯托克因《吸血鬼伯爵德古拉》而享有"吸血鬼之父"的称号。

【Laurence Sterne】劳伦斯·斯特恩(第一册 P62 注释①、第一册 P412 注释②、第三册 P289【增订三】)

劳伦斯·斯特恩(Laurence Sterne,1713—1768),18 世纪英国小说家,著有《项狄传》《感伤旅行》。

《项狄传》(第一册 P412 注释②)

《项狄传》*Tristram Shandy*:劳伦斯·斯特恩著于 1759—1767 年间,共九卷。这是一部闻名世界的奇书,称得上是英国小说史乃至世界小说史上的一部里程碑式的作品。此作中,作者富有创意地试验了众多小说技法。

《劳伦斯·斯特恩书信》(第一册 P62 注释①、第三册 P289【增订三】)

《劳伦斯·斯特恩书信》*Letters*:由柯蒂斯(Lewis Perry Curtis)编,牛津大学的克拉伦登出版社(Clarendon Press)出版。

【G. A. Stevens】G. A. 史蒂文斯(第三册 P322 注释③)

G. A. 史蒂文斯(G. A. Stevens,生卒年不详),疑为英国学者,其他不详。

《田园牧歌》(第三册 P322 注释③)

《田园牧歌》*A Pastoral*:G. A. 史蒂文斯著,其他不详。

【R. L. Stevenson】R. L. 史蒂文森(第三册 P235 注释①)

R. L. 史蒂文森(R. L. Stevenson,1850—1894),英国小说家。代表作有长篇小说《金银岛》《化身博士》《绑架》《卡特丽娜》等。

《我们的萨摩亚历险》(第三册 P235 注释①)

《我们的萨摩亚历险》*Our Samoan Adventure*:R. L. 史蒂文森与其妻子芬妮合著,于 1955 年出版。该日记写了两人在南海岛的生活、妻子芬妮非凡的心灵和思想及他们不同于常人的婚姻。

【George Frederick Stout】G. F. 斯托特(第一册 P215 注释②)

G. F. 斯托特(George Frederick Stout,1860—1944),英国哲学家、

心理学家。著有《心理学手册》等。

《分析心理学》(第一册 P215 注释②)

《分析心理学》*Analytic Psychology*：G. F. 斯托特著，其他不详。

【Sir John Suckling】约翰·萨克林(第三册 P322 注释③、第四册 P534 注释①)

约翰·萨克林(Sir John Suckling, 1609—1642)，英国诗人、剧作家和朝臣，以写抒情诗著称于世，其作品机智且自然。代表作有悲剧《阿格劳拉》，喜剧《妖精》，讽刺剧《诗人盛会》等。

【James Sutherland】詹姆斯·萨瑟兰(第二册 P497【增订四】)

詹姆斯·萨瑟兰(James Sutherland, 1900—1996)，英国学者，伦敦大学学院现代英语文学荣休教授，专攻维多利亚时代文学，精通英美文学史，留心文学逸事，对闲谈、奇闻、八卦感兴趣，撰《牛津文学轶事集》。

《牛津文学轶事集》(第二册 P497【增订四】)

《牛津文学轶事集》*The Oxford Book of Literary Anecdotes*：詹姆斯·萨瑟兰编，于 1975 年出版。

【Montague Summers】M. 萨默斯(第一册 P559 注释②、第三册 P267 注释①)

M. 萨默斯(Montague Summers, 1880—1948)，英国作家、教士。他研究巫术、吸血鬼和狼人。代表作有《吸血鬼文化探秘》《巫术和鬼学史》《巫术地理》等。

《巫术地理》(第一册 P559 注释②)

《巫术地理》*The Geography of Witchcraft*：M. 萨默斯著。此作详细描写了女巫。

《巫术史与鬼神学》(第三册 P267 注释①)

《巫术史与鬼神学》*History of Witchcraft and Demonology*：M. 萨默斯著于 1926 年，其他不详。

【Jonathan Swift】乔纳森·斯威夫特(第二册 P129 注释②、第二册 P160 注释③、第二册 P479 注释①、第三册 P289 注释③)

乔纳森·斯威夫特（Jonathan Swift，1667—1745），英国爱尔兰作家、讽刺文学大师、政论家。其作品反映了普通人生活的艰辛与困苦，对资本主义本质进行了无情的鞭挞。代表作有《格列佛游记》和《一只桶的故事》等。

《格列佛游记》（第二册 P129 注释②、第二册 P479 注释①、第三册 P289 注释③）

《格列佛游记》*Gulliver's Travels*：斯威夫特著，是一部长篇游记体讽刺小说。作品讲述梅尔·格列佛船长周游小人国、大人国、飞岛国、慧骃国四国的经历。作者用讽刺、夸张的手法揭示了 18 世纪前半期英国统治阶级的腐败和罪恶。

《一只桶的故事》（第二册 P160 注释③）

《一只桶的故事》*A Tale of A Tub*：斯威夫特著的讽刺作品。此作中，斯威夫特把矛头指向教会，通过三兄弟的形象淋漓尽致的讽刺了天主教会、英国国教和加尔文教派（英国清教徒），同时抨击了当时浅薄的文学批评、贫乏的学术和社会恶习。此作是英国启蒙主义者批评教会的重要作品之一。

【A. C. Swinburne】斯温伯恩（第二册 P32 注释②、第四册 P560 注释①）

A. C. 斯温伯恩（Algernon Charles Swinburne，1837—1909），英国诗人、剧作家和文学评论家。他以抒情诗闻名。斯温伯恩崇尚希腊文化，同时深受英国"拉斐尔前派"的罗赛蒂等艺术家、法国雨果和波德莱尔等作家的影响。在艺术手法上，他追求声调的和谐优美与宛转轻柔、形象的鲜明华丽。代表作有诗剧《卡里顿的阿塔兰达》等。

《书信集》（第二册 P32 注释②）

《书信集》*Letters*：斯温伯恩的书信，塞西尔·Y. 朗（Cecil Y. Lang）编。

【J. M. Synge】辛格（第二册 P160 注释②）

J. M. 辛格（John Millington Synge，1871—1909），爱尔兰剧作家、诗人、散文作家和民间传说收集者。他是 19 世纪 90 年代爱尔兰文艺复兴的关键人物。他以高超的现实主义和象征主义交错的手法描绘出栩栩如生的爱尔兰农民与小手艺人的形象。代表作有戏剧《西方世界的花花公子》《骑马下海人》等。

《圣徒之井》(第二册 P160 注释②)

《圣徒之井》*The Well of the Saints*：辛格所著的三幕剧,于 1905 年首次上演。剧本写了两个盲人的故事。两个盲人,马丁和玛丽多年以乞讨为生,在对对方虚幻的想象和周围人的哄骗中,一厢情愿地相信彼此是一对天作之合。圣井里的圣水使他们突然重见光明。黑暗退去,真相裸露:原来马丁不过是一个又矮又丑的老头,而玛丽金色的头发、细嫩的皮肤也完全是并不存在的幻影。世界撕破了伪装,人们露出了本相。最终他们发现,还是黑暗的世界更温暖、更安全。

T

【B. L. Taylor】B. L. 泰勒(第四册 P322 注释①)

B. L. 泰勒(B. L. Taylor,生卒年不详),疑为英国作家,其他不详。

《懒惰的作家》(第四册 P322 注释①)

《懒惰的作家》*The Lazy Writer*：B. L. 泰勒著,其他不详。

【Jeremy Taylor】杰拉梅・泰勒(第一册 P418 注释②、第一册 P467 注释②)

杰拉梅・泰勒(Jeremy Taylor,1613—1667),英国散文家、诗人,克伦威尔执政时期的一位英国教会牧师,代表作有《神圣生活的法则和实践》《神圣死去的法则和实践》《金色树林》《关于真实存在的争论》等。

《金色树林》(第一册 P418 注释②、第一册 P467 注释②)

《金色树林》*Golden Grove*：原名《金色树林:每日祈祷手册》(*Golden Grove:or a Manuall of Daily Prayers and Letanies*),杰拉梅・泰勒著,1655 年出版。

《神圣死去》(第一册 P418 注释②)

《神圣死去》:原名《神圣死去的法则和实践》(*The Rule and Exercises of Holy Dying*),杰拉梅・泰勒著,1651 年出版。

【Alfred Tennyson】阿尔弗雷德・丁尼生(第一册 P202 注释①、第一

册 P290【增订三】、第三册 P29 注释①、第三册 P534 注释③)

阿尔弗雷德·丁尼生(Alfred Tennyson,1809—1892),英国维多利亚时代最受欢迎及最具特色的诗人。他的诗歌准确地反映了他那个时代占主导地位的看法及兴趣。代表作品为组诗《悼念》。

《玛里安娜》(第一册 P202 注释①)

《玛里安娜》Mariana:英国诗人丁尼生于 1830 年出版的第一部诗集中的著名诗篇。

《悼念》(第三册 P29 注释①、第三册 P534 注释③)

《悼念》In Memoriam:又称《悼念集》或《缅怀》,丁尼生著,于 1850 年出版。这部作品包括 131 首短诗,外加一篇序言及后记,是英国文学中最伟大的挽歌之一,也是丁尼生最能经受时间考验的作品。他发表此诗的同一年,便继华兹华斯之遗缺而成为桂冠诗人。

【Ellen Terry】埃伦·特里(第一册 P416 注释①)

埃伦·特里(Ellen Terry,1847—1928),英国戏剧表演艺术家。经常出演莎士比亚戏剧,是当时伦敦戏剧舞台上的重要演员。乔治·萧伯纳(George Bernard Shaw)还特意为她写过戏剧《布拉斯邦上尉的改变》。

【William Makepeace Thackeray】威廉·萨克雷(第一册 P136 注释②、第三册 P80 注释③、第四册 P488 注释①)

威廉·萨克雷(William Makepeace Thackeray,1811—1863),英国作家,批判现实主义代表人物。他也是英国 19 世纪小说发展高峰时期的重要作家,擅长描写英国资产阶级的风俗人情,尤其擅长揭露英国上流社会的黑暗面。其作品对英国社会的种种势利风尚、投机冒险和金钱关系进行了极为深刻的揭露。他著有多部小说、诗歌、散文、小品,以特写集《势利人脸谱》和长篇小说《名利场》(1848 年)最为有名。

《名利场》(第一册 P136 注释②、第三册 P80 注释③)

《名利场》Vanity Fair:萨克雷的代表作。小说主要描写穷画家女儿蓓基·夏泼靠色情和机智不择手段向上爬的故事。作者以泼辣的手笔描绘了一幅 19 世纪英国贵族资产阶级上层追名逐利、尔虞我诈、荒淫无耻的生活图景。这部小说篇幅宏大、场面壮观、情节复杂、心理刻画深入,而其尖锐泼辣的讽刺风格更为精彩。

《私信和私人手稿》(第四册 P488 注释①)

《私信和私人手稿》*Letters and Private Papers*:萨克雷著。其他不详。

【Francis Thompson】法兰西斯·汤普生(第二册 P48 注释④、第二册 P586 注释①)

法兰西斯·汤普生(Francis Thompson,1859—1907),英国诗人。1893 年,他发表了第一部作品《诗集》;1897 年,开始转向散文写作。他一生共出版了三部诗集。

《不完美的方式》(第二册 P586 注释①)

《不完美的方式》*The Way of Imperfection*:汤普生著,是《汤普生作品集》(1913 年)中的一篇文章。该作探讨了莎士比亚、弥尔顿、德莱顿等英国诗人作品中存在的缺陷。

【Hester Lynch Thrale】赫斯特·林奇·斯拉勒(第一册 P152 注释①、第二册 P563 注释①)

赫斯特·林奇·斯拉勒(Hester Lynch Thrale,1741—1821),英国日记作者、作家、艺术赞助者。她的日记和信件对于研究塞缪尔·约翰逊及了解 18 世纪人们的日常生活有重要价值。

《萨拉丽娜》(第一册 P152 注释①、第二册 P563 注释①)

《萨拉丽娜》*Thraliana*:赫斯特·林奇·斯拉勒著的一本以桌边谈话形式记录下的日记。日记开头记述的是斯拉勒和家人的事情,但后面却记载了许多奇闻轶事和塞缪尔·约翰逊(Samuel Johnson,18 世纪英国文坛巨擘)的生平故事。以这部日记作为基础,斯拉勒还撰写了《塞缪尔·约翰逊轶事》。《萨拉丽娜》一直到 1942 年才出版。这部作品在 20 世纪非常流行,许多文学评论家都认为该作对文学体裁做出了贡献,对于作者本人及约翰逊的研究也极具价值。

【Sir George Otto Trevelyan】G. O. 特里维廉(第一册 P459 注释③)

G. O. 特里维廉(Sir George Otto Trevelyan,1838—1928),英国政治家、传记家及历史学家。特里维廉于 1876 年出版了关于他舅舅麦考利勋爵(Thomas Babington Macaulay)的书《麦考利勋爵的生活和信件》

(*The Life and Letters of Lord Macaulay*)。

《**麦考利勋爵的生活和信件**》*The Life and Letters of Lord Macaulay*
(第一册 P459 注释③)

【**Anthony Trollope**】**A. 特罗洛普**(第一册 P529 注释②、第三册 P573
注释②)

A. 特罗洛普(Anthony Trollope,1815—1882),英国作家。代表作
有《自传》《巴彻斯特养老院》《如今世道》等。其早期小说中,《巴塞特郡纪
事》最为脍炙人口。后期小说中,《首相》《我们现在的生活方式》《斯卡包
鲁一家》最有代表性。

《**自传**》(第一册 P529 注释②)

《**自传**》*An Autobiography*:特罗洛普著,原名《特罗洛普自传》。此
书介绍了作者的生平、作者对小说创作的回顾与评论及其文艺观点。

【**Eleanor Turnbull**】**埃莉诺·特恩布尔**(第二册 P128 注释②、第四册
P379 注释③)

埃莉诺·特恩布尔(Eleanor Turnbull,生卒年不详),疑为英国学者。

《**十世纪的西班牙诗歌**》(第二册 P128 注释②、第四册 P379 注释③)

《**十世纪的西班牙诗歌**》*Ten Centuries of Spanish Poetry*:埃莉诺·
特恩布尔编,其他不详。

【**Joseph Mallord William Turner**】**威廉·透纳**(第四册 P121 注释①)

威廉·透纳(Joseph Mallord William Turner,1775—1851),英国画
家、图形艺术家,19 世纪上半叶英国学院派画家的代表。透纳以善于描
绘光与空气的微妙关系以及光亮、富有想象力的风景及海景闻名于世,尤
其对水气弥漫画面的掌握有独到之处。在色彩上,他对后来英、法两国的
印象主义运动有很大的影响。透纳的代表作有《迦太基帝国的衰落》《被
拖去解体的战舰无畏号》《海上渔夫》等。

U

【**Evelyn Underhill**】**伊夫林·昂德希尔**(第二册 P19 注释①、第二册

P47 注释①、第三册 P475 注释①）

伊夫林·昂德希尔（Evelyn Underhill，1875—1941），英国国教高教会派教徒、作家、和平主义者。其众多作品都围绕宗教、修行的话题，特别是基督教神秘主义。20 世纪上半叶，昂德希尔的此类作品风靡于英语国家。

《密契主义》（第二册 P19 注释①、第三册 P475 注释①）

《密契主义》*Mysticism*：昂德希尔著。"密契主义（Mysticism）"一词源于希腊语 myein，即"闭上"，尤其是闭上眼睛。密契，意思是密切契合。密契主义者对可以通过感官从现象世界获得真理、智慧感到失望，他们主张摆脱眼耳鼻舌身意六感束缚，摆脱第七感也就是理智的约束，使自身不受现象界的干扰，从而返回自我，在灵魂的静观中获得真理、智慧。

【W. M. Urban】厄本及其《语言与现实》*Language and Reality*（第二册 P440 注释①）：疑为英国作家作品，其他不详。

V

【Henry Vaughan】亨利·沃恩（第二册 P107 注释②、第四册 P15 注释④）

亨利·沃恩（Henry Vaughan，1621—1695），威尔士人，玄学派诗人、翻译家和医生。他在创作上受英国另一玄学派诗人乔治·赫伯特影响较大，但其诗有自己的风格：一是对天真无邪的童年之向往，二是对自然环境有敏感的反应。沃恩诗歌的这两大特点对后来的浪漫主义诗人华兹华斯产生很大影响。代表作有诗集《矽土的火花》或称《圣诗集》等。

《奥洛尔·伊斯卡努斯》（第二册 P107 注释②）

《奥洛尔·伊斯卡努斯》*Olor Iscanus*：亨利·沃恩著。其他不详。

W

【Horace Walpole】H. 沃波尔（第二册 P707 注释④）

H. 沃波尔（Horace Walpole，1717—1797），英国作家。他的《奥特兰托城堡》首创了哥特式小说风尚（集神秘、恐怖和超自然元素于一体的小说），影响了英国浪漫主义运动。

《书信集》（第二册 P707 注释④）

《书信集》*Correspondence*：沃波尔一生写了大约 4 000 封信，其中一些被认为是英语文学中的典范之作。

【F. J. Wamke】F. J. 温克（第二册 P83 注释③、第二册 P108 注释①）

F. J. 温克（F. J. Wamke，生卒年不详），疑为英国学者，其他不详。

《欧洲玄学派诗歌》（第二册 P83 注释③、第二册 P108 注释①）

《欧洲玄学派诗歌》*European Metaphysical Poetry*：F. J. 温克著，其他不详。

【Evelyn Waugh】伊夫林·沃（第一册 P711【增订四】、第一册 P718 注释①）

伊夫林·沃（Evelyn Waugh，1903—1966），英国作家，代表作有小说《衰落与瓦解》《一抔土》《旧地重游》《荣誉之剑》等。

《日记》（第一册 P711【增订四】）

《日记》：全名为《伊夫林·沃的日记》（*The Diaries of Evelyn Waugh*），出版于 1976 年，由迈克尔·戴维（M. Davie）编。此作收录了伊夫林·沃的日记。

《荣誉之剑》（第一册 P718 注释①）

《荣誉之剑》*Sword of Honour*：英国作家伊夫林·沃著。小说描写个体对战争的体会。虽然名为"荣誉之剑"，内容却是对荣誉的幻灭。它记录的不是英雄的业绩，而是战争的荒诞不经和人生的混乱不堪。小说将讽刺与传奇、反讽与同情融合在一起表现战争。

【John Webster】J. 韦伯斯特（第一册 P560 注释①、第二册 P365 注释④、第二册 P575【增订三】、第二册 P694 注释①、第三册 P58 注释①、第四册 P307 注释①）

J. 韦伯斯特（John Webster，约 1580—1625），英国剧作家，以创作充满恐怖、让人感到厄运临头的悲剧而闻名。代表作有《白魔》《马尔菲公爵夫人》等。

《白魔》（第二册 P365 注释④、第三册 P58 注释①）

《白魔》The White Devil：韦伯斯特著，是一部脱胎于史实与杂说佚话的复仇悲剧。该剧围绕一对出身平凡的兄妹展开。剧中的兄长为谋名利，多次利用并出卖妹妹，全然不顾全妹妹的名节，最终沦落到悲惨的境地。

《马尔菲公爵夫人》（第一册 P560 注释①、第二册 P575【增订三】、第二册 P694 注释①、第四册 P307 注释①）

《马尔菲公爵夫人》The Duchess of Malfi：韦伯斯特著的悲剧。该剧剧情如下：寡居的马尔菲公爵夫人，因与管家秘密结婚，惹怒了她的兄弟斐迪南德公爵及主教。他们以残酷的方式折磨公爵夫人并将她杀死，也掐死了她的两个儿子。最后，公爵发疯，参与折磨公爵夫人的仆人幡然悔悟杀死了主教。该剧剧情恐怖、血腥。

【Enid Welsford】依尼德·韦尔斯福德（第一册 P694 注释②）

依尼德·韦尔斯福德（Enid Welsford，生卒年不详），疑为英国学者，其他不详。

《社会史与文学史中的傻瓜》（第一册 P694 注释②）

《社会史与文学史中的傻瓜》The Fool：His Social and Literary History：依尼德·韦尔斯福德著，其他不详。

【Rebecca West】丽贝卡·韦斯特（第三册 P420 注释①）

丽贝卡·韦斯特（Rebecca West，1892—1983），英国记者、游记作家、文学评论家。其作品包括新闻报道、政治评论、小品杂文、历史和小说等。代表作有小说《溢流之泉》《黑羊灰鹰》《太阳花》等，非小说类作品《亨利·詹姆斯》《叛逆的意义》《叛逆的新意义》等。

《叛逆的新意义》（第三册 P420 注释①）

《叛逆的新意义》The New Meaning of Treason：丽贝卡·韦斯特著于 1964 年，是继 1947 年《叛逆的意义》后写的批评性著作。

【Richard Whately】R. 怀特利（第一册 P500 注释①、第三册 P173 注释①）

R. 怀特利（Richard Whately，1787—1863），英国修辞学家、逻辑学家、经济学家、神学家，担任爱尔兰都柏林大主教一职，是英国基督教圣公会广教会派的领袖。代表作有《逻辑原理》《修辞原理》等。

《逻辑原理》(第一册 P500 注释①)

《逻辑原理》*Elements of Logic*：怀特利著于 1826 年，其他不详。

【Oscar Wilde】奥斯卡·王尔德(第一册 P278 注释①、第二册 P786 注释②、第三册 P402 注释①)

奥斯卡·王尔德(Oscar Wilde，1854—1900)，英国作家、艺术家，唯美主义代表人物，以其诗歌、剧作、童话和小说闻名。代表作有童话《快乐王子和其他故事》，小说《道林·格雷的画像》以及戏剧《温德米尔夫人的扇子》《莎乐美》等。

《道林·格雷的画像》(第二册 P786 注释②)

《道林·格雷的画像》*Dorian Gray*：奥斯卡·王尔德于 1891 年发表的作品，是其唯一的一部长篇小说作品。它揭露了英国上流社会的精神空虚与道德沉沦，以独特的艺术构思形象化地阐述了"艺术至上"的理论，因而《道林·格雷的画像》也被称为是 19 世纪末唯美主义代表作。

《一个无足轻重的女人》(第一册 P278 注释①)

《一个无足轻重的女人》*A Woman of No Importance*：奥斯卡·王尔德著的风俗喜剧。

【Charles Hanbury Williams】查尔斯·汉伯里·威廉姆斯(第二册 P636 注释①)

查尔斯·汉伯里·威廉姆斯(Charles Hanbury Williams，1709—1759)，威尔士外交家、讽刺作家。

【Ludwig Josef Johann Wittgenstein】L. 维特根斯坦(第一册 P514【增订四】、第一册 P710 注释②)

L. 维特根斯坦(Ludwig Josef Johann Wittgenstein，1889—1951)，奥地利(英国)哲学家，在数学哲学、语言哲学、精神哲学等方面均有建树，曾经师从英国著名作家、哲学家罗素。其代表作有《逻辑哲学论》《哲学研究》等。其著作和思想引导了语言哲学的新走向。

《逻辑哲学论》(第一册 P514【增订四】)

《逻辑哲学论》*Tractatus Logico-Philosophicus*：维特根斯坦著，1921

年出版。此作考察了语言中词和事物(语言和现实)之间的关系。它提出,传统的哲学问题是由于对符号系统原则的无知和对语言的误用产生出来的。此作标志着哲学的语言学转向。

《哲学研究》(第一册 P710 注释②)

《哲学研究》Philosophical Investigations:维特根斯坦著。该书认为,过去的许多哲学问题都源自哲学家对语言的错误理解与使用,使哲学成为空洞的形而上学。哲学的当下任务在于,按照日常语言的规则讲话,在具体用途中考察语词的意义,来治疗这种病症。

【William Wordsworth】华兹华斯(第一册 P16 注释①、第二册 P53 注释①)

华兹华斯(William Wordsworth,1770—1850),英国浪漫主义诗人和诗歌理论家。其诗歌理论动摇了英国古典主义诗学的统治,推动了英国浪漫主义运动的发展和诗歌的革新。代表作有《抒情歌谣集》等。

《序曲》(第一册 P16 注释①、第二册 P53 注释①、第三册 P194 注释②)

《序曲》Prelude:华兹华斯的一部自传体长诗,有将近八千行。他在《序曲》中系统地诠释了"自然"这一理念。在他看来,自然最接近上帝,自然具有神性,自然能净化人类的思想、感情。自然是人类的家园,回归自然是人类的精神追求。

【Sir Henry Wotton】亨利·沃顿(第三册 P119 注释①、第三册 P124 注释③)

亨利·沃顿(Sir Henry Wotton,1568—1639),英国诗人、作家、外交家以及政治家。亨利·沃顿一生中只出版了两部作品,第一部作品是《建筑学要素》,这部作品是对前人的一部建筑学作品的意译。此外还出版了一部拉丁文散文以献给当时的国王。

Y

【John Butler Yeats】J. B. 叶芝(第二册 P200 注释①)

J. B. 叶芝(John Butler Yeats,1839—1922),英国爱尔兰艺术家,是

著名诗人威廉·巴特勒·叶芝之父。

【William Butler Yeats】W. B. 叶芝（第二册 P160 注释②、第四册 P166 注释③）

W. B. 叶芝（William Butler Yeats，1865—1939），英国爱尔兰诗人、剧作家和散文家，爱尔兰文艺复兴运动的领袖，1923 年的诺贝尔文学奖获得者。叶芝的诗受玄学派、浪漫主义、唯美主义、神秘主义、象征主义的影响，演变出其独特的风格。代表作有《钟楼》《盘旋的楼梯》《驶向拜占庭》等。

《学童之中》（第四册 P166 注释③）

《学童之中》*Among Schoolchildren*：W. B. 叶芝的诗歌。

《猫和月》（第二册 P160 注释②）

《猫和月》*The Cat and the Moon*：叶芝的诗歌。

【Edward Young】杨格（第三册 P194 注释②）

杨格（Edward Young，1683—1765），英国诗人，剧作家兼文艺评论家。代表作有《夜思录》（全名《哀怨，或关于生、死、永生的夜思》）等。

【H. Yule】H. 裕尔（第二册 P482 注释①、第二册 P817 注释①）

H. 裕尔（H. Yule，1820—1889），英国苏格兰汉学家。在一大批英国汉学家中，亨利·裕尔的经历颇具个性，他没有接受过经院式的汉学教育，却最终成为经院式的汉学家。其代表作有《马可波罗游记译注》和《东域纪程录丛》，这两本书充分显示了裕尔广博的东方人文地理知识和深刻、犀利的考证、分析能力。

《马可波罗游记译注》（第二册 P482 注释①、第二册 P817 注释①）

《马可波罗游记译注》*The Book of Ser Marco Polo*：H. 裕尔译注，于 1871 年在伦敦出版。此书被西方汉学界认为是对《马可波罗游记》最好的注释版本，被公认为是 19 世纪的不朽之作，裕尔因此而被英国皇家地理学会授予"奠基者"奖章。

其他：

《哈拉普俚语词典》*Harrap's Slang Dictionary*（第二册 P201【增订

四】）：1984 年出版，其他不详。

《牛津德语诗集》*The Oxford Book of German Verse*（第二册 P346【增订二】）：不详。

《牛津引语词典》*Oxford Dictionary of Quotations*（第三册 P125 注释③）：不详。

《牛津英语谚语词典》（第三册 P124 注释②）

《牛津英语谚语词典》*Oxford Dictionary of English Proverbs*：作为一本工具书，它材料丰富，极具参考价值。书中收录了为世人熟知的英语谚语 1 000 余条，还收录 20 世纪人们常用的谚语，引文展现了谚语在历史上的趣闻逸事。该词典中包含涉及了文化、艺术、语言学、文学、社会学、数学、物理学、医学、化学、生物学、食品与营养、计算机等社会科学和自然科学门类近百种。

《管锥编》中引用的法国作家作品

A

【Jules-Amédée Barbey d'Aurevilly】巴尔贝·德·奥列维利和《致特雷比廷的信》*Lettre à Trébutien*（第三册 P342【增订四】）

巴尔贝·德·奥列维利（Jules-Amédée Barbey d'Aurevilly，1808—1889），法国小说家。专门研究探索隐藏动机而又不明确涉及任何超自然现象的神秘故事。在创作上对亨利·詹姆斯、莱昂·布洛伊和马塞尔·普鲁斯特等作家影响较大。其代表作有《玛瑙纪念章》《不可能的爱情》《老情妇》等。

【Guillaume Appollinaire】阿波里奈尔和《使你苍老的心麻木》*Endurcis-toi vieux coeur* 见其《诗歌集》*Oeuvres poétiques*（第三册 P394 注释③）

阿波里奈尔（Guillaume Appollinaire，1880—1918），法国人。他的作品相当庞杂，最重要的是诗歌。1913 年，他发表《未来主义的反传统》，开展新美术运动，在诗歌与绘画方面树起了立体主义和未来主义的旗帜，他认为："诗人的任务就是不断创新，新的一切都在于惊奇……惊奇是强大的新生力量。"当今法国流行的各式图像诗最早就是他的创造。其代表作有诗集《醇酒集》、图像诗集《美文集》等。

【Maurice Allem】M. 阿兰姆（第一册 P608【增订三】）

M. 阿兰姆（Maurice Allem，1872—1959），本名是莱昂·阿勒曼（Léon Allemand），法国语言学家，自传文学史学家和书目家。

《圣伯夫的肖像画》（第一册 P608【增订三】）

《圣伯夫的肖像画》*Portrait de Sainte-Beuve*：M. 阿兰姆著，其他不详。

B

【André Billy】A. 比利（第三册 P402 注释①）

　　A. 比利（André Billy，1882—1971），法国作家。比利一生著作颇丰，最为著名的是传记，代表作有《狄德罗传》《圣伯夫传》和《巴尔扎克传》等。

　　《龚古尔兄弟传》（第三册 P402 注释①）

　　《龚古尔兄弟传》*Vie des Frères Goncourt*：A. 比利著于 1956 年。

【Charles Pierre Baudelaire】夏尔·皮埃尔·波德莱尔（第二册 P138 注释①、第二册 P309 注释①、第二册 P707 注释③、第二册 P781 注释①、第三册 P46 注释②、第三册 P152 注释①、第三册 P294 注释②、第三册 P322 注释③、第三册 P536【增订三】、第四册 P225 注释③）

　　夏尔·皮埃尔·波德莱尔（Charles Pierre Baudelaire，1821—1867），法国现代派诗人，象征派诗歌先驱，在欧美诗坛具有重要地位，其作品《恶之花》是 19 世纪最具影响力的诗集之一。其他作品有《美学珍玩》《巴黎的忧郁》《可怜的比利时！》等。

【Beaumarchais】博马舍（第三册 P61 注释①）

　　博马舍（Beaumarchais，1732—1799），法国继莫里哀之后又一杰出的喜剧作家，代表作有戏剧"费加罗三部曲"——《塞维利亚的理发师》（又名《防不胜防》）（1772 年），《费加罗的婚礼》（又名《狂欢的一日》）（1778 年），《有罪的母亲》（1792 年）。这三部剧都以同一主人公费加罗在不同时期的故事为内容。

　　《塞维利亚的理发师》（第三册 P61 注释①）

　　《塞维利亚的理发师》*Le Barbier de Séville*：博马舍于 1772 年著，讲述了在 17 世纪西班牙的塞维利亚，年轻的伯爵阿尔马维瓦与富有而美丽的少女罗西娜相爱。伯爵在机智、正直的理发师费加罗的帮助下，冲破罗西娜的监护人、贪婪的医生巴尔托洛的阻挠，终于和罗西娜喜结良缘。

【Boileau】布瓦洛（第二册 P803 注释①、第三册 P269 注释①、第三册

P575 注释①、第三册 P579 注释①)

布瓦洛(Boileau,1636—1711),法国文学批评家、诗人。代表作是1674 年发表的诗学理论著作《诗的艺术》。此作阐明了文学的古典主义原则,是古典主义诗学理论大全和纲领性著作,对当时法国和英国的文坛影响很大。此外他还撰有叙事诗《读经台》,并且翻译了朗吉努斯的《论崇高》。

《诗的艺术》(第二册 P803 注释①、第三册 P269 注释①、第三册 P579 注释①)

《诗的艺术》L'Art poétique:布瓦洛的代表作,1674 年出版。这是部用匀整的亚历山大诗体(每句 12 音节)写的文学理论,以诗歌的形式论述各种文学体裁的特性,奠定了古典主义文学的理论基础。此作在文学史上被认为是古典主义文艺理论的经典和百科全书,被人奉为"法典",对当时和后世都产生了深远影响。

【Georges Louis Leclerc, Comte de Buffon】布封(第二册 P154 注释②)

布封(Georges Louis Leclerc,Comte de Buffon,1707—1788),法国博物学家、作家。原名乔治·路易·勒克来克,因继承关系,改姓德·布封。布封从小爱好自然科学,从 1739 年起担任皇家植物园主任。代表作有《自然史》等。

《自然史》(第二册 P154 注释②)

《自然史》Histoire naturelle:布封著,于 1749—1788 年发表,共 36 册。这是一部博物志,包括人类史、动物史、鸟类史、地球史和矿物史等几大部分,对自然界作了详细、科学的描述,破除各种宗教迷信和无知妄说,坚持以唯物主义观点解释人类的起源和地球的形成,这是布封对现代科学的一大贡献。

【Brantôme】布兰托姆(第一册 P186 注释①)

布兰托姆(Brantôme,或 Pierre de Bourdeilles,1537—1614),法国军事家和作家。他的代表作有《优雅贵妇们的生活》《名人和法国中尉传》等等。他写了很多他同时代名人的传记。

《优雅贵妇们的生活》(第一册 P186 注释①)

《优雅贵妇们的生活》Vies des Dames galantes:布兰托姆著,其他不详。

【Dominique Bouhours】D. 波沃尔（第一册 P504 注释①）

D. 波沃尔（Dominique Bouhours，1628—1702），法国耶稣会牧师、散文家、语法学家和新古典批评家。代表作有《阿里斯特、尤金访谈录》等。

《阿里斯特、尤金访谈录》（第一册 P504 注释①）

《阿里斯特、尤金访谈录》*Les Entretiens d'Ariste et d'Eugene*：D. 波沃尔著于 1671 年。此作记录了阿里斯特和尤金之间的六次对话，主题是海。而海在法语中象征着秘密、大智慧、妙不可言、格言等一切完美的事物。

【Joachim Du Bellay】杜·贝莱（第一册 P242 注释②）

杜·贝莱（Joachim Du Bellay，1522—1560），法国诗人，七星诗社重要成员。主要诗集有《悔恨集》《罗马怀古》等。

《悔恨集》（第一册 P242 注释②）

《悔恨集》*Les Regrets*：杜·贝莱在 1553—1557 年到罗马访问期间所写的诗集，包括 191 首十四行诗。

【E. Baudin】E. 博丹（第二册 P186 注释①）

E. 博丹（E. Baudin，生卒年不详），疑为法国学者，其他不详。

《帕斯卡哲学》（第二册 P186 注释①）

《帕斯卡哲学》*La Philosophie de Pascal*：E. 博丹著，其他不详。

【Etienne La Boétie】拉博埃西（第二册 P367 注释③）

拉博埃西（Etienne La Boétie，1530—1563），法国文艺复兴后期、16 世纪人文主义思想家，蒙田的友人，近代法国政治哲学的奠基者。代表作有《反暴君论》《论自愿的奴役》等。

《致卡尔·玛格丽特》（第二册 P367 注释③）

《致卡尔·玛格丽特》*Vers à Marguerite de Carl*：拉博埃西著，其他不详。

【Henri Bergson】H. 柏格森（第一册 P23 注释③、第一册 P335 注释

①、第二册 P170 注释②、第四册 P94 注释①）

柏格森（Henri Bergson，1859—1941），法国哲学家，曾获诺贝尔文学奖。他提出，人的生命是意识之绵延或意识之流，是一个整体，不可分割成因果关系的小单位。他反对心理学上的决定论与理想主义、科学上的机械论。在道德与宗教方面，他主张超越僵化的形式与教条，走向普遍之爱。其写作风格独特，表达方式充满诗意。代表作有《创造进化论》《直觉意识的研究》《物质与记忆》等。

《论意识材料的直接来源》（第一册 P335 注释①）

《论意识材料的直接来源》*Essai sur les Données immédiates de la Conscience*：柏格森著，此作中他所倡导的生命哲学是对现代科学主义文化思潮的反拨。

《思想和运动》（第一册 P23 注释③、第一册 P26 注释②、第一册 P335 注释①、第二册 P170 注释②、第四册 P94 注释①）

《思想和运动》*La Pensée et le Mouvant*：柏格森的文集，收录了他于1903—1923 年所发表的文章和演讲报告。该作共包含《形而上学（上）》《形而上学（下）》《可能与现实》《哲学的直觉》《对变化的感知》《对形而上学之介绍》《克劳德·伯纳德的哲学》《威廉姆·詹姆士的实用主义》《哈维松的生活与工作》等九篇文章。柏格森贬低理性、提倡直觉。他认为科学和理性只能把握相对的运动和实在的表皮，不能把握绝对的运动和实在本身，只有通过直觉才能体验和把握到生命存在的"绵延"。在他看来，"绵延"才是唯一真正本体性的存在。

【Honoré de Balzac】奥诺雷·德·巴尔扎克（第一册 P146 注释①、第一册 P707 注释②、第四册 P201 注释②）

奥诺雷·德·巴尔扎克（Honoré de Balzac，1799—1850），法国小说家，被称为"现代法国小说之父"。他一生创作甚丰，写出了 91 部小说，塑造了 2 472 个栩栩如生的人物形象，合称《人间喜剧》（被誉为"资本主义社会的百科全书"）。

《婚姻生理学》（第一册 P146 注释①、第四册 P201 注释②）

《婚姻生理学》*Physiologie du Mariage*：巴尔扎克著，1829 年出版。这部作品不能算小说，全篇既无情节也无中心人物，所述及的轶闻趣事之间亦毫无联系。但从这部风趣俏皮、才华横溢的作品中，可看出《人间喜剧》里不少题材和构思的来源。这是一部貌似玩笑的严肃作品：玩笑中充满哲理，讲哲理时又夹带玩笑。全篇的主旨在于揭露以财产为基础的婚姻制度及其带来的一系列社会问题。

《纽沁根银行》（第一册 P707 注释②）

《纽沁根银行》La Maison Nucingen：巴尔扎克著的小说。此作讲述了以纽沁根为代表的金融大鳄，如何以假破产、假清理的手段，杀人不见血地掠夺千家万户的财产。作者以其非凡的洞察力，揭示了刚刚出现的银行、股份公司、证券交易对社会生活的影响；破译了资本的奥秘；进而指出了在社会进步、财富增值的过程中，优胜劣败、弱肉强食的残酷现实；同时也提出了自己对如何优化社会风俗、制约私欲膨胀的见解。

【J. Brody】J. 布罗德（第一册 P290 注释②、第三册 P575 注释①、第四册 P243 注释①）

J. 布罗德（J. Brody，1928—？），法国作家，编者。代表作有《法国古典主义》《蒙田演说集》《俄狄浦斯·泰勒斯的命运》等。

《布瓦洛和郎吉努斯》（第一册 P290 注释②、第三册 P575 注释①、第四册 P243 注释①）

《布瓦洛和郎吉努斯》Boileau and Longinus：J. 布罗德著，出版于 1958 年。本书是一本人物传记，介绍了尼古拉·布瓦洛（Nicolas Boileau，1636—1711）和卡修斯·郎吉努斯（Cassius Longinus，约公元 1 世纪）二人。布瓦洛，法国诗人、文学理论家。朗吉努斯，希腊修辞学批评家，哲学批评家。

【Jean Bertaut】J. 贝尔托（第一册 P367 注释①）

J. 贝尔托（Jean Bertaut，1552—1611），法国诗人，代表作有《爱情文集》等。

【Jean-Louis Guez de Balzac】古兹·德·巴尔扎克（第二册 P771 注释①、第三册 P92 注释①、第三册 P150 注释③）

古兹·德·巴尔扎克（Jean-Louis Guez de Balzac，1597—1654），法国作家，以写散文闻名。其他不详。

【L. Brunschvicg】L. 布伦士维格（第三册 P256 注释①）

L. 布伦士维格（L. Brunschvicg，1869—1944），法国唯心主义哲学家。代表作有《形而上学与士气》等。

《西方哲学意识的进步》（第三册 P256 注释①）

《西方哲学意识的进步》*Le Progrès de la Conscience dans la Philosophie occidentale*：L. 布伦士维格著于 1927 年。其余不详。

【Jean de La Bruyère】拉布吕耶尔（第一册 P620 注释①）

拉布吕耶尔（Jean de La Bruyère，1645—1696），法国作家、哲学家，代表作有《品格论》等。

《品格论》（第一册 P620 注释①）

《品格论》*Les Caractères*（或译《人品论》）：拉布吕耶尔著的随笔集，是法国文学史上一部重要的散文名著。这部书主要由两种文体组成：格言式的简短段落及典型人物的肖像。格言部分，精练、深刻，充分表现古典主义语言明朗清晰、简练精确的文风。肖像部分则往往以真人真事为蓝本，但不用真实姓名。作者只用寥寥几笔，刻画出一种典型品格的典型人物，从而形象地批评某种时弊或某种"品格"。

【Le Cardinal de Bernis】红衣主教伯尼斯（第三册 P323 注释③）

红衣主教伯尼斯（Le Cardinal de Bernis，1715—1794），法国路易十五时期的作家、外交官和大使。他是 1744 年当选的第六位占据法兰西学院三席的成员，是法国思想家伏尔泰的朋友，也是极富传奇色彩的意大利冒险家贾科莫·卡萨诺瓦自传体作品《我的一生》中最著名的人物之一。

《18 世纪的小诗人》（第三册 P323 注释③）

《18 世纪的小诗人》*Les Petits Poètes du 18ᵉ Siècle*：红衣主教伯尼斯著，其他不详。

【Le R. P. Dominique Bouhours】李·P. 博乌尔斯（第四册 P243 注释①）

李·P. 博乌尔斯（Le R. P. Dominique Bouhours，1628—1702），法国耶稣会牧师、散文家、语法学家和新古典主义批评家。代表作有《对精神的思考》《批评的艺术》等。

《阿里斯特与欧也尼的谈话》（第四册 P243 注释①）

《阿里斯特与欧也尼的谈话》*Entretiens d'Ariste et d'Eugène*：李·P. 博乌尔斯著，出版于 1671 年。其他不详。

【Raymond Bayer】莱蒙·巴叶（第一册 P333 注释①、第二册 P271 注释①、第三册 P481 注释①）

莱蒙·巴叶（Raymond Bayer），法国哲学家，巴黎索尔邦大学教授。其他不详。

《美学史》（第一册 P333 注释①、第二册 P271 注释①、第三册 P481 注释①）

《美学史》*Histoire de l'Esthétique*：莱蒙·巴叶著，1961 年由巴黎 Colin 书店出版。作者在序文里说："这部美学史——正如美学本身一样——一方面越界到了哲学领域，另一方面又越界到了艺术史领域。"他的论述结合文艺作品的比较多，结合哲学思潮方面则比较薄弱。

【Rétif de la Bretonne】里提夫·德·拉·布莱东尼（第一册 P176 注释③）

里提夫·德·拉·布莱东尼（Nicolas-Edme Rétif 或 Nicolas-Edme Restif，也被称为 Rétif de la Bretonne，1734—1806），法国作家、插图画家。

【Roland Barthes】罗兰·巴特（第一册 P711【增订四】、第四册 P241【增订四】）

罗兰·巴特（Roland Barthes，1915—1980），法国作家、思想家、社会学家、社会评论家和文学评论家。代表作有《写作的零度》《神话》《符号学基础》《批评与真理》《S/Z》《文本的快乐》等等。

《文本的快乐》（第一册 P711【增订四】、第四册 P241【增订四】）

《文本的快乐》*Le plaisir du texte*：罗兰·巴特著，发表于 1973 年。此作主要讨论文学、语言、创作和阅读。

【Sainte-Beuve】圣伯夫（第一册 P319【增订四】、第一册 P324 注释①、第一册 P423 注释②、第一册 P608【增订三】、第二册 P647【增订四】、第二册

P653 注释①、第三册 P123【增订四】、第三册 P146 注释①、第三册 P337 注释②、第三册 P353 注释①、第三册 P524【增订四】、第三册 P574 注释①、第三册 P591【增订四】、第三册 P598 注释①、第四册 P534【增订四】)

圣伯夫（Sainte-Beuve，1804—1869），法国文学评论家、小说家。他是将传记方式引入文学批评的第一人。他认为了解一位作者的性格以及成长环境对理解其作品有重要意义。他将这一理论应用于其最重要的作品中，如《文学肖像》《当代肖像》《周一漫谈》《伟大的法国作家》等。

《十六世纪法国诗歌和法国戏剧批评史略》（第三册 P574 注释①）

《十六世纪法国诗歌和法国戏剧批评史略》（原名 *Tableau historique et critique de la Poésie française et du Théâtre français au XVIe siècle*）：圣伯夫著，1828 年出版。此作被誉为探索浪漫主义渊源的力作，从而使作者（圣伯夫当时在《地球报》上发表了该作，提出了浪漫主义诗歌发源于 16 世纪的观点）立足文坛。

《伟大的法国作家》（第一册 P324 注释①、第三册 P598 注释①）

《伟大的法国作家》*Les Grands Écrivains Français*：圣伯夫著，其他不详。

《我的毒药》（第一册 P423 注释②）

《我的毒药》*Mes Poisons*：圣伯夫著，其他不详。

《文学肖像》（第三册 P146 注释①、第三册 P337 注释②）

《文学肖像》*Portraits littéraires*：圣伯夫于 1844 年著，他认为了解一位作者的性格以及成长环境对理解其作品有重要意义。因而他将这一理论应用于他的文论之中，其中包括《文学肖像》。

《夏多布里昂和他的文学团体》（第三册 P353 注释①）

《夏多布里昂和他的文学团体》*Chateaubriand et son Groupe littéraire*：圣伯夫著，其他不详。

《周一漫谈》（第一册 P319【增订四】、第二册 P647【增订四】、第三册 P524【增订四】、第三册 P591【增订四】、第四册【增订四】)

《周一漫谈》*Causeries du lundi*：圣伯夫著，写于 1851—1862 年，共 15 卷。是圣伯夫对于文学主题和巴黎作家或其他欧洲作家所作的批判性或传记性的文章。这些文章每周一发表在巴黎时报上。

《新周一漫谈》（第二册 P653 注释①、第三册 P123【增订四】)

《新周一漫谈》*Nouveaux Lundis*：圣伯夫著。他的《周一漫谈》和《新周一漫谈》这两部著作收集了他的一些文论。通过《周一漫谈》和《新周一漫谈》等传记批评名著,圣伯夫开创了通过文学家传记而批评当代文学家成就的传记批评道路,并使得作为一种现代职业的文艺批评家为世人所认可。

【Simone de Beauvoir】西蒙娜·德·波伏娃(第一册 P435 注释②)

西蒙娜·德·波伏娃(Simone de Beauvoir,1908—1986),法国存在主义作家,女权运动的创始人之一。代表作有理论著作《第二性》,小说《名士风流》等。

《国家的存在论与智慧》(第一册 P435 注释②)

《国家的存在论与智慧》*L'Existentialisme et la Sagesse des Nations*:西蒙娜·德·波伏娃著,其他不详。

C

【Albert Camus】阿尔贝·加缪(第一册 P284 注释①)

阿尔贝·加缪(Albert Camus,1913—1960),法国作家、哲学家、存在主义文学、"荒诞哲学"的代表人物、1957 年诺贝尔文学奖获得者。主要作品有《局外人》《鼠疫》等。加缪一生创作和思考的两大主题就是"荒诞"和"反抗"。

《反抗者》(第一册 P284 注释①)

《反抗者》*L'Homme révolté*:加缪著。此作是全面阐释他反抗思想的理论力作。加缪在《反抗者》中,提出"我反抗故我在"。他将反抗视为人之所以存在、人之所以为人的标志与条件。

【Crébillon 1e fils】小克雷比永(第三册 P103 注释①)

小克雷比永(Crébillon 1e fils,1707—1777),法国小说家。其父克雷比永是著名的悲剧作家。小克雷比永创作初期曾为巴黎的意大利剧院写过戏剧。

《索菲》(第三册 P103 注释①)

《索菲》*Le Sopha*:小克雷比永于 1742 年创作的一部讲述道德的小说,内容涉嫌色情,他本人也因此作于 1742 年被流放出巴黎数月。

【**Corneille**】高乃依（第二册 P706 注释①、第二册 P786 注释①、第四册 P492 注释①）

高乃依（Corneille，1606—1684），法国古典主义戏剧的奠基人，法国古典主义悲剧的代表作家。1629 年，他的第一部喜剧《梅丽特》问世，1635 年，他完成了第一部悲剧《梅德》。1636 年，他推出了轰动整个巴黎的悲剧《熙德》。1640—1643 年，他又先后完成了《贺拉斯》《西拿》和《波里厄克特》三部重要的悲剧。1647 年，他被选为法兰西学院院士。他一生共写有各类剧作 32 部。

《皇家广场》（第二册 P786 注释①）

《皇家广场》*La Place Royale*：高乃依著的戏剧，其他不详。

《熙德》（第二册 P706 注释①）

《熙德》*Le Cid*：高乃依著，是法国第一部古典主义名剧，取材于西班牙史。熙德是历史上的英雄，此剧作于 1636 年公演时轰动了巴黎。

【**Erckmann-Chatrian**】阿猛查登（第三册 P76 注释②）

阿猛查登（Erckmann-Chatrian），是 1847—1887 年由两位法国作家合用的笔名，一位是艾米丽·阿猛（Emile Erckmann，1822—1899）和亚历山大·查登（Alexandre Chatrian，1826—1890），他们把各自的姓氏合在一起作笔名。他们写了大量战争小说。代表作有《1813 利俾瑟战血余腥记》等。

《**1813 利俾瑟战血余腥记**》（第三册 P76 注释②）

《**1813 利俾瑟战血余腥记**》*Histoire d'un Conscrit de 1813*：阿猛查登于 1864 年著。阿猛查登根据一名步兵的口述加工而成。

【**François-René de Chateaubriand**】弗朗索瓦·勒内·德·夏多布里昂（第二册 P376 注释①、第三册 P158 注释①）

弗朗索瓦·勒内·德·夏多布里昂（François-René de Chateaubriand，1768—1864），法国作家、政治家、外交家、法兰西学院院士，拿破仑时期曾任外交大臣，法国早期浪漫主义的代表作家。代表作有小说《基督教真谛》《阿达拉》《勒内》以及长篇自传《墓畔回忆录》等。

《勒内》（第二册 P376 注释①）

《勒内》*René*：夏多布里昂于 1802 年发表的一部短篇小说。这部小说经常用来与歌德的《少年维特的烦恼》作比较，它对早期的浪漫主义有深远的影响。故事的主人公是一个敏感而又充满激情的年轻人，他发现自己与这个社会格格不入。

【Georges Clemenceau】G. 克里孟梭和《邦荷尔省》(*Le Voile du Bonheur*)（第二册 P160 注释②）

G. 克里孟梭（Georges Clemenceau，1841—1929），法国激进党政府总理、政治家、新闻记者。代表作有《社会的混乱》《美国的重建》等。

【Jacques Chevalier】雅克·谢瓦利埃（第三册 P524 注释①）

雅克·谢瓦利埃（Jacques Chevalier，1882—1962），法国历史学家、哲学家、作家，专攻柏拉图思想，撰有许多历史学和哲学方面的著作。其他不详。

《事实的意义》（第三册 P524 注释①）

《事实的意义》*De la Signification des Faits*：雅克·谢瓦利埃著，其他不详。

【Jean Jacques-Régis de Cambacérès】让·雅克·里吉斯·德·康巴塞雷斯（第四册 P583 注释①）

让·雅克·里吉斯·德·康巴塞雷斯（Jean-Jacques-Régis de Cambacérès，Duque de Parma，1753—1824），法国律师、政治家。历任蒙彼利埃间接税法院推事和刑事法庭庭长、国民公会委员、救国委员会委员、五百人院议员、司法部长、第二执政、大法官等职。为拿破仑部署政变和确立拿破仑为终身执政官作出过重要贡献，并协助拿破仑实现了雾月政变。1800—1804 年间协助制订《拿破仑法典》，编纂和整理《民法典》。1808 年受封帕尔马公爵。

【La Chaussée】拉肖塞和《风流女管家》*La Gouvernante*（第二册 P162 注释①）

拉肖塞（La Chaussée，1692—1754），法国剧作家。"流泪喜剧"的创始人。"流泪喜剧"是一种情节悲催但结局圆满的诗剧，为狄德罗"市民剧"的先驱。这种喜剧对心理的描写虽然肤浅，但语言夸张，旨在给观众以道德上的教育。拉肖塞一共写有 9 部这类喜剧,代表作有《母亲学校》《梅拉尼德》和《时髦的偏见》等。

【Maxime Du Camp】马克西姆·杜·坎普(第三册 P559 注释①)

马克西姆·杜·坎普(Maxime Du Camp,1822—1894),法国作家、摄影家。

《文学的记忆》(第三册 P559 注释①)

《文学的记忆》*Souvenirs littéraires*:马克西姆·杜·坎普著,发表于 1882 年。此作分上下两卷,介绍了包括作者坎普的好友福楼拜(Gustave Flaubert)在内的许多当代作家。

【Paul Claudel】保罗·克洛岱尔(第一册 P135 注释①、第二册 P653 注释②、第四册 P340 注释①)

保罗·克洛岱尔(Paul Claudel,1868—1955),全名保罗·路易·夏尔·马里·克洛岱尔,也翻译为克洛代尔,法国外交家、剧作家、诗人,法国天主教文艺复兴运动中的一个重要人物。1891 年开始先后在美国、中国、德国、日本、捷克、比利时等地任外交官,1936 年以后回国,潜心从事写作,宣扬天主教。1946 年当选法兰西学院院士。他的大部分作品带有浓厚的宗教色彩和神秘感。代表作有《正午的分界》《人质》等。

《认识东方》(第二册 P653 注释②)

《认识东方》*Connaissance de l'Est*:克洛岱尔著。作者自幼向往东方文化,1895 年他以外交官的身份来到中国,并在中国度过了 15 年。在《认识东方》中,克洛代尔以散文诗的形式,描绘了自己在中国的见闻及感慨。

《诗的艺术》(第一册 P135 注释①)

《诗的艺术》*Art poétique*:克洛岱尔著,其他不详。

《立场和命题》(第四册 P340 注释①)

《立场和命题》*Positions et Propositions*:克洛岱尔著,其他不详。

D

【Alexandre Dumas *fils*】小仲马(第一册 P50 注释②)

小仲马（Alexandre Dumas *fils*，1824—1895），法国著名作家大仲马的儿子，法兰西学院院士，著有《茶花女》《私生子》《金钱问题》《放荡的父亲》等作品。

《阿尔冯斯先生》（第一册 P50 注释②）

《阿尔冯斯先生》*Monsieur Alphonse*：小仲马著，是一部三幕戏剧。

【Edgar Degas】德加（第四册 P114 注释①）

德加（Edgar Degas，1834—1917），法国印象派画家、雕塑家。德加在绘画方面擅长使用纤细、连贯而清晰的线条，他认为这种线条是高雅风格的保证。代表作有《调整舞鞋的舞者》《舞蹈课》《盆浴》等。

【Denis Diderot】狄德罗（第二册 P59 注释②、第二册 P324【增订三】、第二册 P463【增订三】、第三册 P80 注释①、第三册 P104 注释①、第三册 P342 注释②、第三册 P577 注释①、第四册 P95【增订三】、第四册 P243 注释④）

狄德罗（Denis Diderot，1713—1784），法国启蒙思想家、唯物主义哲学家、作家，百科全书派的代表人物。代表作有《哲学思想录》《对自然的解释》《达朗贝和狄德罗的谈话》《关于物质和运动的原理》等。狄德罗在戏剧理论上的重要贡献是提出了"严肃戏剧"（正剧）的概念。这是一种新的戏剧体裁，突破了传统悲剧、喜剧的严格界限。

《论戏剧诗》（第二册 P324【增订三】）

《论戏剧诗》*De la Poésic dramatique*：又译《论戏剧艺术》，狄德罗于1758 年发表的长篇论文。在此作中，狄德罗系统阐释了自己的戏剧理论。

《拉摩的侄儿》（第三册 P80 注释①、第三册 P104 注释①）

《拉摩的侄儿》*Le Neveu de Rameau*：狄德罗著于 1762 年，却于 1799年才定稿的一部对话体哲理小说。作者揭示了正在成长中的资产阶级社会的心理特征。此作被恩格斯称为"辩证法的杰作"。

【Descartes】笛卡尔（第二册 P48 注释⑤、第二册 P61 注释①）

笛卡尔（Rene Descartes，1596—1650），法国著名哲学家、数学家、物理学家、神学家。他是欧洲近代哲学的奠基人之一，他的哲学融唯物主义与唯心主义于一体,开拓了所谓"欧陆理性主义"哲学。同时,他又是一位科学家,他所建立的解析几何在数学史上具有划时代的意义,被誉为"近代科学的始祖"。

《形而上学的沉思》(第二册 P48 注释⑤)

《形而上学的沉思》*Méditations métaphysiques*:笛卡尔著。1641 年用拉丁文在巴黎发表。这部书论证了笛卡尔在《论方法》中提出的论点。全书包括一封给巴黎神学院的信,一篇内容提要和 6 篇沉思。第 1 篇沉思提出我们可以怀疑一切的理由;第 2 篇说明思想者的存在是无可怀疑的;第 3 篇进而证明上帝存在;第 4 篇提出凡是理性清楚明白地理解到的真的以及错误的来源是什么;第 5 篇论述物质事物的本质是广延;第 6 篇讲述物质的存在以及人的灵魂和形体的差别。

《论灵魂的激情》(第三册 P61 注释①)

《论灵魂的激情》*Les Passions de l'Âme*:笛卡尔著,成书于 1649 年。书中笛卡尔努力想要将"激情"理论化,他所述的"激情"即是我们现代人所说的"情感",对这一主题的探讨早在柏拉图时期的自然哲学家们中便盛行。

【Jean-Paul Vinay and J. L. Darbelnet】让·保罗·维奈和让·达贝内尔(第一册 P76 注释③)

让·保罗·维奈和让·达贝内尔(Jean-Paul Vinay and J. L. Darbelnet),法国语言学家,翻译学家。其他不详。

《法英文体比较:翻译的方法》(第一册 P76 注释③)

《法英文体比较:翻译的方法》*Stylistique comparée du Français et de l'Anglais*:维奈和达贝内尔于 1958 年出版。维奈和达贝内尔把翻译方法分为直接翻译(direct translation)和间接翻译(oblique translation)两种。维奈和达贝内尔还提出,译者翻译的并非单词,而是观点和情感,因此翻译单位也只能是一种"思想的单位"。具体而言,就是"话语中的最小片断,组成这些片断的符号互相连接,不能单独地翻译"。

【Mikel Dufrenne】M. 杜夫海纳(第一册 P24 注释①)

M. 杜夫海纳(Mikel Dufrenne,1910—1995),法国美学家,现象学美学的主要代表之一。他把艺术看作是拯救人摆脱"异化"的文明能力。他的基本美学思想是肯定审美感知是人与大自然的独一无二的接触。在他看来,艺术是保持着人与自然接触的唯一活动,这种接触建立在同世界的联系的感受上,而不是建立在对这些联系的理解上。其代表作有《审美经验现象学》《诗学》《美学与哲学》等。

《审美经验现象学》（第一册 P24 注释①）

《审美经验现象学》_Phénoménologie de l'Experience esthétique_：M. 杜夫海纳著的现象学美学著作,发表于 1953 年。此作中,作者通过对审美对象的探讨,具体描述了现象学方法。

F

【A. France】A. 法郎士（第二册 P11 注释②）

A. 法郎士（A. France, 1844—1924）,法国作家、文学评论家、社会活动家。主要作品有小说《苔依丝》《企鹅岛》《诸神渴了》等。1921 年,《苔依丝》获诺贝尔文学奖。

《伊壁鸠鲁的花园》（第二册 P11 注释②）

《伊壁鸠鲁的花园》_Le Jardin d'Epicure_：法郎士著。在这部作品中,法郎士作了一番哲学的探讨。世界极其大而人极其小,人类的平庸随处可见,因此做人要谦虚。在此作中,作者表示,心灵的快乐远远超过肉体的快乐,而安宁平静的灵魂则是明智的人驾驶船只躲避感官生活风暴的港湾。

【Florian】弗洛里安（第二册 P244 注释②）

弗洛里安（Florian, 1755—1794）,法国诗人、小说家。他以创作寓言闻名于后世,其寓言故事非常适合作儿童读物,但在弗洛里安的时代,他的诗化小说、田园小说同样受人称赞。代表作有《猴子秀神灯》《盲人和瘸子》《猴子和豹》等。

《寓言》里的《盲人和瘸子》_Fables_："_L'Aveugle et le paralytique_"，_Oeuvres_（第二册 P244 注释②）

【Fontenelle】丰特奈尔（第三册 P457 注释①）

丰特奈尔（Fontenelle, 1657—1757）,法国哲学家。代表作有《死者的对话《关于宇宙多样性的对话》《论寓言之起源》《皇家科学院纪事》《神谕的历史》等。

《伊萨克·牛顿爵士颂词》(第三册 P457 注释①)

《伊萨克·牛顿爵士颂词》*Éloges*：又称《牛顿先生颂词》,是 1727 年牛顿去世后,丰特奈尔为他所写的传记,这也是关于牛顿的第一篇传记。牛顿曾于 1699 年当选为巴黎皇家科学院的外籍院士。

【Gustave Flaubert】福楼拜(第一册 P436【增订四】、第二册 P13【增订四】、第三册 P61 注释①、第三册 P357【增订四】、第三册 P549 注释②、第三册 P573 注释③、第四册 P166 注释②、第四册 P535【增订四】)

福楼拜(Gustave Flaubert,1821—1880),也译为"弗罗贝",法国作家,代表作有《包法利夫人》《萨朗宝》《情感教育》等。

《包法利夫人》(第一册 P436【增订四】、第二册 P13【增订四】、第三册 P549 注释②)

《包法利夫人》*Madame Bovary*：福楼拜著的小说,讲述一个受过贵族化教育的农家女爱玛两度偷情后债台高筑、服毒自尽的故事。

《给柯蕾的信》*à Louise Colet,Correspondance*(第三册 P61 注释①)

《书信集》*Correspondance*(第四册 P166 注释②)

《情感教育》(第三册 P357【增订四】、第四册 P18【增订四】)

《情感教育》*L'Education sentimentale*：福楼拜于 1869 年发表的长篇小说,主要讲述了 1848 年法国大革命时期一个年轻人的浪漫生活。此作成功地塑造了一个走向精神幻灭的人物形象弗雷德里克·莫罗。它被认为是 19 世纪最有影响力的小说之一,受到同时代作家如乔治·桑德和埃米尔·左拉所称赞。

【Henri Focillon】H. 福西永(第二册 P175 注释④、第二册 P177 注释①、第三册 P245 注释①、第三册 P540 注释①、第三册 P560 注释①、第四册 P12 注释①)

H. 福西永(Henri Focillon,1881—1943),法国美术史家,法国形式研究的里程碑式人物。他一生著述宏富,既显示出精深的专业知识,又随时跨越专业界限,将读者引向无限丰富的知识领域。

《形式的生命》(第二册 P175 注释④、第二册 P177 注释①、第三册

P245 注释①、第三册 P540 注释①、第三册 P560 注释①、第四册 P12 注释①)

《形式的生命》*Vie des Formes*：福西永著，是福西永方法论的代表作。作者运用文学修辞手法，论述自己对于形式与风格问题的思考，分别阐释了物质王国、空间王国、心灵王国和时间王国中的形式。全书由六篇组成，是一个有机整体。第一篇"形式的世界"揭示了艺术形式的内在逻辑和变形的基本原理，接下来各篇分别讨论形式与空间、心灵、物质、时间各王国之间的关系。最后一篇"手的礼赞"将前几部分的内容有机贯穿起来。他以独特的视角，为美术史贡献了一种形式主义理论。

【Jean de la Fontaine】拉·封丹(第一册 P431 注释①、第二册 P446 注释①、第二册 P575【增订三】、第三册 P347 注释①、第三册 P389 注释①)

拉·封丹(Jean de la Fontaine，1621—1695)，法国寓言诗人、法国古典文学的代表作家之一。代表作有《寓言诗》《故事诗》等。他的作品经后人整理为《拉·封丹寓言》。

《拉·封丹寓言诗全集》(第一册 P256 注释④、第二册 P269 注释③)

《故事诗》(第一册 P431 注释①)

《故事诗》*Contes et Nouvelles*(原名为 *Contes et nouvelles en vers*)：拉·封丹著于 1664—1685 年间，内容取材自阿里奥斯托、薄伽丘、拉伯雷等人。

《拉·封丹寓言诗》(第一册 P256 注释④、第二册 P446 注释①、第二册 P575【增订三】、第三册 P347 注释①、第三册 P389 注释①)

《拉·封丹寓言诗》*Fables*：拉·封丹著，其第一部分于 1668 年出版，第二部分于 1679 年出版，是世界上最早的诗体寓言集，是继《伊索寓言》之后又一部经典寓言名著。此作大多取材于古希腊、罗马和古印度的寓言以及中世纪和 17 世纪的民间故事，对 17 世纪法国社会上的黑暗现象作了大胆的讽刺。此作创造了约 496 个人物，其中动物 125 个，人 123 个，神话人物 85 个，构成了一个虚拟的大千世界，同时也构成了拉·封丹时代的《人间喜剧》，拉·封丹被法国文学评论家丹纳誉为"法国的荷马"。

【Lucien Febvre】吕西安·费夫尔(第四册 P9 注释②)

吕西安·费夫尔(Lucien Febvre，1878—1956)，法国史学家，公认的20世纪史学大师。1929年他与布洛赫(Marc Bloch)共同创办了年鉴学派及该学派的核心刊物《经济与社会史年鉴》，1946年该刊易名为《年鉴：经济、社会与文明》。其法文代表作有《菲立浦二世和弗朗什孔泰》《土地与人类演进》《全观历史》《拉伯雷与十六世纪的不信神问题》《命运：马丁·路德传》《为历史而战》等。其英文著作有《地理观的历史导论》《历史新种类：费夫尔选集》等。

G

【Andre Gide】A. 纪德(第四册 P114 注释①、第四册 P225 注释③)

A. 纪德(Andre Gide，1869—1951)，法国作家，1947年的诺贝尔文学奖得主。代表作有小说《田园交响曲》《人间食量》《伪币制造者》。纪德的几卷文学评论集《借题发挥集》《新借题集》《偶感集》《陀思妥耶夫斯基》等，对当代文学、道德、美学、文化等问题发表了独特的见解。

《日记》(第四册 P114 注释①、第四册 P225 注释③)

《日记》*Journal*：纪德著于1889—1948年。此《日记》对于认识20世纪法国和西方文学、艺术，以及纪德的思想及其创作道路，都是极为重要的资料。

【Étienne Gilson】É. 吉尔松(第二册 P186 注释①)

É. 吉尔松(Étienne Gilson，1884—1978)，法国学者、基督教哲学家，中世纪哲学研究权威，被认定为世界上最伟大的圣·多玛斯学者之一。代表作有《圣·多玛斯·阿奎那的哲学》《圣·奥古斯丁的基督教哲学》《中世纪哲学精神》《神与哲学》《哲学家与神学》等。其中，《中世纪哲学精神》影响最为广泛。

《思想与文字》(第二册 P186 注释①)

《思想与文字》*Les Idées et les Lettres*：É. 吉尔松著，其他不详。

【Émile Goudeau】É. 古多(第一册 P697 注释③)

É. 古多(Émile Goudeau，1849—1906)，法国记者、小说家、诗人。代表作有《沥青之花》《野兽的复仇》等。

《野兽的复仇》(第一册 P697 注释③)

《野兽的复仇》*La Revanche des Bêtes*：古多于 1884 年创作的小说。

【Goncourt】龚古尔兄弟(第二册 P85 注释①、第二册 P241 注释②、第三册 P46 注释②、第三册 P402 注释①、第四册 P27【增订三】)

龚古尔兄弟，法国作家，兄弟二人。哥哥埃德蒙·德·龚古尔(Edmond de Goncourt，1822—1896)，弟弟茹尔·德·龚古尔(Jules de Goncourt，1830—1870)。两兄弟毕生形影不离，都没有结婚。他们共同创作，献身于艺术和文学，发表了《18 世纪的艺术》等作品。合写的小说主要有《夏尔·德马侬》《热曼妮·拉瑟顿》和《玛耐特·萨洛蒙》等。根据埃德蒙的遗嘱成立的龚古尔学院，每年颁发龚古尔文学奖，在法国有重要影响。

《龚古尔兄弟日记》(第二册 P85 注释①、第二册 P241 注释②、第三册 P46 注释②、第四册 P27【增订三】)

《龚古尔兄弟日记》*Journal des Goncourt*：龚古尔兄弟共同创作。他们坚持写作数十年，此日记长达 22 卷。龚古尔兄弟以撰写小说的非凡笔触，精确描述了法国 19 世纪社会生活的方方面面；同时，他们作为福楼拜、波德莱尔、莫泊桑、大小仲马和左拉等法国大文豪的好友，也详细记录了诸多法国文学名流的活动。可以说，几乎延续了 19 世纪整个后半叶的《龚古尔兄弟日记》是法国近代社会史的宝贵材料。

【Madame Jeanne Guyon】盖恩夫人(第二册 P79 注释②、第二册 P185 注释②)

盖恩夫人(Madame Jeanne Guyon，1648—1717)，法国人，内里生命派(奥秘派，Quietism)的代表人物。

《与神联合》(第二册 P79 注释②)

《与神联合》*Conduite d'Abandon à Dieu*：盖恩夫人七部名著之一。此书重视基督徒的实际经历，自从出版后，就产生了非常特殊的历史影响。有许多基督徒以此书的观点作为思想行为的指导。

【Maurice Garçon】M. 嘎森(第一册 P558 注释③)

M. 嘎森(Maurice Garçon，1889—1967)，法国小说家、历史学家、散

文家。代表作有《趣史四十篇》《魔鬼》等。

《**魔鬼**》(第一册 P558 注释③)

《**魔鬼**》*Le Diable*：M. 嘎森和 J. 维沁(不详)著,此书收集了很多关于魔鬼的民间传说。

【**Remy de Gourmont**】**雷·德·古尔蒙**(第二册 P809 注释①)

雷·德·古尔蒙(Remy de Gourmont,1858—1915),法国作家、评论家。他是法国象征派的权威批评家之一,学识渊博,文风清丽隽永。代表作有《拙劣的祷词》《一颗童贞的心》《神秘的拉丁语》等。

《**哲学漫步**》(第二册 P809 注释①)

《**哲学漫步**》*Promenades philosophiques*：雷·德·古尔蒙著,其他不详。

《**神秘的拉丁语**》(第三册 P250 注释①)

《**神秘的拉丁语**》*Le Latin mystique*：雷·德·古尔蒙著于 1892 年。其他不详。

【**Théophile Gautier**】**戈蒂耶**(第二册 P707 注释②、第三册 P194 注释③、第四册 P434 注释②)

戈蒂耶(Théophile Gautier,1811—1872),法国唯美主义诗人、小说家和散文家,他选取精美的景或物,以语言、韵律精雕细镂,创造出一种独特的情趣,实践自己"为艺术而艺术"的主张。代表作有诗歌《阿贝都斯》《珐琅和雕玉》《死亡的喜剧》,小说《莫班小姐》等。

《**抑郁症**》(第二册 P707 注释②)

《**抑郁症**》*Melancholia*：戈蒂耶所著诗歌。

《**珐琅和雕玉**》(第三册 P194 注释③、第四册 P434 注释②)

《**珐琅和雕玉**》*Emaux et Camées*：戈蒂耶于 1852 年著,此作是他美学观点的具体实践。《珐琅与玉雕》被认为是戈蒂耶在诗歌方面的最高成就,被帕尔纳斯派诗人奉为艺术典范。书中的 37 首诗歌集中体现了作者"为艺术而艺术"的美学观念,作者选取精美的景或物,严格遵守格律,对词句精雕细琢,力求增强诗歌的音乐性和造型美感,创造出一种独特的情趣。

H

【Jules Huret】J. 尤雷特（第四册 P441 注释①）

J. 尤雷特（Jules Huret，1863—1915），法国记者，以采访作家而闻名。尤雷特曾创办过小型的文学评论机构，后从业于《巴黎回声报》和《费加罗报》。他专攻采访，以机智和高效的方式报道了与他同时代的名人的精神。

《文学进化论》（第四册 P441 注释①）

《文学进化论》_Enquête sur L'Évolution littéraire_：J. 尤雷特著于 1891 年。在这部作品的创作过程中，尤雷特先后采访了 64 位作家（包括爱弥尔·左拉及《梅塘夜谭》的五位合作者在内），让他们谈论法国文学的现状以及对"反对自然主义者的心理学家"和"反对诗文学的象征主义者"之争的看法。在这些采访中受访者必须接受的基本提议是，达尔文的进化论原则可以应用于文学，在某种程度上文学也是适者生存的战场。

【Du Halde】杜赫德（第二册 P74【增订三】）

杜赫德（Jean Baptiste du Halde，1674—1743），法国耶稣会神父，著名汉学家。杜赫德虽然一生从未踏上中国国土，但对中国文化与历史非常着迷。他收集了大量在华耶稣会士有关中国的通信、著作、研究报告等，精心选编著成《中华帝国全志》。

《中华帝国全志》（第二册 P74【增订三】）

《中华帝国全志》_Lettres édifiantes et curieuses de Chine_：1735 年出版，全名为《中华帝国及其所属鞑靼地区的地理、历史、编年纪、政治和博物》，被誉为"法国汉学三大奠基作之一"。内容涉及中国的地理、历史、政治、宗教、经济、民俗、物产、科技、教育、语言、文学等各个领域，共分 4 卷。主要根据其他从 17 世纪来华的传教士的报道编辑而成，此书在欧洲直到 19 世纪末都被看作是关于中国问题的知识手册。

【Victor Hugo】维克多·雨果（第一册 P145 注释①、第一册 P547 注释①、第二册 P376 注释①、第二册 P707 注释②、第二册 P744 注释②、第

三册 P402 注释①、第三册 P403【增订四】、第四册 P216 注释②、第四册 P443 注释②）

维克多·雨果（Victor Hugo，1802—1885），法国作家，法国浪漫主义文学的代表人物，被称为"法兰西的莎士比亚"。其创作的主导思想是人道主义、反对暴力、以爱制恶。他一生多产，写过多部诗歌、小说、剧本、各种散文和文艺评论及政论文章，在法国及世界有着广泛的影响力，代表作为《悲惨世界》《巴黎圣母院》《九三年》等。

《惩罚集》（第三册 P402 注释①）

《惩罚集》*Les Châtiments*：雨果于 1853 年路易·波拿巴政变后期所写的讽刺时弊的长诗集。

《静观集》（第二册 P707 注释②、第二册 P744 注释②）

《静观集》*Les Contemplations*：雨果诗歌合集中的一部。其合集包括《惩罚集》《静观集》《凶年集》三部。其中，《惩罚集》是一部政治讽刺诗集，是雨果在人生征途的重大转折点上创作出来的；《静观集》为抒情诗杰作；《凶年集》的内容多与当时的历史事件相关，表达了作者对人类进步的信念与强烈的爱国之情。

《撒旦的末日》（第一册 P145 注释①、第一册 P547 注释①）

《撒旦的末日》*La Fin de Satan*：雨果的宗教史诗。其中有 5 700 行是在 1854—1862 年之间写成的，但在他去世时尚未完成。

《凶年集》（第二册 P376 注释①）

《凶年集》*L'Année Terrible*：雨果于 1872 年刊行的诗集日记，表达了对普法战争和巴黎公社的看法。

《上帝》（第三册 P403【增订四】）

《上帝》*Dieu*：雨果的诗歌，其他不详。

《世纪传说》（第四册 P216 注释②）

《世纪传说》*La Legende des Siècles*：雨果著于 1859—1883 年。此作共 3 卷，以圣经故事、民间传说和古代神话为题材。

J

【J. -E. Fidao-Justiniani】菲达·贾斯蒂尼亚尼及其《17 世纪古典及高雅艺术》L'*Ésprit classique et la Pré ciosité au 17ᵉ Siècle*（第二册 P771 注

释①）:疑为法国作家作品。

【Joseph Joubert】约瑟夫·儒贝尔（第一册 P25 注释①、第四册 P244 注释①、第四册 P250 注释①、第四册 P293 注释④）

约瑟夫·儒贝尔（Joseph Joubert，1754—1824），法国道德家、散文家，其闻名于世的作品是《冥想录》（*Pensées*，或译为《思想集》或《随思录》）

《冥想录》（第一册 P25 注释①、第四册 P244 注释①、第四册 P250 注释①、第四册 P293 注释④）

《冥想录》*Pensées*：儒贝尔著，于其去世后（1838 年）出版。儒贝尔将许多关于自然、人类存在、文学以及其他主题的格言式的深刻思想记载在信件、纸片还有小笔记本中。在他逝世后，他的遗孀将这些笔记交付法国文豪夏多布里昂出版，夏多布里昂将其命名为《儒贝尔先生思想集》选集，随后又出现了包括儒贝尔的信件在内的更为完整的版本。

L

【Alain Rene Lesage】勒萨日（第四册 P342 注释①）

勒萨日（Alain Rene Lesage，1668—1747），法国作家。他既是喜剧作家，也是小说家。1712—1732 年，勒萨日为集市剧场写过一百多出小型喜剧，其中有的是和别人合作的。无论是他的戏剧作品还是小说作品，讽刺性、现实性均较强，揭露封建社会的黑暗面。勒萨日的代表作品有《杜卡雷》《吉尔·布拉斯》《瘸腿魔鬼》《主仆争风》等。

《吉尔·布拉斯》（第四册 P342 注释①）

《吉尔·布拉斯》*Gil Blas*：勒萨日的代表作，法国著名的流浪汉小说。小说分三期发表（1715，1724，1735 年）。此作叙述吉尔·布拉斯一生坎坷的经历。他原来是个天真无知的孩子，为了冲破封建社会的种种障碍，他不择手段地向上爬，终于爬到首相秘书的地位。作者通过吉尔·布拉斯的形象，说明在封建社会里，一个出身微贱的人即使有很好的德行和很大的才能，也不会受人重视。他要有所作为，必须和坏人同流合污。此作描绘了一个具体的历史环境，提出一些颇有现实意义的社会问题，丰富了西欧现实主义小说的创作方法，并且在揭露封建社会方面具有启蒙文学的一些特征。

【**André Lalande**】**A. 拉兰德**（第一册 P18 注释①、第二册 P121 注释②、第三册 P128 注释①、第三册 P246 注释①）

A. 拉兰德（André Lalande，1867—1963），法国哲学家。曾主编巨著《哲学批评术语词汇》。

《哲学批评术语词汇》（第一册 P18 注释①、第一册 P87 注释①、第二册 P121 注释②、第三册 P128 注释①、第三册 P246 注释①）

《哲学批评术语词汇》*Vocabulaire technique et critique de la Philosophie*：A. 拉兰德编纂的有关哲学批评词汇的辞典，于 1902—1923 年间首次分册出版，共有 17 个版本，最后由法国大学出版社统一出版。

【**Gustave Lanson**】**G. 朗松**（第一册 P472 注释②）

G. 朗松（Gustave Lanson，1857—1934），法国文学史家，文学批评家。代表作有《布瓦洛》《高乃依》《伏尔泰》《散文技巧》《法国文学史》等。

《散文技巧》（第一册 P472 注释②）

《散文技巧》*L'Art de la Prose*：G. 朗松著，其他不详。

【**J. -B. Labat**】**拉巴特**（第四册 P273 注释①）

J. -B. 拉巴特（J. -B. Labat，1663—1738），法国牧师、植物学家、作家、探险家、人种志学家。

《西班牙与意大利之旅》（第四册 P273 注释①）

《西班牙与意大利之旅》*Voyages en Espagne et en ltalie*：拉巴特著于 1730 年。

【**Lamartine**】**拉玛丁**（第二册 P463 注释③）

拉玛丁（Lamartine，1790—1869），法国作家、诗人、政治家，推动了法兰西第二共和国的建立。

《湖》（第二册 P463 注释③）

《湖》*Le Lac*：拉玛丁著，被誉为法国浪漫派诗歌中最具有代表性的范例。作为一首写爱情的哀歌，全诗被深沉的悲愁所主宰，通过对大自然的描写，抒发了爱情消逝、时光流逝之感。

【Paul Léautaud】保尔·勒奥多（第二册 P817 注释③）

保尔·勒奥多（Paul Léautaud，1872—1956），法国作家、戏剧评论家。

《文学日记》（第二册 P817 注释③）

《文学日记》_Journal littéraire_：保尔·勒奥多著于 1954—1966 年，共 19 卷。

【Paul Léon】P. 莱昂（第一册 P359 注释②、第三册 P294 注释①、第三册 P586 注释①）

P. 莱昂（Paul Léon，1874—1962），法国历史学家。

《梅里美及其时代》（第一册 P359 注释②、第三册 P586 注释①）

《梅里美及其时代》_Mérimée et son Temps_：P. 莱昂著，其他不详。

【Pierre Ambroise Choderlos de Laclos】拉克洛（第一册 P638 注释①）

拉克洛（Pierre Ambroise Choderlos de Laclos，1741—1803），法国作家，代表作是小说《危险的关系》。

《危险的关系》（第一册 P638 注释①）

《危险的关系》_Les Liaisons dangereuses_：拉克洛著的长篇书信体小说。作为小说，此书书信体的形式和内容配合得天衣无缝，每一封信既是叙述手段，又体现、促进情节发展。此书讲述爱情的游戏，以及对异性的追逐与诱惑的故事，充满了征服与赢得爱情的各种技巧。书中 175 封信，正像拉克洛手中的一副纸牌；他谋篇布局，缜密计算在与读者进行的这一局局游戏中的得与失，诱惑读者步步深入这场危险的游戏。

M

【Alfred de Musset】阿尔弗雷德·德·缪塞（第一册 P197 注释①、第二册 P376 注释①、第四册 P380 注释①、第四册 P434 注释③）

阿尔弗雷德·德·缪塞（Alfred de Musset，1810—1857），法国唯美主义文学的代表作家、诗人。他终身信奉卢梭思想，崇敬拿破仑的伟业。20 岁时出版抒情诗集《西班牙与意大利故事》，名噪一时。缪塞的诗歌想象丰富、辞章精美。缪塞的戏剧作品也十分丰富，在 19 世纪浪漫主义文学中有相当高的地位。他最著名的抒情诗是《四夜》，即《五月之夜》《十二月之夜》《八月之夜》和《十月之夜》。文学史家们都把它们统称为"四夜组诗"。组诗表达了诗人丰富而复杂的感情。

《八月之夜》（第一册 P197 注释①）

《八月之夜》*La Nuit d'Août*：缪塞所撰的抒情诗。

《新诗》（第一册 P197 注释①、第四册 P380 注释①、第四册 P434 注释③）

《新诗》*Poésies nouvelles*：缪塞所撰的诗歌。

《一个世纪儿的忏悔》（第二册 P376 注释①）

《一个世纪儿的忏悔》*La Confessions d'un enfant du siècle*：缪塞创作的一部自传体长篇小说。"世纪病"一词即由此小说而得名。这部小说富有戏剧性，结构巧妙、笔调轻盈、色彩鲜明、充满激情。此作心理描写也细致入微，尤其是对主人公在当时社会矛盾影响下形成的变态心理的刻画，忠实地反映了人物内心的矛盾、痛苦和激情。

【A. Maurois】安德烈·莫洛亚（第二册 P416 注释①）

安德烈·莫洛亚（A. Maurois，1885—1967），法国传记作家、小说家。作品包括小说、散文、传记和历史著作。作品中最有特色的是传记。代表作有小说《贝尔纳·盖奈》《布朗勃上校的沉默》《气候》等，传记《雨果传》《巴尔扎克传》《雪莱传》《拜伦传》等，历史著作有《美国史》《法国史》《英国史》等。

《布朗勃上校的沉默》（第二册 P416 注释①）

《布朗勃上校的沉默》*Les Silences du Colonel Bramble*：莫洛亚著。第一次世界大战时，莫洛亚应征服役，奉派至苏格兰第九师，担任英军与法国炮队之间的翻译联络官。此书正是莫洛亚根据军旅生活的所见所闻写成，莫洛亚因此书一举成名。

【Albin Michel】阿尔宾·米歇尔（第四册 P90 注释①）

阿尔宾·米歇尔（Albin Michel，生卒年不详），疑为法国学者，其他不详。

《文学与哲学之融合》（第四册 P90 注释①）

《文学与哲学之融合》*Littérature et Philosophie mêlées*：阿尔宾·米

歇尔著,其他不详。

【Charles-Louis de Secondat,Baron de Montesquieu】孟德斯鸠(第一册 P38 注释①、第一册 P323 注释③、第一册 P453【增订三】、第二册 P49 注释①、第二册 P545 注释①、第三册 P303 注释①、第三册 P425 注释①、第四册 P147 注释①、第四册 P517 注释①)

孟德斯鸠(Charles-Louis de Secondat,Baron de Montesquieu,1689—1755),法国启蒙时期思想家、律师,也是西方国家学说和法学理论的奠基人,与伏尔泰、卢梭合称"法兰西启蒙运动三剑侠"。孟德斯鸠是一位百科全书式的学者;在学术上取得了巨大成就,得到了很高的荣誉;他曾被选为波尔多科学院院士、法国科学院院士、英国皇家学会会员、柏林皇家科学院院士。代表作有《波斯人信札》《罗马盛衰原因论》《论法的精神》等。

《波斯人信札》(第二册 P49 注释①)

《波斯人信札》_Lettres Persanes_:孟德斯鸠唯一的一部文学作品。本书的主人公郁斯贝克是一位波斯贵族,他在法国旅游期间,不断与朋友通信。小说通过郁斯贝克在巴黎的所见所闻,以令人着迷的笔力描绘了 18 世纪初巴黎现实生活的画卷。《波斯人信札》"写得令人难以置信的大胆",是启蒙运动时期第一部重要的文学作品,开了理性批判的先河。

《论法的精神》(第一册 P38 注释①、第一册 P323 注释③、第三册 P303 注释①)

《论法的精神》_De l'Esprit des Lois_:孟德斯鸠最重要、影响最大的著作。此作是一部综合性的政治学著作。书中提出的追求自由、主张法治、实行分权的理论,对世界范围的资产阶级革命产生了很大影响,被载入法国的《人权宣言》和美国的《独立宣言》。此书还被称为是"亚里士多德以后第一本综合性的政治学著作"。

《罗马盛衰原因论》(第一册 P453【增订三】)

《罗马盛衰原因论》_Considérations sur les Causes de la Grandeur des Romains et de leur Décadence_:孟德斯鸠著的历史学著作,1734 年首次出版。在此书中,孟德斯鸠第一次阐述了自己的社会理论:按照孟德斯鸠的历史编纂学的观点,古罗马的兴起和衰亡是由它的政治制度的优劣和居民风俗的善恶决定的。孟德斯鸠认为政治制度和法律制度在社会发展中发挥重要作用,他反对专制制度,歌颂民主制度。

《1716—1755 笔记》(第四册 P517 注释①)

《1716—1755 笔记》*Cahiers 1716—1755*:孟德斯鸠著,其他不详。

【Honoré-Gabriel Riqueti, comte de Mirabeau】米拉波(第一册 P186 注释①)

米拉波(Honoré-Gabriel Riqueti, comte de Mirabeau,1749—1791),法国政治家,曾任法国国民议会议长,法国大革命初期的核心人物。

《米拉波伯爵的作品》(第一册 P186 注释①)

《米拉波伯爵的作品》*L'Oeuvre du Comte de Mirabeau*:米拉波著。其他不详。

【D. Mornet】D. 莫尔内(第二册 P30 注释③)

D. 莫尔内(D. Mornet,1878—1954),法国历史学家。他曾指出:"法国大革命的起源是一回事,法国大革命是另一回事。"主要作品是《法国大革命的文化起源》。

《18 世纪法国自然科学》(第二册 P30 注释③)

《18 世纪法国自然科学》*Les Sciences de la Nature en France au 18e Siècle*:D. 莫尔内著,其他不详。

【Edgar Morin】埃德加·莫兰(第二册 P827【增订四】)

埃德加·莫兰(Edgar Morin,原名 Edgar Nahoum,1921—),法国哲学家和社会学家,被誉为当今最重要的社会思想家之一,因其对复杂性和"复杂思想"研究的卓越成就而获得国际认可。除此之外,莫兰对媒体研究、政治、社会学、视觉人类学、生态学、教育和系统生物学等多个领域也有突出贡献。代表作有《社会学思考》《迷失的范式:人性研究》等等。

《社会学思考》(第二册 P827【增订四】)

《社会学思考》*Sociologie*:埃德加·莫兰著,发表于 1984 年。此作全面概述了成为社会学家的条件,面对种种社会表象,应如何培养自己的社会学意识、多维视角、掌握丰富的社会学研究方法等。作者写作的时间跨度很大,在这段时间里,西方社会的发达和弊病——福利国家的出现、大众文化的形成、流行歌曲的风行、汽车和电视的普及、小城镇的现代化、城市病和生态的恶化等也充分地表现出来,为此,作者对其作了诸多社会学诊断,并对以往的社会学对象和研究方法作了反思和批判,提出了自己独特的见解。

【Gabriel Marcel】G. 马塞尔(第二册 P93 注释①)

G. 马塞尔(Gabriel Marcel,1889—1973),法国存在主义哲学家、剧作家。他认为人的存在同时处于两个世界之中。首先,人总是存在于一定的状况中,于此时此地与客观世界发生确定的关系。此外,人的具体存在在本质上又不可言传,它是个人的经验、体会,它通过信仰和希望与神发生关系。因此,人要走出自我,追求超越性,与神交往,才能达到存在的家乡。其主要著作有《存在与所有》《人的尊严》等。

《人的尊严》(第二册 P93 注释①)

《人的尊严》Homo Viator:G. 马塞尔著,1944 年出版,是马塞尔所作的对伦理价值观的哲学和现象学反思。

【Henry de Montherlant】亨利·德·蒙泰朗(第二册 P609 注释①)

亨利·德·蒙泰朗(Henry de Montherlant,1895—1972),法国作家。蒙泰朗的作品风格谨严、自然、亲切,兼有法国古典作家的纯朴和浪漫派作家的激昂的特点。代表作有《无父无母的儿子》《圣地亚哥的团长》《波尔·洛亚尔》等。

《笔记》(第二册 P609 注释①)

《笔记》Carnets:亨利·德·蒙泰朗著,其他不详。

【Henri René Albert Guy de Maupassant】居伊·德·莫泊桑(第二册 P211 注释①、第二册 P581 注释③、第二册 P803 注释①)

莫泊桑(Henri René Albert Guy de Maupassant,1850—1893),19世纪下半叶法国批判现实主义作家,与俄国契诃夫和美国欧·亨利并称为"世界三大短篇小说巨匠"。莫泊桑是法国文学史上短篇小说创作数量最大、成就最高的作家,创作了三百余篇短篇小说。他的作品所描绘的生活面极为广泛,实际上构成了 19 世纪下半叶法国社会一幅全面的风俗画。代表作有《项链》《羊脂球》和《我的叔叔于勒》等。

《族间仇杀》(第二册 P211 注释①)

《族间仇杀》*Une Vendetta*:莫泊桑著,出自《白天与黑夜的故事》。

《流浪生活》(第二册 P581 注释③)

《流浪生活》*La Vieerrante*:莫泊桑著。1890 年,莫泊桑曾经游历西西里,他写的《流浪生活》讲述了这段旅行。

《两兄弟》(第二册 P803 注释①)

《两兄弟》*Pierre et Jean*:莫泊桑的长篇小说作品之一。它是一部内容严肃的心理小说,讲述了由一笔遗产的赠与给一个平静家庭带来的风波。此作在心理分析的真实和深刻方面堪称一绝。

【Joseph de Maistre】约瑟夫·德·迈斯特和《圣彼得堡对话录》*Les Soirées de Saint-Pétersbourg*(第三册 P123【增订四】)

约瑟夫·德·迈斯特(Joseph de Maistre,1753—1821),法国大革命之后法国保守派最重要的思想家。1792 年拿破仑的革命军队攻克萨伏依后,他流亡瑞士洛桑,成为保守派的重要成员。他著有《论法国》(1796),该书被视为法国保守主义的经典。其他代表作有《信仰与传统》《政治组织和人类其他制度的基本原则论》《圣彼得堡之夜》等。

【Jules Michelet】儒勒·米什莱(第一册 P570 注释②)

儒勒·米什莱(Jules Michelet,1798—1874),法国作家、历史学家,被誉为"法国史学之父""法国最早和最伟大的民族主义和浪漫主义历史学家",他在近代史研究领域中成绩卓越。他以文学风格的语言来撰写历史著作,并以历史学家的渊博来写作散文。代表作有《法国大革命史》《人类的圣经》《爱》《妇女》《女巫》等。

《日志》(第一册 P570 注释②)

《日志》*Journal*:儒勒·米什莱著,其他不详。

【Marcel Mauss】马塞尔·莫斯(第一册 P199 注释①)

马塞尔·莫斯(Marcel Mauss,1872—1950),法国人类学家、社会学家、民族学家,著有《早期的几种分类形式:对于集体表象的研究》《关于爱斯基摩社会季节性变化的研究》《天赋》《关于原始交换形式——赠予的研究》等。

《社会学与人类学》(第一册 P199 注释①)

《社会学与人类学》*Sociologie et Anthropologie*：马塞尔·莫斯的社会学专题论文集。其中"论礼物"一文比较著名，此文着重论述了美拉尼西亚、波利尼西亚、北美洲西北部等地土著民族的交换和契约形式，并对赠与、接受及偿报等行为的宗教、法律、经济、神话和其他方面予以探讨，典型地体现了他对社会现象研究的"以小见大"之法。

【Michel Eyquem de Montaigne】蒙田(第一册 P50 注释①【增订四】、第一册 P98 注释①、第一册 P99 注释②、第一册 P371 注释①、第一册 P374①、第一册 P433 注释②、第一册 P620 注释①、第一册 P631【增订四】、第一册 P655【增订三】、第一册 P679 注释①、第二册 P51 注释②、第二册 P88 注释①、第二册 P128 注释②、第二册 P159 注释①、第二册 P190 注释①、第二册 P367 注释③、第二册 P420 注释②、第二册 P463【增订三】、第二册 P562 注释①、第二册 P687 注释①、第二册 P816 注释①、第三册 P102 注释②、第三册 P214【增订四】、第三册 P367 注释①、第三册 P523 注释①、第四册 P65 注释②)

蒙田(Michel Eyquem de Montaigne，1533—1592)，法国文艺复兴后期、16 世纪人文主义思想家、作家、怀疑论者。主要作品有《随笔录全集》。他是启蒙运动以前法国的一位知识权威和批评家。

《随笔录》(第一册 P50 注释①【增订四】、第一册 P98 注释①、第一册 P99 注释②、第一册 P371 注释①、第一册 P374①、第一册 P433 注释②、第一册 P620 注释①、第一册 P631【增订四】、第一册 P655【增订三】、第一册 P679 注释①、第二册 P51 注释②、第二册 P88 注释①、第二册 P128 注释②、第二册 P159 注释①、第二册 P190 注释①、第二册 P367 注释③、第二册 P420 注释②、第二册 P463【增订三】、第二册 P562 注释①、第二册 P687 注释①、第二册 P816 注释①、第三册 P102 注释②、第三册 P214【增订四】、第三册 P367 注释①、第三册 P523 注释①、第四册 P65 注释②)

《随笔录》*Essais*：蒙田著。蒙田以博学著称，随笔卷帙浩繁，用古法文写成，又引用了希腊、意大利等国的语言，以及大量拉丁语。蒙田在随笔中论述日常生活、传统习俗、人生哲理等，对古希腊罗马作家的论述也能旁征博引。书中，作者还对自己作了大量的描写与剖析。此书语言平易通畅，不假雕饰,在法国散文史上占有重要地位,开创了随笔式作品之先河。

【Molière】莫里哀(第一册 P647 注释①、第二册 P59 注释③)

莫里哀(Molière,1622—1673),法国喜剧作家、演员、戏剧活动家,法国芭蕾舞喜剧的创始人。他的喜剧在种类和样式上都比较多样化。他主张作品要自然、合理,强调以社会效果进行评价。他的作品对欧洲喜剧艺术的发展有深远影响。代表作有《无病呻吟》《伪君子》《悭吝人》等。

《贵人迷》(第一册 P647 注释①)

《贵人迷》*Le Bourgeois Gentilhomme*:莫里哀所著喜剧。主人公汝尔丹是一个醉心贵族的资产者,把贵族的一切当作他行动的标准,此作对资产阶级的这种庸俗心理作了无情的讽刺。

《伪君子》(第二册 P59 注释③)

《伪君子》*Tartuffe*:莫里哀著,是其喜剧艺术的最高成果,也是世界戏剧史上的经典之作。小说讲述了宗教骗子达尔杜弗以伪装的虔诚骗得富商奥尔贡的信任,成为他家的上宾。奥尔贡背弃女儿原有婚约,欲招达尔杜弗为婿,还取消了儿子的继承权,把财产全部奉送给了骗子。他的作法遭到全家人反对,他们巧妙地揭露了达尔杜弗的真相,使奥尔贡幡然悔悟。骗子凶相毕露,企图陷害奥尔贡,但得到了应有的惩罚。

【Prosper Mérimée】梅里美(第一册 P176 注释②、第一册 P359 注释②、第一册 P558 注释④、第三册 P586 注释①、第四册 P61 注释①)

梅里美(Prosper Mérimée,1803—1870),法国现实主义小说家、剧作家、历史学家。主要作品有收集出版的剧本集《克拉拉·加苏尔戏剧集》和历史剧《雅克团》,长篇小说《查理九世纪事》和中、短篇小说《马特奥·法尔哥内》《夺堡记》《塔芒戈》《高龙巴》《卡门》《伊尔的美神》等。

《查理九世纪事》(第一册 P558 注释④、第四册 P61 注释①)

《查理九世纪事》*Chronique du Règne de Charles IX*:梅里美著,历史小说,1829 年出版。

《小说集》(第一册 P176 注释②、第一册 P558 注释④、第四册 P61 注释①)

《小说集》*Romans et Nouvelles*:梅里美著的小说集。

《炼狱里的灵魂(一个两列的名单)》(第一册 P176 注释②)

《炼狱里的灵魂（一个两列的名单）》*Les Âmes du Purgatoire*（une liste à deux colonnes）：梅里美的中短篇小说集。收入的作品包括：《马铁奥·法尔哥尼》《费德里哥》《塔芒戈》《夺堡记》《一场赌博》《古花瓶》《双重误会》《炼狱里的灵魂》《伊尔的美神》《阿尔赛娜·吉约》《卡门》《高龙巴》等。最后还附有梅里美小传、梅里美作品要目。

【Robert Mandrou】R. 芒德鲁（第四册 P9 注释②）

R. 芒德鲁（Robert Mandrou，1921—1984）：法国史学家，代表作有《路易十四及其时代》《从人文主义到科学》《现代法国导论》等。

《现代法国导论》（第四册 P9 注释②）

《现代法国导论》*Introduction à la France moderne*：R. 芒德鲁著。此作介绍了 16 世纪法国民众饮食习惯的变化、不同宗教信仰之间的碰撞以及 16 世纪法国经历的社会历史变迁。

【Stéphane Mallarmé】马拉美（第二册 P309 注释①、第二册 P635 注释①、第四册 P228 注释②、第四册 P441 注释①）

马拉美（Stéphane Mallarmé，1842—1898），法国诗人、散文家。他与阿蒂尔·兰波、保尔·魏尔伦同为早期象征主义诗歌代表人物。1876 年他以作品《牧神的午后》在法国诗坛引起轰动。此后，他在家中举办的诗歌沙龙成为当时法国文化界最著名的沙龙，一些著名的诗人、音乐家、画家都是这里的常客，如魏尔伦、兰波、德彪西、罗丹夫妇等等。因为沙龙在星期二举行，被称为"马拉美的星期二"。代表作有《诗与散文》，诗集《徜徉集》，长诗《希罗狄亚德》《牧神的午后》等，晚年的诗作《骰子一掷，不会改变偶然》是他最著名的作品。

《希罗狄亚德》（第四册 P228 注释②）

《希罗狄亚德》*Herodiade*：也译为《希罗底》，是马拉美所著的长诗，发表于 1875 年。此作也是马拉美的代表作之一，常被后人改编为舞剧。

N

【Gérard de Nerval】奈瓦尔（第二册 P707 注释②）

奈瓦尔（Gérard de Nerval，1808—1855），法国象征主义和超现实主

义诗人、作家。奈瓦尔曾将《浮士德》第一部译成法文,深得歌德赞赏;曾远游埃及、君士坦丁堡等地,写成《东方游记》;1851 年精神病复发;1855 年自缢身死。代表作有十四行诗集《抒情节奏小颂诗》《幻象集》,剧本《莱奥·布卡》,抒情散文集《火焰姑娘们》等。

《被废黜者》(第二册 P707 注释②)

《被废黜者》*El Desdichado*:奈瓦尔著,其他不详。

P

【Blaise Pascal】帕斯卡(第一册 P256 注释①、第二册 P185 注释③、第二册 P830 注释①、第三册 P173 注释①、第三册 P477 注释①)

帕斯卡(Blaise Pascal,1623—1663),法国物理学家、数学家、哲学家、散文家。代表作有《圆锥曲线论》《论摆线》《算术三角形》《思想录》等。

《思想录》(第一册 P256 注释①、第二册 P185 注释③、第二册 P830 注释①、第三册 P173 注释①、第三册 P477 注释①)

《思想录》*Pensées*:帕斯卡尔的重要理论著作。全书集中反映了帕斯卡的哲学和神学思想,对于人生、人性、哲学、社会和宗教等问题进行了深入的探讨。

【Francis Ponge】弗朗西斯·蓬热(第一册 P16 注释②)

弗朗西斯·蓬热(Francis Ponge,1899—1988),法国当代诗人。他喜欢描写客观事物。大至宇宙星辰,小至一草一木,无生命的坛坛罐罐,千变万化的人生长河,都是他描摹的对象。他是一个崇尚物质如神灵的唯物主义者,致力于恢复卑微物体的尊严和地位。他的诗虽未形成一种流派,但对当代文学特别是对"客观派"文学影响巨大,也影响了罗伯·格里耶等人。

《物象录》(第一册 P16 注释②)

《物象录》*Le Parti Pris des Choses*:蓬热所写的一部诗集,于 1942 年出版,共收录了包括《蜗牛》《蜡烛》《牡蛎》《雨》等 32 首中短篇散文诗。蓬热从物出发,描写经常被人忽略的最平凡、最常见的物体,挖掘物的个性。

【Henri Peyre】H. 佩尔(第三册 P579 注释①)

H. 佩尔(Henri Peyre，1901—1988)，法裔美国语言学家、文学学者。佩尔是法国研究中的一位巨人，他始终致力于向美国人介绍法国的现代文学以及文化。除了著有约 30 本关于古典主义、现代文学和高等教育的书外，佩尔还留下了大量与战后的文学界主要人物，诸如罗伯特·佩恩·沃伦、安德烈·纪德和安德烈·马尔罗来往的信件。这些书信也生动地记载和反映了他生活的时代。

《**法国古典主义**》(第三册 P579 注释①)

《**法国古典主义**》*Le Classicisme français*：H. 佩尔著。其他不详。

【**J. Pommier**】**J. 波米耶**(第二册 P177 注释①、第三册 P335 注释①、第三册 P553 注释①、第四册 P110 注释①)

J. 波米耶(J. Pommier，1893—1973)，法国的文学史家兼浪漫主义者。波米耶一生著作颇丰，除了专注于文学问题的研究之外，他还对法国著名的圣经学者和宗教历史学家约瑟夫·欧内斯特·勒南有着强烈的兴趣，并陆续发表了一系列探讨勒南宗教和诗意的作品。

《**文学批评和文学史里的问题**》(第二册 P177 注释①、第三册 P335 注释①、第三册 P553 注释①、第四册 P110 注释①)

《**文学批评与文学史里的问题**》*Questions de Critique et d'Histoire littéraire*：J. 波米耶著于 1945 年。此作是探讨文学和文学史问题的一部著作。

【**Piron**】**皮隆**(第三册 P586 注释①)

皮隆(Piron，1689—1773)，法国诗人，代表作有《作诗癖》《皮隆文集》《讽刺诗》等。

《**作诗癖**》(第三册 P586 注释①)

《**作诗癖**》*La Métromanie*：全称《作诗癖：五幕喜剧》，皮隆著于 1738 年。这部作品是皮隆在尝试创作了几部悲剧作品失败告终后创作的一部喜剧作品。在这部喜剧中，主人公达米斯是一名诗歌迷。

【**Marcel Proust**】**普鲁斯特**(第二册 P34【增订三】、第二册 P88 注释①、第二册 P127 注释①、第二册 P360【增订二】、第二册 P773 注释②、第三册 P95 注释①、第四册 P288 注释①、第四册 P294【增订三】、第四册

P534【增订四】)

普鲁斯特(Marcel Proust，1871—1922)，法国小说家，西方意识流文学的先驱与大师。他研究柏格森直觉主义和弗洛伊德的潜意识理论并尝试将其运用到小说创作中，代表作有《追忆似水年华》等。

《追忆似水年华》(第二册 P34【增订三】、第二册 P88 注释①、第二册 P127 注释①、第二册 P360【增订二】、第二册 P773 注释②、第三册 P95 注释①、第四册 P294【增订三】、第四册 P534【增订四】)

《过去韶光的重现》*Le Temps retrouvé* in *À la recherche du temps perdu*(第四册 P294【增订三】)：《追忆似水年华》的一部分。

《追忆似水年华》*À La recherche du temps perdu*：普鲁斯特著，被誉为 20 世纪意识流小说的代表作之一。此书与传统小说不同，全书以叙述者"我"为主体，将其所见所闻所思所感融合一体，既描写社会生活、人情世态，又记录自我追求，自我认识的内心经历。

《驳圣伯夫》(第四册 P288 注释①)

《驳圣伯夫》*La Méthode de Sainte-Beuve*：普鲁斯特著，出版于 1954年。作者强烈抨击权威批评家圣伯夫批评方法的机械和错误及因此造成的对当年法国文坛文学天才的轻视与误读。全书既有理性的思辨，又有抒情的叙述，两者相辅相成，相互映照。

【Raymond Polin】雷蒙德·波林(第一册 P10 注释②、第二册 P132【增订四】)

雷蒙德·波林(Raymond Polin，1910—2001)，法国哲学家，主要作品有《价值的产生》《价值的内涵》《丑，恶，假》等。

《丑，恶，假》(第一册 P10 注释②、第二册 P132【增订四】)

《丑，恶，假》*Du laid，Du Mal，Du Faux*：雷蒙德·波林著，发表于1948 年。

【R. Petrucci】R. 贝特鲁奇(第三册 P242 注释①)

R. 贝特鲁奇(R. Petrucci，1872—1917)，法国著名的汉学家。代表作有《远东艺术中的自然哲学》等。

《远东艺术中的自然哲学》(第三册 P242 注释①)

《远东艺术中的自然哲学》*La Philosophie de la Nature dans l'Art*

d' Extrême-Orient：R. 贝特鲁奇著，1911 年出版。此作从哲学的角度解读了大量中国绘画。此作虽名为"远东艺术"，实际上大部分篇章是在阐释中国绘画。作者将中国绘画还原到中国的哲学语境中，详细地阐述了以儒、释、道为来源的中国自然哲学对中国绘画主题和技法的影响，他尤其突出了道家思想对中国绘画的影响，认为道家思想是中国绘画美学的基础。他的研究推动了法国汉学领域的道家研究，从而在艺术史研究和汉学研究之间搭建了一座桥梁。此后，中国绘画成为法国汉学研究的重要对象。

【**V. Pinot**】维吉尔·毕诺（第二册 P168 注释②）

维吉尔·毕诺（V. Pinot，生卒年不详），法国汉学家，其他不详。

《**中国对法国哲学思想形成的影响**》（第二册 P168 注释②）

《**中国对法国哲学思想形成的影响**》*La Chine et la Formation de l'Esprit phlosophique en France*：维吉尔·毕诺著。此书介绍了中国对法国哲学思想形成的影响、有关法国认识中国的未刊文献等内容。该书资料翔实，论述 17、18 世纪中国儒家的重农主义、文官科举制度、修史传统、伦理道德、完整的治国之术、多种文化派别的并存与争鸣以及哲学思想界经常出现的大论战等，对基督教主导的法国思想界产生的冲击与影响。

Q

【**Raymond Queneau**】R. 奎尼奥（第一册 P674 注释①）

R. 奎尼奥（Raymond Queneau，1903—1976），法国小说家、编辑、批评家、诗人，其文笔机智、辛辣、幽默。

《**文学史**》（第一册 P674 注释①）

《**文学史**》*Histoire des Littératures*：R. 奎尼奥编，其他不详。

R

【**Antoine Rivarol**】安东尼·里瓦罗（第一册 P43 注释①、第一册 P324 注释①、第二册 P173 注释②、第二册 P397 注释①、第二册 P568 注释②、

第三册 P477 注释①、第三册 P598 注释①）

安东尼·里瓦罗（Antoine Rivarol，1753—1801），法国政论家、新闻记者、小说家及讽刺诗人。他的第一篇重要作品为 1784 年出版的《论法语的普遍性》。里瓦罗的讽刺天才在他 1788 年所著的《大人物小年鉴》中展示无遗，在这部作品中，他以诗文讽刺了所有当代作家。他还翻译过但丁长诗《地狱篇》并受到广泛好评。

《政治与文学作品》（第二册 P397 注释①、第三册 P477 注释①）

《政治和文学作品》*Écrits politiques et littéraires*（*Ecrits politiques et litteraires*）：里瓦罗著。其他不详。

《致 M. 内克尔先生的信》（第一册 P43 注释①）

《致 M. 内克尔先生的信》*Lettre à M. Necker*：出版于 1788 年，是里瓦罗写给内克尔的两封信。信中，他宣扬高度的爱国主义，支持独立于所有宗教的道德的可能性。

【Bussy-Rabutin】布西·拉比丁（第三册 P524【增订四】）

布西·拉比丁（Bussy-Rabutin 或 Roger de Rabutin，1618—1693），又名罗杰·德·拉比丁，布西伯爵，法国传记作家。

【E. Rodocanachi】E. 罗多卡纳奇（第一册 P268【增订一】）

E. 罗多卡纳奇（E. Rodocanachi，1859—1934），法国作家兼历史学家。作品有《罗马的工人行会》《自 1342 年以来的罗马历史》等。

《意大利女人》（第一册 P268【增订一】）

《意大利女人》*La Femme italienne*：罗多卡纳奇著，1907 年出版，讲述了文艺复兴时期的意大利女人的私生活、社交生活及社会影响。

【Francois Rabelais】拉伯雷（第一册 P707 注释④、第二册 P201【增订三】、第二册 P225【增订三】、第二册 P420 注释②）

拉伯雷（Francois Rabelais，1483—1553），文艺复兴时期法国人文主义作家之一。其代表作为长篇小说《巨人传》等。

《巨人传》（第一册 P707 注释④、第二册 P201【增订三】、第二册 P225【增订三】、第二册 P420 注释②）

《巨人传》*Gargantua et Pantagruel*：拉伯雷著的小说。此作取材于法国民间传说故事,主要写格朗古杰、高康大、庞大固埃这三代巨人的活动史,共有五部。

【Jean-Francois Revel】让·弗朗索瓦·何维勒(第一册 P501 注释②)

让·弗朗索瓦·何维勒(Jean-Francois Revel,1924—　　),法国政治评论家、哲学家,法兰西学院院士,古典自由主义、自由市场经济的倡议者;其所著政治评论在西方世界皆引起很大反响,代表作有《僧侣与哲学家》《没有马克思或耶稣:新一轮美国革命已开始》《远离真理:信息时代的欺骗性统治》等。

《为啥有哲学家和信徒的神力》(第一册 P501 注释②)

《为啥有哲学家和信徒的神力》*Pourquoi des Philosophes et la Cabale des Dévots*:让·弗朗索瓦·何维勒著,1958 年出版。

【Jean-Jacques Rousseau】让·雅克·卢梭(第一册 P194 注释①、第三册 P72 注释①、第三册 P477 注释①)

让·雅克·卢梭(Jean-Jacques Rousseau,1712—1778),法国哲学家、启蒙思想家、教育家,浪漫主义文学流派的开创者。主要著作有《社会契约论》《论人类不平等的起源和基础》《爱弥儿》《新爱洛漪丝》《忏悔录》《植物学通信》等。

《忏悔录》(第一册 P194 注释①、第三册 P477 注释①)

《忏悔录》*Les Confessions et les Rêveries*:卢梭晚年写成,记载了卢梭从出生到 1766 年被迫离开圣皮埃尔岛之间 50 多年的生活经历。

《一个孤独漫步者的遐想》(第一册 P194 注释①)

《一个孤独漫步者的遐想》*Les Rêveries du Promeneur solitaire*:卢梭的最后一部作品,是他"为自己而作"的书。包含十篇漫步者遐想录,展露了卢梭推崇感情、赞扬自我、热爱大自然的思想。

《论科学与艺术》(第三册 P72 注释①)

《论科学与艺术》*Discours sur les Sciences et les Arts*:卢梭早期所著的一篇重要作品。书中卢梭明确阐发了"返于自然"的观点。

【Jean Racine】让·拉辛(第一册 P638 注释①、第三册 P590 注释①、第四册 P286 注释①)

让·拉辛(Jean Racine，1639—1699)，法国剧作家，与高乃依和莫里哀并称为 17 世纪最伟大的三位法国剧作家。代表作有《昂朵马格》《讼棍》《蓓蕾尼丝》《费德尔》等。

《蓓蕾尼丝》(第一册 P638 注释①)

《蓓蕾尼丝》*Bérénice*：拉辛著的戏剧，1670 年出版。

《徒步香榭丽舍》(第四册 P286 注释①)

《徒步香榭丽舍》*Promenades de Port-Royal des Champs*：拉辛著。其他不详。

【Joseph Ernest Renan】约瑟夫·欧纳斯特·勒南(第三册 P265 注释②)

约瑟夫·欧纳斯特·勒南(Joseph Ernest Renan，1823—1892)，法国宗教学家、作家、历史学家，孔德实证主义继承人之一。历史学方面的代表作有《基督教起源史》。在文学方面的代表作有《童年和青年时期的回忆》和《哲理剧本》，前者是优美的散文，后者包含 4 个对话体的故事。

【J. -F. Regnard】让·弗朗索瓦·雷纳尔(第三册 P93 注释①)

让·弗朗索瓦·雷纳尔(J. -F. Regnard，1655—1709)，法国作家、戏剧家。他被视为 18、19 世纪继莫里哀、伏尔泰之后最为优秀的法国喜剧作家，他写于 1681 年的旅行日记同样十分出名。

《普通遗赠财产承受人》(第三册 P93 注释①)

《普通遗赠财产承受人》*Le Légataire universel*：让·弗朗索瓦·雷纳尔于 1708 年创作的一部戏剧。它被视为让·弗朗索瓦·雷纳尔的代表作。

【Jules Renard】儒勒·列那尔(第一册 P301 注释③、第二册 P632【增订五】、第二册 P651 注释①、第四册 P215 注释①、第四册 P216 注释②、第四册 P225 注释④)

儒勒·列那尔(Jules Renard，1864—1910)，法国小说家、散文家、戏剧家。代表作有诗集《玫瑰花集》，小说《乡村的罪行》《胡萝卜须》，戏剧《破裂的乐趣》《凡尔奈先生》等。

《日记》(第二册 P632【增订五】、第二册 P651 注释①、第四册 P215 注释①、第四册 P225 注释④)

《日记》*Journal*：儒勒·列那尔著，其他不详。

《儒勒·列那尔作品集》(L. Guichard, *L'Oeuvre et l'Âme de Jules Renard*)(第一册 P301 注释③)

【La Rochefoucauld】拉罗什富科(第二册 P97 注释①、第二册 P159 注释①、第三册 P17 注释③、第三册 P58 注释①、第三册 P214 注释②、第三册 P534 注释④、第三册 P548 注释①)

拉罗什富科(La Rochefoucauld，1613—1680)，法国思想家，著名的格言体作家。他一生作品不多，唯有《回忆录》和《道德箴言录》两部作品传于后世。拉罗什富科以犀利的洞察力和优美的文字分析人的情绪、激情以及疯狂，分析人的精神、理智和判断力，追溯人们言行的动机。

《道德箴言录》(第二册 P159 注释①、第三册 P17 注释③、第三册 P214 注释②、第三册 P534 注释④、第三册 P548 注释①)

《道德箴言录》*Réflexions morales*(全名是 *Réflexions ou Sentences et Maximes morales*)：拉罗什富科著的一部道德心理学著作。内容并非一堆告诉人们"应当做什么，不能做什么"的规范和训条的集合，而是分析人们的行为品质，揭露了人们实际上在做什么。

【Maurice Rat】M. 拉特(第一册 P231 注释①)

M. 拉特(Maurice Rat，1891—1969)，法国作家、翻译家、文献学家和法语语言学家。代表作有《希腊备忘录》《拉丁备忘录》《越狱》和《我的贵宾犬》等。

【Rimbaud】兰波及其《致乔治·伊藏巴尔》《致保罗·德曼》("*Lettre à Georges Izambard*", *Poèmes*, "*Lettre à Paul Demeny*")(第三册 P601 注释②)

兰波(Rimbaud，1854—1891)，法国早期象征主义诗歌的代表人物，超现实主义诗歌的鼻祖。代表作有《醉舟》《地狱一季》《彩画集》等。

【Ronsard】龙萨(第三册 P133 注释①、第三册 P300 注释①、第三册 P344 注释①)

龙萨(Ronsard，1524—1585)，法国诗人。1550 年发表《颂歌集》4 卷，

声誉大著。他的传世之作主要是爱情诗。他曾经和友人以及门生组织"七星文库",提倡以法国民族语言写诗,他自己也是这方面的身体力行者。

《情歌续集》(第三册 P133 注释①)

《情歌续集》*Continuation des "Amours"*:龙萨著,于 1555 年出版,它是 1552 年《情歌集》的续篇,《情歌集》是他为了表达对意大利姑娘加桑德的爱慕之情写的 183 首十四行诗。1556 年他又发表一部《情歌再续》,它歌唱的是诗人对另一个名叫玛丽·杜班的农村姑娘的爱恋之情。这些都属于龙萨传世之作中的著名爱情诗。

《多样的爱情》(第三册 P344 注释①)

《多样的爱情》*Amours diverses*:龙萨著。其他不详。

【Salomon Reinach】S. 赖那克(第一册 P42 注释①、第四册 P357 注释③)

S. 赖那克(Salomon Reinach,1858—1932),法国考古学家、宗教历史学家、艺术史家,著有《阿波罗艺术史》《基督教简史》等作品。

《俄耳甫斯》(第一册 P42 注释①、第四册 P357 注释③)

《俄耳甫斯》*Orpheus*:S. 赖那克著,其他不详。(备注:俄耳甫斯为古希腊神话传说中的诗人和歌手,他的父亲是太阳、畜牧、音乐之神阿波罗,母亲是司管文艺的缪斯女神卡利俄帕,所以他具有非凡的音乐天赋。)

【T. Ribot】T. 李博特(第三册 P30 注释②)

T. 李博特(T. Ribot,1839—1916),法国著名的心理学家。他因于 1881 年提出的"李博特定律"而为人们所知,"李博特定律"主要研究人类的逆行性遗忘。

《造物主的想象》(第三册 P30 注释②)

《造物主的想象》*Essai sur l'Imagination créatrice*:T. 李博特著,其他不详。

S

【Arsène Soreil】A. 索若尔(第二册 P579 注释①、第三册 P590 注释②、第三册 P594 注释①)

A. 索若尔（Arsène Soreil，1893—1989），法国作家、美学家、军事活动家。索若尔曾获得比利时皇家语言和法国文学学院奖，还获得过乔治·加尼尔奖。代表作有《顽强的阿登》和《写作的艺术》等。

《法国美学史介绍》（第二册 P579 注释①、第三册 P590 注释②）

《法国美学史介绍》*Introduction à l'Histiore de l'Esthétique française*：A. 索若尔著于 1930 年。这部作品对研究 18 世纪法国文学理论及雕塑艺术有着巨大的参考价值。

【Charles Sorel】查尔斯·索雷尔（第一册 P529 注释①、第一册 P707 注释④、第二册 P246 注释②、第二册 P479 注释②、第三册 P27 注释②、第三册 P394 注释②）

查尔斯·索雷尔（Charles Sorel，1602—1674），法国小说家、历史学家。他写过关于科学、历史和宗教的文章，代表作有《弗朗西荣的滑稽故事》《一妻多夫》《好书之好》等。

《弗朗西荣的滑稽故事》（第一册 P529 注释①、第一册 P707 注释④、第二册 P246 注释②、第二册 P479 注释②、第三册 P27 注释②、第三册 P394 注释②）

《弗朗西荣的滑稽故事》*Histoire comique de Francion*：索雷尔著于 1623—1633 年的讽刺小说。此作讲述了一位法国绅士寻找伟大爱情的有趣冒险经历。

【Jean-Anthelme Brillat-Savarin】J. -A. 布里亚·萨瓦兰（第二册 P100【增订四】）

J. -A. 布里亚·萨瓦兰（Jean-Anthelme Brillat-Savanin，1755—1826），法国律师、政治家和美食家，著有《厨房里的哲学家》等。他出身于显赫的律师世家，但一生流离颠沛，在人生的最后岁月专心撰写《厨房里的哲学家》这本美食之书。

《厨房里的哲学家》（第二册 P100【增订四】）

《厨房里的哲学家》*Physiologie du goût*：J. -A. 布里亚·萨瓦兰创作于 1796 年，但直到 1825 年出版，此作主要讲述美食背后的故事，所写的主题与人们的日常生活息息相关。此作曾由大文豪巴尔扎克作序。书的内容涵盖理论、实例、奇闻逸事、烹饪与美食的方方面面，有"饮食圣经"

之称。法国传奇政治家和美食家布里亚·萨瓦兰将自己跌宕起伏的一生化作美食奇谈。

【Jean-Paul Sartre】让·保罗·萨特（第一册 P226 注释①，第二册 P138 注释③）

让·保罗·萨特（Jean-Paul Sartre，1905—1980），法国哲学家、无神论存在主义的主要代表人物。他也是优秀的小说家、戏剧家、评论家。代表作有《存在与虚无》《墙》等。

《想象》（第二册 P138 注释③）

《想象》*L'Imaginaire*：萨特著，是一部有关想象的哲学史。萨特的想象理论，为他的现象学存在论打下了坚实的基础。

《存在与虚无》（第一册 P226 注释①）

《存在与虚无》*L'Être et le Néant*：萨特著，存在主义的代表作。萨特阐释了存在和虚无的关系，对存在和虚无的相互作用进行了开创性论证。此作内容可分五方面：1）对存在的探索；2）虚无的起源；3）自为的存在；4）我和他者；5）拥有、作为和存在。

【Paul Scarron】保罗·斯卡龙（第二册 P479 注释②）

保罗·斯卡龙，（Paul Scarron，1610—1660），法国诗人、小说家、剧作家。传世的名作是一部体裁新颖的《滑稽小说》。

《滑稽小说》（第二册 P479 注释②）

《滑稽小说》*Le Roman comique*：保罗·斯卡龙著。此书第一部分发表于 1651 年，第二部分发表于 1657 年。全书未写完。这部小说体裁上属于西班牙流浪冒险传奇一类，写一个巡回剧团来到外省小城勒芒后，演员们与当地居民之间发生的许多滑稽的纠纷。全书描绘了一幅 17 世纪法国外省生活的风俗画。

【R. Samat】R. 萨马特及其《文艺复兴时期的历史风貌》_Per la Storia dello Stile rinascimentale_（第四册 P562 注释①）：疑为法国作家作品。

【Madame de Stael】斯达尔夫人（第三册 P103 注释②、第三册 P194 注释②、第三册 P206 注释①、第三册 P336 注释②、第四册 P91【增订四】）

斯达尔夫人（Madame de Stael，1766—1817），法国作家、文学批评家，19 世纪初法国浪漫主义文学运动的先驱，她与司汤达、雨果同为浪漫主义代表人物。其代表作有《从文学与社会制度的关系论文学》《论德国》等。

《回忆录》（第三册 P103 注释②）

《回忆录》*Mémoires*：斯达尔夫人著，其他不详。

《流放的十年》（第三册 P103 注释②）

《流放的十年》*Dix Années d'Exil*：斯达尔夫人著，其他不详。

《论德国》（第三册 P206 注释①、第三册 P336 注释②、第四册 P91【增订四】）

《论德国》*De l'Allemagne*：斯达尔夫人著。书中斯达尔夫人比较了法国和德国的文学。她认为其中前者是"所有文学中最古典的"，从而也是最精英的，而德国文学是"浪漫主义的"，面向大众的。

【Stendhal】司汤达（第二册 P396【增订三】、第二册 P810 注释①、第三册 P31 注释①、第三册 P152 注释①、第四册 P251 注释①）

司汤达（Stendhal，1783—1842，又译斯丹达尔），原名马里·亨利·贝尔（Marie-Henri Beyle），"司汤达"是其笔名，法国批判现实主义作家。代表著作为《红与黑》《阿尔芒斯》《帕尔马修道院》。

《论爱情》（第二册 P810 注释①、第三册 P31 注释①、第三册 P152 注释①）

《论爱情》*De I'Amour*：司汤达著，出版于 1822 年。此作被视为作者本人情感经验与追求方面的"秘密忏悔"。这时的司汤达将近四十岁，他对美蒂尔德的单恋、苦恋，直接引发了《论爱情》一书的写作。这也是一部很有分量的心理学巨著，专门就爱情这种人类特定的感情作出系统的论述和分析。司汤达对爱情的深入研究也为司汤达创作中的心理分析奠定了基础。

《私密作品》（第二册 P396【增订三】）

《私密作品》*Oeuvres intimes*：司汤达著。此作包含其私人日记、私人信件这类作品。

《意大利绘画史》（第四册 P251 注释①）

《意大利绘画史》*Histoire de la Peinture en ltalie*：司汤达著，于 1817

年出版。

T

【A. Thibaudet】A. 蒂博代(第三册 P337 注释③)

A. 蒂博代(A. Thibaudet，1874—1913)，法国文学批评家。代表作有《马拉美的诗》《阿克鲁波的日子》《法国生活三十年》《福楼拜》《法国文学史》《文学论丛》《六说文学批评》等。

《关于批评的思考》(第三册 P337 注释③)

《关于批评的思考》*Réflexions sur la Critique*：A. 蒂博代著。其他不详。

【Ariane Thomalia】阿里亚纳·托马里亚(第二册 P647 注释①)

阿里亚纳·托马里亚(Ariane Thomalia，生卒年不详)，疑为法国学者。其他不详。

《脆弱女郎：世纪之交的文学女性》(第二册 P647 注释①)

《脆弱女郎：世纪之交的文学女性》*"Femme Fragile"：ein literarischer Frauentypus der Jahrhundertwende*：阿里亚纳·托马里亚著，其他不详。

【François Tristan】隐士特里斯坦(第四册 P493 注释①)

隐士特里斯坦(François Tristan or François Tristan I'Hermite，1601—1655)，中世纪晚期的法国政治家和军事家。

《诗》(第四册 P493 注释①)

《诗》*Poésies*：隐士特里斯坦著。其他不详。

【Hippolyte Adolphe Taine】H. A. 丹纳(第一册 P256 注释④、第二册 P269 注释③)

H. A. 丹纳(Hippolyte Adolphe Taine，1828—1893)，又称泰纳。法国艺术史家、文艺理论家、文学批评家、历史学家、美学家。主要著作有《巴尔扎克论》《拉封丹及其寓言》《英国文学史引言》和《艺术哲学》等，在欧洲文艺界引起过强烈而广泛的反响。丹纳是法国美学艺术领域内试图用实证的纯客观观点来建立学说理论基础的第一人。

【Jean Thoraval】让·杜瑞乐及其《莫泊桑艺术风格变化》（第一册P710注释①）：疑为法国作家作品。

《莫泊桑艺术风格变化》*L'Art de Maupassant d'après ses variantes*：让·杜瑞乐著，1950年出版。

<h2 style="text-align:center">V</h2>

【Alfred De Vigny】阿尔弗雷·德·维尼（第一册P44注释④、第一册P504注释②、第一册P682注释①、第一册P716注释②、第二册P647【增订四】、第三册P58注释②、第四册P77注释①、第四册P218注释①）

阿尔弗雷·德·维尼（Alfred De Vigny，1797—1863），法国浪漫派诗人、小说家、戏剧家；1845年被选为法兰西学院院士；著有《古今诗稿》，历史小说《桑·马尔斯》，小说《军人的荣誉与屈辱》，剧本《夏特东》与诗歌《命运集》等。

《诗人日记》（第一册P44注释④、第一册P504注释②、第一册P682注释①、第一册P716注释②、第二册P647【增订四】、第三册P58注释②、第四册P77注释①、第四册P218注释①）

《诗人日记》*Journal d'Un Poète*：阿尔弗雷·德·维尼著，其他不详。

【François Villon】弗朗索瓦·维庸（第二册P296注释①）

弗朗索瓦·维庸（François Villon，1431—1474），法国抒情诗人。他继承了13世纪市民文学的现实主义传统，是市民抒情诗的主要代表。

《大遗言集》（第二册P296注释①）

《大遗言集》*Le Testament*：维庸的代表作，全诗由186节八行诗组成，其中还插入了一些谣曲和长短歌。该诗集抒情、讽刺和哲理为一体，真实而完整地坦露了作者的内在思想感情。

【Jean de la Varende】让·德拉瓦伦德（第一册P680【增订四】）

让·德拉瓦伦德（Jean de la Varende，1887—1959），法国作家，文学评论家和画家。代表作有《福楼拜独自一人》《伟大的诺曼人，感伤研究》

《圣西门公爵和他的人间喜剧》等。

《圣西门公爵和他的人间喜剧》（第一册 P680【增订四】）

《圣西门公爵和他的人类喜剧》*M. le duc de Saint-Simon et sa comédie humaine*：让·德拉瓦伦德著，其他不详。

圣西门公爵（duc de Saint-Simon，1675—1755），法国回忆录作家。路易·菲力普摄政时他政治上失意后，便专心写作。他被认为是法国最佳散文作家之一。代表作有《路易十四宫廷和摄政期回忆录》等。

【Louis Veuillot】L. 沃伊洛特（第三册 P402 注释①）

L. 沃伊洛特（Louis Veuillot，1813—1883），法国记者、作家。他著作颇丰，著有小说、诗歌，内容涉及宗教、历史、政治和文学等。代表作有《巴黎的气味》等。

《巴黎的气味》（第三册 P402 注释①）

《巴黎的气味》*Les Odeurs de Paris*：L. 沃伊洛特著于 1866 年。此作反映了时代特有的思想潮流，作者在书中探讨了罗马和巴黎这两个典型，认为他们是世界的两个头脑，前者是精神的，后者是肉质的。

【Paul Valery】瓦雷里（第二册 P635 注释①、第三册 P372 注释①、第三册 P575【增订四】、第三册 P596 注释①）

瓦雷里（Paul Valery，1871—1945），法国象征派诗人，法兰西学院院士，被誉为"20 世纪法国最伟大的诗人"之一。他的诗往往以象征的意境表达灵与肉、生与死、永恒与变幻等哲理性主题，代表作有《旧诗稿》《年轻的命运女神》《幻美集》等。

《给马拉美的信》*Lettre sur Mallarmé*（第二册 P635 注释①）

《杂录》*Variétés*（第三册 P596 注释①）

《给马拉美的信》《杂录》：瓦雷里著，其他不详。

【Paul Verlaine】魏尔伦（第二册 P653 注释②、第三册 P576 注释②）

魏尔伦（Paul Verlaine，1844—1896），法国象征派诗人，与马拉美、兰波并称象征派诗人的"三驾马车"。与后两者晦涩的诗风相比，魏尔伦的诗更通俗易懂，所以也受到普通读者的喜爱。代表作有诗歌集《感伤集》《戏装游乐图》《智慧集》《平行集》《爱心集》《好歌集》等。

《被遗忘的咏叹小调》（第二册 P653 注释②）

《被遗忘的咏叹小调》*Ariettes oubliées*：魏尔伦著，其他不详。

《忧郁诗章》（第三册 P576 注释②）

《忧郁诗章》*Poèmes saturniens*：魏尔伦著。魏尔伦自认为是一个忧郁的诗人，1866 年出版第一部诗集时就将他的诗集定名为《忧郁诗章》。忧郁的主题贯穿了他一生其他众多作品。

【**Vauvenargues**】沃夫纳格及其《**作品精选**》*Oeuvres choisies*（第二册 P245 注释①）：疑为法国作家作品。其他不详。

【**Voltaire**】伏尔泰（第一册 P459 注释①、第一册 P495 注释、第二册 P31 注释①、第二册 P51 注释②、第二册 P121 注释①、第二册 P421 注释③、第二册 P655 注释①、第二册 P664 注释①、第三册 P27 注释③、第三册 P79 注释①、第三册 P93 注释②、第三册 P590 注释①、第四册 P151 注释①、第四册 P200 注释③、第四册 P443 注释③）

伏尔泰（Voltaire，原名 François-Marie Arouet，1694—1778），法国启蒙思想家、哲学家、文学家、学者，法国资产阶级启蒙运动的泰斗，被誉为"法兰西思想之王"。他主张开明的君主政治，强调自由和平等。代表作有《形而上学论》《哲学通信》《路易十四时代》《老实人》等。

《白与黑》（第二册 P664 注释①）

《白与黑》*Le Blanc et le Noir*：伏尔泰著，是伏尔泰晚年所著的一部短篇哲理小说。

《查第格》（第二册 P655 注释①）

《查第格》*Zadig*，伏尔泰著的中篇小说，写于 1747 年。作者通过主人公曲折非凡的境遇，将许多极为风趣的故事连缀起来，富有神话色彩和异国情调。

《老实人》（第一册 P459 注释①、第二册 P31 注释①）

《老实人》*Candide*：伏尔泰发表于 1759 年的哲理性讽刺小说。该作主要描写信奉"世间一切皆好"的"老实人"探索世界的经历。

《天真汉》（第二册 P51 注释②）

《天真汉》*L'ingénu*：伏尔泰著的哲理小说，1767 年出版。此作描写了路易十四时代的法国。小说主人公天真汉从小生活在加拿大的部落中。后回到法国,他与虚伪的习俗格格不入,他"想什么说什么,想做什么就做什么"的淳朴思想习惯为周围的社会习俗、宗教偏见所不容,终被关进巴士底狱。妻子为搭救他屈身于权贵,在悲愤中死去,而天真汉却由于贵族的提拔,成为军官,得到正人君子的赞许。

《微型巨人》(第三册 P27 注释③)

《微型巨人》*Micromégas*:又称《小巨人》或《小大由之》,伏尔泰著,于1752 年出版。主要讲述了一个身高三万多米的天狼星"小人"和一个身高近两千米的土星人结伴来到地球上访问的故事。《微型巨人》是科幻小说中一部极具影响力的作品。

《哲学辞典》(第一册 P495 注释①、第二册 P121 注释①、第二册 P248注释②、第二册 P421 注释③、第三册 P79 注释①、第三册 P93 注释②、第三册 P590 注释①)

《哲学辞典》*Dictionnaire philosophique*:伏尔泰著,于 1764 年匿名出版。该书旁征博引,论述范围极其广泛,从宗教、历史到文化的各个方面均有涉及。此书贯穿了法国百科全书派的理性主义信条,反映了作者的经验论和自然神论的哲学思想。

《奥尔良少女》(第四册 P151 注释①)

《奥尔良少女》*La Pucelle*:伏尔泰的讽刺长诗(又名《拉比塞尔》)。

W

【Henry Weber】**H. 韦博**(第一册 P301 注释④、第一册 P672【增订一】、第二册 P384 注释②、第三册 P317 注释①、第三册 P317 注释②、第四册 P458 注释①)

H. 韦博(Henry Weber,1783—1818),法国政治家、社会党的成员,在欧洲议会文化教育委员会有一席之地。代表作有《十六世纪法国的诗歌创作》等。

《十六世纪法国的诗歌创作》(第一册 P301 注释④、第一册 P672【增订一】、第二册 P384 注释②、第三册 P317 注释①、第四册 P458 注释①)

《十六世纪法国诗歌创作》*La Création poétique au 16ᵗʰ Siècle en France*:H. 韦博著,其他不详。

【Simone Weil】西蒙娜·薇依（第一册 P418 注释②）

西蒙娜·薇依（Simone Weil，1909—1943），法国宗教思想家和社会活动家，其思想深刻地影响了战后的欧洲思潮。代表作有《重负与神恩》《哲学讲稿》《西蒙娜·薇依读本》等。

《重负与神恩》（第一册 P418 注释②）

《重负与神恩》*La Pesanteur et la Crâce*：西蒙娜·薇依著，1952 年出版。此书是薇依的朋友、著名宗教学家梯蓬（G. Thibon，1903—?）在薇依去世后从她大量的手稿、言谈记录中整理出来的，是 20 世纪基督神秘主义思想史上一部不容忽视的著作。

Z

【Émile Zola】左拉（第二册 P32 注释②）

左拉（Émile Zola，1840—1902），法国小说家和理论家，自然主义文学流派创始人与领袖。代表作为《卢贡·玛卡一家人的自然史和社会史》，该作包括 20 部长篇小说，其中代表作有《娜娜》《小酒店》《萌芽》《金钱》等。

《流亡记》（第二册 P32 注释②）

《流亡记》*Pages d'Exil*：左拉著，其他不详。

（以下疑为法国作家作品）

【Mansell Jones】曼塞尔·琼斯（第一册 P138 注释）

曼塞尔·琼斯（Mansell Jones，生卒年不详），疑为法国学者。

《法国现代诗歌的背景》*The Background of Modern French Poetry*：曼塞尔琼斯著。此作探讨了文学创作中文学影响的本质以及波德莱尔之后的诗歌，其他不详。

【R. Garapon】R. 加拉蓬及其《口头幻想作品和十七世纪末的法国中世纪喜剧》*La Fantaisie verbale et le Comique dans le Théâtre français du Moyen Âge à la Fin du XVII Siècle*（第一册 P669 注释①）：疑为法国作家作品，其他不详。

【Max Milner】马克斯·米尔纳及其《法国文学中的魔鬼》*Le Diable dans la Littérature française*（第二册 P414 注释①）：疑为法国作家作品，

其他不详。

【P. Moreau】P. 莫罗及其《法国文学批评》*La Critique littéraire en France*（第二册 P431 注释①）：疑为法国作家作品，其他不详。

【E. Grenier】E. 格勒尼耶及其《叹息》（*Plainte*）见【G. Walch】G. 沃尔克的《法国当代诗选》*Anthologie des Poètes français contemporains*（第二册 P672 注释③）：疑为法国作家作品，其他不详。

【H. Hatzfeld】H. 哈茨菲尔德及其《二十世纪法国文学的趋势和风格》*Trends and Styles in 20th Century French Literature*（第四册 P166 注释③）：疑为法国作家作品，其他不详。

【G. Guillaume】G. 纪尧姆及其《巴尔扎克和法国散文》*J.-L. Guez de Balzac et la Prose française*（第四册 P443 注释③）：疑为法国作家作品，其他不详。

《管锥编》中引用的德国作家作品

A

【Friedrich Ast】弗勒贝尔·阿士德(第一册 P328【增订四】)

弗勒贝尔·阿士德(Friedrich Ast,1778—1841),德国哲学家和语言学家。

《语法学、阐释学、订勘学本刊》(第一册 P328【增订四】)

《语法学、阐释学、订勘学本刊》_Grundlinien der Grammatik_:弗勒贝尔·阿士德著,1808 年出版。

【E. Auerbach】E. 奥尔巴赫(第二册 P581 注释②)

E. 奥尔巴赫(E. Auerbach,1892—1957),德国语言学家、比较文学学者、文学批评家。

《摹仿论》(第二册 P581 注释②)

《摹仿论》_Mimesis_:奥尔巴赫所著的经典之作,在西方学术界有着广泛的影响,曾出版多次,并被译为多种文字在许多国家出版。作者从美学的角度出发,用文学史家的眼光,对西方三千年来最具影响的经典文学如荷马史诗、教会文学、骑士小说以及法国、西班牙、德国、英国文学中具有代表性作品中的各种不同写实风格及其发展脉络做了精辟的分析。

B

【Alexander Gottlieb Baumgarten】A. G. 鲍姆嘉通(第二册 P317 注释①)

A. G. 鲍姆嘉通(Alexander Gottlieb Baumgarten,1714—1762),又译鲍姆加登,德国哲学家、美学家、教育学家,被称为"美学之父",他是第一个把美学当作一门独立学科的学者。代表作有《关于诗的哲学默想录》

《美学》《形而上学》等。

【Ernst Bernheim】E. 伯恩海姆(第一册 P313 注释①)

E. 伯恩海姆(Ernst Bernheim,也译作伯伦汉,1850—1942),德国历史学家,有"西方史学方法之父"的美称。代表作有《史学方法论》等。

《史学方法论》(第一册 P313 注释①)

《史学方法论》*Lehrbuch der Historischen Methode und Der Geschichtsphilosophie*:伯恩海姆著。此书论述历史学的对象和任务、史学方法、史料考证、历史的结合和编写,是史学方法论的权威著作之一。

【Eric Albert Blackall】埃里克·A. 布莱克尔(第三册 P336【增订四】)

埃里克·A. 布莱克尔(Eric Albert Blackall,1914—1989),美国、德国和奥地利文学研究学者和评论家。代表作有《德语作为文学语言的出现》《歌德和小说》《阿德尔伯特·斯蒂夫特:批判性研究》等。

《德国浪漫主义者的小说》(第三册 P336【增订四】)

《德国浪漫主义者的小说》*The Novels of the German Romantics*:或称《德国浪漫派长篇小说》,埃里克·A. 布莱克尔著于 1983 年。此作研究了以弗里德里希·冯·施莱格尔、荷尔德林、让·保罗、诺瓦利斯、布伦坦诺和霍夫曼等为代表的德国浪漫主义、古典浪漫主义作家及他们的作品,并探讨了他们各自作品的主要特点,诸如小说诗歌结构和主题等。

【August Boeckh】奥古斯特·伯克(第一册 P328【增订四】)

奥古斯特·伯克(August Boeckh,1785—1867),德国古典学者和古文物研究者。(第一册 P328【增订四】)

【Ludwig Börne】卡尔·路德维希·白尔尼(第一册 P8 注释①)

卡尔·路德维希·白尔尼(Ludwig Börne,1786—1837),德国记者、作家和戏剧评论家、德国革命民主主义者、政治家。白尔尼致力于向德国人民宣传民主自由,他的作品风格以辛辣的讽刺著称。

【Bertolt Brecht】B. 布莱希特(第三册 P22)

B. 布莱希特(Bertolt Brecht,1898—1956),德国戏剧理论家、戏剧

家、诗人。布莱希特创立了"辩证戏剧"的观念。代表剧作有《三分钱歌剧》《马哈哥尼城的兴衰》和《巴登的教育剧》等。作为戏剧理论家,他阐述了史诗戏剧的理论原则和演剧方法,其中较重要的有《论实验戏剧》等。

【Georg Büchner】G. 毕希纳(第三册 P80 注释②)

G. 毕希纳(Georg Büchner,1813—1837),德国剧作家。他年轻时接触圣西门空想社会主义学说,秘密发行政治小册子《黑森信使》(被称为《共产党宣言》之前 19 世纪最革命的文献)。G. 毕希纳其他的代表作有讽刺喜剧《莱翁采和莱娜》,描写法国大革命的剧作《丹东之死》,悲剧《沃伊采克》和中篇小说《棱茨》等。

《作品与书信全集》(第三册 P80 注释②)

《作品与书信全集》*Sämtliche Werke und Briefe*,hrsg:G. 毕希纳著。其他不详。

【Gottfried August Bürger】G. A. 比尔格(第三册 P267 注释②)

G. A. 比尔格(Gottfried August Bürger,1747—1794),德国诗人。他的民谣在德国很受欢迎。代表作有民谣《雷娜拉》等。

《雷娜拉》(第三册 P267 注释②)

《雷娜拉》*Lenore*:G. A. 比尔格于 1773 年所作的民谣。这部民谣不仅有德语读者,还有英语和俄语的改编版本和法语译本。通常被视为 18 世纪哥特式民谣的一部分,虽然此作中所描写的人物并非吸血鬼,但此作对吸血鬼文学有着较大的影响。

C

【Ernst Cassirer】E. 卡西尔(第一册 P82 注释②、第一册 P297 注释①、第一册 P303 注释②、第一册 P358 注释①、第一册 P558 注释②、第二册 P18 注释①、第二册 P30 注释③、第二册 P573 注释③、第三册 P95 注释①、第三册 P150【增订四】、第三册 P343 注释③、第四册 P9 注释①)

E. 卡西尔(Ernst Cassirer,1874—1945),德国哲学家、文化哲学创始人。他从知识论的问题出发,发展出一套独特的哲学人类学。卡西尔在符号理论上进行了广泛的研究,把神话、艺术等都看作是语言的符号形式。他认为,人类的一切文化现象和精神活动,都是在运用符号的方式来表达人类的种种经验;人是符号动物,人的本质在于能创造符号,运用符号。代表作有《人论》《语言与神话》等。

《符号形式的哲学》(第一册 P297 注释①、第一册 P358 注释①、第一册 P558 注释②、第二册 P18 注释①、第三册 P95 注释①)

《符号形式的哲学》*Philosophie der symbo lischen Formen*:卡西尔在文化哲学方面的重要著作。全书共分三卷:第一卷《语言》;第二卷《神话思维》;第三卷《认识的现象学》。三卷分别于 1923 年、1925 年和 1929 年出版。

《观念与形态》(第三册 P343 注释③)

《观念与形态》*Idee und Gestalt*:1921 年出版,卡西尔的重要作品。此作中,卡西尔用歌德的形变论来阐释歌德的文学作品,探讨了自然研究专家歌德与现代自然科学之间的关系,这对发现与重估歌德的价值和贡献具有重要意义。

《卢梭·康德·歌德》(第二册 P30 注释③)

《卢梭·康德·歌德》*Rousseau,Kant,Goethe*:卡西尔著。通过追述从诗(卢梭)向哲学(康德)和从哲学(康德)向诗(歌德)的精神转换现象,生动而令人信服地说明了这一点:伟大的心灵总是相通的。

《人论》(第一册 P358 注释①、第四册 P9 注释①)

《人论》*An Essay on Man*:卡西尔晚年到美国后,用英文简述《符号形式的哲学》基本思想的一本书,研究了"符号功能"这一极其重要的人类活动能力。《人论》分为上下两篇:上篇集中回答"人是什么"这一问题;下篇全面考察了人类世界本身,研究了人是怎样运用各种不同的符号来创造文化的。

《语言与神话》(第一册 P82 注释②、第二册 P573 注释③)

《语言与神话》*Language and Myth*:卡西尔著。在此作中,卡西尔认为,除了语言世界之外,还有另一个具有自己的结构和意义的世界,即艺术世界——音乐、诗歌、绘画、雕刻和建筑的世界。

【Paul Edward Ludwig Cauer】考尔(第三册 P425 注释①)

考尔(Paul Edward Ludwig Cauer,1854—1921),德国教育家和古典语言学家。代表作有《翻译艺术》等。

《翻译艺术》(第三册 P425 注释①)

《翻译艺术》Die Kunst des Uebersetzens：考尔著，其他不详。

【Adelbert von Chamisso】A. 沙米索（第二册 P599 注释②、第二册 P812 注释①）

　　A. 沙米索（Adelbert von Chamisso，1781—1838），德国作家、植物学家。代表作有组诗《妇女的爱情和妇女的生活》，小说《彼得·施勒米尔》等。

　　《彼得·施勒米尔》（第二册 P599 注释②、第二册 P812 注释①）

　　《彼得·施勒米尔》Peter Schlemiehl：又译《出卖影子的人》，A. 沙米索著。此作基于民间故事改编，是沙米索的成名作，被认为是德国文学史中最迷人的作品之一。作品中主人公在魔鬼的唆使下用影子换来了金子，却造成了严重的后果。沙米索在作品中探讨了"欲望""另类""自我""自由意志"等主题，使得这部童话作品对成人和儿童都同样有趣。

【Jonas Cohn】乔纳斯·科恩（第一册 P10 注释②、第一册 P649 注释①、第二册 P25 注释①、第二册 P105 注释①）

　　乔纳斯·科恩（Jonas Cohn，也有译作"寇恩"的，1869—1947），德国新康德主义理论家，代表作有《辩证法理论》（或译《道义论》）。

　　《辩证法理论》（第一册 P10 注释②、第一册 P649 注释①、第二册 P25 注释①、第二册 P105 注释①）

　　《辩证法理论》Theorie der Dialektik：乔纳斯·科恩著，其他不详。

【Ernst Robert Curtius】E. R. 库尔提乌斯（第一册 P184 注释①、第一册 P360 注释①、第二册 P338 注释①、第二册 P409 注释①、第二册 P570 注释①、第三册 P87 注释③、第三册 P193 注释①、第四册 P199 注释①、第四册 P455 注释①、第四册 P492 注释①）

　　E. R. 库尔提乌斯（Ernst Robert Curtius，1886—1956），德国文献学家、语言学家、文学评论家，以其《欧洲文学与拉丁中世纪》一书闻名于世。库尔提乌斯将当代欧洲文学看作是从希腊和拉丁作家开始并持续到整个中世纪的文学传统的一部分。他还著有《岌岌可危的德国精神》《新法兰西的文学先锋》等。

　　《欧洲文学与拉丁中世纪》（第一册 P184 注释①、第一册 P360 注释

①、第二册 P338 注释①、第二册 P409 注释①、第二册 P570 注释①、第三册 P87 注释③、第三册 P193 注释①、第四册 P199 注释①、第四册 P455 注释①、第四册 P492 注释①)

《欧洲文学与拉丁中世纪》*Europäische Literatur und lateiniches Mittelalter*：库尔提乌斯著，1948 年出版。这是对中世纪拉丁文学及现代欧洲语言后续写作的一项重要研究。此书提出，标准的"古典-中世纪-文艺复兴-现代"的文学分期价值不大，甚至有害。

【Daniel von Czepko】丹尼尔・冯・齐普科(第一册 P100 注释①、第四册 P228 注释①)

丹尼尔・冯・齐普科(Daniel von Czepko，1605—1660)，德国路德派诗人兼剧作家，著有《关于智慧的 600 首两行体诗》等。

《关于智慧的 600 首两行体诗》(第一册 P100 注释①)

《关于智慧的 600 首两行体诗》*Sexcenta Monodisticha Sapientum*：宗教讽刺短诗集，出版年份不详。

D

【Wilhelm Dilthey】W. 狄尔泰(第一册 P317 注释①、第一册 P328 注释①)

W. 狄尔泰(Wilhelm Dilthey，1833—1911)，德国哲学家，生命哲学的奠基人。狄尔泰的研究领域极其广泛，涉及哲学、心理学、伦理学、社会学、思想史、教育学等多门学科，对 20 世纪的哲学、社会学、心理学的发展产生了重大影响。主要著作有《哲学的本质》《精神科学导言》《宇宙观的类型》等。

《阐释学的起源》(第一册 P328 注释①)

《阐释学的起源》*Die Entstehung der Hermeneutik*：狄尔泰著。此书中，狄尔泰论述了其生命阐释学，以"体验""表达"与"理解"为核心观念，为阐释学奠定了学科诞生的理论基石。

《历史理性批判手稿》(第一册 P317 注释①)

《历史理性批判手稿》*Entwürfe zur Kritik der Historischen Vernunft*：狄尔泰著的哲学名著，也是历史解释学中最重要的著作之一。此书探讨历史及其生产系统、人文科学的基础和范畴等问题。

【J. G. Droysen】约翰·古斯塔夫·德罗伊森（第一册 P328【增订四】）

约翰·古斯塔夫·德罗伊森（J. G. Droysen，1808—1884），德国著名历史学家，他的学术著作《亚历山大大帝》体现了德国"新历史学派"的关于理想化的伟大人物的思想。他的学术研究和著作用实例表明综合和彻底运用史料的方法，给历史学者们以极大影响。

E

【J. P. Eckermann】爱克曼（第一册 P7 注释②、第二册 P196 注释③、第三册 P333 注释①、第三册 P343 注释②、第四册 P66 注释②、第四册 P147 注释③）

爱克曼（J. P. Eckermann，1792—1854），歌德的秘书，直接参与了歌德晚年的全部创作，他编辑了《歌德谈话录》和由歌德亲自审定的《歌德文集》。

《歌德谈话录》（第一册 P7 注释②、第二册 P196 注释③、第三册 P333 注释①、第三册 P343 注释②、第四册 P66 注释②、第四册 P147 注释③）

《歌德谈话录》*Gespräche mit Goethe*：爱克曼编著。

【Meister Johannes Eckhart】埃克哈特（第二册 P78 注释③）

埃克哈特（Meister Johannes Eckhart，1260—1328），德国神学家、哲学家。中世纪神秘主义的代表人物，曾任多明我修会会长。埃克哈特对近代哲学，尤其是德国哲学有着深远内在的影响，对德国哲学的发展和欧洲文化的转型起到了关键性的作用。埃克哈特的代表作有《专论》《讲道集》《神的安慰》《崇高的人》《超脱》等。其《讲道集》非常有名。

【Joseph von Eichendorff】约瑟夫·冯·艾兴多夫（第三册 P215【增订四】）

约瑟夫·冯·艾兴多夫（Joseph von Eichendorff，1788—1857），德国诗人、小说家，德国最重要的浪漫主义作家之一。代表作有《在一个清凉的地方》《啊，山谷遥远，山峰高高》《预感和现实》等。

《黄昏》(第三册 P215【增订四】)

《黄昏》*Zwielicht*：约瑟夫·冯·艾兴多夫著的诗歌。

【Eduard Engel】E. 恩格尔(第四册 P443 注释②)

E. 恩格尔(Eduard Engel，1851—1938)，德国语言学家和文学史家。代表作有《法国文学心理学》《意大利情歌》《德国文学简史》《海涅的回忆录》《德国风格的艺术》等。

《德国风格的艺术》(第四册 P443 注释②)

《德国风格的艺术》*Deutsche Stilkunst*：E. 恩格尔著，1911 年出版。其他不详。

【Friedrich Engels】恩格斯(第二册 P687 注释②、第四册 P560 注释①)

恩格斯(Friedrich Engels，1820—1895)，德国思想家、哲学家、作家，科学社会主义的创始人、国际共产主义运动的奠基者、社会主义理论家、马克思主义的创始人之一。他和马克思共同撰写了《共产党宣言》，还著有《自然辩证法》《家庭、私有制和国家的起源》等。

《德意志意识形态》(第一册 P501 注释②、第二册 P687 注释②)

《德意志意识形态》*Die Deutsche Ideologie*：马克思、恩格斯创立的历史唯物主义理论体系中的一部巨著，标志着唯物史观的创立。在这部巨著中，马、恩阐述了唯物史观的基本内容。

【Benno Erdmann】贝诺·埃德曼(第二册 P58【增订三】)

贝诺·埃德曼(Benno Erdmann，1851—1921)，德国新康德主义哲学家、逻辑学家、心理学家。

【Paul Ernst】保尔·欧内斯特(第三册 P46 注释②)

保尔·欧内斯特(Paul Ernst，1866—1933)，德国作家，多才多艺，创作小说、剧本、文论随笔等，代表作有小说《科西莫之死》，剧本《当树叶飘落》，随笔《走上形式之路》等等。

《走上形式之路》(第三册 P46 注释②)

《走上形式之路》*Der Weg zur Form*：保尔·欧内斯特著，1928 年出版。其他不详。

F

【Ludwig Andreas Feuerbach】费尔巴哈（第一册 P44 注释①、第一册 P459 注释④、第二册 P100 注释①、第二册 P452 注释①、第三册 P489 注释①）

费尔巴哈（Ludwig Andreas Feuerbach，1804—1872），德国哲学家。他批判了当时的宗教和唯心主义哲学，著有《论死与不朽》《近代哲学史》《对莱布尼茨哲学的叙述、分析和批判》《论哲学和基督教》《基督教的本质》《宗教的本质》《上帝、自由和不朽》等。

《基督教的本质》（第一册 P44 注释①、第一册 P84 注释③、第二册 P452 注释①、第三册 P489 注释①）

《基督教的本质》_Das Wesen des Christenthums_：费尔巴哈的宗教哲学著作，1841 年首次出版。全书分 3 部分：《导论》，概述人和宗教的本质；第一部分，论述宗教的人本学本质；第二部分，批判宗教的神学本质。费尔巴哈从人本学唯物主义的立场出发，阐明了宗教神学的秘密，认为它实质上是人本学。此书对卡尔·马克思和弗里德里希·恩格斯影响巨大。

【Friedrich H. K. De La Motte-Fouque】穆特·富凯（第二册 P515 注释①、第三册 P237 注释①）

穆特·富凯（Friedrich H. K. De La Motte-Fouque，1777—1843），德国浪漫派作家，富凯写过剧本、诗以及历史及其他文学著作。他的代表作有《剧作家施皮尔·冯·佩尔格林》《水妖》。

《水妖》（第二册 P515 注释①）

《水妖》_Undine_：也译为《温蒂妮》或《涡堤孩》，富凯著于 1811 年。它讲述了一个获得了灵魂的水妖的故事，这部作品使作者成为德国浪漫主义运动中的重要人物。在此作中，富凯以涡堤孩（温蒂妮）作为主人公。生来没有灵魂的涡堤孩（温蒂妮），通过与凡人结成婚姻、生儿育女，从而获得了自己的灵魂。

【Elisabeth Frenzel】伊丽莎白·弗伦泽尔（第一册 P413【增订四】）

伊丽莎白·弗伦泽尔（Elisabeth Frenzel，生卒年不详），疑为德国学者,其他不详。

《世界文学素材》(第一册 P413【增订四】)

《世界文学素材》*Stoff der Weltliteratur*:伊丽莎白·弗伦泽尔著,1962 年出版。这部作品追溯了"浮士德""安提戈涅"和"唐璜"等基本文学主题。

【Friedrich II】腓特烈二世(第二册 P463【增订三】)

腓特烈二世(Friedrich II,1712—1786),又称弗里德里希二世、腓特烈大帝(Frederick the Great),是普鲁士王国国王,也是欧洲历史上著名政治家、军事家,还是一名作曲家、作家。

【Eduard Fuchs】E. 福克斯(第四册 P18 注释①)

E. 福克斯(Eduard Fuchs,生卒年不详),德国马克思主义文化和历史学者、作家、艺术收藏家和政治活动家。他写了各种社会历史,并利用图像——漫画和插画来讲述历史。代表作有《欧洲人民的漫画》《道德历史故事插画》等。

《道德历史故事插画》(第四册 P18 注释①)

《道德历史故事插画》*Illustrierte Sittengeschichte*:E. 福克斯著。此作运用插画描绘了从爱琴海文明到现代资产社会的人情风貌。

G

【Hans-Georg Gadamer】汉斯·格奥尔格·伽达默尔(第一册 P328【增订四】)

汉斯·格奥尔格·伽达默尔(Hans-Georg Gadamer,1900—2002),德国哲学家、阐释学理论家。代表作有《真理与方法》《科学时代的理性》等。

《真理与方法》(第一册 P328【增订四】)

《真理与方法》*Wahrheit und Methode*:1960 年出版,是伽达默尔阐释学美学的代表作,也是阐释学哲学的经典著作。它是研究"阐释学"的专著。

【Johann Wolfgang von Goethe】歌德(第一册 P16 注释①、第一册 P24

注释①、第一册 P277 注释①、第一册 P419 注释①、第一册 P458 注释④、第一册 P540【增订三】、第一册 P617 注释②、第二册 P13 注释⑤、第二册 P85 注释③、第二册 P154 注释④、第二册 P194 注释①、第二册 P236 注释③、第二册 P265 注释①、第二册 P309 注释①、第二册 P325【增订四】、第二册 P364【增订三】、第二册 P582 注释①、第二册 P687 注释②、第三册 P122 注释③、第三册 P343 注释②、第三册 P577 注释①、第三册 P598 注释①、第四册 P140 注释①、第四册 P240 注释①、第四册 P312 注释①、第四册 P564 注释①)

歌德(Johann Wolfgang von Goethe,1749—1832),德国作家、思想家、科学家,他是魏玛古典主义最著名的代表,其作包括《少年维特之烦恼》和《浮士德》等。

《浮士德》(第一册 P16 注释①、第一册 P277 注释①、第一册 P617 注释②、第二册 P236 注释③、第二册 P265 注释①、第二册 P309 注释①、第二册 P325【增订四】、第二册 P687 注释②、第三册 P598 注释①)

《浮士德》Faust:诗剧,歌德的代表作,长达 12111 行。全剧以德国民间传说为题材,以文艺复兴以来的德国和欧洲社会为背景,写一个新兴资产阶级先进知识分子浮士德探索人生意义和社会理想的生活道路。《浮士德》内容复杂,结构庞大,达到了极高的艺术境界。

《歌德集》(第一册 P24 注释①、第二册 P194 注释①、第四册 P140 注释①)

《歌德集》Goethe:歌德著,其他不详。

《赫尔曼和多罗泰》(第一册 P458 注释④)

《赫尔曼和多罗泰》Hermann und Dorothea:歌德著的叙事诗,又译作《赫尔曼与窦绿苔》。

《慧语集》(第一册 P24 注释①、第四册 P140 注释①、第一册 P419 注释①、第一册 P540【增订三】、第二册 P463【增订三】、第三册 P343 注释②、第三册 P577 注释①、第四册 P312 注释①)

《慧语集》Sämtliche Werke:也译为《诗歌和散文中的谚语智慧》或《格言和思考集》,歌德著。其他不详。

《亲和力》(第一册 P419 注释①、第四册 P240 注释①P240 注释①)

《亲和力》Die Verwandtschaften:歌德创作的长篇小说,出版于 1809 年。小说围绕着爱德华和夏洛特夫妇以及他们的情人展开。虽是歌德晚年之作,却有着常见于其早期作品的浪漫色彩。

《诗与真》(第四册 P564 注释①)

《诗与真》*Dichtung und Wahrheit*:也译为《歌德自传:诗与真》,歌德著。此作是歌德晚年所写的自传,此作中,他平静而细腻地回忆了他从童年到青年时期的成长岁月。回忆内容止于作者 26 岁去魏玛前夜。

《西东合集》(第二册 P582 注释①)

《西东合集》*West-östlicher Divan*:歌德著的诗歌集,以抒情诗为主,于 1819 年集辑出版。

《意大利游记》(第二册 P13 注释⑤)

《意大利游记》*Italicnische Reise*:歌德著。歌德因陶醉于意大利风光和希腊罗马古典艺术,只身赴意大利旅行。此次旅行使他的思想起了重大转折,使他开始探索大自然的奥妙,追求希腊罗马艺术中体现的宁静、纯朴、和谐等。此作记载了歌德在意大利旅行中的感受,也常被视作歌德自传,可以从中了解诗人转向"古典"主义的变化。

【**Brüder Grimm**】格林兄弟(第一册 P485 注释①、第一册 P509 注释①、第二册 P326 注释①、第二册 P327【增订四】、第二册 P342 注释①、第二册 P546 注释①、第二册 P597 注释①、第二册 P652 注释①、第二册 P757 注释①、第二册 P778 注释①、第二册 P812 注释②、第三册 P179 注释①、第三册 P301 注释①、第四册 P356 注释②)

格林兄弟(Brüder Grimm 或 Die Gebrüder Grimm),是雅各布·格林(Jacob Ludwig Karl Grimm,1785—1863)和威廉·格林(Wilhelm Karl Grimm,1786—1859)兄弟两人的合称,他们是德国 19 世纪著名的语言学家、历史学家,民间故事和古老传说的搜集者。他们共同整理了《格林童话》,还编写了《德国语法》《德国语言史》及《德国大辞典》前 4 卷等学术著作。

《儿童和家庭童话故事集》(第一册 P485 注释①、第二册 P326 注释①、第二册 P327【增订四】、第二册 P652 注释①、第二册 P693[增订四]、第三册 P179 注释①、第三册 P301 注释①)

《儿童和家庭童话故事集》*Die Kinder-und Hausmärchen*:雅各布·格林和威廉·格林兄弟根据民间口述材料改写而成,俗称《格林童话》。作品颂扬勤劳和诚实,鄙弃懒惰和自私,鼓励对暴力和邪恶的反抗,激发对被压迫者的同情和爱护。书中的 200 多个故事，大部分源自民间的口头传说。其中，《白雪公主》《灰姑娘》《小红帽》等童话故事，享誉世界。

《德国传说集》（第二册 P546 注释①、第二册 P597 注释①、第二册 P757 注释①、第二册 P778 注释①、第二册 P812 注释②、第四册 P356 注释②）

《德国传说集》Deutsche Sagen：《格林兄弟传说》的汇编，是格林兄弟的第二本大型儿童和童话故事集，于 1816 年和 1818 年出版。它包含来自整个德语世界的 579 个传说。

《金鹅》（第一册 P485 注释①）

《金鹅》Die goldene Gans：世界著名童话故事集《格林童话》中的一篇童话故事。

《狐狸夫人的婚礼》（第三册 P301 注释①）

《狐狸夫人的婚礼》Die Hochzeit der Frau Füchsin：世界著名童话故事集《格林童话》中的一篇童话故事。

《迪特马斯的奇谈怪论》（第二册 P342 注释①）

《迪特马斯的奇谈怪论》Das Dietmarsische Lügenmärchen：格林童话之一。故事内容如下："我来给你讲几桩怪事。我曾看见两只烧鸡在天空飞，它们飞得很快，却是肚朝天、背朝地；曾见过一块铁砧和一块石碑横渡莱茵河，它们游姿优美、动作轻柔。我在圣灵降临周还见过一只青蛙坐在冰雪上啃着犁铧吃。曾经有三个人拄着拐杖踩着高跷想抓野兔，他们一个是聋子，一个是瞎子，一个是哑巴。你知道他们是怎么抓到的吗？瞎子先看见了野兔在田间奔跑，哑巴冲着跛子大叫，最后跛子一把逮住了野兔的脖子……"

【Grisebach】格里泽巴赫（第三册 P300 注释②）

格里泽巴赫（Grisebach，生卒年不详），德国作家，其他不详。（第三册 P300 注释②）

《不忠的寡妇》（第三册 P300 注释②）

《不忠的寡妇》Die treulose Witwe：格里泽巴赫写于 1877 年的故事。有人认为这一故事最早起源于印度。其蓝本可能是《妻子怎么爱丈夫》的民间故事。故事中，丈夫和朋友商量去试探妻子是否忠贞。丈夫在朋友的劝解下装死，发现妻子为了救情人准备割丈夫的鼻子。

【G. Gusdorf】G. 古斯多夫及其《自叙的形式》*In Formen der selbst-darstellung*（第一册 P664 注释①）：疑为德国作家作品，其他不详。

H

【J. -G. Hamann】J. -G. 哈曼（第三册 P144 注释②）

J. -G. 哈曼（J. -G. Hamann，1730—1788），德国哲学家，其他不详。

《新哈曼主义》（第三册 P144 注释②）

《新哈曼主义》*Neue Hamanniana*：H. 韦博（Heinrich Weber）编，1905 年出版。J. -G. 哈曼的书信集。

【Friedrich Hebbel】黑贝尔（第二册 P573 注释①、第二册 P645 注释③、第四册 P225 注释②）

黑贝尔（Friedrich Hebbel，1813—1863），德国剧作家。代表作有《玛丽亚·玛格达莱娜》《阿格妮斯·贝尔瑙厄》《吉格斯和他的戒指》，还有根据德国古代民间史诗编写的戏剧《尼伯龙根三部曲》等。

《泉边的孩子》（第二册 P645 注释③）

《泉边的孩子》*Das Kind am Brunnen*：黑贝尔著，其他不详。

【G. W. F. Hegel】黑格尔（第一册 P4 注释①、第一册 P6 注释①、第一册 P87 注释①、第一册 P264 注释①、第一册 P318 注释①、第一册 P379 注释①、第一册 P423 注释①、第一册 P452 注释①、第一册 P481 注释①、第一册 P714 注释①、第二册 P12 注释②、第二册 P23 注释①、第二册 P54 注释①、第二册 P72 注释①、第二册 P74【增订四】、第二册 P75 注释①、第二册 P76 注释①、第二册 P100 注释①、第二册 P125 注释①、第二册 P170 注释①、第二册 P194 注释②、第二册 P357 注释②、第二册 P385 注释①、第二册 P567 注释④、第二册 P639 注释②、第二册 P787 注释②、第三册 P86 注释①、第三册 P399 注释①、第三册 P 418 注释①、第四册 P434 注释②、第四册 P503 注释①）

黑格尔（G. W. F. Hegel，1770—1831），德国古典哲学的集大成者，主要著作有：《哲学全书》（其中包括逻辑学、自然哲学、精神哲学 3 部分），《精神现象学》《逻辑学》《法哲学原理》《哲学史讲演录》《美学讲演录》《历史哲学讲演录》等。

《精神现象学》(第一册 P6 注释①、第二册 P12 注释②、第二册 P23 注释①、第二册 P76 注释①、第二册 P125 注释①、第二册 P170 注释①、第二册 P357 注释②、第二册 P787 注释②、第三册 P86 注释①)

《精神现象学》*Phänomenologie des Geistes*：黑格尔著，首次出版于 1807 年 3 月。此作总结了黑格尔以前的哲学家们的哲学研究成果，宣告了未来哲学的大纲，论述了人的意识发展诸阶段，提供了一部人类意识的发展史。

《历史哲学》(第二册 P463【增订三】、第三册 P399 注释①)

《历史哲学》*Philosophie der Geschichte*：黑格尔的代表作，是黑格尔的学生根据黑格尔前后 5 次在柏林大学讲授"历史哲学"的讲稿和学生的记录整理出版的。黑格尔全面而又系统地阐述了他的辩证历史观。

《逻辑学》(第一册 P4 注释①、第一册 P10 注释①、第一册 P452 注释①、第二册 P54 注释①、第二册 P72 注释①、第二册 P75 注释①、第三册 P86 注释①)

《逻辑学》*Wissenschaft der Logik*：黑格尔主要哲学著作之一。为了区别于他的另一著作《哲学全书》的第一部分"逻辑学"，通常称它为"大逻辑"，称后者为"小逻辑"。此书中，黑格尔分析了逻辑学的历史和现状，指明从根本上改造旧逻辑的必要。《逻辑学》由客观逻辑和主观逻辑两部分组成。客观逻辑包括"存在论"和"本质论"，这两编分别出版于 1812 年和 1813 年，主观逻辑即"概念论"，出版于 1816 年。

《美学》(第一册 P264 注释①、第一册 P379 注释①、第二册 P76 注释①、第二册 P385 注释①、第二册 P567 注释④、第四册 P434 注释②)

《美学》*Ästhetik*：黑格尔著，此书是西方美学的经典著作，原是黑格尔在海德堡大学和柏林大学期间所作的"美学讲演录"，后整理成书，于 1835 年出版。全书将辩证法应用于美学研究，认为美是理念的感性显现，是主观与客观、理想与现实、形式与内容、感性与理性、自由与必然、特殊与一般的辩证统一；这种统一只有在经过艺术家心灵创造的艺术美中才能真正达到；所以，艺术美高于自然美。

《自然哲学》(第二册 P639 注释②)

《自然哲学》*Die Naturphilosophie*：黑格尔著。此作介于《小逻辑》和《精神哲学》之间，是黑格尔《哲学全书》的一个组成部分。在这部著作里，黑格尔第一次以唯心主义的形式揭示了自然界内部的联系和转化,他站在辩证唯心主义立场上,把整个自然界的发展看作是绝对精神自我异化和自身复归的过程。

《哲学史讲演录》(第一册 P87 注释①、第一册 P318 注释①、第一册 P481 注释①、第一册 P714 注释①、第二册 P74【增订四】、第二册 P76 注释①、第二册 P100 注释①、第二册 P194 注释②、第二册 P787 注释②、第三册 P 418 注释①、第四册 P503 注释①)

《哲学史讲演录》*Geschichte der Philosophie*:黑格尔的代表作之一,"哲学史"的开山之作。此作介绍了哲学的概念以及各个时期的哲学发展史。黑格尔一方面将哲学史纳入他的客观唯心主义体系的框架中,把哲学史归结为理念回归自身的绝对精神阶段;另一方面把辩证法贯彻于哲学史研究,深刻地揭示了哲学史的发展规律。

【Martin Heidegger】马丁·海德格尔(第一册 P328【增订四】、第二册 P320 注释①、第三册 P356 注释①)

马丁·海德格尔(Martin Heidegger,1889—1976),德国哲学家,20 世纪存在主义哲学的创始人和主要代表之一。代表作有《真理的本质》《存在与时间》《荷尔德林诗的阐释》等。

《存在与时间》(第一册 P328【增订四】、第二册 P320 注释①、第三册 P356 注释①)

《存在与时间》*Sein und Zeit*:海德格尔著。此作对于日常语言中的"是"或"存在着"的意指提出诘问,重新提出"存在的意义"的问题。

《诗歌、语言、思想》(第四册 P241【增订四】)

《诗歌、语言、思想》*Poetry,Language,Thought*:海德格尔著,A. 霍夫斯塔特译。此作包含了海德格尔关于艺术的重要观点,探讨了艺术在人类生活和文化中的作用,以及它与思想和真理的关系等问题。

【Heinrich Heine】海因里希·海涅(第一册 P8 注释①、第一册 P286 注释③、第一册 P287【增订四】、第一册 P485 注释③、第二册 P31 注释①、第二册 P61 注释①、第二册 P86 注释①、第二册 P339 注释①、第二册 P415【增订四】、第二册 P639【增订四】、第二册 P653 注释②、第二册 P672 注释②、第三册 P37 注释①、第三册 P106 注释①、第三册 P122 注释③、第三册 P159 注释①、第三册 P323 注释④、第三册 P533【增订四】、第三册 P601 注释①、第四册 P77 注释①)

海因里希·海涅(Heinrich Heine，1797—1856)，德国抒情诗人、思想家、散文家。1821 年开始发表诗作，以 4 卷《游记》(1826—1827，1830—1831)和《歌集》(1827)而闻名文坛，代表作有《罗曼采罗》《佛罗伦萨之夜》《游记》《德国，一个冬天的童话》《论浪漫派》等。

《阿塔·特罗尔》(第三册 P533【增订四】)

《阿塔·特罗尔》Atta Troll：海涅著，1847 年出版，但早在 1844 年，此作已经作为《新诗集》的一部分出现。这本诗集收集了海涅自 1831 年以来的所有诗作。

《白尔尼回忆录》(第一册 P8 注释①)

《白尔尼回忆录》Ludwig Börne：海涅著。他在此作中记录过路德维希·白尔尼这个人。在 19 世纪 30 年代，白尔尼是流亡在巴黎的德国民主人士的领袖；海涅跟白尔尼意见有分歧，也评论过白尔尼的文章。

《忏悔录》(第二册 P639【增订四】)

《忏悔录》Confessions：1954 年出版，海涅的自传作品，是海涅的重要散文集，也是德语散文中的精品之作。

《还乡集》(第二册 P415【增订四】)

《还乡集》Die Heimkehr：海涅的第一部诗集《诗歌集》(1827 年)中的一组诗。

《旅行心影录》(第二册 P653 注释②)

《旅行心影录》Reisebilder：海涅著于 1826—1831 年间的游记。此作以见闻观感的形式，对复辟时期的德国现实给以抨击讽刺。当时不满 30 岁的海涅，以此书颠覆了歌德以《意大利游记》奠定的德国游记风格，首次将作者引入游记，揉游历、幻想、搞笑、风景、饮食、政治为一体。海涅也因此作被誉为"德国现代散文永恒之父"。

《论德国宗教和哲学的历史》(第二册 P61 注释①、第三册 P106 注释①、第三册 P601 注释①)

《论德国宗教和哲学的历史》Zur Geschichte der Religion und Philosophie in Deutschland：海涅著。此书论述了宗教史(从基督教的产生到路德宗教改革运动时的德国宗教)、德国古典哲学的来源，介绍了笛卡尔、斯宾诺莎、莱布尼茨等人的哲学和影响,及从康德到黑格尔的德国古典哲学的发展。

《论浪漫派》(第一册 P485 注释③、第三册 P122 注释③、第三册 P323 注释④)

《论浪漫派》*Romanzero*:海涅著的批评著作。该作集中表达了海涅的浪漫主义文艺观点,结束了思想感情消极的德国浪漫派在文坛上的统治地位。

《情歌》(第二册 P86 注释①)

《情歌》*Romanzen*:海涅的诗集。其他不详。

《诗文书信文集》(第二册 P672 注释②)

《诗文书信文集》*Werke und Briefe*:海涅著,其他不详。

【Johann Gottfried Herder】赫尔德(第一册 P23 注释①、第四册 P92 注释①)

赫尔德(Johann Gottfried Herder,1744—1803),德国哲学家、路德派神学家、诗人,德国 18 世纪启蒙运动的思想家,德国浪漫主义的先驱。在历史哲学方面,赫尔德继承维柯的思想,力图在多变的历史事实中去寻求不变的历史规律,并认为所谓的历史规律是由时间、空间和民族特性决定的。其作品《论语言的起源》是德国狂飙突进运动的基础。

《论语言的起源》(第一册 P23 注释①)

《论语言的起源》*Treatise on the Origin of Language*:赫尔德著。作者认为,语言之兴起是出于自然,而非超自然的力量。

《人类灵魂认知感知》(第一册 P23 注释①)

《人类灵魂认知感知》*Vom Erkennen und Empfinden der menschlichen Seele*:赫尔德著,其他不详。

【Hermann Hesse】赫尔曼·黑塞(第二册 P310 注释①)

赫尔曼·黑塞(Hermann Hesse,1877—1962),德国诗人、小说家和画家,1946 年诺贝尔文学奖得主。代表作有《悉达多》等。

【Wolfgang Hildesheimer】沃尔夫冈·希尔特海姆(第一册 P413【增订四】)

沃尔夫冈·希尔特海姆（Wolfgang Hildesheimer，1916—1991），德国作家、画家。著有《受害者海伦》等。

《受害者海伦》（第一册 P413【增订四】）

《受害者海伦》*Das Opfer Helens*：沃尔夫冈·希尔特海姆在 1955 年创作的广播剧，1959 年重新加工；1961 年又进行了另一次改编。这部作品从海伦的角度描述了部分特洛伊故事。

【Ernst Theodor Amadeus Hoffmann】霍夫曼（第二册 P152 注释②）

霍夫曼（Ernst Theodor Amadeus Hoffmann，1776—1822），德国作家、作曲家，德国浪漫主义运动的重要人物。他所描写的人际关系的异化以及采用的内心独白、自由联想、夸张荒诞等手法对后来的现代主义文学有很大影响。他的小说强调幻想、恐怖和超自然现象。代表作有《胡桃夹子与鼠王》《魔鬼的万灵药》等。

【Wilhelm von Humboldt】W. V. 洪堡（第一册 P328【增订四】、第二册 P17 注释②、第三册 P333【增订四】）

W. V. 洪堡（Wilhelm von Humboldt，1767—1835），德国教育改革家、语言学家、外交官，柏林洪堡大学创始人。洪堡创立柏林大学时，奠定了学术自由、教学自由、学习自由三原则，这后来成为世界各大学所遵循的基本价值和基本准则。作为语言学家，洪堡一生研究过多种语言，包括巴斯克语、爪哇语，还有汉语。他是最先提出"语言左右思想"学说的学者之一。其代表作有《论国家的作用》《论爪哇岛的卡维语》等。

J

【W. Jaeger】W. 耶格（第二册 P230 注释①、第三册 P207 注释①、第三册 P533 注释①）

W. 耶格（W. Jaeger，1888—1961），德国学者，20 世纪的古典学者，他校注了不少古典著作。代表作是《教化：希腊文化的理想》等。

《教化》（第二册 P230 注释①、第三册 P207 注释①、第三册 P533 注释①）

《教化》*Paideia*：W. 耶格著于 1934—1947 年间，是三卷本的宏伟著作,原名《教化:希腊文化的理想》。此作在很大程度上构筑了当代人理解希腊的基本概念,至今仍是研究古典文明的权威著作。

【Max Jähns】麦克斯·约斯(第一册 P109 注释②)

麦克斯·约斯(Max Jähns,1837—1900),德国作家,曾任普鲁士军官。代表作有《德国人生活、语言、信仰、历史中的骏马和骑手》《陆军宪法和人民生活》等。

《德国人生活、语言、信仰、历史中的骏马和骑手》(第一册 P109 注释②)

《德国人生活、语言、信仰、历史中的骏马和骑手》*Ross und Reiter in Leben und Sprache ,Glauben und Geschichte der Deutschen*:麦克斯·约斯著,1872 年出版。其他不详。

【Karl Jaspers】雅斯贝尔斯(第四册 P564 注释①)

雅斯贝尔斯(Karl Jaspers,1883—1969),德国哲学家,现代存在主义哲学的主要奠基人之一。代表作有《世界观的心理学》《哲学》《论真理》等。

《哲学无间的范围》(第四册 P564 注释①)

《哲学无间的范围》*The Perennial Scope of Philosophy*:雅斯贝尔斯著的哲学著作,发表于 1950 年。其他不详。

K

【Immanuel Kant】康德(第一册 P6 注释②、第一册 P435 注释①、第一册 P592 注释③、第二册 P58【增订二】、第二册 P173 注释②、第三册 P150【增订四】、第三册 P577 注释①、第四册 P236 注释①、第四册 P292 注释②)

康德(Immanuel Kant,1724—1804),德国古典哲学的开启者,是继苏格拉底、柏拉图和亚里士多德后,西方最具影响力的思想家之一,著有《纯粹理性批判》《实践理性批判》和《判断力批判》。

《纯粹理性批判》(第二册 P58【增订二】、第四册 P292 注释②)

《纯粹理性批判》*Kritik der reinen Vernunft*:康德著,首次出版于

1781 年,是康德的哲学巨著三部曲中的第一部;第二部是 1788 年出版的《实践理性批判》;第三部是 1790 年出版的《判断力批判》。此作首先确定了人的认识的形式和范畴,然后论证这些先天的形式和范畴只适用于现象界,而不适用于超验的本体——自在之物;认为对自在之物的认识不是人有限的认识能力所能达到的;所以得出结论,理论理性低于实践理性,科学知识应该让位给宗教信仰。该书是欧洲哲学史上一部具有转折意义的重要著作。

《人性学》(第一册 P435 注释①、第一册 P592 注释③、第三册 P150【增订四】、第三册 P577 注释①、第四册 P236 注释①)

《人性学》*Anthropolgie*:也译为《实用人类学》。康德著。这是康德写得最通俗的一本书,充满了情趣和机智。

【Wolfgang Kayser】W. 凯塞尔(第一册 P174 注释①、第二册 P386 注释②、第三册 P347 注释②)

W. 凯塞尔(Wolfgang Kayser,1906—1960),德国哲学家、文艺理论家,战后德国文本批评之父。代表作有文艺学经典《语言的艺术作品——文艺学引论》《赫尔德的伊比利亚人的世界》《特奥多·施托姆小说中的文明与部落制度》《荒诞——其在绘画和诗中的设计》等。

《怪异》(第三册 P347 注释②)

《怪异》*Das Groteske*:W. 凯塞尔著,其他不详。

《语言的艺术作品——文艺学引论》(第一册 P174 注释①、第二册 P386 注释②)

《语言的艺术作品——文艺学引论》*Das sprachliche Kunstwerk*:W. 凯塞尔著,1948 年由瑞士伯尔尼的弗朗克出版社用德文出版。这是一部试图找出能够适用于分析所有文学作品内容和形式准则的理论著作。此书把文学作品看作由语言的特殊力量表现出来的艺术作品,讨论了内容、语言形式、风格和种类组织方面的基本概念和基本理论。凯塞尔提出,必须把文学作品看作是一个完全独立的、脱离其创造者的自主的形态。

【Karl Philip Gottfried von Clausewitz】克劳塞维茨(第三册 P21 注释①)

克劳塞维茨(Karl Philip Gottfried von Clausewitz,1780—1831),德国军事理论家和军事历史学家,被称作西方兵圣。其代表作《战争论》,被称作西方军事思想的代表,成为军人必读的兵学圣经。

《战争论》(第三册 P21 注释①)

《战争论》*Vom Kriege*:克劳塞维茨著。尽管该书是一部尚未完成的著作,但由于克劳塞维茨注意运用德国古典哲学的辩证法考察战争问题,因而阐发了诸如"战争无非是政治通过另一种手段的继续"等一系列在战争理论中影响重大的思想。

【Ernst August Klingemann】奥古斯特·克林格曼(第二册 P163【增订四】)

奥古斯特·克林格曼(Ernst August Klingemann,生卒年不详),德国早期浪漫派作家,著有剧本和小说,代表作为《博纳文图拉值夜》等。

《博那文图拉值夜》(第二册 P163【增订四】)

《博那文图拉值夜》*Die Nachtwachen des Bonaventura*:奥古斯特·克林格曼(其笔名为博纳文图拉)著,发表于 1804 年。小说分为十六章,主人公是一位反英雄人物,他原来是一位诗人,后来成为守夜人。此作因强烈的反叛性和颠覆性而久遭冷遇,又因为其解构和反叛精神而受到后世的重视。

【Quirinus Kuhlmann】奎里努斯·库尔曼(第二册 P107 注释③)

奎里努斯·库尔曼(Quirinus Kuhlmann,1651—1689),德国巴洛克诗人,神秘主义者。库尔曼认为他生命中所发生的重大事件都是他神圣使命的体现。他因游历欧洲而闻名,但又因神学和政治上的主张在俄罗斯被处决。

L

【Frederich Albert Lange】朗格(第二册 P180 注释①)

朗格(Frederich Albert Lange,1828—1875),德国早期新康德主义代表人物,曾在波恩大学哲学系任教,1865 年出版其名著《唯物论史》,随后分别被聘往舒里克大学、马堡大学任哲学教授。

《唯物论史》(第二册 P180 注释①)

《唯物论史》*The History of Materialism*:朗格著。该书是研究唯物

主义历史的一部巨著,它试图对唯物主义和唯心主义这两种形态的哲学做出一种公允的评判。全书分为古代唯物论、过渡时期、17世纪的唯物论、18世纪的唯物论四编,其哲学思想在19世纪下半叶的德国深深影响了尼采、胡塞尔和海德格尔。

【Gottfried Wilhelm Leibniz】莱布尼茨(第一册 P84 注释③、第一册 P98 注释①、第一册 P501 注释①、第二册 P71 注释②、第二册 P72 注释①、第三册 P342 注释①、第三册 P388 注释①)

莱布尼茨(Gottfried Wilhelm Leibniz,1646—1716),德国哲学家、数学家。在数学上,他和牛顿先后独立发现了微积分,还对二进制的发展做出了贡献。在哲学上,莱布尼茨的前定和谐论最为著名,他认为,"我们的宇宙,在某种意义上是上帝所创造的最好的一个"。莱布尼茨在伦理学、神学、政治学、法学、历史学、哲学、语言学诸多方向都留下了著作,如《人类理智新论》《形而上学论》《单子论》等。

《单子论》(第三册 P342 注释①)

《单子论》_The Monadology and Other Philosophical Writings_:莱布尼茨著于1714年。此作中,莱布尼兹把自己在许多哲学著作中所阐述的主要观点高度浓缩重新陈述。《单子论》建构了一个客观唯心主义的体系,有向宗教神学妥协的倾向,但也包含一些合理的辩证法因素。

《人类理智新论》(第一册 P501 注释①、第二册 P71 注释②)

《人类理智新论》_Novreaux Essais sur l'entendement humain_:莱布尼茨编著。17世纪,西欧哲学界在认识论上爆发一场经验论与唯理论的大争论。17世纪末,洛克(John Locke)以其《人类理智论》批驳了天赋观念说,论证了经验论的原则;莱布尼茨则站在唯心主义唯理论和维护天赋观念说的立场,从"单子论"和"前定和谐"的观点出发,以对话体的形式,与洛克的《人类理智论》进行了针锋相对的辩驳。

《神义论》(第一册 P84 注释③、第三册 P388 注释①)

《神义论》_Essais de Théodicée_:莱布尼茨著于1710年。此作被称为"神的义"或"上帝的理由",其正文由三部分构成:上编的中心内容是对一切世界中最好的可能的世界的命题的论证,并在此论证的基础上辩明上帝之慈善和正义;中编论证了信仰与理性、自由与上帝的预先规定的一致;下编的论证主题是道德的恶与形体的恶,即罪与罪过。莱布尼茨在此作中阐明信仰与理性的一致性。

《哲学著作》(第一册 P84 注释③、第一册 P501 注释①、第三册 P388 注释①)

《哲学著作》*Die philosophischen Schriften*:莱布尼茨编著,其他不详。

《致布尔盖》(第一册 P98 注释①)

《致布尔盖》*Lettre à Bourguet*:莱布尼茨编著,其他不详。

【Heinrich Lerch】海因里希·勒赫及其《在战壕里》*Im Schützengraben* (第二册 P57 注释①):疑为德国作家作品,其他不详。

【Gotthold Ephraim Lessing】莱辛(第二册 P576 注释①、第三册 P559 注释②、第四册 P396 注释①、第四册 P443 注释②)

莱辛(Gotthold Ephraim Lessing,1729—1781),德国启蒙运动时期最重要的文艺理论家和作家之一,他的剧作和理论著作对后世德语文学的发展产生了极其重要的影响。代表作有《拉奥孔》《关于当代文学的通讯》《汉堡剧评》等。其中悲剧《智者纳旦》《爱米丽雅·迦洛蒂》与《萨》构成莱辛的三大名剧。

《爱米丽雅·迦洛蒂》(第三册 P559 注释②)

《爱米丽雅·迦洛蒂》*Emilia Galotti*:莱辛于 1771 年出版的戏剧作品,此作被认为是最早的市民悲剧。

《汉堡剧评》(第四册 P396 注释①)

《汉堡剧评》*Hamburgische Dramaturgie*:莱辛为汉堡民族剧院历次演出而撰写的评论,发表于 18 世纪 60、70 年代,是作者对汉堡民族剧院的实践进行批评和理论探讨的成果,在欧洲美学发展史上占有重要地位。此作共 104 篇,是现实主义戏剧理论的重要文献。莱辛针对德国当时的社会现实和戏剧界的状况,广泛而深刻地探索了现实主义戏剧的一系列问题。

《拉奥孔》(第二册 P576 注释①)

《拉奥孔》*Laokoon*:莱辛撰写的美学论著,副标题是"论诗与画的界限"。莱辛从比较"拉奥孔"这个题材在古典雕刻和古典诗中的不同的处理,论证了诗和造型艺术的区别和界限,阐述了各类艺术的共同规律性和特殊性。

【**Hans Licht**】**汉斯・列希特**（第三册 P33 注释①、第三册 P149 注释①）

汉斯・列希特（Hans Licht，1876—1935），德国莱比锡大学古典学教授。

《**古希腊人的性与情**》（第三册 P33 注释①、第三册 P149 注释①）

《**古希腊人的性与情**》*Sexual Life in Ancient Greece*：又称《古希腊的性生活》，汉斯・列希特著于 20 世纪两次世界大战之间。这本书是关于古希腊社会性爱生活的专题研究，在古希腊宗教中的情色因素、妇女的社会地位、同性恋爱的实质和社会作用、色情业等方面都有深入的探讨和独到的见解。

【**Theodor Lipps**】**西奥多・利普斯**（第一册 P102 注释①）

西奥多・利普斯（Theodor Lipps，1851—1914），德国哲学家、美学家。其美学思想受胡塞尔影响。

《**美学基础**》（第一册 P102 注释①）

《**美学基础**》*Grundlegung der Ästhetik*：西奥多・利普斯著，其他不详。

【**G. H. Luquet**】**G. H. 吕凯**（第二册 P360 注释②）

G. H. 吕凯（G. H. Luquet，1876—1965），德国学者，其他不详。

《**原始艺术**》（第二册 P360 注释②）

《**原始艺术**》*L'Art primitif*：G. H. 吕凯著。此书探讨了艺术的起源问题，区分了两种代表性的艺术形式：成熟的古典艺术与"原始"艺术。

【**Martin Luther**】**马丁・路德**（第一册 P283 注释①、第四册 P563 注释①）

马丁・路德（Martin Luther，1483—1546），德国宗教改革家、基督教新教路德宗创始人。

《**马丁・路德桌边谈话录**》（第一册 P283 注释①、第四册 P563 注释①）

《马丁·路德桌边谈话录》*Martin Luther，Table Talk*：本书共收录了马丁·路德的 918 篇谈话，大致分为三个部分：主要是路德神学，其次是路德对世俗生活和异教徒的看法，展示他对神学和世俗生活各个方面的见解，同时展现了晚年路德的心态。

【Georg Christoph Lichtenberg】利什滕贝格（第二册 P244 注释③、第二册 P300 注释①、第二册 P635 注释①、第二册 P772 注释①、第三册 P144 注释①、第三册 P399 注释①【增订四】、第三册 P601 注释①）

利什滕贝格（Georg Christoph Lichtenberg，1742—1799）：德国思想家、政论家、讽刺作家。他早年访学英国，思想上受英国自由主义影响。

《警句》（第二册 P244 注释③、第二册 P635 注释①、第二册 P772 注释①、第三册 P144 注释①、第三册 P399 注释①【增订四】）

《警句》(或称《格言集》)*Aphorismen*：利什腾贝格著。此作收录了利什腾贝格毕生创作的格言，内容涵盖心理学、伦理学、政治、哲学、科学、美学、文学等领域。

【Friedrich von Logau】弗勒贝尔·冯·洛高（第一册 P69 注释③、第三册 P116 注释②、第三册 P390 注释①、第三册 P548 注释②、第四册 P493 注释③）

弗勒贝尔·冯·洛高（Friedrich von Logau，1605—1655），德国作家，巴洛克时代的德国讽刺诗人。著有《讽刺短诗》《洛高小册子》等。

《讽刺短诗》（第一册 P69 注释③、第三册 P116 注释②、第三册 P390【增订四】、第四册 P493 注释③）

《讽刺短诗》*Sinngedichte*：洛高著。此作毫不留情地讽刺宫廷生活、战争中无意义的流血事件、德国人如何缺乏民族自豪感以及他们在服装、衣着、言语层面对法国人的模仿等。

《想象中的战士》（第一册 P72 注释①）

《想象中的战士》*Angedankte Soldaten*：洛高著，其他不详。

M

【Thomas Mann】托马斯·曼（第一册 P252 注释②）

托马斯·曼(Thomas Mann，1875—1955)，德国小说家和散文家，20世纪著名的现实主义作家和人道主义者，1929 年诺贝尔文学奖获得者。其代表作有《魔山》《马里奥与魔术师》《布登勃洛克一家》等。其中，《布登勃洛克一家》被誉为德国资产阶级的"一部灵魂史"，是德国 19 世纪后半期社会发展的艺术缩影。

《魔山》(第一册 P252 注释②)

《魔山》*Der Zauberberg*：托马斯·曼著。小说以一个疗养院为中心，描写了欧洲许多封建贵族和资产阶级人物，整个疗养院弥漫着病态的、垂死的气氛，象征着资本主义文明的没落。

【Karl Heinrich Marx】马克思(第一册 P44 注释②、第二册 P687 注释②、第四册 P560 注释①)

马克思(Karl Heinrich Marx，1818—1883)，德国思想家、政治家、哲学家、经济学家、革命理论家和社会学家，马克思主义的创始人之一，第一国际的组织者和领导者，马克思主义政党的缔造者，全世界无产阶级和劳动人民的革命导师，国际共产主义运动的开创者。主要著作有《资本论》《共产党宣言》等。

《德意志意识形态》(第一册 P501 注释②、第二册 P687 注释②)

《德意志意识形态》*Die Deutsche Ideologie*：马克思、恩格斯创立的历史唯物主义理论体系中的一部巨著，标志着唯物史观的创立。在这部巨著中，马、恩阐述了唯物史观的基本内容。

《黑格尔法哲学批判》(第一册 P44 注释②)

《黑格尔法哲学批判》*Zur Kritik der Hegelschen Rechtsphilosophie*：马克思的一本早期著作，也是马克思批判黑格尔哲学的第一部著作。1843年夏天写于莱茵省的克罗茨纳赫，故又称《克罗茨纳赫手稿》。

【Fritz Mauthner】毛特纳(第一册 P335 注释②、第二册 P11 注释①、第二册 P11 注释③、第二册 P14 注释①、第二册 P15 注释②、第二册 P421注释②、第四册 P60 注释①)

毛特纳(Fritz Mauthner，1849—1923)，德国(奥匈帝国)哲学家，专攻语言哲学。他主张哲学的批判亦即"语言的批判"。他认为，对语言的性质进行分析或批判，就会发现：不能运用语言这一工具去认识世界，他提出从个人的"感情"与"生活"方面出发去"把握现实"。他著有小说、戏剧多种;在语言哲学方面,主要著作为《语言批判论稿》三卷。

《语言批判论稿》(第一册 P335 注释②、第二册 P11 注释①、第二册 P421 注释②)

《语言批判论稿》*Kritik der Sprache*:毛特纳著,其他不详。

【Chritian Morgenstern】Ch. 莫尔根斯泰恩(第四册 P89 注释②)

Ch. 莫尔根斯泰恩:(Christian Morgenstern,1871—1914),德国诗人、作家,主要创作抒情诗和箴言诗。他的诗颇为独特,视觉感强,想象力丰富,他常将幽默、怪诞、象征融合一起,富于幻想,因而常被认为是表现主义的前驱。

【Friedrich Max Müller】马克思·穆勒(第二册 P202 注释①、第二册 P203 注释①)

马克思·穆勒(Friedrich Max Müller,1823—1900):语言学家、东方学家,生于德国,大半生在英国度过;主编过《东方圣书》等。

《东方圣书》(第二册 P202 注释①、第二册 P203 注释①)

《东方圣书》*The Sacred Books of the East*:马克思·穆勒主编。此书集合了印度教、佛教、琐罗亚斯德教(拜火教)、耆那教、儒教、道教及回教的典藏。牛津大学出版社于 1879—1910 年印行的大型英文出版物,一套由五十册组成的巨制,是对亚洲宗教著作的转译。

【Baron Munchausen】明希豪森(第二册 P237 注释①、第二册 P289 注释②)

明希豪森(Baron Munchausen,1720—1797):18 世纪德国男爵,其他不详。

《吹牛大王历险记》*The Adventures of Baron Munchausen*(第二册 P237 注释①、第二册 P289 注释②)

《吹牛大王历险记》:德国男爵明希豪森讲的故事,后由德国作家埃·拉斯佩和戈·奥·毕尔格再创作而成。拉斯佩(1737—1794),生于德国汉诺威,出身贵族家庭。他学识渊博,业余喜欢文学创作。1785 年,他以德国男爵明希豪森讲的故事为底本,用英语创作了《明希豪森男爵旅俄奇侠记》。拉斯佩也因《吹牛大王历险记》成为 18 世纪德国著名的文学家。

N

【U. Nasser】U. 纳赛尔及其《诠释学经典》*Klassiker der Hermeneutik*（第三册 P333【增订四】）：疑为德国作家作品。其他不详。

【L. Nelson】L. 尼尔森（第二册 P59 注释②）

L. 尼尔森（L. Nelson，1882—1927），德国数学家、哲学家、社会学家。尼尔森深受苏格拉底哲学的影响，自 20 世纪 20 年代，他开始将苏格拉底对话方法用于思考和学习；到 20 世纪 50 年代，把苏格拉底对话发展为一种学习和教学过程。

【Friedrich Wilhelm Nietzsche】尼采（第一册 P23 注释②、第一册 P418 注释②、第二册 P12 注释③、第二册 P49 注释④、第二册 P158 注释①、第二册 P160 注释②、第二册 P271 注释②、第二册 P761 注释①、第三册 P144 注释③、第三册 P196 注释①、第三册 P388【增订四】、第三册 P590【增订三】、第四册 P9【增订四】、第四册 P200 注释④、第四册 P443 注释②、第四册 P560【增订四】）

尼采（Friedrich Wilhelm Nietzsche，1844—1900），德国著名哲学家、语言学家、文化评论家、诗人、思想家、作曲家，西方现代哲学的开创者。他的著作对于现代文化、哲学、宗教、道德以及科学等领域提出了广泛的批判和讨论。他的写作风格独特，经常使用格言和悖论的技巧。代表作有《悲剧的诞生》《权力意志》《查拉图斯特拉如是说》《不合时宜的考察》《希腊悲剧时代的哲学》《论道德的谱系》等。

《快乐的科学》（第四册 P9【增订四】）

《快乐的科学》*Die fröhliche Wissenschaft*：尼采著于 1882 年，此作在尼采的一生中处于中心的位置，它也是尼采采用哲学的叙述方式最成功的尝试。此作浓缩了尼采思想的精髓，对诸如生命、个体与群体、爱情、文艺、哲学、科学、道德、法律、宗教、社会发展等问题都进行了简明而深刻的论述，特别关注科学和艺术问题的解决办法。

《查拉图斯特拉如是说》（第二册 P49 注释④、第二册 P160 注释②、

第二册 P271 注释②)

《查拉图斯特拉如是说》Also sprach Zarathustra：尼采著的哲学小说,此作以散文诗体写就,由 1883—1885 年间的四部分组成,并于1883—1891 年间出版。此书几乎包括了尼采的全部思想;文笔绮丽,哲理深沉;以振聋发聩的奇异灼见和横空出世的警世话语宣讲"超人哲学"和"权力意志"。查拉图斯特拉,又译琐罗亚斯德(Zarathustra)。该人物是拜火教的创始人,出身于米底王国的一个贵族家庭,20 岁时弃家隐居,30 岁时受到神的启示,他改革传统的多神教,创立琐罗亚斯德教。在这本书里,尼采宣告"上帝死了",让"超人"出世。

《历史的用途与滥用》(第二册 P158 注释①、第三册 P144 注释③)

《历史的用途与滥用》Vom Nutzen und Nachteil der Historie：德国思想家尼采于 1874 年出版的一部重要作品,被认为与尼采早期的另一部杰出作品《悲剧的诞生》具有同等重要的意义。尼采在《历史的用途与滥用》中所要探究的是关于历史对于人生、社会的正反作用。尼采认为,历史对于个人或民族是必要的;但是,一旦"历史感"到了一定的程度,这种历史感就会伤害并最终毁掉一个人、民族甚至文化体系的生命。

《偶像的黄昏:或怎样用锤子从事哲学》(第二册 P12 注释③)

《偶像的黄昏:或怎样用锤子从事哲学》Götzen-Dämmerung oder Wie man mit dem Hammer philosophirt：尼采著。尼采在《偶像的黄昏》中针对的不是充斥着世界的许多偶像,而是人被不公正地、并非为了他们自己的幸福牺牲给他的偶像。此作最后提出尼采最重要的计划——"重估一切价值"(Umwertung aller Werte)。

《人性的,太人性的》(第一册 P45 注释②、第一册 P290【增订三】、第二册 P582【增订三】、第二册 P761 注释①、第三册 P388【增订四】、第三册 P590【增订三】)

《人性的,太人性的》Menschliches Allzumenschliches：尼采为纪念伏尔泰逝世 100 周年而写的书。全书用格言体写成,分两卷:第一卷从各方面探讨了世界与人生的基本问题;第二卷两个部分《见解与箴言杂录》和《漫游者和他的影子》,延续了作者在第一卷中开始的对西方形而上学传统及其影响下的西方文化的全面批判。作者一方面肯定人性中值得肯定的方面,希望挖掘人的潜力,使人类变得更优秀;另一方面又对人性的弱点和缺点,尤其对西方文化传统下形成的这种弱点和缺点,进行了尖刻的讽刺。作者寄希望于"自由精灵",也就是能超越传统思维方式、传统道德观念而实现思想自由的人。

《敌基督者》(第四册 P560【增订四】)

《敌基督者》*Der Antichrist*:尼采著,发表于 1888 年。此作是尼采晚年之作,探讨了当时耶稣学的主要问题并规划了他的耶稣学策略。

《最后一个哲学家》(第一册 P23 注释②)

《最后一个哲学家》*Der letzte philosoph*:尼采著,其他不详。

《作为教育家的叔本华》(第一册 P418 注释②、第四册 P200 注释④)

《作为教育家的叔本华》*Schopenhauer als Erzieher*:尼采著。此书以叔本华为范例,阐述了作者对哲学家的品格、哲学的使命、哲学与人生及时代的关系等重大问题的看法。

【Novalis】诺瓦利斯(第一册 P44 注释③、第一册 P418 注释②、第二册 P635 注释①、第三册 P87 注释②、第三册 P214【增订四】、第三册 P598 注释②、第四册 P379 注释③)

诺瓦利斯(Novalis,1772—1801),德国浪漫主义诗人、小说家。他的抒情诗代表作有《圣歌》《夜之赞歌》(或《夜颂》)等。他还写过长篇小说《海因里希·冯·奥弗特丁根》,书中以蓝花作为浪漫主义的象征,他也因此被誉为"蓝花诗人"。

《断章》(第一册 P44 注释③、第一册 P418 注释②、第二册 P635 注释①、第三册 P87 注释②、第四册 P379 注释③)

《断章》*Fragmente*:诺瓦利斯著。此作以其独特的精悍简洁著称,简洁中蕴含无限的意味。

《选集》(第三册 P214【增订四】)

《选集》*Select Works*:诺瓦利斯著,其他不详。

O

【Rudolf Otto】鲁道夫·奥托(第一册 P63 注释①、第一册 P356 注释①、第二册 P446 注释①)

鲁道夫·奥托(Rudolf Otto,1869—1937),德国哲学家、宗教学家、基督教神学家。其研究领域包括西方哲学、神学、新约和旧约宗教史学、印度学等。他曾潜心探讨宗教情感与体验、宗教本质与真理、哲学认识论、神圣观念和神秘主义等问题。代表作为《论神圣：关于神灵观念的非理性现象和它与理性的关系》(即《神圣者的观念》)。他还写有《自然主义与宗教的世界观》《路德的圣灵观》《东西方神秘主义》《印度的恩典宗教与基督教》等著作。其对"神圣"这一宗教范畴的研究影响深远，也为宗教现象学的发展创造了条件。

《神圣者的观念》(第一册 P63 注释①、第一册 P356 注释①、第二册 P446 注释①)

《神圣者的观念》 *The Idea of the Holy*：鲁道夫·奥托著。"神圣"本是宗教领域特有的范畴，但是随着宗教、尤其是基督教的理性化，"神圣"越来越失去了它原初的含义，而拥有了更多的道德的含义。奥托著此书旨在剔除"神圣"观念中的道德与理性因素，彰显"神圣"观念的非理性因素，明确宗教的根基。此书具体包括理性与非理性、"神秘"与"神秘者"、对"神秘"的分析、类比和联想感受、表达神秘的各种方式、《新约》中的神秘、最初的表现、作为一种先验范畴的神圣等方面的内容。

P

【Jean Paul】让·保尔(第一册 P290 注释①、第一册 P592 注释④、第一册 P670 注释①、第四册 P23 注释①、第四册 P250 注释②)

让·保尔(Jean Paul，1763—1825)，原名约翰·保尔·弗利德利希·利希特尔(Johann Paul Friedrich Richter)，德国著名幽默作家。他著有《快活的小教师马利亚·乌茨传》《赫斯培鲁斯》《昆图斯·菲克斯莱因传》《花、果实与荆棘片段；或称穷律师弗·席·西奔克斯的夫妻生活、死亡和结婚》《提坦》《淘气的年代》等，还写过一本美学著作《美学入门》。

《美学入门》(第一册 P290 注释①、第一册 P592 注释④、第一册 P670 注释①、第四册 P23 注释①、第四册 P250 注释②)

《美学入门》 *Vorschule der Aesthetik*：也译作《美学初榷》，让·保尔著，发表于 1804 年。作者在《美学入门》中把小说分成三类。他的小说观受到 18 世纪英国作家斯威夫特和其他小说家，尤其是劳伦斯·斯特恩的影响。

【**G. Picon**】**G. 皮康及其《20 世纪文学》***La Littérature du XXe Siècle* (第一册 P674 注释①)：疑为德国作家作品。

R

【**O. Rank**】**O. 兰克及其《艺术家》***Der Künstler*（第二册 P565 注释①)：疑为德国作家作品。

【**Erwin Rohde**】**E. 罗德**（第一册 P285 注释①、第一册 P303 注释①、第一册 P626 注释①、第二册 P121 注释②、第二册 P394 注释①、第四册 P350 注释①)

E. 罗德（Erwin Rohde，1845—1898)，德国古典学家。除古文物领域外，罗德也因其与尼采的友情及通信而出名。

《心智》（第一册 P285 注释①、第一册 P626 注释①、第二册 P121 注释②、第二册 P394 注释①、第四册 P350 注释①)

《心智》*Psyche*（全名为 *Psyche：The Cult of Souls and the Belief in Immortality among the Greeks*)：E. 罗德著于 1890—1894 年间，是研究古希腊与灵魂相关的宗教信仰及仪式的重要文献。

《荷马的日光世界》（第四册 P350 注释①)

《荷马的日光世界》*Homer's Daylight World*：疑为 E. 罗德著，其他不详。

S

【**Max Scheler**】**马克斯·舍勒**（第一册 P317 注释①、第一册 P364 注释①、第一册 P374①、第一册 P450 注释①、第二册 P14 注释①、第二册 P15 注释②、第二册 P33 注释②、第二册 P35 注释②、第二册 P200 注释②、第二册 P271 注释②、第二册 P822 注释①、第三册 P102 注释①、第三册 P572 注释②)

马克斯·舍勒（Max Scheler，1874—1928)，德国基督教思想家、现象学哲学家，是现象学价值伦理学的创立者、现代哲学人类学的奠基人。舍勒的思想博杂多方，其研究遍及现象学、社会学、伦理学、宗教哲学、形而上学、政治思想和哲学人类学等诸多领域,收录于《舍勒全集》中。

《爱的秩序》(第二册 P35 注释②)

《爱的秩序》Ordo Amoris:舍勒著。此作包括六篇文章,即《爱与认识》《爱的秩序》《基督教的爱理念与当今世界》《懊悔与重生》《论人的理念》《受苦的意义》。前三篇分别从本体论、认识论和社会理论层面集中反映了舍勒爱的现象学。《受苦的意义》《懊悔与重生》两文是舍勒精神情感现象学之宗教哲学方向的重要文献。《论人的理念》反映了舍勒早年关于哲学人类学的初步构想。舍勒认为,真爱使人们的"精神之眼"可以看到被爱者身上潜隐的较高价值。"只有有爱心的人的眼睛是睁开的——眼睛的明亮取决于他们爱的程度。"

《符号方法论》(第三册 P572 注释②)

《符号方法论》Wesen und Formen der Sympathie:舍勒著,其他不详。

《伦理学中的形式主义与质料的价值伦理学》(第一册 P450 注释①、第三册 P102 注释①)

《伦理学中的形式主义与质料的价值伦理学》Der Formalismus in der Ethik und die materiale Wertethik:舍勒著。此书涉及伦理学中的义务论、代价论、进化论、价值论、成效论、律令论、功利论、幸福论、实然、应然与能然的关系理论等,同时也涉及例如社会政治理论中的"共同体"与"社会","权力"和"强力"等概念。

《同情的本质与形式》(第一册 P317 注释①、第一册 P364 注释①、第二册 P822 注释①)

《同情的本质与形式》Wesen und Formen der Sympathie:舍勒著。此书是现象学经典著作。舍勒在其《同情的本质与形式》中区分了同情感受的四个层级,探讨了人的四种先天共存形式(社群形式),融社会学维度与他者问题为一体。舍勒认为,同情的四个层级依次递进,分别为:与他人的共同感受,指向他人共同痛苦的同情感,与两者不同且可发生在任何数量的人当中的心理传染,标志着自我与他者完全融合的同一感。

《未完成的手稿》(第二册 P271 注释②)

《未完成的手稿》Schriften aus dem Nachlass:舍勒著,其他不详。

《知识形态与社会》(第二册 P15 注释②、第二册 P200 注释②)

《知识形态与社会》Die Wissensformen und die Gesellschaft:舍勒

著。此作认为,分析思想过程,最易了解社会生活的过程。思想与知识是社会生活的产物。社会学者的职责是研究知识与思想的发源及其与社会生活的交互关系。

【Friedrich Wilhelm Joseph von Schelling】谢林(第一册 P7 注释④)

谢林(Friedrich Wilhelm Joseph von Schelling,1775—1854),德国哲学家。德国唯心主义发展中期的主要人物,处在费希特和黑格尔之间。其哲学可分为三个时期:从费希特哲学过渡到强调客观自然的重要性,也就是自然哲学;对精神和自然的同一性、无差别性的思考,发展成同一哲学;对消极的和积极的哲学的反抗,进而转变成和宗教密切相关的启示哲学。著有《论一种绝对形式哲学的可能性》《先验唯心论体系》《宗教与哲学》等。

《谢林选集 3 卷本》(第一册 P7 注释④)

《谢林选集 3 卷本》_Schelings Werke,Auswahl in 3 Baenden_:O. 维斯编,其他不详。

【Johann Christoph Friedrich von Schiller】席勒(第一册 P6 注释③、第一册 P256 注释③、第一册 P376 注释①、第一册 P682 注释①、第二册 P89 注释①、第二册 P357 注释②、第二册 P468【增订四】、第二册 P527 注释②、第二册 P772 注释②、第三册 P105 注释②、第三册 P144 注释②、第三册 P534 注释②)

席勒(Johann Christoph Friedrich von Schiller,1759—1805),德国诗人、哲学家、剧作家和历史学家,德国"狂飙突进运动"的代表人物。代表作有戏剧《阴谋与爱情》,美学著作《美育通信》等。

《许愿牌》(第二册 P468【增订四】)

《许愿牌》_Votivtafeln_:席勒著,见《讽刺诗和许愿牌》(_Xenien und Votivtafeln_),其他不详。

【August Wilhelm von Schlegel】A. W. 施莱格尔(第一册 P290 注释②、第一册 P458 注释④、第一册 P628 注释①、第二册 P22 注释①)

A. W. 施莱格尔(August Wilhelm von Schlegel,1767—1845),德国浪漫主义运动的核心人物、诗人、翻译家和评论家。

【Karl Wilhelm Friedrich von Schlegel】F. 施莱格尔（第一册 P440 注释①、第二册 P205 注释①、第三册 P76 注释①、第三册 P336 注释①）

F. 施莱格尔（Karl Wilhelm Friedrich von Schlegel，1772—1829），德国文学理论家、语言学家、作家。与其兄 A. W. 施莱格尔（August Wilhelm von Schlegel，1767—1845）同为德国早期浪漫主义的奠基人。其论著《断片》（1797、1798、1800）被认为是浪漫主义美学奠基之作。代表作有《论现代史》《古代与现代文学史》《印度人的语言和智慧》等。

《文学札记》（第一册 P440 注释①、第二册 P205 注释①、第三册 P76 注释①、第三册 P336 注释①）

《文学札记》*Literary Notebooks*：F. 施莱格尔著，其他不详。

【Friedrich Daniel Ernst Schleiermacher】弗里德里希·施莱尔马赫（第一册 P328【增订四】）

弗里德里希·施莱尔马赫（Friedrich Daniel Ernst Schleiermacher，1768—1834），德国神学家、哲学家，著有《论宗教》《基督教信仰》等。

【Friedrich Schnack】弗里德里希·施纳克（第一册 P256 注释①、第三册 P122 注释②）

弗里德里希·施纳克（Friedrich Schnack，1888—1977），德国诗人，其他不详。

【Arthur Schopenhauer】叔本华（第一册 P124 注释①、第一册 P252 注释①、第二册 P31 注释②、第二册 P127 注释④、第二册 P192 注释②、第二册 P245 注释①、第四册 P45 注释①、第四册 P90 注释②、第四册 P229 注释①、第四册 P245 注释①）

叔本华（Arthur Schopenhauer，1788—1860），德国哲学家，哲学史上第一个公开反对理性主义哲学的人，开创了非理性主义哲学的先河，也是唯意志论的创始人和主要代表之一，认为生命意志是主宰世界运作的力量。代表作有《作为意志和表象的世界》《论自然界中的意志》等。

《处世哲学》（第二册 P192 注释②）

《处世哲学》*Aphorismen zur Lebensweisheit*：叔本华著。《人生的智慧》是该书中的一部分。在书中，作者以优雅的文体，格言式的笔触阐述了自己对人生的看法。此作探讨世俗生活中诸如名声、荣誉、健康、财富、养生和待人接物所应遵守的原则等。

《附录和补遗》（第二册 P192 注释②、第四册 P45 注释①、第四册 P90 注释②、第四册 P229 注释①、第四册 P245 注释①）

《附录和补遗》*Parerga und paralipomena*：叔本华著，是叔本华的代表作《作为意志和表象的世界》的补充版，是最初让叔本华声名鹊起的一本著作。此作目前还没有完整中译本，在中国流传的叔本华著作译本《人生的智慧》或《人生智慧箴言》是《附录和补遗》中的一部分。

《作为意志和表象的世界》（第一册 P124 注释①、第一册 P252 注释①、第二册 P31 注释②、第二册 P127 注释④、第二册 P245 注释①、第二册 P463【增订三】、第四册 P245 注释①）

《作为意志和表象的世界》*Die Welt als Wille und Vorstellung*：叔本华著，1819 年首次出版。此书综合康德的意志理论、柏拉图的理念论和印度哲学的悲观主义而形成唯意志论体系。他认为世界只是感觉和表象的世界，表象后面的实体是不可知的，但可以通过人自身的直接经验达到。全书共分四篇：第一篇是全书的导论，也可以和第二篇合起来看作全书的第一部分，主要讨论认识论和"真"的问题；第三篇关涉"美"的问题，而第四篇是关于"善"和人生的终极关怀问题。叔本华认为"理性"不过是意志的派生物，意志具有决定性。

【Walter Müller-Seidel】沃尔特·穆勒·塞德尔（第三册 P576【增订三】）

沃尔特·穆勒·塞德尔（Walter Müller-Seidel，1918—2010），德国作家、学者。

《文学评价问题》（第三册 P576【增订三】）

《文学评价问题》*Probleme der literarischen Wertung*：沃尔特·穆勒·塞德尔著的文艺理论著作，发表于 1965 年。

【Georg Simmel】G. 齐美尔（第一册 P704 注释②）

G. 齐美尔（Georg Simmel，1858—1918），德国社会学家、哲学家。代表作有《货币哲学》《历史哲学问题》《道德科学引论：伦理学基本概念的批判》《社会学的根本问题：个人与社会》等。

《货币哲学》(第一册 P704 注释②)

《货币哲学》*Philosophie des Geldes*：齐美尔著，出版于 1900 年。此书从社会生活入手剖析货币的本质，同时考察货币对整体人类生活的影响。《货币哲学》与马克思的《资本论》和韦伯的《经济与生活》一样，阐释自近代以来的货币经济现象以及与它相关的社会文化现象。

【Wilhelm Albert Soergel】索格尔(第四册 P136【增订二】)

索格尔(Wilhelm Albert Soergel，1880--1958)，德国文学史家，代表作有《诗歌与当代诗人》等。

《诗歌与当代诗人》(第四册 P136【增订二】)

《诗歌与当代诗人》*Dichtung und Dichter der Zeit*：索格尔著于 1907年，此书确立了作者作为文学史家的声誉。

【Fr. von Spee】冯·朗格菲德(第二册 P108 注释①)

冯·朗格菲德(Fr. von Spee，原名为 Friedrich Spee von Langenfeld，1591—1635)，德国经济学家、哲学家。他抨击政府专制统治，要求政治和社会改革。代表作有《唯物主义史》《逻辑论文集》《工人问题》等。其中《唯物主义史》是新康德主义哲学代表作。书中接受唯物主义方法论，但拒绝唯物主义世界观，认为有些真理是不可知的，无论是唯物主义还是任何形式的形而上学体系都不能声称拥有终极真理，并把意识看作是主观体验，而不仅仅是物质的结果。他用生理学唯心主义来论证康德哲学，并强调康德伦理哲学的定义，并将其与社会主义相结合，为伦理社会主义提供了理论基础。

【Heinrich Wilhelm August Stieglitz】海因里希·施蒂格利茨(第四册 P589 注释①)

海因里希·施蒂格利茨(Heinrich Wilhelm August Stieglitz，生卒年不详)，德国诗人。

《东方图画》(第四册 P589 注释①)

《东方图画》*Bilder des Orients*：海因里希·施蒂格利茨著，其他不详。

【Theodor Storm】T. 斯多（第二册 P737 注释①）

T. 斯多（Theodor Storm，1817—1888），德国诗人和作家。他创作了很多故事、诗歌和小说。最著名的两部作品是 1844 年的《蜜蜂湖》和《白马骑士》。

《雨女》（第二册 P737 注释①）

《雨女》_Die Regentrude_：T. 斯多著的故事。故事情节如下：日耳曼异教徒的"雨女"睡去，造成了大范围的干旱和贫困，此时，一对年轻夫妇，安德烈亚斯和马伦必须欺骗一个古老的妖精带领他们到"雨女"的神奇花园，将她唤醒。

【F. Strich】F. 斯特里奇（第二册 P277 注释③）

F. 斯特里奇（F. Strich，生卒年不详），疑为德国学者，其他不详。

《艺术与生活》（第二册 P277 注释③）

《艺术与生活》_Kunst und Leben_：F. 斯特里奇著，其他不详。

【F. Stritz】F. 斯特茨（第一册 P440 注释②）

F. 斯特茨（F. Stritz，生卒年不详），疑为德国学者，其他不详。

《德国古典主义和浪漫主义》（第一册 P440 注释②）

《德国古典主义和浪漫主义》_Deutsche Klassik und Romantik_：F. 斯特茨著，其他不详。

V

【Friedrich Theodor Vischer】F. Th. 费肖尔（第二册 P32 注释②、第二册 P462 注释①、第三册 P496 注释①）

F. Th. 费肖尔（Friedrich Theodor Vischer，1807—1887），德国哲学家、美学家、小说家及诗人。与其子罗伯特·费肖尔（Robert Vischer，1847—1933）一起常被称为费肖尔父子。弗里德利希·费肖尔从黑格尔美学出发，但又批评黑格尔过分注重内容（理念）方面，认为美之所以美，就在于为何表现内容，即在于形式。费肖尔晚年致力于心理学研究，成为"移情"说美学理论的先驱，他把移情作用看成是"对象的人化"。主要著作有《批评论丛》《美学》（6 卷），《论象征》等，小说以《还有更好》《新与旧》

闻名于世。

《还有更好》（第二册 P32 注释②、第二册 P462 注释①）

《还有更好》*Auch Einer*：费肖尔著。该小说的第一版出现于 1879 年，共两卷。此作虽然结构奇特、主角古怪，却一直畅销。（第二册 P32 注释②、第二册 P462 注释①）

《论崇高与滑稽》（第三册 P496 注释①）

《论崇高与滑稽》*Ueber das Erhabene und Komische*：全称《论崇高与滑稽——及其他关于美的哲学文本》，费肖尔著，发表于 1837 年。

【J. Volkelt】J. 沃尔科特（第二册 P81 注释①）

J. 沃尔科特（J. Volkelt，1848—1930），德国唯心主义哲学家、心理学家和美学家。

《美学体系》（第二册 P81 注释①）

《美学体系》*System der Aesthetik*：J. 沃尔科特著，其他不详。

【Karl Vossler】K. 浮士勒（第一册 P82 注释②、第二册 P93 注释①）

K. 浮士勒（Karl Vossler，1872—1949），德国罗曼语文学研究者和语言学家。浮士勒研究了法兰西、西班牙、意大利的文学和语言；晚年还研究了葡萄牙和南美洲的文学。在语言学方面，他是"新语言学"唯心主义学派的主要代表，强调个人在语言中的创造作用。

《文明中的语言精神》（第一册 P82 注释②、第二册 P93 注释①）

《文明中的语言精神》*The Spirit of Language in Civilization*：浮士勒著，其他不详。

W

【Johann Joachim Winckelmann】温克尔曼（第一册 P109 注释①、第四册 P217 注释①）

温克尔曼（Johann Joachim Winckelmann，1717—1768），德国艺术史家、美学家和考古学家。温克尔曼开辟了一条以造型艺术为主要研究对象的美学新途径。温克尔曼认为古典艺术的最高理想是"高贵的单纯，静穆的伟大"。

《专为艺术而作的寓意形象试探》(第一册 P109 注释①)

《专为艺术而作的寓意形象试探》*Versuch einer Allegorie，besonders für die kunst*：温克尔曼著，其他不详。

《论希腊绘画和雕塑作品的摹仿》(第四册 P217 注释①)

《论希腊绘画和雕塑作品的摹仿》*Gedanken über die Nachahmung der griechischen Werke in der Malerei und Bildhauerkunst*：温克尔曼著的论艺术摹仿的小册子，发表于 1755 年。

【Friedrich August Wolf】弗雷德里希·奥古斯特·沃尔夫(第三册 P216 注释②)

弗雷德里希·奥古斯特·沃尔夫(Friedrich August Wolf，1759—1824)，德国古典主义者，语言学家，被认为是现代语言学的奠基人。

【Wilhelm Wundt】威廉·冯特(第一册 P7 注释①、第二册 P194 注释③、第二册 P394 注释①、第二册 P565 注释①、第二册 P569 注释③、第二册 P726 注释①、第三册 P86 注释②、第四册 P169 注释、第四册 P356 注释①)

威廉·冯特(Wilhelm Wundt，1832—1920)，德国心理学家、哲学家、生理学家，实验心理学之父。他于 1879 年在莱比锡大学创立世界上第一个专门研究心理学的实验室，这被认为是心理学成为一门独立学科的标志。代表作有《生理心理学原理》《民族心理学》等。

《民族心理学》(第二册 P394 注释①、第二册 P565 注释①、第二册 P569 注释③、第四册 P356 注释①)

《民族心理学》*Völkerpsychologie*：冯特著于 1900—1920 年。该书共十卷，是冯特用历史法研究人类高级心理过程的社会心理学专著。书名虽叫民族心理学，但实际上是一部关于语言、宗教、艺术、神话、风俗、法律、道德等内容的社会心理学。此书把心理学分成了实验的和社会的两部分。

《神话和宗教》(第二册 P394 注释①、第二册 P565 注释①、第四册 P356 注释①)

《神话和宗教》*Mythus und Religion*：冯特著的《民族心理学》中的一卷。

《生理心理学原理》(第一册 P7 注释①、第二册 P194 注释③、第三册 P86 注释②、第四册 P169 注释)

《生理心理学原理》_Grundzügen der physiologische Psychologie_：冯特著，1874 年出版。此书把心理学牢固地确立为有自己的实验课题与实验方法的实验科学。因此，该作被后来心理学界认为是科学心理学的独立宣言。

Z

【H. Zulliger】H. 苏里格及其《部落，社会，族群》_Horde，Bande，Gemeinschaft_(第二册 P277 注释③)：疑为德国作家作品，其他不详。

《管锥编》中引用的美国作家作品

A

【Henry Adams】亨利·亚当斯（第三册 P227 注释①）

亨利·亚当斯（Henry Adams，1838—1918），美国历史学家、小说家。代表作有《亨利·亚当斯的教育》等。

《亨利·亚当斯的教育》（第三册 P227 注释①）

《亨利·亚当斯的教育》*The Education of Henry Adams*：亨利·亚当斯著于 1907 年。该书是亨利·亚当斯以第三人称写成的自传体作品，是享誉世界的经典传记，也是世界一流的教育经典与历史文化名著。亚当斯死后，该书于 1919 年获普利策奖，并被译成多国文字，广为流传。

【Don Cameron Allen】D. C. 艾伦（第四册 P357 注释④）

D. C. 艾伦（Don Cameron Allen，1903—1972），美国学者，约翰斯·霍普金斯大学英语文学教授。代表作有《意象与意义》等。

《意象与意义》（第四册 P357 注释④）

《意象与意义》*Image and Meaning*：书的全名是《意象与意义：文艺复兴诗歌的隐喻传统》（*Image and Meaning：Metaphoric Traditions in Renaissance Poetry*），D. C. 艾伦著。此作首次出版于 1960 年。书中选取了埃德蒙·斯宾塞、莎士比亚、乔治·赫伯特、约翰·弥尔顿等文艺复兴时期诗人的诗歌进行分析。

【Rudolf Arnheim】R. 阿恩海姆（第一册 P141 注释①）

R. 阿恩海姆（Rudolf Arnheim，1904—2007），德裔美国著名心理学家、美学家。他是格式塔学派创始人之一韦特海默的学生，并致力于将格式塔理论运用于艺术分析。30 年代，他也曾从事过电影理论研究，对西方电影理论具有较大影响。著有《电影》《艺术与视觉认知》《视觉思维》等，以《艺术与视觉认知》最为著名。

【Wystan Hugh Auden】W. H. 奥登（第一册 P128 注释①、第二册 P327【增订四】）

W. H. 奥登（Wystan Hugh Auden，1907—1973），英裔美国诗人，20世纪重要的文学家之一，现代诗坛名家，被公认为是艾略特之后最重要的英语诗人。

《牛津谐趣诗集》（第二册 P327【增订四】）

《牛津谐趣诗集》*The Oxford Book of Light Verse*：也译作《牛津轻体诗选》，由诗人 W. H. 奥登编，于 1938 年出版。该诗集收集了很多打油诗、谐趣诗，包含很多令人惊讶的发现。作者对谐趣诗作出了富有辩论性的诠释，对诗歌经典进行了重新思考。

【Nathan Ausubel】内森·奥苏贝尔（第三册 P301【增订四】）

内森·奥苏贝尔（Nathan Ausubel，1898—1986），美国历史学家、民俗学家和幽默家，专攻犹太文化。代表作有《犹太民间传说的宝库》《犹太人民画报》《美国的犹太文化》等。

《犹太民间传说的宝库》（第三册 P301【增订四】）

《犹太民间传说的宝库》*A Treasury of Jewish Folklore*：奥苏贝尔于 1948 年创作，是其最著名的著作之一，已出二十多个版本。

B

【Irving Babbitt】欧文·白璧德（第一册 P256 注释②）

欧文·白璧德（Irving Babbitt，1865—1933），美国新人文主义美学创始人之一，文学批评家。他主张文学应恢复以"适度性"为核心的人文主义的传统，其作用是给人以道德的知识，提出以"人的法则"来反对"物的法则"。他的著作包括《文学与美国大学》《新拉奥孔》《卢梭与浪漫主义》《民主与领袖》《论创造力》等。

《论创造力》（第一册 P256 注释②）

《论创造力》*On Being Creative*：欧文·白璧德于 1932 年著。

【R. H. Barrow】巴洛（第二册 P48 注释③）

巴洛（R. H. Barrow，1893—1984），美国历史学家。

《罗马人》（第二册 P48 注释③）

《罗马人》*The Romans*：巴洛著。主要内容包括：罗马人的实践天赋、罗马人对宗教和哲学的态度、基督教与罗马帝国、罗马法等内容。

【Walter Jackson Bate】W. J. 贝特（第一册 P88 注释①、第三册 P103 **【增订四】**）

W. J. 贝特（Walter Jackson Bate，1918—1999），美国文学评论家和传记记者。因书写塞缪尔·约翰逊和约翰·济慈的传记赢得普利策传记奖。

《约翰·济慈》（第一册 P88 注释①）

《约翰·济慈》*John Keats*：W. J. 贝特著，其他不详。

《塞缪尔·约翰逊》（第三册 P103【增订四】）

《塞缪尔·约翰逊》*Samuel Johnson*：W. J. 贝特著，发表于 1978 年。

《从古典到浪漫》（第三册 P563 注释①）

《从古典到浪漫》*From Classic to Romantic*：W. J. 贝特著，1946 年出版。此作聚焦于 18 世纪欧洲艺术观、文学主题方面的演变。

【Ambrose Bierce】安布罗斯·比尔斯（第四册 P353【增订四】）

安布罗斯·比尔斯（Ambrose Bierce，1842—1913），美国作家，以短篇小说闻名。其小说以恐怖和死亡为题材，讽刺辛辣，语言精练。代表作有短篇小说集《在人生中间》《这种事情可能吗?》和《魔鬼词典》等。

《魔鬼辞典》（第四册 P353【增订四】）

《魔鬼辞典》*The Devil's Dictionary*：安布罗斯·比尔斯著，出版年月未知。此作让人们从经验出发，反向思考，抛弃词汇被赋予的传统价值，以带有寓意、讽刺、诙谐的方式挖掘词汇背后的含义，从而开启了一个经验词汇学的新视界。全书诙谐、幽默、辛辣，风格类似于杂文。

【Richard Palmer Blackmur】R. P. 布拉克默（第三册 P556 注释①）

R. P. 布拉克默（Richard Palmer Blackmur，1904—1965），美国批评家、诗人，作品有《狮子和蜂窝》等。

《狮子和蜂窝》（第三册 P556 注释①）

《狮子和蜂窝》*The Lion and the Honeycomb*：R. P. 布拉克默著，出

版于 1955 年,是一部文学评论。

【Wayne Clayson Booth】韦恩・C. 布斯(第三册 P590【增订三】)

韦恩・C. 布斯(Wayne Clayson Booth,1921—2005)美国小说理论家。代表作有《讽刺修辞》《批判性理解》《小说修辞学》等。

《小说修辞学》(第三册 P590【增订三】)

《小说修辞学》*The Rhetoric of Fiction*:韦恩・C. 布斯著,发表于1961 年,被认为是西方现代小说理论的经典之作。此作讨论了西方小说的历史发展、小说技巧及其理论的演变,建立了经典的现代小说理论,为现代小说创作和研究奠定了基础。

【J. E. Brown】J. E. 布朗(第三册 P27 注释①、第三册 P87 注释①、第三册 P587【增订四】)

J. E. 布朗(J. E. Brown,1920—2000),美国学者,终其一生都在研究美国的本土文学。代表作有《灵魂的动物》《教学精神:了解美国本土传统》《美国印第安人的精神遗产》等。

《塞缪尔・约翰逊的批评意见》(第三册 P27 注释①、第三册 P87 注释①、第三册 P587【增订四】、第三册 P591【增订四】)

《塞缪尔・约翰逊的批评意见》*The Critical Opinions of Samuel Johnson*:J. E. 布朗整理汇编,并为此书编写前言,出版于 1926 年。原作者塞缪尔・约翰逊,此作是一本自传。

【Stanley Burnshaw】斯坦利・伯恩肖(第二册 P139【增订三】)

斯坦利・伯恩肖(Stanley Burnshaw,1906—2005),美国小说家、诗人和学者,主要以作品《无缝网》而闻名。他主要写政治诗、散文、社论等。

《诗歌本身》(第二册 P139【增订三】)

《诗歌本身》*The Poem Itself*:斯坦利・伯恩肖著,1960 年出版。此作剖析了晦涩难懂的诗歌的本质。

C

【B. Cerf】B. 瑟夫(第二册 P594 注释①)

B. 瑟夫(B. Cerf，1898—1971)，美国出版商，是美国出版社"兰登书屋"的创始人之一。他整理汇编了大量笑话和双关语。

《只为博一笑》(第二册 P594 注释①)

《只为博一笑》*Anything for a Laugh*：出版于 1946 年，是 B. 瑟夫的代表作之一。

【Morris Raphael Cohen】莫里斯·拉斐尔·科恩(第一册 P46 注释②、第二册 P71 注释①、第三册 P343 注释①、第四册 P592 注释①)

莫里斯·拉斐尔·科恩(Morris Raphael Cohen，1880—1947)，美国哲学家、律师、法律学者。他成功地将实用主义与逻辑实证主义、语言分析相结合。代表作有《理性与自然》《法律与社会秩序》《人类历史的意义》等。

《逻辑序言》(第一册 P46 注释②、第三册 P343 注释①)

《逻辑序言》*A Preface to Logic*：莫里斯·拉斐尔·科恩著，1944 年出版。此作清晰明了地描绘了不同于传统三段论和形式证明的逻辑学。

《理性与自然》(第一册 P46 注释②)

《理性与自然》*Reason and Nature*：1931 年出版，修改至 1953 年，是莫里斯·拉斐尔·科恩最重要的哲学作品之一。

《人类历史的意义》(第二册 P71 注释①、第四册 P592 注释①)

《人类历史的意义》*The Meaning of Human History*：莫里斯·拉斐尔·科恩著，在此书中，作者将现实主义哲学应用到了历史学的领域。其他不详。

【Stephen Crane】斯蒂芬·克莱恩(第四册 P539 注释②)

斯蒂芬·克莱恩(Stephen Crane，1871—1900)，美国作家，美国自然主义文学的先驱，他的作品为当时整个美学运动提供了"一个突然的方向和新鲜的动力"。代表作有长篇小说《红色英勇勋章》等。他也是现代诗歌的先驱，曾发表过《黑骑者》和《战争是仁慈的》两部诗集。

《海上扁舟》(第四册 P539 注释②)

《海上扁舟》*The Open Boat*：斯蒂芬·克莱恩著的故事。

【John Walter Cross】乔治·沃特·克劳斯(第一册 P45 注释①)

乔治·沃特·克劳斯(John Walter Cross，1840—1880)，美国银行家，19世纪英国著名女作家乔治·艾略特的丈夫。乔治·艾略特与刘易斯同居24年，刘易斯去世后两年，乔治·艾略特与其理财顾问乔治·沃特·克劳斯结婚。

《**乔治·艾略特的一生**》(第一册 P45 注释①)

《**乔治·艾略特的一生**》*Life of George Eliot*：乔治·沃特·克劳斯著。

D

【**Emily Dickinson**】**艾米莉·狄金森**(第二册 P415 注释①、第四册 P535【增订四】、第四册 P547 注释①)

艾米莉·狄金森(Emily Dickinson，1830—1886)，美国传奇诗人。她自25岁开始弃绝社交闭门不出，在孤独中埋头写诗三十年，留下诗稿1 700余首。狄金森的诗主要写自然、生命、友谊、爱情、信仰，充满生活情趣、意象清新、思想深沉。代表作有《云暗》《逃亡》《希望》和《补偿》等。

《**艾米莉·狄金森诗歌全集**》*The Complete Poems*：狄金森著，T. H. 约翰逊编，出版于1960年。

【**Barrows Dunham**】**B. 邓纳姆**(第二册 P57 注释②)

B. 邓纳姆(Barrows Dunham，1905—1995)，美国作家、哲学家。他对于超自然的宗教思想持反对与不信任的态度。代表作有《人反神话》《英雄与异教徒》等。

《**人反神话**》(第二册 P57 注释②)

《**人反神话**》*Man Against Myth*：一部谈论神话的作品，B. 邓纳姆的代表作之一，著于1947年。在这本书中，邓纳姆运用了哲学论证方式，系统地研究和驳斥人们为捍卫种族主义、阶级不平等和其他形式的社会压迫等提供的大多数标准理论，他称其为"社会迷信"。

E

【**Thomas Stearns Eliot**】**T. S. 艾略特**(第二册 P53 注释③、第三册 P334 注释②、第三册 P372 注释①、第三册 P591【增订四】、第三册 P593 注释①)

T. S. 艾略特（Thomas Stearns Eliot，1888—1965），英国（美国）诗人、剧作家和文学批评家，诗歌现代派运动的领袖。其代表作《荒原》被看作是 20 世纪最有影响力的一部诗作、英美现代诗歌的里程碑。1948 年因其《四个四重奏》获得诺贝尔文学奖。

《关于诗歌与诗人》（第三册 P591【增订四】）

《关于诗歌与诗人》_On Poetry and Poets_：艾略特著，出版于 1957 年。

《批评批评家》（第二册 P53 注释③、第三册 P372 注释①、第三册 P593 注释①）

《批评批评家》_To Criticize the Critic_：艾略特著，收录了艾略特于 1917—1961 年的 9 篇评论文章和演讲稿。此作中，艾略特以独到的眼光对众多文化现象进行了评论，如对文学批评的运用的论述，还评价了对他产生巨大影响力的若干作家，并强调了接受正确教育的重要性。

【Ralph Waldo Emerson】爱默生（第二册 P418 注释②）

爱默生（Ralph Waldo Emerson，1803—1882），美国思想家、散文家、诗人、美国超验主义哲学的代表，也是确立美国文化精神的代表人物。爱默生一生著述丰富，大多为散文。代表作有《论自然》《论自助》《论超灵》等等。爱默生不仅对美国文学影响重大，而且也是美国思想史上举足轻重的人物，他的民权观念、自立主张等对美国人民影响深远。

《爱默生随笔全集》_Works_：爱默生一生写作、思考的结晶。19 世纪美国最重要的散文作品之一。

《日记》（第二册 P418 注释②）

《日记》_Journals_：爱默生于 1820—1875 年，即从 17 岁至 72 岁保存有十分完好的日记。爱默生曾把他的日记称为"储蓄银行"。这一储蓄颇丰的"银行"，为他日后写出一篇篇绝妙佳作提供了贵重的素材。其中除对自然、节令、旅行中的景观的生动形容，他和霍桑、梭罗等冤家的来往，对名人的印象等记录外，更重要的是他对诗歌散文创作的关注，对心田的检查和对灵魂的探究的经验。因此，可以把爱默生的日记视作其传记的一部分。

F

【Henry Theophilus Finck】H. T. 芬克（第三册 P240 注释①）

H. T. 芬克（Henry Theophilus Finck，1854—1926），美国音乐评论家，是理查德·瓦格纳及其音乐理论在美国的主要推动者。代表作有《浪漫爱情与个人美》等。

《浪漫爱情与个人美》（第三册 P240 注释①）

《浪漫爱情与个人美》*Romantic Love and Personal Beauty*：H. T. 芬克著于 1887 年。本书中提到三种不同的爱：自然之爱、理智之爱和理性之爱。

【Louis Fraiberg】L. 弗雷堡（第一册 P435 注释②）

L. 弗雷堡（Louis Fraiberg），疑为美国学者，其他不详。

《精神分析与美国文学批评》（第一册 P435 注释②）

《精神分析与美国文学批评》*Psychoanalysis and American Literary Criticism*：L. 弗雷堡著，1960 年出版。这是一本研究弗洛伊德对文学批评的影响的著作。

G

【Georgina S. Gates】乔治娜·S. 盖茨（第二册 P418 注释①）

乔治娜·S. 盖茨（Georgina S. Gates，生卒年不详）：美国教育心理学家盖茨（Arthur I. Gates）之妻。她最著名的作品是《摩登的猫》。

《摩登的猫》（第二册 P418 注释①）

《摩登的猫》*The Modern Cat*：乔治娜·S. 盖茨著的动物心理学著作，但也涉及大量关于猫的故事、诗歌等。

【Carlo Luigi Golino】C. L. 格里诺（第二册 P158【增订三】）

C. L. 格里诺（Carlo Luigi Golino，1913—1991），意大利裔美国人，曾在美国的许多大学教授意大利文学。其他不详。

《当代意大利诗歌》（第二册 P158【增订三】）

《当代意大利诗歌》*Contemporary Italian Poetry*：格里诺著，其他不详。

【Francis Barton Gummere】F. B. 格默里（第一册 P151 注释①）

F. B. 格默里（Francis Barton Gummere，1855—1919），美国民俗学家、古文字学家。

《诗歌的开始》（第一册 P151 注释①）

《诗歌的开始》*The Beginnings of Poetry*：1901 年出版，F. B. 格默里著。

H

【Donald Hall】唐纳德·霍尔（第二册 P497【增订四】）

唐纳德·霍尔（Donald Hall，1928—2018），美国诗人、作家、编辑和文学评论家。2006 年美国桂冠诗人，出版 18 本诗集，另有散文作品近 40 部。他的著作包括儿童文学、传记、回忆录、散文等。

《牛津美国文学轶事集》（第二册 P497【增订四】）

《牛津美国文学轶事集》*The Oxford Book of American Literary Anecdotes*：轶事集，唐纳德·霍尔的著作之一，发表于 1981 年。全书以幽默风趣的笔调阐明了从安妮·布拉德斯特（Anne Bradstreet）到西尔维亚·普拉斯（Sylvia Plath）的 140 多名美国作家的生活和特质。

【Merritt Conrad Hyers】M. C. 海尔诗（第二册 P101【增订五】）

M. C. 海尔诗（Merritt Conrad Hyers，1933—2013），美国作家，曾任长老会牧师。代表作有《禅宗与喜剧精神》等。

《禅宗与喜剧精神》（第二册 P101【增订五】）

《禅宗与喜剧精神》*Zen and the Comic Spirit*：M. C. 海尔诗著，1989 年出版。该书认为，禅宗的直觉性质、即时性、不协调性、惊喜、无忧无虑、幸福，都类似于喜剧精神。它借助轶事、牌局和绘画，传达了禅宗深刻的宗教视角和童心般的视角。它对禅宗精神和西方喜剧理论的类比很有学术价值。

J

【Henry James】亨利·詹姆斯（第一册 P400 注释①、第一册 P559 注释④、第四册 P560 注释①）

亨利·詹姆斯（Henry James，1843—1916），美国（英国）小说家、文学批评家、剧作家和散文家，被认为是心理分析小说的开创者之一，他对人的行为的认识有独到之处，是 20 世纪小说的意识流写作技巧的先驱。代表作有《一位女士的画像》《鸽翼》《使节》和《金碗》等。他的创作对 20 世纪现代派及后现代派文学有重要影响。

《小说的艺术》（第一册 P400 注释①）

《小说的艺术》*The Art of the Novel*：亨利·詹姆斯著。此作收集了他发表于不同时期的具代表性的文学评论，既包括他为自己的长篇小说撰写的序言，也有他对屠格涅夫、巴尔扎克等作家以及小说本身的存在现状、发展前景的论述。

【William James】威廉·詹姆斯（第一册 P272 注释②、第二册 P367 注释①）

威廉·詹姆斯（William James，1842—1910），美国哲学家、心理学家，美国实用主义哲学和机能主义心理学的先驱。代表作有《心理学原理》《对教师讲心理学和对学生讲生活理想》《实用主义》《彻底经验主义论文集》等。

《心理学原理》（第二册 P367 注释①）

《心理学原理》*Principles of Psychology*：威廉·詹姆斯著，1890 年出版。此书是其实用主义心理学（机能主义心理学）思想的集中体现。詹姆斯在书中提出，心理学是关于心理生活的现象及其条件的科学。它研究情感、欲望、认识、思维、判断等经验以及人的躯体，特别是人脑等心理生活的直接条件。他在书中明确主张心理学是一门自然科学，而且是一门生物科学。此书含有明显的实用主义思想，强调心理的实验效用和人的非理性的方面，认为概念、信仰、推理等都是为了追求行动成功、满足个体欲望。作者还把许多复杂的心理现象都归结为本能。

【Robinson Jeffers】罗宾逊·杰弗斯（第四册 P455 注释③）

罗宾逊·杰弗斯（Robinson Jeffers，1887—1962），美国抒情诗人。其诗歌创作刚劲有力，富有感情。1924 年因发表《泰马及其他诗篇》而一举成名。代表作有《罗恩·斯托林》《双斧》等。

【Lowry Nelson，Jr.】小洛瑞·尼尔森（第四册 P23 注释①）

小洛瑞·尼尔森（Lowry Nelson，Jr.，1906—1985），美国比较文学学者。代表作有《巴洛克抒情诗》《吉多·卡瓦尔康蒂诗集》及《诗学形态：文学史与批评论集》等。

《巴洛克抒情诗》（第四册 P23 注释①）

《巴洛克抒情诗》Baroque Lyric Poetry：小洛瑞·尼尔森著于 1961年。此作对诗歌语言性质进行了广泛的研究。虽然它的重点放在了整个西方文学传统中的巴洛克抒情诗上，但对各种形式的文学表达也都具有启示意义。

K

【W. Köhler】W. 科勒（第三册 P398 注释①）

W. 科勒（W. Köhler，1887—1967），德裔美国心理学家，格式塔心理学的代表人物之一，也是认知心理学、实验心理学、灵长类行为研究的先驱。他主要研究知觉规律，提出了知觉的格式塔原则；还进行了猿猴行为的研究，提出动物学习的顿悟理论。代表作有《人猿的智慧》《格式塔心理学》等。

《格式塔心理学》（第三册 P398 注释①）

《格式塔心理学》Gestalt Psychology：W. 科勒著，发表于 1929 年。

【Louis Kronenberger】路易斯·克罗内伯格（第一册 P420【增订三】、第四册 P322 注释①）

路易斯·克罗内伯格（Louis Kronenberger，1904—1980），美国文学评论家、小说家和传记作家。代表作有《马车与马》《动物，蔬菜，矿物》等。

《费伯的格言书》（第一册 P420【增订三】）

《费伯的格言书》The Faber Book of Aphorisms：1964 年出版。这本选集包含来自赫拉克利特到奥格登纳什，以及简·奥斯汀、帕斯卡、弗洛伊德、歌德、惠灵顿公爵等众多格言家的 3 000 则语录。

L

【Susanne Katherina Langer】苏珊·K. 朗格（第二册 P80 注释①）

苏珊·K. 朗格(Susanne Katherina Langer，1895—1985)，美国哲学家、符号论美学家。她融合了卡西尔的人类文化符号论和怀特海的逻辑符号论，批判地汲取了克罗齐、贝尔等美学家、哲学家的思想精华，成功把分析哲学和符号学理论运用于艺术研究，提出"艺术是人类情感符号形式的创造"这一全新的命题，构建了极具特色的符号论艺术体系，引起了理论界的广泛兴趣。主要著作有《哲学新解》《情感与形式》《艺术问题》等。

《艺术问题》(第二册 P80 注释①)

《艺术问题》*Reflections on Art*：苏珊·K. 朗格著。此书与《情感与形式》是朗格集中阐述其美学思想的主要著作，共同指向她独创的最重要的美学命题，即将艺术定义为"人类情感的符号形式的创造"，但与《情感与形式》的系统论述不同，《艺术问题》由十篇演讲稿构成。《艺术问题》提出艺术应当表现"生命的逻辑形式"，创造出"与情感和生命的形式相一致"的"有意味的形式"，即幻象符号。

【Harry Tuchman Levin】哈利·列文(第三册 P206【增订四】)

哈利·列文（Harry Tuchman Levin，1912—1994），美国文学评论家、现代主义理论家和比较文学学者，哈佛大学比较文学教授，新人文主义美学创始人之一。代表作有《新拉奥孔》《卢梭与浪漫主义》《批评家与美国生活》《文艺复兴时期的黄金时代神话》等。

《文艺复兴时期的黄金时代神话》(第三册 P206【增订四】)

《文艺复兴时期的黄金时代神话》*The Myth of the Golden Age in the Renaissance*：哈利·列文著，发表于 1969 年。其他不详。

【Levi Robert Lind】L. R. 林德(第三册 P321 注释②)

L. R. 林德（Levi Robert Lind，1906—2008），美国作家、翻译家、古典文学研究专家。他曾出版一系列专著以及众多著作的译本，其中包括维吉尔的名篇《埃涅阿斯纪》（又译《伊尼特》）。代表作有《韵译拉丁诗歌》《当代翻译中的十部希腊戏剧》等。

《意大利文艺复兴抒情诗》(第三册 P321 注释②)

《意大利文艺复兴抒情诗》*Lyric Poetry of the Italian Renaissance*：全称为《意大利文艺复兴抒情诗：诗歌翻译集》，L. R. 林德著于 1954 年。此作中，作者将数百首意大利古典抒情诗翻译成了英语。

【Arthur Oncken Lovejoy】A. O. 洛夫乔伊（第二册 P192 注释③、第三册 P537 注释①）

A. O. 洛夫乔伊（Arthur Oncken Lovejoy，1873—1962），德裔美国哲学家、批判实在论的重要代表、美国观念史研究的主要倡导者。代表作有《反叛二元论》《古代的尚古主义及相关观念》《存在巨链》《观念史论文集》《关于人性的思考》等。

《关于人性的思考》（第二册 P192 注释③、第三册 P537 注释①）

《关于人性的思考》*Reflections on Human Nature*：A. O. 洛夫乔伊著，1960 年出版。

【Amy Lowell】艾米·洛威尔（第三册 P601【增订三】）

艾米·洛威尔（Amy Lowell，1874—1925），美国诗人。代表作有《多彩玻璃顶》《男人、女人和鬼魂》《浮世绘》《东风》《艾米·洛威尔诗选》等。评论集有《法国六诗人》等。

《约翰·济慈传》（第三册 P601【增订三】）

《约翰·济慈传》*John Keats*：艾米·洛威尔著，1925 年出版。此作是一本著名的传记作品。

M

【Norman Mailer】诺曼·梅勒（第四册 P346 注释①）

诺曼·梅勒（Norman Mailer，1923—2007），美国作家、记者。美国"全国文学艺术院"院士，"美国文学艺术研究院"院士。代表作有《裸者与死者》《夜幕下的大军》《刽子手之歌》等。作为记者，梅勒还成功地将小说的写作技巧融入纪实作品中。

《美国梦》（第四册 P346 注释①）

《美国梦》*An American Dream*：又称《一场美国梦》，诺曼·梅勒著于1965 年。此作主要表现了美国社会上横行的暴力、谋杀、复仇和强奸这类梦魇。此外，梅勒还把历史人物与虚构人物紧密联系在一起，通过大胆设想，把史实同故事融为一体，让读者无法用传统的认识方式去感知历史，这一大胆尝试已经得到评论界的广泛认可。

【Bernard Malamud】伯纳德·马拉默德（第三册 P34 注释④）

伯纳德·马拉默德（Bernard Malamud，1914—1986），美国小说家，其小说多描写美国犹太人的日常生活，人物多为受尽苦难和折磨的下层人民。其代表作有《店员》《房客》《魔桶》和《修配工》等。

《修配工》（第三册 P34 注释④）

《修配工》*The Mixer*：伯纳德·马拉默德著，于 1966 年出版。小说描写无儿无女的犹太人雅考夫的生活。他先当装配工，后到一家砖厂干活，认真负责的他反而被人诬告杀死一男孩而入狱。罪名是要弄巫术喝基督教儿童的血。排犹主义者企图用这桩案件清洗基辅的犹太人，雅考夫坚决不陷害他人，坚持对自由的追求。在小说最后雅考夫被押去审判的路上，有的人向他哭泣，有的向他挥手，有的呼唤他的名字，他得到了众多犹太人的支持。这部作品描摹了孤独人物的逆境，可以说是 20 世纪伟大犹太文学的代表。此作获得美国国家图书奖和普利策奖。

【Leslie A. Marchand】莱斯利 A. 马钱德（第四册 P352【增订三】、第四册 P528【增订三】）

莱斯利 A. 马钱德（Leslie A. Marchand，1900—1999），美国的英语文学学者，他对英国浪漫主义诗人拜伦的研究作出了贡献，他也是文学期刊的多产贡献者。代表作有《拜伦》等。

《拜伦》（第四册 P528【增订三】）

《拜伦》*Byron*：拜伦研究专家莱斯利·A. 马钱德的代表作。

【Herman Melville】赫尔曼·梅尔维尔（第二册 P623 注释②、第三册 P212 注释②）

赫尔曼·梅尔维尔（Herman Melville，1819—1891），美国小说家、散文家和诗人。他与纳撒尼尔·霍桑齐名，也被誉为美国的"莎士比亚"。代表作有小说《白鲸》等。

《白鲸》（第二册 P623 注释②、第三册 P212 注释②）

《白鲸》*Moby Dick*：赫尔曼·梅尔维尔于 1851 年发表的一篇海洋题材的小说。《白鲸》是一部融戏剧、冒险、哲理、研究于一体的鸿篇巨制，被誉为"时代的镜子"和"美国想象力最辉煌的表达"。小说描写了亚哈船长为了追逐并杀死白鲸莫比·迪克，最终与白鲸同归于尽的故事。

N

【Ogden Nash】奥格登·纳什(第四册 P160 注释①)

奥格登·纳什(Ogden Nash，1902—1971)，美国诗人。他以其韵律怪异、结构奇特、含有淡淡讽刺意味的诗歌(打油诗)而成名。代表作有《自由旋转》《享乐之路》《面熟》《总有另一个风车》等。

【Marjorie Hope Nicolson】马乔里·霍普·尼科尔森(第二册 P173 注释①、第四册 P175 注释②)

马乔里·霍普·尼科尔森(Marjorie Hope Nicolson，1894—1981)，美国学者。代表作有《山的忧郁与山的荣耀》《科学与想象力》等。

《山的忧郁与山的荣耀》(第二册 P173 注释①)

《山的忧郁与山的荣耀》*Mountain Gloom and Mountain Glory*：尼科尔森著。此作探讨了 17 世纪末从贬低山脉到歌颂山脉的学术复兴的原因。作者研究了 17—19 世纪作家笔下山脉描写的变化，追根溯源，探寻了这一转变的原因与过程。对于 17 世纪的作家及其先辈来说，山脉是丑陋的突出物，毁坏了自然的外观，破坏了地球的对称性，它们是上帝愤怒的象征。然而，不到两百年时间，浪漫主义诗人吟诵了山脉的壮丽与宏伟，认为山脉激起了他们灵魂深处神圣的狂喜。

《科学与想象力》(第四册 P175 注释②)

《科学与想象力》*Science and Imagination*：尼科尔森著。其他不详。

O

【John O'Hara】约翰·奥哈拉(第三册 P19 注释①)

约翰·奥哈拉(John O'Hara，1905—1970)，美国小说家，早先主要创作短篇小说，后来又创作长篇小说、电影剧本和歌剧等。他凭借处女作《相约萨马拉》迅速成为美国最杰出的作家之一。此外他还以《北弗雷德里克街十号》一书获得了美国国家图书奖。他一生共写了 14 部长篇小说，作品有《向怒而生》《酒绿花红》《青楼艳妓》以及《露台青潮》等。

《小说汇编》(第三册 P19 注释①)

《小说汇编》*Assembly*：约翰·奥哈拉著，此书收录了 12 册约翰·奥哈拉写的短篇小说，于 1961 年出版。

P

【H. E. Parker】H. E. 帕克（第四册 P255 注释①）

H. E. 帕克（H. E. Parker，?—1906），美国作家，其他不详。

《中国佬约翰》（第四册 P255 注释①）

《中国佬约翰》*John Chinaman*：H. E. 帕克著的关于中国人形象的讽刺之作。

【C. S. Peirce】C. S. 皮尔士（第一册 P24 注释①、第三册 P557 注释①、第四册 P503 注释②）

C. S. 皮尔士（C. S. Peirce，1839—1914），美国哲学家、符号学家、科学家。符号学最重要的创始人，是"通才"型的学者。他是美国最伟大的学术体系缔造者，被认为是自康德和黑格尔之后最重要的理论体系建构者。他是数学、研究方法论、科学哲学、知识论、逻辑学和形而上学领域中的改革者。特别是对形式逻辑，他做出了重要贡献；他发现并创建了作为记号语义学分支的逻辑学；著作丰厚，多数收入《皮尔士文集》。

《皮尔士文集》（第四册 P503 注释②）

《皮尔士文集》*Collected Papers*：皮尔士著。此集收录了皮尔士一生的大部分文集。其他不详。

【Ben Edwin Perry】B. E. 佩里（第一册 P412 注释③）

B. E. 佩里（Ben Edwin Perry，1892—1968），美国古典语言学家，同时也是经典寓言和散文化小说研究领域的先驱。代表作有《安静的哲学家塞古都斯》《北美古典主义者传记词典》。

《安静的哲学家塞古都斯》（第一册 P412 注释③）

《安静的哲学家塞古都斯》*Secundus the Silent Philosopher*：B. E. 佩里著作，其他不详。

【Henri Peyre】H. 佩尔（第三册 P579 注释①）

H. 佩尔（Henri Peyre，1901—1988），法裔美国语言学家、文学学者。佩尔是法国研究中的一位巨人，他始终致力于向美国人介绍法国的现代文学以及文化。除了著有约 30 本关于古典主义、现代文学和高等教育的书外，佩尔还留下了大量与战后的文学界主要人物，诸如罗伯特·佩恩·沃伦、安德烈·纪德和安德烈·马尔罗来往的信件。这些书信也生动地记载和反映了他生活的时代。

《法国古典主义》（第三册 P579 注释①）

《法国古典主义》*Le Classicisme français*：H. 佩尔著。其他不详。

【Edgar Allan Poe】爱伦·坡（第二册 P32 注释②、第三册 P158 注释②、第三册 P594 注释①）

爱伦·坡（Edgar Allan Poe，1809—1849），美国诗人、小说家和文学评论家。代表作有《怪异故事集》《诗歌原理》等。

《诗歌原理》（第三册 P158 注释②、第三册 P594 注释①）

《诗歌原理》*The Poetic Principle*：爱伦·坡著，发表于 1848 年 12 月。

《诗与杂记》（第三册 P594 注释①）

《诗与杂记》*Poems and Miscellanies*：爱伦·坡著，其他不详。

R

【Melvin Miller Rader】梅尔文·弥勒·雷德（第三册 P142 注释②）

梅尔文·弥勒·雷德（Melvin Miller Rader，1903—1981），美国作家、哲学教授。他曾在华盛顿大学执教，主要教伦理学、美学和政治哲学。

《现代美学》（第三册 P142 注释②）

《现代美学》*A Modern Book of Esthetics*：雷德编，其他不详。

【Leo Rosten】利奥·罗斯腾（第四册 P577【增订四】）

利奥·罗斯腾（Leo Rosten，1908—1997），波兰裔美国幽默作家。他曾撰写剧本、故事、新闻等，编纂意第绪语词典。他也是对政治和媒体关系特别感兴趣的政治学家。罗斯滕因其关于"神童"海曼卡普兰的故事而闻名。

《意第绪语的乐趣》(第四册 P577【增订四】)

《意第绪语的乐趣》*The Joys of Yiddish*：利奥·罗斯腾编纂,最初于1968 年出版。这是一本解释意第绪语词汇和短语的著作。由于犹太意第绪语对美语的影响,这些意第绪语词汇已经为美国英语使用者所熟知。此作还以如何解释意第绪语单词和短语的含义而与众不同,因为词典的几乎每一个词条都是用一个笑话来说明的。可以说,此书不仅是词典类工具书,也是犹太人幽默的集合。

S

【George Santayana】桑塔耶拿(第二册 P32 注释②)

桑塔耶拿(George Santayana,1863—1952),西班牙裔美国哲学家、美学家、文学家。代表作有《美感》《理性的生活,或人类进步诸相》《怀疑主义和动物的信念》《存在诸领域》等。

【Thomas Albert Sebeok】T. A. 西比奥克(第一册 P291 注释①)

T. A. 西比奥克(Thomas Albert Sebeok,1920—2001),美国符号学家、语言学家,是当代符号学发展的关键人物,20 世纪北美符号学派的杰出代表。在西比奥克的引领下,世界符号学研究超出结构主义传统,并呈现出多元对话的局面,进而跨越自然与人文的界限。

《语言的风格》(第一册 P291 注释①)

《语言的风格》*Style in Language*：西比奥克编,1960 年出版。

【Elizabeth Selden】伊丽莎白·塞尔登(第四册 P589 注释①)

伊丽莎白·塞尔登(Elizabeth Selden,1791—1874),美国政治家,于1839—1850 年任美国财务主管。

《1773—1833 德国诗歌中的中国》(第四册 P589 注释①)

《1773—1833 德国诗歌中的中国》*China in German Poetry from 1773 to 1833*：伊丽莎白·塞尔登著,发表于1942 年。

【T. K. Seung】T. K. 承炫(第二册 P27【增订四】)

T. K. 承炫(T. K. Seung,1930—?),韩裔美国哲学家和文学评论家。

他的学术兴趣涉及多元化的哲学和文学主题,包括伦理学、政治哲学、法律哲学、文化诠释学和中国古代哲学。代表作有《浮士德精神的形成》《结构主义和诠释学》以及《解释学中的符号学和主题》等。

《结构主义和诠释学》(第二册 P27【增订四】)

《结构主义和诠释学》_Structuralism and Hermeneutics_:T. K. 承炫著,1982 年出版。与《浮士德精神的形成》《解释学中的符号学和主题》共同构成了他研究康德、柏拉图、尼采、斯宾诺莎、歌德、瓦格纳和规范政治理论的方法论基础,体现了他对文学和哲学诠释学的贡献。

【Wilmon Henry Sheldon】W. H. 谢尔顿(第二册 P254 注释②)

W. H. 谢尔顿(Wilmon Henry Sheldon,1875—1981),美国哲学家,代表作有《过程与极性》等。

《过程与极性》(第二册 P254 注释②)

《过程与极性》_Process and Polarity_:演讲集,W. H. 谢尔顿的代表作,发表于 1944 年。由哥伦比亚大学出版社出版。其他不详。

【Paul Shorey】P. 肖里(第一册 P513 注释②、第二册 P151 注释③)

P. 肖里(Paul Shorey,1857—1934),美国古典学者。代表作有《柏拉图说》《柏拉图主义的过去与现在》《柏拉图思想的统一性》等。

《柏拉图说》(第一册 P513 注释②)

《柏拉图说》_What Plato Said_:P. 肖里著,1933 年出版。

【Hallen Smith】哈兰·史密斯(第二册 P673 注释②)

哈兰·史密斯(Hallen Smith,生卒年不详),美国学者,专攻莎士比亚和伊丽莎白时期的文学。他最具权威性的作品是《伊丽莎白时期的诗歌》(_Elizabethan Poetry_),此书研究了诗歌中的规范、意义和措辞。

【Charles Speroni】C. 斯佩罗尼(第四册 P272 注释②)

C. 斯佩罗尼(Charles Speroni,1911—1984),意大利裔美国学者。1929 年进入美国加州大学伯克利分校学习,1938 年获罗曼语博士学位,后任加州大学洛杉矶分校艺术学院院长一职。他所编纂的《意大利文艺复兴时期妙语录》与《基础意大利语》最为闻名,此外他还编有多部意大利文学作品。

《意大利文艺复兴时期妙语录》（第四册 P272 注释②）

　　《意大利文艺复兴时期妙语录》*Wit and Wisdom of the Italian Renaissance*：C. 斯佩罗尼摘录并编译。此作是一部记录意大利文艺复兴时期的妙语、俏皮话和笑话的专著。妙语涉及节日、婚姻、誓言、咒语、宗教仪式、传统以及历史事件，各色人等的诙谐轶事与人间喜剧。C. 斯佩罗尼在书中摘录与编译了波焦·布拉乔利尼、卢多维科·卡蓬等十余位对后世影响深远的作家的作品，描绘出一幅文艺复兴时期意大利风土人情的绝佳画卷。

　　【Donald A. Stauffer】唐纳德·A. 斯托弗（第一册 P27 注释①）

　　唐纳德·A. 斯托弗（Donald A. Stauffer，1902—1952），美国文学批评家、小说家，普林斯顿大学英语教授，著有《诗歌的本质》《1700 年前的英国传记》。其诗学观点是：对于诗人而言，语言不仅是工具，它本身就是目的。

　　《诗歌的本质》（第一册 P27 注释①）

　　《诗歌的本质》*The Nature of Poetry*：唐纳德·A. 斯托弗著，其他不详。

　　【Harriet Beecher Stowe】哈丽叶特·比切·斯托夫人（第二册 P505 注释②）

　　哈丽叶特·比切·斯托夫人（Harriet Beecher Stowe，1811—1896），美国杰出的废奴作家。代表作有《汤姆叔叔的小屋》《德雷德，阴暗的大沼地的故事》等。

　　《黑奴吁天录》（第二册 P505 注释②）

　　《黑奴吁天录》*Uncle Tom's Cabin*：又译作《汤姆大伯的小屋》和《汤姆叔叔的小屋》，斯托夫人著，此书于 1852 年出版。书中既描写了不同表现和性格的黑奴，也描写了不同类型的奴隶主嘴脸，激励了一代人的"废奴运动"，也把内战搬上了历史舞台，对文学、社会发展都产生了深远的影响。

　　【William Graham Sumner】威廉姆·格雷厄姆·萨姆纳（第一册 P50 注释③）、第一册 P388 注释①、第三册 P487 注释①）

威廉姆·格雷厄姆·萨姆纳（William Graham Sumner，1840—1910），崇尚古典自由主义的美国社会科学家，社会达尔文主义的主要代表人物之一。萨姆纳博学多才，著作等身，对美国史、经济史、政治理论、社会学、人类学等学科均有所涉猎。

《民俗》（第一册 P50 注释③、第一册 P388 注释①、第三册 P487 注释①）

《民俗》*Folkways*（原名为 *Folkways：A Study of the Sociological Importance of Usages，Manners，Customs，Mores and Morals*）：萨姆纳著。此书记录了人类文化怎样顺从于达尔文进化论。这方面，它既是第一本也是最完备的一本。作者追踪人类的历史，细述人类如何在生存的斗争中创造民俗。健康优秀的民俗被继承并为外国的社会所借鉴，病态无用的民俗则被淘汰出局。

【Arthur Symons】亚瑟·西蒙斯（第三册 P591【增订四】）

亚瑟·西蒙斯（Arthur Symons，1865—1945），美国诗人、文艺评论家，象征主义诗人的代表。代表作有《夜以继日》《剪影》《伦敦的夜晚》《文学中的象征主义运动》等。

T

【Henry David Thoreau】梭罗（第三册 P534 注释③）

梭罗（Henry David Thoreau，1817—1862），美国哲学家、作家、超验主义代表人物，也是一位自然主义者及废奴主义者。代表作有散文集《瓦尔登湖》和《论公民不服从》等。

《瓦尔登湖》（第三册 P534 注释③）

《瓦尔登湖》*Walden*：梭罗所著的一本著名散文集。该书出版于 1854 年，梭罗在书中详尽地描述了他在瓦尔登湖湖畔一片再生林中度过两年又两月的生活以及期间他的许多思考。

【William York Tindall】W. Y. 廷德尔（第一册 P104 注释③）

W. Y. 廷德尔（William York Tindall，1903—1981），美国学者，詹姆斯·乔伊斯研究专家。他写了 13 部关于詹姆斯·乔伊斯、狄兰·托马斯、W. B. 叶芝和塞缪尔·贝克特等英国及爱尔兰作家的作品。

《约翰·班扬,技工传道人》(第一册 P104 注释③)

《约翰·班扬,技工传道人》_John Bunyan , Mechanick Preacher_:廷德尔著,研究约翰·班扬的著作。

[备注:约翰·班扬(John Bunyan,1628—1688),英国著名作家、布道家,著有《天路历程》_The Pilgrim's Progress_ 一书。]

【Mark Twain】马克·吐温(第一册 P444 注释①)

马克·吐温(Mark Twain,原名 Samuel Langhorne Clemens,1835—1910),美国作家、演说家。代表作有《百万英镑》《哈克贝利·费恩历险记》《汤姆·索亚历险记》等。其创作以幽默和讽刺见长。

《哈克贝利·费恩历险记》(第一册 P444 注释①)

《哈克贝利·费恩历险记》_Huckleberry Finn_:马克·吐温著,出版于 1885 年,是马克·吐温小说《汤姆·索亚历险记》的续集,描写了白人少年哈克贝利·费恩与黑奴吉姆为了追求自由的生活,在密西西比河上逃亡历险的经历。

V

【Kurt Mueller Vollmer】K. 米勒·孚尔默(第一册 P328【增订四】、第三册 P333【增订四】)

K. 米勒·孚尔默(Kurt Mueller Vollmer,1928—?),美国哲学家、斯坦福大学德国研究与人文学教授。他的主要出版物集中在阐释学、比较文学领域。

《阐释学读者》(第一册 P328【增订四】、第三册 P333【增订四】)

《阐释学读者》_The Hermeneutics Reader_:米勒·孚尔默编,出版于 1986 年,主要讨论理性与理解、释义、语言、人文科学、社会科学和一般阐释学理论。

W

【Ralph Martin Wardle】R. M. 沃斗(第一册 P30 注释①)

R. M. 沃斗(Ralph Martin Wardle,1909—?),美国学者。主要作品有《戈德温和玛丽》(*Godwin and Mary*)等。

《奥利弗·哥德史密斯》(第一册 P30 注释①)

《奥利弗·哥德史密斯》*Oliver Goldsmith*:学术传记,R. M. 沃斗的著作之一,发表于 1957 年。沃斗在书中呈现了早期传记作者无法获得或使用的材料,如现在在大英博物馆中的哥德史密斯回忆录,博斯韦尔论文,约书亚·雷诺兹爵士的散文《哥德史密斯肖像》,以及对 R. S. 克莱恩教授、亚瑟·弗里德曼教授,和已故的 R. W. 塞兹教授等哥德史密斯专家的调查。此书是 20 世纪出版的奥利弗·哥德史密斯学术传记的首次尝试。

(备注:奥利弗·哥德史密斯,Oliver Goldsmith,1730—1774,英国作家,创作丰富,以戏剧闻名。擅长于以嬉笑怒骂的形式,讽刺时弊。他最著名的两出喜剧是《善性之人》和《屈身求爱》。)

【Austin Warren】A. 沃伦(第二册 P637 注释①、第三册 P61 注释①)

A. 沃伦(Austin Warren,1899—1986),美国文学评论家、作家,生前任密歇根大学英语教授。出版过多种著作,代表著作有《新英格兰良知》《文学理论》等。

《文学理论》(第二册 P637 注释①、第三册 P61 注释①)

《文学理论》*Theory of Literature*:由韦勒克和沃伦合著,于 20 世纪40 年代末出版。此作是 20 世纪西方文学研究的经典之作。书中对文学基本概念与问题的界定、梳理和探讨,对文学"内部研究"的强调,在文学研究领域产生了极大的影响,被誉为"打开经典的经典""文学批评的批评"。

【René Wellek】雷内·韦勒克(第二册 P386 注释①、第二册 P637 注释①、第三册 P66 注释①、第三册 P575【增订四】、第四册 P345 注释①)

雷内·韦勒克(René Wellek,1903—1995),捷克裔美国文学理论家、比较文学家、文学批评史家。韦勒克通晓 10 种语言,以博学著称。早年受克罗齐影响,又吸收了英加登的学说,对俄苏形式主义及布拉格语言学派也多有借鉴,但总体上属于美国新批评派后期的代表性人物。代表作有《文学理论》《近代文学批评史》《英国文学史起源》《批评的概念》《四位批评家：克罗齐、瓦里莱、卢卡契、英加登》等。

《近代文学批评史》（第二册 P386 注释①、第三册 P575【增订四】）

《近代文学批评史》*A History of Modern Criticism*：韦勒克著，共八卷本。该作论述了西方各国从 1750 年到 1950 年长达两百年的文学批评的历史，是一部资料丰富、表达清晰、深入浅出、幽默风趣的理论著作。

《文学理论》（第二册 P637 注释①、第四册 P345 注释①）

《文学理论》*Theory of Literature*：由韦勒克和沃伦合著，于 20 世纪 40 年代末出版。此作是 20 世纪西方文学研究的经典之作。书中对文学基本概念与问题的界定、梳理和探讨，对文学"内部研究"的强调，在文学研究领域产生了极大的影响，被誉为"打开经典的经典""文学批评的批评"。

【George Williamson】乔治·威廉姆森（第四册 P443 注释①）

乔治·威廉姆森（George Williamson，1898—1968），美国学者、文艺批评家，专攻英国玄学派诗人。代表作有《T. S. 艾略特的天赋》《多恩的传统》《T. S. 艾略特的读者指南：诗歌分析》《十七世纪语境》等作品。

《十七世纪语境》（第四册 P443 注释①）

《十七世纪语境》*Seventeenth-Century Contexts*：乔治·威廉姆森著，1960 年出版。其他不详。

《管锥编》中引用的意大利作家作品

A

【Dante Alighieri】但丁·阿利基耶里（第一册 P244 注释②、第一册 P505 注释①、第二册 P13 注释④、第二册 P76 注释②、第二册 P175 注释①、第二册 P323 注释①、第二册 P365 注释①、第二册 P415 注释②、第二册 P578 注释①、第二册 P597 注释③、第二册 P631【增订三】、第二册 P645 注释②、第二册 P694 注释①、第二册 P803 注释③、第二册 P827【增订四】、第三册 P105 注释①、第三册 P347 注释③、第三册 P549 注释①、第三册 P574 注释②、第四册 P174 注释①、第四册 P216 注释②、第四册 P357 注释④、第四册 P379 注释②）

但丁·阿利基耶里（Dante Alighieri，1265—1321），意大利文艺复兴时期最伟大的诗人之一，现代意大利语的奠基者。他以长诗《神曲》（原名《喜剧》）而闻名。

《地狱篇》*Inferno*（第一册 P460 注释①、第二册 P285 注释①、第二册 P694 注释①、第二册 P803 注释③、第三册 P105 注释①、第三册 P347 注释③、第四册 P216 注释②）

《炼狱篇》*Purgatorio*（第一册 P244 注释②、第一册 P505 注释①、第二册 P76 注释②、第二册 P323 注释①、第二册 P367 注释②、第二册 P578 注释①、第二册 P597 注释③、第四册 P357 注释④、第四册 P379 注释②）

《天堂篇》*Paradiso*（第二册 P175 注释①、第二册 P323 注释①、第二册 P365 注释①、第二册 P415 注释②、第二册 P631【增订三】、第二册 P645 注释②、第二册 P827【增订四】、第三册 P549 注释①P174、第四册注释①、第四册 P216 注释②）

《神曲》*La Divina Commedia*：写于 1307—1321 年，是著名意大利诗人但丁创作的长篇叙事诗。全诗叙述了但丁在"人生的中途"所做的一个梦,分为三部分:《地狱篇(*Inferno*)》《炼狱篇(*Purgatorio*)》和《天堂篇(*Paradiso*)》。但丁在诗中以亲身经历的形式描绘了梦幻中的地狱、炼狱和天堂,以诗的语言和诗的意蕴描绘了一幅博大精深的时代生活剖面图,从中也可隐约窥见文艺复兴时期人文主义思想的曙光。

《飨宴》(第二册 P13 注释④、第三册 P574 注释②)

《飨宴》*Banquet Il Convito*:但丁著于 1304—1307 年间,是但丁的一些长诗和未完成的寓言、评论组成的哲理诗合集,也是意大利第一部用俗语写成的学术性论著,是一部内容丰富的百科全书式作品。此作中,作者传播古今科学文化知识,提供精神食粮。此作所具有的新思想,贯穿于但丁后期的全部主要作品,也反映在《神曲》中,所以,此作可以当做研究《神曲》的重要入门书。

【Pietro Aretino】彼得罗·阿雷蒂诺(第一册 P558 注释④、第二册 P81【增订四】)

彼得罗·阿雷蒂诺(Pietro Aretino,1492—1556),意大利小说家、剧作家、诗人。代表作有《老妓谈往》《伪君子》《哲学家》等。

【Ludovico Ariosto】阿里奥斯托(第一册 P50 注释①、第一册 P371 注释②、第一册 P697 注释②、第二册 P160 注释③、第二册 P181 注释①、第二册 P284 注释①、第二册 P695 注释①、第三册 P96 注释①、第四册 P148 注释①、第四册 P200 注释①、第四册 P200 注释②、第四册 P562 注释①)

阿里奥斯托(Ludovico Ariosto,1474—1533),意大利文艺复兴时期的诗人、剧作家。代表作有《列娜》《妖术》等风俗喜剧、长诗《疯狂的罗兰》。

《疯狂的罗兰》(第一册 P50 注释①、第一册 P371 注释②、第一册 P697 注释②、第二册 P160 注释③、第二册 P181 注释①、第二册 P284 注释①、第二册 P695 注释①、第三册 P96 注释①、第四册 P148 注释①、第四册 P200 注释①)

《疯狂的罗兰》*Orlando Furioso*(又译《疯狂的奥兰托》):阿里奥斯托著,第一版于 1516 年出版。此作主要讲述查理曼率军抵抗北非摩尔人入侵的故事,其间交织着数个骑士的冒险故事,融悲剧因素和喜剧因素、严肃与诙谐为一体,对欧洲的叙事长诗产生了深远影响。

《讽刺诗》*Satire*（P150 注释②）

《讽刺诗》讽刺诗,阿里奥斯托的代表作之一,写于 1517 年到 1525 年间。7 首讽刺诗皆是阿里奥斯托模仿罗马诗人贺拉斯的笔法写成。第一首(写于 1517 年,当时他拒绝跟随枢机主教到布达),是对作家尊严和独立性的崇高主张;第二首批评教会腐败;第三首从道德立场上阐明人要避免野心;第四首涉及婚姻;第五和第六首描述了主人的自私使他远离家人的感受;第七首[写给彼得罗·本博(Pietro Bembo)]指出了人文主义者的弊端,并流露了他的遗憾之情,因为他在青年时代就被迫终止了教育。

《妖术》(第四册 P200 注释①)

《妖术》*Il Negromante*:阿里斯奥斯托著的风俗喜剧,发表于 1521 年。

【Augusto Arthaber】A. 阿尔萨贝尔(第一册 P557 注释④、第一册 P704 注释③、第二册 P296 注释①、第四册 P200 注释③)

A. 阿尔萨贝尔(Augusto Arthaber,生卒年不详),疑为意大利学者,其他不详。

《比较谚语词典》(第一册 P557 注释④、第一册 P704 注释③、第二册 P296 注释①、第四册 P200 注释③)

《比较谚语词典》*Dizionario comparato di Proverbi*:阿尔萨贝尔著,1972 年出版。

【Cesare d'Azeglio】凯撒·德·阿泽格利奥(第三册 P579 注释③)

凯撒·德·阿泽格利奥(Cesare d'Azeglio,生卒年不详),意大利一高级军官,也是宫廷要人。其他不详。

B

【Antoine de Baïf】安托万·德·巴伊夫(第四册 P458 注释①)

安托万·德·巴伊夫(Antoine de Baïf,1532—1589),文艺复兴时期意大利诗人,同时也是诗歌和音乐学院的创始人。代表作有《洛伊克》《勇敢的人》等。

《多样的爱》(第四册 P458 注释①)

《多样的爱》*Amours diverses*：安托万·德·巴伊夫著,其他不详。

【L. Baldocci】L. 巴尔多奇与《十九世纪次要诗人选集》*Poeti minori dell' Ottocento*(第一册 P257 注释①)：疑为意大利作家作品。其他不详。

【Matteo Bandello】马代奥·班戴洛(第一册 P51 注释①、第三册 P400 注释①、第四册 P527 注释②)

马代奥·班戴洛(Matteo Bandello,1480—1562),意大利文艺复兴时期杰出的小说家。短篇小说是班戴洛最重要的作品,凝聚了他毕生的心血。他一生写了短篇小说 214 篇,结集为四卷,前三卷于 1554 年问世,第四卷在他逝世以后,于 1573 年出版。代表作为《罗密欧与朱丽叶》《菲利普·利皮》《孪生兄妹》。莎士比亚的《罗密欧与朱丽叶》,就是以他的《罗密欧与朱丽叶》(1562)为素材写成的。

《短篇小说》(第一册 P51 注释①、第三册 P84 注释①、第三册 P400 注释①【增订三】、第四册 P346【增订三】、第四册 P527 注释②)

《短篇小说》*Le Novelle*：班戴洛著,他的小说开辟了 16 世纪叙事文学的新方向,并在英、法及西班牙有广泛影响。作为班戴洛最重要的作品,《短篇小说》凝聚了他毕生的心血。

【Daniello Bartoli】D. 巴托利(第四册 P66 注释①)

D. 巴托利(Daniello Bartoli,1608—1685),意大利耶稣会作家和历史学家。其他不详。

《戴尔的字母修改和修订》(第四册 P66 注释①)

《戴尔的字母修改和修订》*Dell' Huomo di Lettere*：巴托利著于 1645 年的论文,由两部分组成,此作汇集了作者自 1623 年加入耶稣会后二十多年来收集的材料。

【Giambattista Basile】G. 巴西尔(第一册 P231 注释①、第一册 P484 注释①、第一册 P697 注释⑤、第二册 P278 注释②、第二册 P410 注释②、第二册 P562 注释①、第二册 P645 注释①)

G. 巴西尔(Giambattista Basile,1566—1632),意大利诗人、童话收

集家。他主要因为写了那不勒斯童话故事集而被人们铭记,该故事集称为"最好的故事,小孩子的消遣读物",也被称为《五日谈》。

《五日谈》(第一册 P231 注释①、第一册 P484 注释①、第一册 P697 注释⑤、第二册 P278 注释②、第二册 P410 注释②、第二册 P562 注释①、第二册 P645 注释①)

《五日谈》*Il Pentamerone*:此书第一版于 1634—1636 年间出版。书名原为《最好的故事,小孩子的消遣读物》(*Lo cunto de li cunti overo lo Trattenemiento de peccerille*)。它以那不勒斯方言写成。故事主要由巴西尔所收集。

【Giuseppe Battista】朱塞佩·巴蒂斯塔(第四册 P533 注释③)

朱塞佩·巴蒂斯塔(Giuseppe Battista,生卒年不详),意大利诗人。

【G. Bertacchi】G. 贝尔塔基(第四册 P216 注释①)

G. 贝尔塔基(G. Bertacchi,1899—1988),诗人,意大利文学评论家。

《抒情诗》(第四册 P216 注释①)

《抒情诗》*Poemetti lirici*:G. 贝尔塔基著于 1898 年。

【Max Beerbohm】马克思·比尔博姆(第二册 P761 注释①)

马克思·比尔博姆(Max Beerbohm,1872—1956),英国散文家,剧评家,漫画家,曾侨居意大利二十年左右。有《马克斯·比尔博姆文集》传世。

《快乐的伪君子》(第二册 P761 注释①)

《快乐的伪君子》*The Happy Hypocrite*:比尔博姆著。寓言集。

【Matteo Maria Boiardo】博亚尔多(第一册 P99 注释③【增订四】、第二册 P81【增订四】、第二册 P181 注释①、第三册 P347【增订四】、第四册 P376【增订四】)

博亚尔多(Matteo Maria Boiardo,1440—1494),意大利文艺复兴时期诗人,代表作有《歌集》《恋爱中的奥兰多》等。

《恋爱中的奥兰多》(第一册 P99 注释③【增订四】、第二册 P81【增订四】、第二册 P181 注释①、第三册 P347【增订四】、第四册 P376【增订四】)

《恋爱中的奥兰多》*Orlando innamorato*（或译《热恋的罗兰》）：博亚尔多著，1483 年出版。这是一首骑士诗，讲述了一系列奇妙的冒险、决斗以及关于爱情和魔力的故事。作品把查理大帝系统的英雄史诗题材和不列颠系统的骑士传奇题材融合在一起，把战争主题和爱情主题结合起来，情节错综复杂，故事性强，但结构松散。

【Giovanni Boccaccio】G. 薄伽丘（第一册 P301 注释④、第一册 P431 注释①、第二册 P51 注释②、第二册 P335 注释③、第二册 P567 注释①、第二册 P786 注释①、第二册 P804 注释①、第三册 P237 注释①、第三册 P330 注释①）

薄伽丘（Giovanni Boccaccio，1313—1375），意大利文艺复兴运动的代表，人文主义杰出作家。他与但丁、彼特拉克并称为佛罗伦萨文学"三杰"。他的代表作有《十日谈》等。

《十日谈》（第一册 P301 注释④、第一册 P431 注释①、第二册 P51 注释②、第二册 P335 注释③、第二册 P567 注释①、第二册 P786 注释①、第二册 P804 注释①、第三册 P237 注释①、第三册 P330 注释①）

《十日谈》*Il Decamerone*：薄伽丘著。该作讲述 1348 年，意大利佛罗伦萨瘟疫流行，10 名男女在乡村一所别墅里避难。他们终日游玩欢宴，每人每天讲一个故事，共住了 10 天讲了 100 个故事。这些故事批判天主教会的罪恶，鞭挞封建贵族的堕落，赞美爱情、智慧和高尚的情操。

【Gian Francesco Poggio Bracciolini】波焦（第四册 P272 注释②）

波焦（Gian Francesco Poggio Bracciolini，1380—1459），意大利学者、文学家、哲学家、文艺复兴时期的人文主义者、政治家。

《妙语录》（第四册 P272 注释②）

《妙语录》*Liber Facetiarum*：波焦著，其他不详。

【Vitalianu Brancati】V. 布莱凯蒂（第一册 P76 注释①、第四册 P455 注释②）

V. 布莱凯蒂（Vitalianu Brancati，1907—1954），意大利作家，其创作以讽刺幽默著名。代表作有《西西里岛的唐·乔万尼》《穿靴子的老人》等。

《西西里岛的唐·乔万尼》(第一册 P76 注释①)

《西西里岛的唐·乔万尼》*Don Giovanni in Sicilia*：V. 布莱凯蒂著，1943 年出版。

《穿靴子的老人》(第四册 P455 注释②)

《穿靴子的老人》*Il Vecchio con gli Stivali*：V. 布莱凯蒂著的小说。其他不详。

【Giordano Bruno】布鲁诺(第一册 P99 注释③、第一册 P330 注释①、第一册 P453 注释③、第一册 P453 注释④、第一册 P558 注释④、第一册 P588 注释②、第二册 P13 注释④、第二册 P91 注释①、第二册 P185 注释①、第三册 P34 注释①、第三册 P151 注释②、第三册 P394 注释①、第四册 P533 注释②)

布鲁诺(Giordano Bruno，1548—1600)，意大利思想家、自然科学家、哲学家和文学家。他勇敢地捍卫和发展了哥白尼的太阳中心说，并把它传遍欧洲。代表作有《论无限宇宙和世界》《诺亚方舟》等。

《飞马和野驴的秘密》(第二册 P185 注释①)

《飞马和野驴的秘密》*Cabala del Cavallo Pegaseo con I'aggiunta dell'Asino Cillenico*：布鲁诺著，用意大利文撰写。此作语言丰富生动，论述尖锐泼辣，结构严谨无隙。

《驱逐趾高气扬的野兽》(第一册 P99 注释③、第一册 P330 注释①、第一册 P453 注释③、第四册 P533 注释②)

《驱逐趾高气扬的野兽》*Spaccio de la Bestia Trionfante*：布鲁诺于 1584 年在伦敦出版的意大利语哲学著作，以对话的形式写成。

《举烛人》(第一册 P558 注释④、第三册 P34 注释①、第三册 P151 注释②)

《举烛人》*Candelaio*：布鲁诺用意大利文写的五幕喜剧，情节异常滑稽，充满肆无忌惮的玩笑，塑造了一个个令人发噱的人物，锐利地讥讽了当时意大利社会，嘲讽了迂腐的学究和陈旧的传统社会，歌颂聪明智慧。

《论英雄热情》(第一册 P453 注释④、第一册 P588 注释②、第二册 P91 注释①)

《论英雄热情》*De gli Eroici Furori*：布鲁诺著。其他不详。

《G. 布鲁诺和 T. 坎培奈拉文集》(第四册 P533 注释②)

《**G. 布鲁诺和 T. 坎培奈拉文集**》*Opere di G. Bruno e di T. Campanella*：布鲁诺和 T. 坎培奈拉著，其他不详。〔备注：坎培奈拉（Campanella，1568—1639 年），文艺复兴晚期最重要的哲学家之一。他最著名的作品是《太阳之城》（*La Città del Sole*）的乌托邦论文；但实际上，他的思想极其复杂，并且与众多领域如自然哲学、魔术、政治理论和自然宗教等有关。〕

【**Michelangelo Buonarroti**】米开朗基罗（第四册 P434 注释②）

米开朗基罗（Michelangelo Buonarroti，1475—1564），意大利文艺复兴时期伟大的绘画家、建筑师、雕塑家和诗人，文艺复兴时期雕塑艺术最高峰的代表，与拉斐尔和达芬奇并称为文艺复兴后三杰。代表作有《大卫》《摩西》《奴隶》《创世记》等。

C

【**Italo Calvino**】伊塔洛·卡尔维诺（第二册 P327【增订四】、第二册 P766【增订四】）

伊塔洛·卡尔维诺（Italo Calvino，1923—1985），意大利当代作家、记者。他擅长以幻想和离奇的手法写作小说，或反映现实中人的异化，或讽刺现实的种种荒谬滑稽，代表作有小说《分成两半的子爵》《树上的男爵》《不存在的骑士》等，他还搜集整理了《意大利童话》。

《**意大利童话**》（第二册 P327【增订四】、第二册 P766【增订四】）

《**意大利童话**》*Italian Folktales*：也译为《意大利民间故事》，伊塔洛·卡尔维诺采录编著，1956 年出版。此作包含 200 个意大利童话，是伊塔洛·卡尔维诺根据意大利各地几个世纪以来用各种方言记录的民间故事资料，加以筛选整理后，用现代通用意大利语改写而成。书中既讲述了许多流传在意大利民间的优美动人的故事，也向读者展示了一些在欧洲各国广泛流传的故事的意大利风格版本。

【**Giosuè Carducci**】卡度契（第二册 P772 注释③）

卡度契（Giosuè Carducci，也译为卡尔杜齐，1835—1907），意大利文艺批评家、诗人、语言学家。代表作有长诗《撒旦颂》《新诗钞》《蛮歌集》

《有韵的诗与有节奏的诗》等,还著有《意大利民族文学的发展》《早期意大利文学研究:行吟诗人和骑士诗歌》等专著和一系列见解精辟的学术论文。1906 年,他凭借作品《青春诗》获诺贝尔文学奖。

【Baldassare Castiglione】巴尔达萨·卡斯蒂廖内(第一册 P413【增订四】)

巴尔达萨·卡斯蒂廖内(Baldassare Castiglione,1478—1529),意大利朝臣、外交官、士兵和著名的文艺复兴时期作家。著有《廷臣论》。

《廷臣论》(第一册 P413【增订四】)

《廷臣论》*Il Cortegiano*:卡斯蒂廖内撰写,历时多年,始于 1508 年,最终于 1528 年发表。这部作品是一部关于礼节的书,涉及朝臣的礼仪和道德问题,并且在 16 世纪的欧洲非常有影响力。

【Benvenuto Cellini】切利尼(第二册 P567 注释②、第二册 P584 注释①、第三册 P399 注释①【增订四】)

切利尼(Benvenuto Cellini,1500—1571),意大利文艺复兴时期的珠宝工艺师、画家、雕塑家、美术理论家、音乐家、作家,文艺复兴时期艺术中的风格主义的代表人物。代表作是《切利尼的自传》《论金银器工艺》《论雕塑》等。

《传记及其他文章》(第二册 P567 注释②、第二册 P584 注释①、第三册 P399 注释①【增订四】)

《传记及其他文章》*La Vita scritta per Lui Medesimo seguita dai Trattati ecc*:A. J. 卢斯科尼和 A. 瓦列里校订的切利尼的传记及其他文章。切利尼以《自传》闻名。《自传》成书于 1558—1566 年间,记录了 1562 年以前切利尼的生活经历。《自传》语言形象生动,幽默诙谐,风格独树一帜、不落俗套,是意大利 16 世纪文学史上具有一定代表性的文学著作。

【C. Collodi】C. 科洛迪(第二册 P244 注释④)

C. 科洛迪(C. Collodi,1826—1890),是卡洛·洛伦齐尼的笔名。他是意大利作家、记者,因其童话小说《皮诺奇历险记》而广为人知。

《皮诺奇历险记》(第二册 P244 注释④)

《**皮诺奇历险记**》*Le Avventure di Pinocchio*（也译作《木偶奇遇记》）：意大利作家 C. 科洛迪著的儿童故事。主人公是一个穷人木雕师雕刻出来的木偶——皮诺奇。他只要说谎，鼻子就会不断地长，直到他承认了自己的错误。故事开头，皮诺奇被一只狐狸、一只猫骗走，然后经历了一系列奇遇。

【**Benedetto Croce**】**B. 克罗齐**（第一册 P415 注释①、第一册 P454 注释①、第二册 P14【增订四】、第二册 P17 注释②、第二册 P324 注释①、第三册 P67 注释①、第三册 P144 注释④、第三册 P162 注释①、第三册 P194 注释②、第三册 P334 注释②、第三册 P477 注释②、第三册 P560 注释①、第三册 P574 注释①、第三册 P574 注释、第三册 P591【增订四】、第三册 P593 注释①、第四册 P18 注释①、第四册 P94 注释①、第四册 P201 注释①、第四册 P288 注释①）

B. 克罗齐（Benedetto Croce，1866—1952），意大利美学家、历史学家、哲学家，新黑格尔主义的主要代表之一。代表作有《美学原理》《逻辑学》《历史学的理论和实际》以及《实践活动的哲学》等。

《**美学原理**》（第一册 P415 注释①、第一册 P454 注释①、第二册 P324 注释①、第三册 P67 注释①、第三册 P144 注释④、第三册 P454 注释①、第三册 P560 注释①、第四册 P288 注释①）

《**美学原理**》*Estetica*：克罗齐写的美学著作。他的美学思想主要体现在此书中。此书肯定了直觉即表现，把黑格尔以理念为核心的理性主义美学转变为以直觉为中心的非理性主义美学，开辟了 20 世纪西方美学的新趋向。

《**批判性对话**》（第三册 P591【增订四】）

《**批判性对话**》*Conversazioni critiche*：克罗齐著，其他不详。

《**诗学**》（第二册 P14【增订四】、第二册 P17 注释②、第三册 P162 注释①、第三册 P334 注释②、第三册 P477 注释②、第三册 P574 注释、第三册 P593 注释①）

《**诗学**》*La Poesia*：克罗齐著，1936 年出版，介绍了诗歌发展历史以及文学批评。此作被认为是克罗齐在美学领域最成熟和最复杂的作品。

《**伦理片段**》（第三册 P194 注释②）

《**伦理片段**》*Frammenti di Etica*：克罗齐著，其他不详。

《**哲学、诗学、历史**》(第四册 P94 注释①、第四册 P288 注释①)

《**哲学、诗学、历史**》*Filosofia*，*Poesia*，*Storia*：克罗齐著,其他不详。

D

【**Gabriele D'Annunzio**】**加布里埃尔·邓南遮**(第一册 P244 注释③、第二册 P139 注释①、第三册 P196 注释①、第三册 P574 注释①)

加布里埃尔·邓南遮(Gabriele D'Annunzio,原名 Gaetano Rapagnetta,1863—1938),意大利诗人、记者、小说家、戏剧家和冒险者,意大利文坛上的唯美派文学巨匠,也是当时政坛上可与墨索里尼并驾齐驱的人物。主要作品有《玫瑰三部曲》《无辜者》《欢乐》《死亡的胜利》等。

《**翠鸟**》(第一册 P244 注释③)

《**翠鸟**》*Alcione*：邓南遮在 1899—1903 年间写的 88 首诗集的集合,并于 1903 年出版。

《**塞尔基奥河口**》(第一册 P244 注释③)

《**塞尔基奥河口**》*Bocca di Serchio*：邓南遮著的诗歌,出自其诗集《翠鸟》。

【**Isaac Disraeli**】**迪斯雷利**(第二册 P73 注释①、第二册 P168 注释①、第二册 P421 注释①、第三册 P142 注释①、第四册 P357 注释③)

迪斯雷利(Isaac Disraeli,1766—1848),西班牙裔意大利学者,一生致力于文学和史学研究,创作了许多极具价值的有趣作品,其中包括《文苑搜奇》《论轶事》《作者的灾难》,同时还研究了詹姆斯一世和查理一世的生平。

《**文苑搜奇**》(第二册 P73 注释①、第二册 P168 注释①、第二册 P421 注释①、第三册 P142 注释①、第四册 P357 注释③)

《**文苑搜奇**》*Curiosities of Literature*：迪斯雷利著的趣味读物。全书共十三章,分别为:文学史上的食物(如《愤怒的葡萄》结尾处的喂奶场景),文学与身体——头脑、肺、心和肠(普鲁斯特和哮喘),文学史上的纪录——最差和最佳小说、最短的诗、最常被错误引用的句子,文学史的刑事观察;姓名游戏;杰出和不够杰出的读者(总统读者和首相读者);财富和图书贸易;车轮(名人的车祸);病态的好奇(奥威尔的死因等)。

E

【Umberto Eco】安伯托·艾柯(第一册 P515【增订四】、第二册 P338【增订四】)

安伯托·艾柯(Umberto Eco,1932—2016),意大利符号学家、哲学家、文学批评家、历史学家和小说家。艾柯知识渊博,除了随笔、杂文和小说,还有大量论文、论著和编著,包含中世纪神学研究、美学研究、文学研究、大众文化研究、符号学研究和阐释学研究等。代表作有《启示录派与综合派》《玫瑰之名》等。

《**玫瑰之名**》(第一册 P515【增订四】、第二册 P338【增订四】)

《**玫瑰之名**》*Il nome della rosa*:1980 年出版,安伯托·艾柯的第一部长篇小说,讲述的是修道院谋杀案,小说背景是中世纪。这是一部侦探、历史、哲理小说,书中充满了各种学问,涉及历史学、犯罪学、神学、政治学,展现了作者超凡的叙述才能和渊博的学识。

F

【G. G. Ferrero】G. G. 法里罗及其《马里诺和马里诺主义》*Marino e i Marinisti*(第一册 P16 注释①【增订三】、第一册 P301 注释①、第二册 P85 注释②、第二册 P408 注释②、第二册 P707 注释③、第二册 P743 注释④、第三册 P323 注释②、第四册 P15 注释①、第四册 P147 注释②、第四册 P291 注释①、第四册 P293 注释③、第四册 P307 注释①、第四册 P459 注释①、第四册 P533 注释③):疑为意大利作家作品,其他不详。

【Enrico M. Fusco】E. M. 弗斯科(第二册 P160 注释①、第四册 P31 注释②、第四册 P454 注释②)

E. M. 弗斯科(Enrico M. Fusco,生卒年不详),意大利作家、诗人。代表作有《当代抒情诗集》《诗歌的历史性》《女性肖像》等。

《**歌集**》(第二册 P160 注释①、第四册 P31 注释②、第四册 P454 注释②)

《**歌集**》*La Lirica*:全称《意大利文学史:歌集》,E. M. 弗斯科著于 1950 年。此作共两卷,主要探讨意大利抒情诗的起源及其在 19—20 世纪的发展。

G

【Giuseppe Giusti】G. 朱斯缇（第一册 P707 注释②）

G. 朱斯缇（Giuseppe Giusti，1809—1850），意大利诗人、讽刺家。代表作有讽刺作品《蒸汽断头台》等。

【Carlo Goldoni】哥尔多尼（第一册 P50 注释①、第二册 P636 注释②）

哥尔多尼（Carlo Goldoni，1707—1793），意大利剧作家，现代喜剧创始人。一生剧作甚多，有歌剧、悲剧、传奇剧，以喜剧最多，达 100 多部。曾在喜剧《剧院》和《回忆录》中阐明了他的喜剧理论。代表作为《一仆二主》《女店主》《狡猾的寡妇》等。

《古董家庭》（第二册 P636 注释②）

《古董家庭》*La Famiglia dell'antiquario*：哥尔多尼创作的喜剧，最早出版于 1749 年。

《一仆二主》（第一册 P50 注释①）

《一仆二主》*Il Servitore di Due Padroni*：哥尔多尼著，1745 年出版。该话剧描写仆人特鲁法尔金鲁为两家主人效力，遭遇了种种的尴尬，展现了底层人民生活的酸甜苦辣。

【Carlo Luigi Golino】C. L. 格里诺（第二册 P158【增订三】）

C. L. 格里诺（Carlo Luigi Golino，1913—1991），意大利裔美国人，曾在美国的许多大学教授意大利文学。其他不详。

《当代意大利诗歌》（第二册 P158【增订三】）

《当代意大利诗歌》*Contemporary Italian Poetry*：C. L. 格里诺著，其他不详。

【Francesco Guicciardini】F. 圭恰尔迪尼（第一册 P323 注释①、第一册 P418 注释①、第一册 P495 注释①、第一册 P570 注释①、第一册 P612 注释①、第三册 P253 注释①）

F. 圭恰尔迪尼（Francesco Guicciardini，1483—1540），意大利文艺复

兴时期的历史学家、政治论文作家,尼可罗·马基雅维利(Niccolò Machiavelli)的友人和批评者,与马基雅维利齐名。代表作有《意大利史》《政治与社会问题杂感》《论弗罗伦萨政权》等。他把人们的利己主义动机看成历史发展的主要动力。

《杂感》(第一册 P323 注释①、第一册 P418 注释①、第一册 P495 注释①、第一册 P570 注释①、第一册 P612 注释①)

《杂感》*Ricordi*:圭恰尔迪尼著。原名为《政治与社会问题杂感》(*Ricordi politici e civili*),著于 1525—1530 年间。此作是最能代表圭恰尔迪尼思想特点的作品,也是文艺复兴时期最重要的散文作品之一,共收集了 400 多条作者为教育子女而写的有关政治与道德问题的箴言。

H

【Maurus Servius Honoratus】塞维乌斯(第二册 P578 注释①)

塞维乌斯(Maurus Servius Honoratus,生卒年不详),4 世纪晚期和 5 世纪初的意大利语法学家,被称为意大利同一代人中最有学问的人,他也是维吉尔研究专家。其他不详。

《关于埃涅阿斯纪》(第二册 P578 注释①)

《关于埃涅阿斯纪》*Ad Aen*:塞维乌斯著,其他不详。

I

【V. Imbriani】V. 因布里亚尼及其《拉普尔斯:文学动物学论文》*La Pulce*:*Saggio di Zoologia letteraria*,《文学研究、怪诞、讽刺》*Studi letterari e bizarrie satiriche*(第四册 P18 注释①):疑为意大利作家作品,其他不详。

L

【Giuseppe Tomasi di Lampedusa】托马西·迪·兰佩杜萨(第二册 P197 注释①)

托马西·迪·兰佩杜萨(Giuseppe Tomasi di Lampedusa,1896—

1957),意大利作家。代表作有长篇小说《豹》。

《豹》(第二册 P197 注释①)

《豹》*Il Gattopardo*:托马西·迪·兰佩杜萨著的华丽散文体小说。该书讲述意大利复兴运动时期发生在西西里一个贵族家庭的故事,文字古雅,与意大利现代文学的风格背道而驰。

【Giacomo Leopardi】G. 莱奥帕尔迪(第一册 P256 注释④、第一册 P284 注释①、第一册 P608【增订三】、第一册 P701 注释①、第一册 P702 注释②、第二册 P32 注释①、第二册 P57 注释①、第二册 P191 注释①、第二册 P309 注释①、第二册 P562 注释①、第二册 P569 注释②、第二册 P787 注释①、第三册 P30 注释①、第三册 P46 注释②、第三册 P58 注释①、第三册 P59 注释①、第三册 P157 注释①、第三册 P304 注释②、第三册 P551 注释①、第四册 P228 注释②、第四册 P244 注释②、第四册 P342 注释①、第四册 P357 注释④)

G. 莱奥帕尔迪(Giacomo Leopardi,也译为"列奥巴迪",1798—1837),意大利 19 世纪著名浪漫主义诗人。他的诗歌继承古希腊和文艺复兴诗歌的传统,开意大利现代自由体抒情诗的先河,把意大利现代抒情诗提高到一个新水平。代表作《致意大利》《但丁纪念碑》等。莱奥帕尔迪也是一位散文家。他的《道德小品集》借具有象征意义的历史人物或虚构人物来阐发哲学观点。

《杂记》(第一册 P608【增订三】、第二册 P57 注释①、第二册 P191 注释①、第二册 P562 注释①、第二册 P569 注释②、第二册 P787 注释①、第三册 P30 注释①、第三册 P46 注释②、第三册 P58 注释①、第三册 P157 注释①、第三册 P304 注释②、第四册 P244 注释②)

《杂记》*Zibaldone*:莱奥帕尔迪在 1817—1832 年间随时写下来的笔记,于 1898—1900 年陆续出版。这部书和他的《书信集》都是研究他的思想和作品的重要文献。

《沉思》(第一册 P701 注释①、第二册 P787 注释①、第四册 P342 注释①)

《沉思》*Pensieri*:莱奥帕尔迪著,1837 年出版,该作品凝结了作者对人与社会的思考。

【Lorenzo Lippi】里皮（第三册 P409 注释②）

里皮（Lorenzo Lippi，1606—1665），意大利画家、诗人。擅长肖像画和自然主义风格绘画，追求逼真感。其他不详。

《重获马尔曼提尔》（第三册 P409 注释②）

《重获马尔曼提尔》（*Il Malmantile racquistato* 或 *Malmantile Raequistato*）：里皮所著的幽默讽刺叙事诗，1688 年出版。此作由当时流行的几个故事组成，主要情节是从篡夺者手中夺回女王遗失的堡垒以及远征。此作运用了大量佛罗伦萨方言。

M

【Niccolo Machiavelli】尼可罗·马基雅维利（第一册 P37 注释④、第一册 P362 注释④、第一册 P495 注释①、第一册 P630【增订四】、第一册 P631 注释①、第一册 P702 注释①、第二册 P51 注释②、第二册 P183 注释①、第三册 P122 注释②、第三册 P253 注释①、第四册 P211 注释①）

尼可罗·马基雅维利（Niccolo Machiavelli，1469—1527），又译尼科洛·马基雅维利或马基雅弗利，意大利政治家、思想家和历史学家，是近代政治思想的主要奠基人之一。其思想常被概括为马基雅维利主义。他主张国家至上，将国家权力作为法的基础。在中世纪后期政治思想家中，他第一个明显地摆脱了神学和伦理学的束缚，为政治学和法学开辟了走向独立学科的道路。

《君主论》（第一册 P37 注释④、第一册 P495 注释①、第一册 P630【增订四】、第一册 P631 注释①、第一册 P702 注释①、第二册 P183 注释①、第三册 P253 注释①）

《君主论》Il Principe：尼可罗·马基雅维利的代表作。主要论述为君之道，君主应具备哪些条件和本领、应该如何夺取和巩固政权等。这是一本毁誉参半的奇书，一直被奉为欧洲历代君主的案头之书，政治家的最高指南，统治阶级巩固其统治的治国原则，人类有史以来对政治斗争技巧最独到、最精辟的解剖。

《论李维》（第一册 P362 注释④、第一册 P495 注释①）

《论李维》Discorsi sopra la Prima Deca di Tito Livio：尼可罗·马基雅维利的著作，全名是《论蒂托·李维前十本（罗马）史书》，其他不详。

《曼德拉草》(第二册 P51 注释②)

《曼德拉草》La Mandragola：马基雅维利所著喜剧。此作中,马基雅维利借对罗马史学家李维《历史》中所述美女卢克蕾佳殒身殉国的罗马故事之戏仿,消解了《历史》中所塑造的坚贞的卢克蕾佳形象。

《佛罗伦萨史》(第四册 P211 注释①)

《佛罗伦萨史》Istorie fiorentine：马基雅维利著。此作是文艺复兴时期的历史学巨著。写成于 1525 年,1532 年出版,全书共分为 8 卷。每卷又分若干章。第一、二卷为导言,概述了意大利从西罗马帝国末至 15 世纪的历史。第三卷起进入本书的主体,写到 1492 年洛伦佐之死为止,作者摈弃了传统的排列史实的编年史写法,用生动具体的文笔记叙了意大利佛罗伦萨从建立城邦直至 1492 年止的历史;而且运用人文主义的观点写人的历史,试图从人类的种种活动的现象中探求其共同动机,从而找出一条历史变迁的普遍规律来。

【Giambattista Marino】马里诺(第一册 P16 注释①【增订三】、第一册 P301 注释①、第二册 P85 注释②、第二册 P408 注释②、第二册 P646 注释①、第三册 P122 注释②、第三册 P321 注释①、第四册 P459 注释①)

马里诺(Giambattista Marino,1569—1625),意大利诗人,是意大利巴洛克文学的代表人物,17、19 世纪马里诺主义诗歌流派的奠基人。其诗往往使用大量别出心裁的比喻和字词游戏。代表作有《阿多尼斯》等。

《阿多尼斯》(第二册 P85 注释②、第二册 P408 注释②、第三册 P122 注释②、第四册 P459 注释①)

《阿多尼斯》Adone：马里诺著的长诗,是他的成名作。它取材于罗马神话,描述女神维纳斯爱慕美少年阿多尼斯,遭到战神马尔斯报复。全诗共 20 歌。作者编织了许多故事,情节曲折,又用比喻、对偶以及夸张等手法,雕琢辞藻,追求华丽的形式。体现这种风格的“马里诺诗派”在意大利曾盛行一时。

马里诺主义：也称马里诺体或马里尼体,是一种模仿马里诺(Giambattista Marino)诗歌风格的诗歌或诗剧风格,诗句以华丽、机智、新奇、怪诞著称,追求繁丽的创作格调,较多地使用比喻和象征的艺术手法。此风格对欧洲其他国家的文学有一定的影响。

【Alessandro Manzoni】A. 孟佐尼（第二册 P463【增订三】、第三册
P579 注释③）

A. 孟佐尼（Alessandro Manzoni，1785—1873），也译为曼佐尼，意大
利小说家、诗人、剧作家、理论家，意大利浪漫主义流派的领袖。代表作有
悲剧《卡马诺拉伯爵》，历史小说《约婚夫妇》，组诗《圣歌》，理论著作《论意
大利语》等。

《约婚夫妇》（第二册 P463【增订三】）

《约婚夫妇》*I Promessi Sposi*：A. 孟佐尼著，1827 年出版，共三卷。
此作写了 17 世纪意大利在异族统治和国内专制势力压迫下的中下层人
民困苦的生活，反映了当时意大利要求民族统一和独立的愿望。

【Giovan Francesco Maia Materdona】G. M. 马特多纳（第一册 P16 注
释①【增订三】）

G. M. 马特多纳（Giovan Francesco Maia Materdona，1590—约
1650），意大利诗人。

【Pietro Metastasio】梅太斯太休（第三册 P573 注释②）

梅太斯太休（Pietro Metastasio，1698—1782），也译为彼埃德罗·梅
塔斯塔齐奥，意大利 18 世纪阿卡狄亚诗派诗人和歌剧剧本作家。他对
16 世纪的音乐剧进行了重大改革，对音乐剧的繁荣和发展作出了较大的
贡献，对 18 世纪欧洲正歌剧的诞生具有一定的影响。他力图把田园剧、
古典主义悲剧的特点同音乐、歌剧、诗歌结合起来，反映现代人的思想感
情。他的音乐剧大多取材于神话和历史传说，富有明显的阿卡狄亚诗派
和启蒙主义文化特征，剧本全部用诗体写成，文辞优美，结构严谨，情节紧
凑，具有很高的文学价值。代表作有歌剧剧本《卡图在乌提卡》《被抛弃的
狄多》《忒米斯托克勒斯》等。他的以中国元杂剧《赵氏孤儿》为蓝本而作
的《中国英雄》，在欧洲也广泛流传。

《十四行诗》（第三册 P573 注释②）

《十四行诗》*Sonetti*：梅太斯太休著，其他不详。

【E. de Michelis】E. 德米歇里斯（第一册 P244 注释③）

E. 德米歇里斯（E. de Michelis，1904—1990），意大利作家、文学评论

家和诗人。

《邓南遮全集》(第一册 P244 注释③)

《邓南遮全集》*Tutto D'Annunzio*：邓南遮著，E. 德米歇里斯编，其他不详。

【Alberto Moravia】A. 莫拉维亚(第三册 P290 注释②)

A. 莫拉维亚(Alberto Moravia，1907—1990)，意大利小说家。他发表了数十部长篇小说和中短篇小说集。代表作有长篇小说《期待成空》《冷漠的人们》等，短篇小说集《瘟疫集》《罗马故事》《罗马故事新编》等。他的作品重视心理分析，关注人物的两重性格和病态心理。

《罗马故事新编》(第三册 P290 注释②)

《罗马故事新编》*Nuovi racconti romani*：A. 莫拉维亚著，发表于1959年，是继其短篇小说集《罗马故事》(1954)之后的又一短篇小说集。这两部短篇小说集受到当时新现实主义文学的影响，描写仆役、店员、工人、清道夫、失业者、小偷等普通下层人物在第二次世界大战后的求生挣扎。

【G. Morpurgo-Tagliabue】G. 莫尔普戈·塔利亚布埃(第三册 P563 注释①、第四册 P246 注释①)

G. 莫尔普戈·塔利亚布埃(G. Morpurgo-Tagliabue，生卒年不详)，意大利美学家，代表作有《当代美学》等。

《当代美学》(第三册 P563 注释①、第四册 P246 注释①)

《当代美学》*L'Esthétique contemporaine*：莫尔普戈·塔利亚布埃著。此作认为，在古代，艺术是一种模仿；在浪漫主义时代，艺术被看作是一种表现；而今天，艺术则被视为一种创造。

N

【Giulio Natali】贾利奥·纳塔利(第四册 P243 注释①)

贾利奥·纳塔利(Giulio Natali，1875—1965)，意大利作家、文学历史研究学者。代表作有《艺术史》《简短的抒情诗》《新的警句》等。

《弗朗德得救了》(第四册 P243 注释①)

《弗朗德得救了》*Fronde sparte*：纳塔利著，出版于 1960 年。其他不详。

【Ippolito Nievo】伊波利托·涅埃沃（第三册 P237 注释①）

伊波利托·涅埃沃（Ippolito Nievo，1831—1861），意大利作家、记者。他的《意大利人自述》被认为是意大利最重要的小说之一。

《意大利人自述》（第三册 P237 注释①）

《意大利人自述》*Le Confessioni d'un Italiano*：伊波利托·涅沃著于 1857—1858 年间。由于涅埃沃没有找到出版商，直到 1867 年，也就是他去世 6 年后这本小说才以《一位八旬老人的自白》之名出版，而最初的书名则是《一个意大利人的忏悔》，现在该书已经广为人知。此作成功地勾画了意大利整整一个时代的历史画卷，对拿破仑统治意大利时期的社会生活作了详细描绘。

O

【Leonardo Olschki】L. 奥斯基（第二册 P323 注释①）

L. 奥斯基（Leonardo Olschki，1885—1961），意大利学者。奥斯基学识渊博，掌握多种语言，能用意大利文、德文、法文和英文写作。他写过关于但丁、马基雅维利、达·芬奇和伽利略的著作，还用德文撰写了三卷本《现代语言科学文献史》（莱比锡，1919—1927 年出版）。他最为著名的著作是用英文写的《意大利的天才》（1949 年），曾被译为意大利文、德文等多种语言。

《马可·波罗之亚洲》（第二册 P323 注释①）

《马可·波罗之亚洲》*L'Asia di Marco Polo*：奥斯基著。全书 400 多页，分为十章：导论介绍马可·波罗游记的文本和旅行记录，以后依次谈马可·波罗的先行者、马可·波罗及其《马可·波罗行纪》（或译《寰宇记》），马可·波罗游记所见之亚洲文明，马可·波罗游记所见之亚洲自然状况——动物、植物、矿物，马可·波罗游记所见之亚洲政治与宗教，马可·波罗游记所见之亚洲历史及书中所记载的历史与传说图像，马可·波罗游记所见之亚洲医药等等。

P

【Pietro Pancrazi】P. 潘尼克拉齐（第二册 P772 注释③、第三册 P574 注释①、第四册 P73 注释②）

P. 潘尼克拉齐（Pietro Pancrazi，1893—1952），意大利批评家，代表作有《今夕文人》《走向诗坛》等。

《今夕文人》（第二册 P772 注释③、第三册 P574 注释①、第四册 P73 注释②）

《今夕文人》*Scrittori d'Oggi*：P. 潘尼克拉齐著，其他不详。

【Luigi Pareysón】L. 帕雷森（第一册 P328 注释①、第二册 P175 注释②、第二册 P226 注释①、第三册 P540 注释①）

L. 帕雷森（Luigi Pareysón，1918—1991）：意大利哲学家，代表作有《美学问题》《真相与阐释》等。

《美学:形成论》（第二册 P175 注释②、第二册 P226 注释①、第三册 P540 注释①）

《美学:形成论》*Estetica*：*Teoria della formatività*：L. 帕雷森著，其他不详。

【Vilfredo Pareto】V. 帕累托（参见第一册 P360 注释①、参见第二册 P190 注释①、第三册 P119 注释②、第一册 P521 注释①、第一册 P559 注释②、第二册 P12 注释①、第三册 P265 注释①、第三册 P399 注释②、第三册 P477 注释③、第四册 P562 注释①）

V. 帕累托（Vilfredo Pareto，1848—1923），意大利社会学家、经济学家，社会系统论的代表人物，对社会学、经济学和伦理学做出了重要的贡献，特别是在收入分配的研究和个人选择的分析中，提出了帕累托最优的概念。代表作有《政治经济学讲义》《纯粹经济学原理》《普遍社会学》《事实与理论》《社会主义体制》《民主制的变革》等。

《思想与社会》（第一册 P360 注释①、第二册 P190 注释①、第三册 P119 注释②、第三册 P399 注释②、第三册 P477 注释③、第四册 P562 注释①）

《思想与社会》*The Mind and Society*：*A Treatise on General Soci-*

ology：V. 帕累托著，1916 年出版。在此书中，帕累托提出了第一个以精英社会阶级概念为中心的社会学循环理论。帕累托将精英阶层分为两类：现状的保守维护者（暴力的"狮子"）和变革的激进推动者（狡猾的"狐狸"）。他认为，权力不断在"狐狸"和"狮子"之间传递。

《普通社会学纲要》（第二册 P12 注释①）

《普通社会学纲要》*Compendio di sociologia generale*：帕累托的代表作。此书对现代西方社会学和政治学产生了深远的影响，着重论述了他的三大理论：行为理论——主要涉及人的非逻辑行为；精英理论——主要探讨社会分层和统治阶级循环问题；社会系统理论——主要研究社会动态平衡问题。他在此提出了理想社会模式：理想社会能够进行连续不断并井然有序的精英循环，从而保障社会处于动态平衡。一旦精英循环中止，社会就处于静态平衡或爆发革命。

【G. Pascoli】G. 帕斯科利（第二册 P140 注释①）

G. 帕斯科利（G. Pascoli，1855—1912），意大利诗人、学者。

【Silvio Pellico】西尔维奥·佩利科（第三册 P58 注释①）

西尔维奥·佩利科（Silvio Pellico，1789—1854），意大利作家。他常借中世纪的素材，运用浪漫主义的手法写作诗歌和戏剧。代表作有戏剧《弗兰契斯卡·达·里米尼》，回忆录《我的狱中生活》等。

《我的狱中生活》（第三册 P58 注释①）

《我的狱中生活》*Le mie prigioni*：西尔维奥·佩利科著。1818 年，佩利科加入秘密革命团体烧炭党。1820 年，他被奥地利侵略者逮捕，判处死刑，后改判 15 年徒刑。1830 年获释出狱。《我的狱中生活》是他于 1832 年发表的回忆录，书中追述他的 10 年铁窗生活，揭露牢狱的黑暗，宣传基督教的容忍思想，充满悲观厌世的情绪。

【Francesco Petrarca】弗兰齐斯科·彼特拉克（第二册 P365 注释②、第二册 P463【增订三】、第三册 P61 注释①、第三册 P194 注释①、第三册 P317 注释①、第三册 P344 注释①、第四册 P15 注释①）

弗兰齐斯科·彼特拉克（Francesco Petrarca，1304—1374），意大利学者、诗人，文艺复兴第一个人文主义者，被誉为"文艺复兴之父"，与但丁、薄伽丘齐名,文学史上称他们为"三颗巨星"。他以其十四行诗著称于世,被后世尊为"诗圣",他的诗歌为欧洲抒情诗的发展开辟了道路。代表作有《歌集》《阿非利加》《意大利颂》等。

《歌集》(第二册 P365 注释②、第三册 P61 注释①、第三册 P194 注释①、第三册 P317 注释①、第三册 P344 注释①、第四册 P15 注释①)

《歌集》*Le Rime*:彼特拉克著。诗集中大多是即兴而作的诗体日记,共 366 首,其中十四行诗 317 首,抒情诗 29 首,六行诗 9 首,叙事诗 7 首,短诗 4 首。全部诗集分上下两部分:《圣母劳拉之生》和《圣母劳拉之死》。《歌集》主要歌咏诗人对女友劳拉的爱情,也包括少量政治抒情诗,诗中赞颂祖国,号召和平与统一,揭露教会的腐化。

【Luigi Pirandello】路伊吉·皮兰德娄(第二册 P127 注释②)

路伊吉·皮兰德娄(Luigi Pirandello,1867—1936),意大利戏剧家、小说家。一生创作了 40 多个剧本。代表剧作有《诚实的快乐》《六个寻找剧作者的角色》《亨利四世》《寻找自我》等。1934 年由于"果敢而灵巧地复兴了戏剧艺术和舞台艺术"而获诺贝尔文学奖。

《一个人,既不是任何人又是千万个人》(第二册 P127 注释②)

《一个人,既不是任何人又是千万个人》*Uno, nessuno e centomila*(或译作《一个,谁都不是,十万个》):路伊吉·皮兰德娄于 1915 年完成、1926年发表的长篇小说。作者自己说,这本书是"关于生活解体的最苦涩的、深刻的幽默"。作者在小说中刻画了一个荒诞的不可知的外部世界与一个充满种种焦虑的现代人的内心世界以及两者之间的冲突。即表面上看,一个人只有一张"面孔",一个"我",而在特定的环境下,这个"面孔"里又能变幻出若干个"我"。

【Dino Provenzal】迪诺·普罗旺萨(第一册 P47 注释②)

迪诺·普罗旺萨(Dino Provenzal,1877—1972)意大利学者、作家。

《为什么他要这样说呢?》(第一册 P47 注释②)

《为什么他要这样说呢?》*Perché si dice cosi ?*:1962 年出版,迪诺·普罗旺萨著,其他不详。

【Francesco Petrarca】弗兰齐斯科·彼特拉克(第二册 P365 注释②、

第二册 P463【增订三】、第三册 P61 注释①、第三册 P194 注释①、第三册 P317 注释①、第三册 P344 注释①、第四册 P15 注释①)

弗兰齐斯科·彼特拉克(Francesco Petrarca，1304—1374)，意大利学者、诗人，文艺复兴第一个人文主义者，被誉为"文艺复兴之父"，与但丁、薄伽丘齐名，文学史上称其为"三颗巨星"。彼特拉克以十四行诗著称于世，为欧洲抒情诗的发展开辟了道路。他代表作有《歌集》《阿非利加》《意大利颂》等。

《歌集》(第二册 P365 注释②、第三册 P61 注释①、第三册 P194 注释①、第三册 P317 注释①、第三册 P344 注释①、第四册 P15 注释①)

《歌集》*Le rime*：彼特拉克著。诗集中大多是即兴而作的诗体日记，共 366 首，其中十四行诗 317 首，抒情诗 29 首，六行诗 9 首，叙事诗 7 首，短诗 4 首。全部诗集分上下两部分：《圣母劳拉之生》和《圣母劳拉之死》。《歌集》主要歌咏诗人对女友劳拉的爱情，也包括少量政治抒情诗。

【Mario Praz】普拉兹(第二册 P208 注释①、第三册 P400 注释①)

普拉兹(Mario Praz，1896—1982)，意大利文艺批评家，英国文学研究学者。

《浪漫主义的剧痛》(第二册 P208 注释①)

《浪漫主义的剧痛》*The Romantic Agony*：普拉兹的代表作。此书出版于 1933 年，全面研究了 18 世纪晚期和 19 世纪的欧洲那些致力于色情和病态主题写作的作家。

《燃烧的心》(第三册 P400 注释①)

《燃烧的心》*The Flaming Heart*：普拉茨著。此作介绍了从乔叟时代到现代，意大利文化对欧洲作家的创作的影响；其中包括乔叟、斯宾塞、琼森、多恩、克拉肖、布朗宁等无数作家所受到的意大利文化文学的影响。

【D. Provenzal】D. 普罗旺萨(第三册 P125 注释②、第三册 P426 注释①、第四册 P216 注释①、第四册 P455 注释②)

D. 普罗旺萨(D. Provenzal，1877—1972)，意大利作家，其他不详。

《图像字典》(第三册 P125 注释②、第三册 P426 注释①、第四册 P216 注释①、第四册 P455 注释②)

《图像字典》*Dizionario delle immagini*：D. 普罗旺萨著，其他不详。

R

【Riccardo Ricciardi】理却地·里西亚蒂(第二册 P158【增订三】、第四册 P200 注释②)

理却地·里西亚蒂(Riccardo Ricciardi,1879—1973),意大利出版商,专门研究历史、文学和哲学。那不勒斯同名出版社(1903 年)的创始人。

【E. Rivalta】E. 理瓦塔(第三册 P125 注释②)

E. 理瓦塔(E. Rivalta,生卒年不详),疑为意大利学者,其他不详。

《国之恶》(第三册 P125 注释②)

《国之恶》*Mal del paese*:E. 理瓦塔著,其他不详。

【A. Russo】A. 罗西(第二册 P81 注释①、第四册 P114 注释①)

A. 罗西(A. Russo,生卒年不详),疑为意大利学者,其他不详。

《总体艺术和分门艺术》(第二册 P81 注释①、第四册 P114 注释①)

《总体艺术和分门艺术》*L'Arte e le Arti*:A. 罗西著,其他不详。

【Luigi Russo】L. 拉索(第三册 P557 注释②)

L. 拉索(Luigi Russo,1892—1961),意大利学者、文学批评家。拉索借助于背景、社会和文化确立了诗歌和非诗歌之间的区别,并重新定义诗学的概念,继而将其应用于他对诸如曼佐尼、维托里奥·阿尔菲耶里和贾科莫·莱奥帕尔迪等意大利作家的研究中。此外,他还非常重视历史,明确提出了对弗朗切斯科·德·桑克蒂斯的批评,并开创了历史主义批评。

《意大利作家》(第三册 P557 注释②)

《意大利作家》*Gli scrittori d'Italia*:L. 拉索著,发表于 1951 年。这部作品共分为两卷,研究了包括路曼佐尼和伊吉·皮兰德娄在内的众多意大利作家。

S

【Franco Sacchetti】萨凯蒂(第一册 P633 注释①、第二册 P156 注释

②、第二册 P235 注释①、第二册 P246 注释③、第二册 P603 注释①、第三册 P121 注释①）

萨凯蒂（Franco Sacchetti，约 1332—1400），意大利诗人、小说家。代表作有《故事三百篇》等。

《故事三百篇》（第一册 P633 注释①、第二册 P156 注释②、第二册 P235 注释①、第二册 P246 注释③、第二册 P603 注释①、第三册 P121 注释①）

《故事三百篇》*Il Trecentonovelle*：萨凯蒂写于 1385—1392 年间的故事集。流传下来仅 223 篇，其中包括一些不完整的片段。故事集受到薄伽丘《十日谈》的明显影响，但又别具一格，不像《十日谈》那样构成一个整体，每个故事都独立成篇，短小精悍，近于速写。故事采用佛罗伦萨平民的口头语言，质朴、诙谐。

【Francesco Saverio De Sanctis】德·桑克蒂斯（第一册 P702 注释②、第二册 P316 注释②、第三册 P475 注释①、第三册 P557 注释②、第四册 P12 注释①）

德·桑克蒂斯（Francesco Saverio De Sanctis，1817—1883），意大利作家、文学评论家、政治家、哲学家。他是 19 世纪意大利文学的主要批评家和历史学家之一。代表作有《意大利文学史》《批评论文集》等。

《意大利文学史》（第一册 P702 注释②、第二册 P316 注释②）

《意大利文学史》*Storia della letteratura italiana*：德·桑克蒂斯著于 1870—1871 年。此书不仅写意大利文学史，也详细描绘了 13—19 世纪意大利社会的发展。

《宗教皈依》（第三册 P475 注释①）

《宗教皈依》*Religious Conversion*：全称《宗教皈依：一项生物心理学研究》，德·桑克蒂斯著，发表于 1925 年。此作是宗教心理学的一项重要研究，主要描述一个人皈依的过程。作者在简要论述当代宗教心理学及其范围和方法的基础上，探讨了皈依的原因和起源，并分析了不同类型的皈依，进而考察了皈依的升华，以及其后的转化行为。

【Charles Speroni】C. 斯佩罗尼（第四册 P272 注释②）

C. 斯佩罗尼（Charles Speroni，1911—1984），意大利裔美国学者。

1929 年进入美国加州大学伯克利分校学习，1938 年获罗曼语博士学位，后任加州大学洛杉矶分校艺术学院院长一职。所编纂的《意大利文艺复兴时期妙语录》与《基础意大利语》最为闻名，此外他还编有多部意大利文学作品。

《意大利文艺复兴时期妙语录》（第四册 P272 注释②）

《意大利文艺复兴时期妙语录》*Wit and Wisdom of the Italian Renaissance*：C. 斯佩罗尼摘录并编译。此作是一部记录意大利文艺复兴时期的妙语、俏皮话和笑话的专著。妙语涉及宗教仪式、节日、婚姻、誓言、咒语、传统以及历史事件，从中亦可看到其时各色人等的诙谐轶事与人间喜剧。C. 斯佩罗尼在书中摘录与编译了波焦·布拉乔利尼、卢多维科·卡蓬等十余位对后世影响深远的作家的作品，描绘出一幅文艺复兴时期意大利风土人情的绝佳画卷。

【Gaspara Stampa】迦丝芭拉·斯坦姆帕（第二册 P773 注释①）

迦丝芭拉·斯坦姆帕（Gaspara Stampa，1520—1554），意大利文艺复兴时期的诗人、音乐家。其他不详。

《十四行诗》*Sonetti*（第二册 P773 注释①）

《十四行诗》：迦丝芭拉·斯坦姆帕著，其他不详。

T

【Torquato Tasso】T. 塔索（第一册 P213 注释①、第一册 P307 注释①、第二册 P785 注释②、第二册 P786 注释③、第三册 P105 注释①、第三册 P321 注释③、第四册 P15 注释①、第四册 P307 注释①）

T. 塔索（Torquato Tasso，1544—1595），意大利诗人，文艺复兴运动晚期的代表。代表作是叙事长诗《被解放的耶路撒冷》。

《阿敏塔》（第二册 P785 注释②、第二册 P786 注释③、第三册 P105 注释①、第四册 P15 注释①）

《阿敏塔》*Aminta*：著于 1573 年，是塔索根据罗马神话改编的田园剧，讲述了牧羊人阿敏塔对仙女希尔维娅忠贞不渝的爱情。这部作品运用了古典羊人戏的所有因素，是欧洲文艺复兴时期田园诗剧代表作。

《被解放的耶路撒冷》（第一册 P213 注释①、第一册 P307 注释①、第一册 P401 注释③、第四册 P307 注释①）

《**被解放的耶路撒冷**》*Gerusalemme Liberata*：塔索著于 1575 年。此作品叙述第一次十字军东征中，基督教士历经各种艰难险阻，最终取得对穆斯林的胜利，解放了圣城耶路撒冷。诗人以丰富的想象力将真实的历史事件、婉转的爱情与超现实的魔幻情节交织在一起。

U

【**Fazio degli Uberti**】乌贝蒂（第二册 P816 注释②）

乌贝蒂（Fazio degli Uberti，1309—1367），意大利诗人。

《**狄达蒙多**》（第二册 P816 注释②）

《**狄达蒙多**》*Dittamondo*：乌贝蒂著于 1360 年，书名意为"讲述世界"。此作模仿但丁的《神曲》，描写作者由一位年老的古罗马地理学家索利努斯陪伴，访问城市、山峰以及纪念性遗迹的经历，还提及许多传说故事，为读者提供许多自然风貌和地理、考古等方面知识。

V

【**Giorgio Vasari**】乔尔乔·瓦萨里（第二册 P688【增订三】、第三册 P242【增订三】）

乔尔乔·瓦萨里（Giorgio Vasari，1511—1574），文艺复兴时期意大利画家、艺术理论家、建筑史、美术史家，风格主义流派的主要代表人物，被认为是西方的第一位艺术史家。他是米开朗基罗的学生，是第一个使用"文艺复兴"一词的人，主要作品有《艺园名人传》等。

《**艺园名人传**》（第二册 P688【增订三】）

《**艺园名人传**》*The Lives of the Painters，Sculptors，and Architects*：乔尔乔·瓦萨里著，1550 年首次出版，是著名的美术史著作。瓦萨里提

出可按 14、15、16 世纪划分美术发展的阶段。这对后来的艺术理论研究影响巨大。

【Leonardo di ser Piero da Vinci】列奥纳多·达·芬奇（第一册 P444 注释①、第一册 P540【增订三】、第二册 P360 注释①、第三册 P213 注释①、第三册 P241 注释①、第三册 P569 注释①、第四册 P434 注释①）

列奥纳多·达·芬奇（Leonardo di ser Piero da Vinci，1452—1519），意大利学者、艺术家，欧洲文艺复兴时期的天才科学家、发明家、画家，被称为"文艺复兴时期最完美的代表"，他最大的成就在绘画方面，代表作有《蒙娜丽莎》《最后的晚餐》《岩间圣母》等。他是一位思想深邃、学识渊博、多才多艺的人。

《达·芬奇笔记》（第一册 P444 注释①、第二册 P360 注释①、第三册 P213 注释①、第三册 P241 注释①、第三册 P569 注释①、第四册 P434 注释①）

《达·芬奇笔记》_The Notebooks_：列奥纳多·达·芬奇著。此作是破解达·芬奇的一线资料，其中收录了大量原创手稿，集结了达·芬奇近 400 幅真迹。此书的编译者 E. 麦考迪说："我编译此书的目的在于体现列奥纳多作为作家的这一方面，因而在本书中选进了手稿中具有哲学与文学意义的篇章。"这些笔记体现出达·芬奇运用语言修辞和形象思维的巨大才华。

【Giambattista Vico】维柯（第一册 P22 注释①）

维柯（Giambattista Vico，1668—1744），意大利政治哲学家、修辞学家、历史学家和法理学家，近代历史哲学之祖和精神科学原理奠基者。他批判了现代理性主义，强调哲学、历史、政治、法律等人文学科的价值，并以巨著《新科学》闻名于世。

《新科学》（第一册 P22 注释①、第一册 P97 注释②、第一册 P195 注释④、第一册 P458 注释③）

《新科学》_Scienza nuova_：全名是《关于各民族的共同性质的新科学原则》，初版于 1725 年出版，是一部阐述古代文化史、美学和诗歌的理论著作。《新科学》的目的是要探讨人类各民族的共同性原则。维柯在书中力图说明人类如何从神的时代，经过英雄时代，进入人的时代。

《管锥编》中引用的(古)希腊、希伯来作家作品

A

【Aeschylus】埃斯库罗斯(第三册 P212 注释②)

埃斯库罗斯(Aeschylus,前 525—前 456),古希腊悲剧诗人,被称为"悲剧之父",与索福克勒斯和欧里庇得斯一起被称为是古希腊最伟大的悲剧作家。代表作有《被缚的普罗米修斯》《阿伽门农》等。

【Anacreon】阿那克里翁(第一册 P176 注释③、第四册 P17 注释①)

阿那克里翁(Anacreon,约前 570—约前 480),古希腊抒情诗人。他的诗作现仅存片断。其诗歌中歌颂爱情、美酒和狂欢的较多。他的观感和风格广被模仿,诗体中的"阿那克里翁风格"即以其名命名。

【Aristophanes】阿里斯托芬(第一册 P146 注释②、第二册 P346 注释①、第二册 P639 注释①、第二册 P745 注释①、第三册 P212 注释②)

阿里斯托芬(Aristophanes,前 446—前 385),古希腊早期喜剧作家,有"喜剧之父"之称。相传写有 44 部喜剧,现存《和平》《鸟》《蛙》《阿卡奈人》《骑士》等 11 部。

《和平》(第二册 P346 注释①)

《和平》*The Peace*:阿里斯托芬所著戏剧,是一部雅典"旧喜剧"。该剧在伯罗奔尼撒战争第十年之际上演,大获观众好评。该剧既传达了对和平的期待和对乡村田园风光的向往,同时也表现了对过往错失的遗憾。

《云》(第二册 P639 注释①、第二册 P745 注释①)

《云》*Clouds*:阿里斯托芬所著喜剧。该喜剧以"讽刺苏格拉底"这一主题闻名于世。此剧语言诙谐,具有十足的喜剧效果。

《鸟》(第三册 P212 注释②)

《鸟》*The Birds*:阿里斯托芬著的喜剧。这部喜剧是欧洲文学史上最

早描写理想社会的作品。剧中两个雅典人和一群鸟一起建立了一个理想的没有剥削、没有贫富之分的"云中鹁鸪国"。

《蛙》(第一册 P146 注释②)

《蛙》*The Frogs*:阿里斯托芬的喜剧,创作于公元前 406 年。

【Aristotle】亚里士多德(第一册 P37 注释③、第一册 P398 注释②、第一册 P439 注释①、第一册 P453 注释②、第一册 P522 注释①、第一册 P540【增订三】、第一册 P588 注释①、第一册 P588 注释②、第一册 P644 注释①、第二册 P23 注释②、第二册 P30 注释①、第二册 P149 注释①、第二册 P357 注释①、第三册 P19 注释②、第三册 P104 注释②、第三册 P150 注释①、第三册 P408 注释①、第三册 P455 注释①、第三册 P539 注释①、第三册 P573 注释①、第四册 P349 注释①、第四册 P592 注释①)

亚里士多德(Aristotle,前 384—前 322),古希腊哲学家、科学家和教育家,堪称希腊哲学的集大成者。他是柏拉图的学生,亚历山大的老师。他的写作涉及自然科学、教育学、伦理学、形而上学、心理学、神学、政治学、经济学、修辞学、诗歌、风俗,以及法学。

《论灵魂》(第一册 P540【增订三】、第四册 P349 注释①)

《论灵魂》*De Anima*:亚里士多德著,写于公元前 350 年,是古希腊哲学家亚里士多德论述认识论、心理学方面的主要著作。他的讨论集中在不同生物所拥有的灵魂种类上,以不同的生活方式为特征。因此,植物具有营养和繁殖的能力,是任何生物体必须具有的最低限度。此外,低等动物还具有感知和自我运动(动作)的能力。人类拥有所有这些能力以及智力。

《论睡眠中的征兆》(第二册 P149 注释①)

《论睡眠中的征兆》*On Prophesying by Dreams*:《亚里士多德全集(第三卷)》中的一篇。第三卷收录亚里士多德关于自然哲学方面的文章共十篇,集中讨论了生命本原及其现象。除《论气息》为匿名者伪托外,其余均出自亚里士多德。该作根据问题分类可归为三组:《论灵魂》《论感觉及其对象》《论记忆》探讨灵魂的本质、功能以及灵与肉所分有的生命能力;《论睡眠》《论梦》《论睡眠中的征兆》三篇短文组成一个具有内在联系的整体;《论生命的长短》《论青年和老年,论生和死》及《论呼吸》涉及的是生理学方面的内容,讨论了生命在有机体内是如何得以维持以及导致死亡的原因是什么等问题。

《尼各马可伦理学》(第一册 P398 注释②、第一册 P644 注释①、第二册 P463【增订三】、第三册 P104 注释②、第三册 P539 注释①)

《尼各马可伦理学》*Nicomachean Ethics*:亚里士多德创作的伦理学著作,约公元前 330 年左右成书。全书共 10 卷,132 章,探讨了道德行为发展的各个环节和道德关系的各种规定等问题;系统阐述了德性在于合乎理性的活动,至善就是幸福等观点;认为万物都有一个目的——求善,任何事物都具备适合本性的功能——为善;人生最高目的是求得至善,至善就是幸福;求得个人善是伦理学目的,求得社会的群体善是政治学目的。该书是西方伦理学史上第一部伦理学专著,成为西方近现代伦理学思想的主要渊源之一,为西方近现代伦理学思想奠定了基础,对中世纪和近代资产阶级伦理思想的发展有深远而广泛的影响。

《欧加农:"工具论"》(第一册 P195 注释①)

《欧加农:"工具论"》*Organon*:亚里士多德写了六个与逻辑相关的作品,被后世研究者归并为《欧加农》(意为"工具")。该书是亚里士多德的逻辑论文的汇编,主要论述了演绎法,为形式逻辑奠定了基础,也为西方的思维形式奠定了基础。亚里士多德使形式逻辑从哲学、认识论中分化出来,形成了一门以推理为中心,特别是以三段论为中心的独立的科学——形式逻辑学。

《诗学》(第一册 P588 注释①、第三册 P455 注释①、第三册 P573 注释①)

《诗学》*Poetics*:亚里士多德所撰的文艺理论著作。《诗学》残本共 26 章,该书主要分两部分:第一部分为摹仿论,大致是从第 1 章到第 5 章;其余 21 章为第二部分,主要是运用摹仿论分析悲剧问题,即悲剧论,是全书的核心,其中还涉及史诗及其比较等相关问题。

《物理学》(第一册 P522 注释①)

《物理学》*Physics*:亚里士多德著。此作开创许多有关物理学本质的理论讨论。这些理论涉及亚里士多德所描述的四大元素、这些元素间的密切联系、它们的动力、它们对地球的影响,以及它们在通常情况下是如何在不知名的力量驱使下相互吸引的。

《形而上学》(第二册 P23 注释②、第二册 P357 注释①)

《形而上学》*Metaphysics*:亚里士多德著。该作是亚里士多德去世

200 多年后由安德罗尼柯把他专讲事物本质、灵魂、意志自由等研究经验以外对象的著作编集成册，排在研究事物具体形态变化的《物理学》（*Physics*）一书之后，并名之为《物理学之后诸卷》。此作奠定了西方哲学思想的基本概念和问题。

《修辞学》（第三册 P408 注释①）

《修辞学》*Rhetoric*：亚里士多德著。此作是欧洲文艺理论史上第一部系统的修辞学理论著作。

《政治学》（第一册 P37 注释③、第一册 P453 注释②、第二册 P30 注释①）

《政治学》*Politics*：亚里士多德著。此作是西方历史上第一部成体系的政治理论著作。政治学是一门以研究政治体制、政治行为以及政治相关领域为主的社会科学学科。本书对于了解当时希腊社会的状况，了解古希腊人的政治、伦理、法律、教育思想，研究亚里士多德的学说，均有较大价值。

《亚里士多德要籍选》（第一册 P37 注释③）

《亚里士多德要籍选》*Basic Works of Aristotle*：理查德·麦基翁（Richard McKeon）主编，1941 年由兰登书屋出版。该著作主要收录了亚里士多德的一些基本著作并加以阐释。

【**Athenaeus of Naucratis**】阿忒纳乌斯（第一册 P57 注释①、第一册 P214 注释②、第一册 P412 注释②、第二册 P602 注释①、第三册 P212 注释②、第四册 P144【增订三】、第四册 P272 注释①、第四册 P294【增订三】）

阿忒纳乌斯（Athenaeus of Naucratis，约 170—230），公元 2 世纪末、3 世纪初的古希腊修辞学家、文法学家。其著作包括《希腊爱经》《诡辩论者》《叙利亚诸王纪》《欢宴的智者》等数种。他的许多著作现已散佚，但《诡辩论者》大部分都存留了下来。

《诡辩论者》（第一册 P57 注释①、第一册 P214 注释②、第一册 P412 注释②、第二册 P602 注释①、第三册 P212 注释②、第四册 P144【增订三】、第四册 P272 注释①、第四册 P294【增订三】）

《诡辩论者》（*The Deipnosophistae*）：（或译作《哲人燕谈录》《餐桌上的健谈者》），阿忒纳乌斯著于 3 世纪早期，由他从各种早期著作中摘取了大量的奇闻逸事和名人语录编成。主要记录了作者阿忒纳乌斯和提莫克拉底(Timocrates)的谈话。此作内容丰富有趣,讨论了早期希腊文学和希腊人的生活。原来共 15 卷,第 1、2、11、15 卷及第 3 卷的部分章节失传,仅留下纲要,其余部分保存完好。书中的主角劳伦提斯(Laurentius)是一位家财万贯的罗马人,他在自己的家中宴请各学科、各领域的泰斗巨匠。阿忒纳乌斯详细记录下了宴会中鱼的多种烹饪方法,描述了多种蔬菜和动物,记录了许多像史学家、诗人那样的智者,讨论了各类乐器、各式杯具、国王们的财富、船舶的大小,还引用了一万种笑话,话题包罗万象。

C

【Chilo of Thales】奇洛(第一册 P104 注释②)

奇洛(Chilo of Thales,生卒年不详),古希腊"七贤"之一。

【Dio Chrysostom】狄奥·克里索斯托(第二册 P246【增订二】、第三册 P122 注释②、第三册 P250 注释①、第四册 P199 注释③)

狄奥·克里索斯托(Dio Chrysostom,约 347—407),生于叙利亚安条克,古希腊演说家、作家、哲学家和历史学家。又称"金口约翰",有非凡的讲道才能,他善于传教和解释经文。他的八十个论说录以及一些信件被保留了下来。后人称他为"雄辩的演说家"。

《论说集》(第二册 P246【增订二】、第三册 P122 注释②、第四册 P199 注释③)

《论说集》*Discourse*:狄奥·克里索斯托的八十个论说的集合,内容反映了政治或道德问题。

【St. Clement of Alexandria】亚历山大的圣克莱门(第一册 P713 注释①)

亚历山大的圣克莱门(St. Clement of Alexandria,拉丁名为 Titus Flavius Clements,约 150—220),早期的基督教教父与哲学家,并一直作为殉教者受到尊敬。他重视知识,崇尚哲学,称哲学知识为寻找真理的工具,并可以使信仰成为一门科学。著有《劝勉希腊人》《导师》《杂文集》《谁是得救的富人》。

《杂文集》*The Miscellanies*:亚历山大的圣克莱门著。其他不详。

D

【Demetrius】德米特里（第一册 P439 注释①、第二册 P714 注释①、第三册 P36 注释①、第三册 P192 注释①、第四册 P243 注释③）

德米特里（Demetrius，或称德米特里·法勒，鲁姆人，约前 350—约前 280 年），古希腊演辩家、政治家、哲学家、作家。德米特里是记载中第一个汇集整理《伊索寓言》的人，其作品大多没有流传下来。

《论文体风格》（第一册 P439 注释①、第二册 P714 注释①、第三册 P36 注释①、第三册 P192 注释①、第四册 P243 注释③）

《论文体风格》*On Style*：相传为德米特里所著，其实作者不是德米特里，而是公元 2 世纪的后人著作，托以德米特里之名。

【Demosthenes】德摩斯梯尼（第三册 P575 注释①）

德摩斯梯尼（Demosthenes，前 384—前 322 年），古希腊民主派政治家、雄辩家。

E

【Empedocles】恩培多克勒（第一册 P154 注释①、第二册 P734 注释①）

恩培多克勒（Empedocles，前 493 或 495—前 432 或 435），古希腊哲学家、政治家、科学家。哲学方面他很受毕达哥拉斯教的影响，这体现在他教义中强烈的神秘主义。代表作有《论自然》与《洗心篇》两篇诗。

【Sextus Empiricus】塞克斯都·恩披里柯（第一册 P25 注释②）

塞克斯都·恩披里柯（Sextus Empiricus，160—210），罗马帝国时期的希腊专家，怀疑论者。恩披里柯的著作记载了古代怀疑论者的主张以及他们对各派学说的反驳，是研究古代哲学的重要史料。

H

【Héliodore d'Émèse】赫利奥多斯（第三册 P236 注释①）

赫利奥多斯(Héliodore d'Émèse,生卒年不详),公元 4 世纪时期的希腊作家,代表作有《泰亚根尼和莎莉克蕾》等。

《泰亚根尼和莎莉克蕾》(第三册 P236 注释①)

《泰亚根尼和莎莉克蕾》*Les Éthiopiques*:原名为《埃塞俄比亚人,或者泰亚根尼和莎莉克蕾的爱情故事》(*Les Éthiopiques ou les Amours de Théagène et Chariclée*),这是古希腊一部著名的爱情故事,创作于 4 世纪末,在当时极为流行。

【Herodotus】希罗多德(第一册 P413【增订四】)

希罗多德(Herodotus,前 484—前 425),古希腊历史学家、作家,著有《历史》一书。此书是西方文学史上第一部完整流传下来的散文作品,希罗多德也因此被尊称为"历史之父"。

【Hesiod】赫西奥德(第一册 P285 注释①、第一册 P412 注释①、第一册 P454 注释②、第二册 P269 注释①、第三册 P212 注释①、第四册 P533 注释①)

赫西奥德(Hesiod,前 8—?),也译为赫西俄德,古希腊诗人。以长诗《工作与时日》《神谱》闻名于后世,被称为"希腊训谕诗之父"。

《工作与时日》(第一册 P285 注释①,第一册 P454 注释②)

《工作与时日》*Works and Days*:赫西奥德著。此作是古希腊流传下来的第一首以现实生活为题材的诗作。该作是一部道德格言集和农业历书,虽然具有史诗的体裁,但风格平易简洁。

《赫拉克勒斯之盾》(第四册 P533 注释①)

《赫拉克勒斯之盾》*The Shield of Heracles*:赫西奥德著的叙事诗。

《赫西奥德、荷马诗歌与荷马》(第一册 P285 注释①、第二册 P269 注释①、第四册 P533 注释①)

《赫西奥德、荷马诗歌与荷马》*Hesiod, the Homeric Poems and Homerica*:赫西奥德编著。此作收录了赫西奥德及荷马的疑作,它以古老的史诗风格创作,被认为是希腊神话和希腊文学的来源,由 33 首希腊诗歌组成,它们的长度从 3 到 500 行不等,其中最短的是简短的引语。

《边缘人》(第二册 P269 注释①)

《边缘人》*The Margites*:古希腊的一部喜剧模仿史诗,大部分已经失传。作者不详。从幸存下来的作品中可以看出,它的中心人物是一个极其愚蠢的人,名叫"玛吉特"(意为"胡言乱语,疯狂,好色的")。此作出自《赫西奥德、荷马诗歌与荷马》。

《神谱》(第一册 P412 注释①)

《神谱》Theogony:赫西奥德著。《神谱》描写的是宇宙和神的诞生,讲述从地神盖亚诞生一直到奥林匹亚诸神统治世界这段时间的历史。

《优雅和美丽》(第一册 P285 注释①)

《优雅和美丽》Elegy and Iambus:赫西奥德著,其他不详。

《塞克斯的婚姻》(第三册 P212 注释①)

《塞克斯的婚姻》The Marriage of Ceyx:出自《神谱》,赫西奥德著。《神谱》描写的是宇宙和神的诞生,被视作研究希腊神话、农业技术、天文学和记时的重要文献。

【Heraclitus】赫拉克利特(第一册 P14 注释①、第一册 P452 注释②、第三册 P130 注释①)

赫拉克利特(Heraclitus,约前 530—前 470),爱菲斯学派的代表人物,一位富传奇色彩的古希腊哲学家。赫拉克利特是第一个提出认识论的哲学家,他的理论以毕达哥拉斯的学说为基础。赫拉克利特的"逻各斯学说"认为,万物是永远变动的,而这种变动是按照一定的尺度和规律进行的。赫拉克利特也被称为辩证法的奠基人之一,因为他是在古代希腊哲学家中第一个用朴素的语言讲出辩证法要点的人。此外,他还是尝试使宗教哲学化的先驱。赫拉克利特著有《论自然》一书,后世有残篇留存。

《赫拉克利特残篇》(第一册 P14 注释①、第一册 P46 注释①、第一册 P452 注释②、第三册 P130 注释①)

《赫拉克利特残篇》Fragments:属于《论自然》一书。《论自然》包括"论万物""论政治"和"论神灵"三部分,但现在只存 130 多个残篇。赫拉克利特认为事物的运动变化是按一定的规律进行的,并把这种规律称为"逻各斯";他还提出对立统一的思想,认为任何事物都包含着两个相互斗争、相互依存的对立面,而这正是事物发展的根源。

【Hippocrates】希波克拉底(第一册 P14 注释①、第一册 P452 注释②)

希波克拉底(Hippocrates,前 460—前 370),古希腊伯里克利时代的医师,西方医学奠基人,被尊为"医学之父"。他的医学观点对以后西方医学的发展有巨大影响。《希波克拉底誓言》是希波克拉底警诫医生的职业道德圣典,也是他向医学界发出的行业道德倡议书。

【Homer】荷马(第一册 P285 注释①、第一册 P401 注释②、第一册 P458 注释①、第一册 P557 注释①、第一册 P582 注释②、第二册 P387 注释①、第三册 P356【增订三】、第四册 P533 注释①)

荷马(Homer,约前 9 世纪—前 8 世纪),古希腊盲诗人。相传他记述了古希腊长篇史诗《伊利亚特》和《奥德赛》,统称《荷马史诗》。《荷马史诗》对西方的宗教、文化和伦理观影响极大。

《奥德赛》(第一册 P458 注释①、第一册 P557 注释①、第一册 P582 注释②、第一册 P676 注释①)

《奥德赛》Odyssey:又译《奥德修纪》《奥狄赛》或《奥德赛漂流记》,荷马著。古希腊最重要的两部史诗之一(另一部是《伊利亚特》)。《奥德赛》延续了《伊利亚特》的故事情节,叙述了奥德修斯的 10 年海上历险。

《伊利亚特》(第一册 P401 注释②、第二册 P387 注释①、第三册 P356【增订三】)

《伊利亚特》Iliad(又译《伊利昂记》):相传是荷马所作的史诗,西方经典之一,古希腊文学中的重要作品。全诗分为 24 卷,共 15 693 行,主要内容是叙述希腊人远征特洛伊城的故事。

I

【Isocrates】伊索克拉底(第一册 P418 注释【增订三】、第三册 P26 注释①、第四册 P64 注释①)

伊索克拉底(Isocrates,又译伊苏格拉底、爱苏格拉底,前 436—前 338),古希腊修辞学家,古希腊十位最顶尖的演说家之一,为修辞和教育做出了许多贡献。希腊古典时代后期著名的修辞学家、教育家。他先于柏拉图创办了自己的修辞学校,主要教授修辞学和雄辩术,并采取了与柏拉图大相径庭的办学方针。

《全希腊盛会献词》(第三册 P26 注释①)

《全希腊盛会献词》Panegyricus:又称《泛希腊集会演说辞》,伊索克拉底著,作于公元前 390—前 380 年。

《致德莫尼克斯》(第四册 P64 注释①)

《致德莫尼克斯》*To Demonicus*:伊索克拉底著,其他不详。

《论出版自由》(第一册 P418 注释【增订三】)

《论出版自由》*Areopagitica*:伊索克拉底在公元前 4 世纪所写的演讲稿。

K

【N. Kazantzakis】N. 卡赞扎基斯(第三册 P34 注释③、第三册 P196 注释①)

N. 卡赞扎基斯(N. Kazantzakis,1883—1957),20 世纪享有国际声誉的希腊作家、诗人、散文和游记作家、记者,亦为《神曲》和《浮士德》的希腊文译者,代表作包括《奥德修续记》《希腊人左巴的生活和时代》《最后的诱惑》《自由与死亡》等。他的风格呈现出一种独特的"拟古性",文风遥应古代英雄史诗的磅礴气势,因而广受褒奖,被誉为复活了荷马精神。更有甚者将他称为"希腊的鲁迅"。

《希腊人卓尔巴》(第三册 P34 注释③)

《希腊人卓尔巴》*Zorba the Greek*:又称《希腊人左巴的生活和时代》,卡赞扎基斯著于 1946 年。小说主要讲述了主人公"我",一个年少、怀抱高远理想却理性压抑的书呆子在卓尔巴——一个年迈却始终放荡不羁、精力充沛的开矿工人在帮助下逃离萎靡烦闷的书斋生活,寻找真实的生命体验。

《最后的诱惑》(第三册 P34 注释③)

《最后的诱惑》*The Last Temptation*:又称《基督的最后诱惑》,卡赞扎基斯著于 1955 年,这本书可以说是每一个痛苦挣扎的人的自白。作品在一定程度上也反映了作者本人对于玄学的、超自然的以及存在主义的困惑,渴望从中寻求答案。

《奥德修续记》(第三册 P196 注释①)

《奥德修续记》*The Odyssey:A Modern Sequel*:卡赞扎基斯著,于1938 年发表,作品探讨了佛陀、基督、尼采、列宁和其他先哲的世界观。

L

【Diogenes Laertius】第欧根尼·拉尔修(第一册 P25 注释②、第二册 P79 注释①、第二册 P129 注释①、第二册 P246 注释①、第二册 P505【增订四】、第三册 P26 注释②、第三册 P31 注释①、第三册 P532 注释①、第四册 P165 注释①)

第欧根尼·拉尔修(Diogenes Laertius,生卒年不详,大约在公元前 3 世纪),罗马帝国时代作家、古希腊哲学史家,他以希腊文写作。他编著的《名哲言行录》为希腊哲学史研究提供主要参考来源。

《名哲言行录》(第一册 P25 注释②、第一册 P84 注释①、第二册 P129 注释①、第二册 P246 注释①、第二册 P505【增订四】、第三册 P26 注释②、第三册 P31 注释①、第三册 P532 注释①、第四册 P165 注释①)

《名哲言行录》Lives of Eminent Philosophers:相传是第欧根尼·拉尔修使用希腊文写成。此作描述了希腊哲学家的生平和言论。全书共 10 卷,包括 200 余位哲学家与 300 余篇作品。它将古希腊哲学按哲学家籍贯分为两大学派:爱奥尼亚派与意大利派,再按哲学流派来划分。该书是大量前代资料的总汇。

【Longlnus】朗吉努斯(第一册 P677 注释①、第一册 P696 注释①、第三册 P520 注释①、第三册 P575 注释①)

朗吉努斯(Longlnus,生卒年不详),古希腊作家。在很长时间里,人们以为这个朗吉努斯就是公元前 3 世纪的希腊演说家和哲学家卡西乌斯·朗吉努斯,但现在一般认为,他应该生活在公元 1 世纪。朗吉努斯晚贺拉斯大约一个世纪。他唯一保存下来的作品是论文《论崇高》(Peri Hupsous)。他把"崇高"一词引入美学的殿堂,使之成为美学的一个重要范畴。在构成崇高的因素中,如庄严伟大的思想、崇高的形象、天才与技巧、庄严的结构、高雅的措辞等体现了古典主义者的理想完美性,所以为后来的新古典主义者所继承。

《论崇高》(第一册 P677 注释①、第一册 P696 注释①、第三册 P520 注释①、第三册 P575 注释①)

《论崇高》On the Sublime:文艺理论论文,用书信体写成,它的主要抄本据说是朗吉努斯著于公元1世纪的作品。在此作中,朗吉努斯主要对高尚和宏大的语言进行了探讨,以期对"激昂慷慨"(ekstasis)这种特殊审美感知的原因做出解释。《论崇高》是当时就文学和修辞学理论进行论战的产物,阐述自己对崇高的风格,即对伟大文学作品的认识。这篇论文思想深刻,中世纪以来被译成各种文字,对欧洲古典主义时期的文艺理论有过很大影响。朗吉努斯的《论崇高》为法国古典主义理论纲领的建立作出了巨大的贡献。

【Longus】朗格斯(第四册 P17 注释①)

朗格斯(Longus,生卒年不详),古希腊小说家,大约生活在公元3世纪的莱斯博斯岛,其他不详。代表作有《达佛尼斯和克洛伊》等。

《达佛尼斯和克洛伊》(第四册 P17 注释①)

《达佛尼斯和克洛伊》*Daphnis and Chloe*:朗格斯著的爱情故事。此作讲述了两位天真青年——达佛尼斯和克洛伊的故事。爱神厄洛斯、酒神狄俄尼索斯、潘神和仙女们共同引导他们进入爱的神秘世界,给予他们感官上的和宗教上的启蒙。此作是最著名的早期希腊爱情小说之一,是现代小说的前身。

达佛尼斯和克洛伊:古希腊田园传奇中被后人视为楷模的一对天真无邪的情侣。

【Lucian】卢奇安(第二册 P463 注释①、第二册 P734 注释①、第二册、第二册 P745 注释①、第二册 P803 注释②、第三册 P292【增订三】、第四册 P199 注释④)

卢奇安(Lucian,120—180),又译琉善,罗马帝国时代的希腊语讽刺作家,罗马帝国时代最著名的无神论者。他的散文风格轻快,富于机智,爱引用古希腊文学、历史、哲学中的辞句,善用修辞。代表作有《诸神的对话》《死者的对话》《伯列格林努斯之死》《一个真实的故事》等。

《一个真实的故事》(第二册 P803 注释②)

《一个真实的故事》*A True Story*:卢奇安著。作品讲述了主人公前往月球,在被一阵持续了七天的旋风吹到空中后,他们抵达目的地。虽然情节荒诞,但其想象可贵。卢奇安的这个故事被认为是世界上首部科幻作品。此作在基督教一统的欧洲大陆曾是禁书,但对后世影响较大,特别是文艺复兴后,很多人的创作都受到他的影响,在托马斯·莫尔、埃拉斯穆斯、拉伯雷、伏尔泰、斯威夫特、菲尔丁,甚至西班牙的塞万提斯的作品中,以及后来的魔幻现实主义中都能看到卢奇安的影响。

M

【Menander】米南德(第四册 P199 注释②)

米南德(Menander,约前 341—前 290 年),希腊新喜剧诗人。米南德是亚里士多德的吕刻昂学院的继承人泰奥弗拉斯托斯的弟子,他知道亚里士多德的戏剧理论,读过泰奥弗拉斯托斯的《性格种种》。在哲学思想方面受过伊壁鸠鲁的影响。米南德生平共写了 105 部剧本,得过 8 次奖。古希腊新喜剧只传下米南德的两部完整的剧本《恨世者》《萨摩斯女子》和残篇剧本《公断》《割发》《赫罗斯》《农夫》等。

【Moschus】莫斯霍斯(第二册 P672 注释①)

莫斯霍斯(Moschus,生卒年不详),约活动于公元前 2 世纪前后。叙拉古人,诗人,萨摩斯拉斯的阿里斯塔尔库斯的门生。其作品现存 5 首六音步短诗,3 首诗见于他的《田园诗》,其中一首以城里人的快乐和渔夫的苦难生活作对比。其名下还有一部名为《欧罗巴》的六音步短篇史诗。

《希腊田园诗人》(第二册 P672 注释①)

《希腊田园诗人》*The Greek Bucolic Poets*:莫斯霍斯著,其他不详。

O

【Orpheus】俄耳甫斯(第一册 P42 注释①)

俄耳甫斯,古希腊神话传说中的诗人和歌手,他的父亲是太阳、畜牧、音乐之神阿波罗,母亲是司管文艺的缪斯女神卡利俄帕,所以他具有非凡的音乐天赋。

P

【Palladas】巴拉达思(第一册 P458 注释②、第三册 P288 注释①)

巴拉达思（Palladas，4 世纪左右），希腊诗人，生活在埃及的亚历山大，其现存的 151 首短诗都收录在《希腊诗选》中。

【Lucius Flavius Philostratus】斐罗斯屈拉图斯（第一册 P617 注释①、第三册 P244【增订四】）

斐罗斯屈拉图斯（Lucius Flavius Philostratus，170—247），古希腊作家、诡辩家。代表作有《提阿纳的阿波罗尼奥斯的生活》（8 卷）和《诡辩家传》（2 卷）等。

《提亚那的阿波罗尼奥斯的生活》（第三册 P244【增订四】）

《提亚那的阿波罗尼奥斯的生活》*The Life of Apollonius of Tyana*：斐罗斯屈拉图斯著。此作讲述了提亚那的阿波罗尼奥斯（约公元 15—100 年，毕达哥拉斯的老师）的故事。

《阿尔西弗伦、艾利安和斐罗斯屈拉图斯》 *Alciphron，Aelian，and Philostratus*：原名《阿尔西弗伦、艾利安和斐罗斯屈拉图斯书信》（*The Letters of Alciphron，Aelian，and Philostratus*），其他不详。

《情书》（第一册 P617 注释①）

《情书》*Love Letters*：斐罗斯屈拉图斯著，其他不详。

【Pindar】品达（第二册 P97 注释②、第三册 P76 注释③）

品达（Pindar，前 518—前 438），古希腊抒情诗人。他的诗里有泛希腊爱国热情和道德教诲。品达写过各种题材的诗，尤以合唱颂歌著称。品达的合唱颂歌在 17 世纪古典主义时期被认为是"崇高颂歌"的典范，对后世欧洲文学有很大影响。

《品达的毕达扬颂歌》（第二册 P97 注释②）

《品达的毕达扬颂歌》*Pythian Odes*：品达著。此作记录了他的 45 首胜利颂歌，用来庆祝希腊在四个伟大的体育竞赛中的胜利：奥林匹克、皮迪安（德尔菲）、内梅恩和地峡运动会。

【Plato】柏拉图（第一册 P101 注释①、第一册 P399 注释①、第一册 P433 注释①、第一册 P453 注释①、第一册 P513 注释②、第二册 P18 注释①、第二册 P48 注释②、第二册 P77 注释①、第二册 P151 注释③、第二册 P527 注释①、第三册 P81 注释①、第三册 P533 注释①）

柏拉图(Plato,前 427—前 347),古希腊哲学家,也是全部西方哲学乃至整个西方文化最伟大的哲学家和思想家之一。他和老师苏格拉底,学生亚里士多德并称为"古希腊三贤"。柏拉图的主要作品为对话录。代表作有《理想国》《普罗塔哥拉》等。

《柏拉图十三封信札》(第二册 P18 注释①)

《柏拉图十三封信札》Thirteen Epistles:柏拉图著。第七封信是其中最长的一封,大多数学者承认这封信是柏拉图真作,把它当作可靠的史料进行研究和引证。在这封信中,柏拉图提出了"物自体"这个表达。这封信的主要情节是:现在已是七十岁老人的柏拉图为狄翁的友人回忆他与狄奥尼修斯的相遇以及他在西西里政治努力的失败。

《法律篇》(第二册 P77 注释①)

《法律篇》Les Lois:柏拉图著。此书集中反映了晚年柏拉图的反思成果。《法律篇》反映了古希腊,特别是雅典城邦的建立、地理位置、选举制度、政府结构等情况。对话内容涉及历史、哲学、法律、宗教、教育、艺术、外交、贸易、伦理、家庭、婚姻、技艺、公民生活等。前三卷主要讨论立法的宗旨和立法者必须具有的素养和条件。第四卷到第十二卷分别论述各种法律和法律制度。此作对于理解古希腊法哲学和柏拉图在西方法哲学史的地位具有重要价值。

《斐多篇》(第一册 P513 注释②、第一册 P514【增订四】)

《斐多篇》Phaedo:柏拉图著。此作主要分析有限与无限,还探讨了灵魂的不朽、自杀及如何看待死亡等一系列问题。

《斐德若篇》(第一册 P101 注释①)

《斐德若篇》Phaedrus:柏拉图对话录里讨论爱情和美的一篇。该作也涉及灵魂的问题。柏拉图接受了希腊传统的观点,认为人由灵魂和肉体组成,肉体会死去,而灵魂是不朽的。

《斐里布篇》(第一册 P433 注释①)

《斐里布篇》Philèbe:柏拉图对话篇之一。此篇的主题是关于快乐、幸福等的理解。

《会饮篇》(第一册 P453 注释①、第二册 P527 注释①)

《会饮篇》Le Banquet:柏拉图著于前 385 年前后,以演讲和对话的形式写成。该作写悲剧家阿伽松为了庆祝自己的剧本获奖,邀请了几位朋友到家中会饮、交谈。参加者有喜剧家阿里斯托芬、哲学家苏格拉底、修辞学家斐德罗等人。整篇对话主要由 6 篇对爱神厄洛斯的颂辞组成,主要探讨爱的本质和从低级到高级的爱。

《理想国》(第一册 P399 注释①、第二册 P151 注释③、第三册 P81 注释①、第三册 P533 注释①)

《理想国》*La République*:柏拉图的重要的对话体著作之一,又译作《国家篇》《共和国》等。此书分十卷,涉及柏拉图思想体系的各个方面,主要探讨理想国家的问题。与柏拉图大多数著作一样,《理想国》也以苏格拉底为主角的对话体写成;书中,柏拉图通过苏格拉底与其他人对话的方式设计了一个真、善、美相统一的理想国。

【Plutarch】普鲁塔克(第一册 P84 注释①、第一册 P285 注释①、第一册 P362 注释①、第一册 P417 注释①、第一册 P599 注释①、第一册 P600 注释①、第一册 P600 注释②、第一册 P633 注释①、第一册 P688 注释②、第二册 P151 注释③、第二册 P281 注释①、第二册 P420 注释②、第三册 P121 注释②、第三册 P161【增订四】)

普鲁塔克(Plutarch,约 46—120),罗马帝国时代的希腊作家、哲学家、历史学家,以《比较列传》(又称《希腊罗马英豪列传》或《希腊罗马名人传》)一书闻名后世。

《道德论丛》(第一册 P84 注释①、第一册 P285 注释①、第一册 P417 注释①、第二册 P151 注释③、第二册 P281 注释①、第二册 P420 注释②、第三册 P121 注释②、第三册 P161【增订四】)

《道德论丛》*Moralia*:又译《掌故清谈录》或《道德论集》,是普鲁塔克一生讲学要义的精粹。其中包含 78 篇论文和语录。这部著作广泛地探讨了伦理、宗教、哲学、科学、政治、文学等方面的问题。内容扩及子女的教育、如何分辨善恶、夫妻人伦守则和相处之道,还有当世的格言及风习,尤其论及为官之道、为政之道。由于普鲁塔克超拔的文学驾驭,这也是一部典雅的随笔集,行文流丽、内容丰茂。

《传记集》(第一册 P362 注释①、第一册 P599 注释①、第一册 P633 注释①、第一册 P688 注释②)

《传记集》*Lives*:普鲁塔克著。所用材料多为后世无从看到的文献,有重要的史料价值。书中很多篇幅拿作者所认为的在命运和气质上类似的一名希腊人和一名罗马人的传记并列对比,附以合传,并用他的折中主义伦理思想加以评论。

《地米斯托克利传》(第一册 P600 注释①)

《地米斯托克利传》_Themistocles_:普鲁塔克《传记集》中所记载的关于此人物的传记。地米斯托克利是希腊军人、政治家。

【Proclus】普罗克洛斯(第二册 P78 注释②)

普罗克洛斯(Proclus,410—485),希腊哲学家、天文学家、数学家、数学史家。普罗克洛斯注释的书颇多,有柏拉图(Plato)的《巴门尼德》《蒂迈欧》《阿基比阿德》《共和国》;托勒密(Ptolemy)的天文学;亚里士多德(Aristotle)的物理学等。在天文学方面,他写过《天文学家的假设》,详释托勒密的体系。此外他还著有《球面学》及占星术。在中世纪,他的哲学思想比学术思想影响更大。他的《神学要旨》(_Elements of Theology_)一直被看做新柏拉图主义(Neoplatonism)的便利手册。

S

【Sappho】莎孚(第三册 P575 注释①)

莎孚(Sappho,前约 150 年—不详),古希腊女诗人,被希腊人誉为"第十诗神"。但其所著诗歌大多遗失,仅存断片。

【Sophocles】索福克勒斯(第一册 P286【增订四】、第一册 P334 注释①)

索福克勒斯(Sophocles,约前 496—前 406),古希腊三大悲剧作家之一(与埃斯库罗斯、欧里庇得斯齐名),公元前 440 年,还当选为雅典十将军之一,进入雅典的最高层。代表作为《埃阿斯》《俄狄浦斯王》《安提戈涅》《菲罗克忒忒斯》《特拉喀斯少女》和《俄狄浦斯在科罗诺斯》。

《俄底浦斯在科罗诺斯》(第一册 P286【增订四】)

《俄狄浦斯在科罗诺斯》_Oedipus at Coloneus_:索福克勒斯著,写于公元前 401 年。与《俄狄浦斯王》不同,该剧的情节编织不甚完善,但它的有趣之处并不在情节方面。也许该剧应被视为一部奇迹剧或者神秘剧,旨在探讨一个人背负了过多的罪恶感和知识而变得失常,他的一生最终被众神和典雅市民所拥戴,并被赋予新的意义。最后,俄狄浦斯王成了一个超越人类的英雄。

《七部剧》(第一册 P334 注释①)

《七部剧》*Seven Plays*:索福克勒斯流传至今的作品只有 7 部,即《埃阿斯》《厄勒克特拉》《俄狄浦斯王》《特拉喀斯少女》《安提戈涅》《菲罗克忒忒斯》和《俄狄浦斯在科罗诺斯》。其中,《安提戈涅》和《俄狄浦斯王》最能反映索福克勒斯的创作才能。

T

【Achilles Tatius】塔提尔斯(第一册 P697 注释①)

塔提尔斯(Achilles Tatius),罗马时代的一位希腊作家,活跃于公元 2 世纪,因其仅存的著作《琉喀珀和喀里托丰的冒险》而闻名。

《琉喀珀和喀里托丰的冒险》*Leucippe and Clitophon*(第一册 P697 注释①)

《琉喀珀和喀里托丰的冒险》:塔提尔斯著,是仅存的五大古希腊小说之一,与朗格斯的《达佛涅克和克洛伊》有颇多相似之处,语言诙谐辛辣。

【Theocritus】忒奥克里托斯(第二册 P400 注释①、第二册 P786 注释③、第三册 P41 注释③)

忒奥克里托斯(Theocritus,约前 325—约前 267),古希腊诗人,是西方牧歌(田园诗)的创始人。作品多以农民、渔夫和牧童的生活为题材,描绘农村景色,赞美农村生活。有 30 首田园诗和 25 首铭辞传世,对欧洲文学中田园诗的发展有一定影响。他的牧歌往往以两三个牧人为角色,彼此对歌,富有一定的戏剧性,反映的是他家乡西西里农村纯朴的生活和牧人们劳动、歌唱、谈情说爱的情形,感情真挚、朴素、乐观、幽默,但诗句比较讲究词藻,有点雕琢,丧失了荷马、赫西俄德和萨福等早期诗人的质朴感。

《希腊田园诗人》(第二册 P400 注释、第二册 P786 注释③、第三册 P41 注释③)

《希腊田园诗人》*The Greek Bucolic Poets*:忒奥克里托斯著,其他不详。

【Thucydides】修昔底德(第一册 P318【增订四】)

修昔底德（Thucydides，约前 460—前 400/396 年），古希腊历史学家、文学家，雅典十将军之一，代表作有《伯罗奔尼撒战争史》。

X

【Xenophon】色诺芬（第一册 P362 注释②、第二册 P568 注释①、第二册 P822 注释②）

色诺芬（Xenophon，前 440—前 355），古希腊历史学家，苏格拉底的弟子。他以记录苏格拉底语录、当时的希腊历史而著称。他著有《希腊史》（修昔底德《伯罗奔尼撒战争史》之续编）,《长征记》《雅典的收入》《拉西第梦的政制》以及《回忆苏格拉底》等。

《回忆苏格拉底》（第二册 P568 注释①）

《回忆苏格拉底》*Memorabilia*：色诺芬为其师苏格拉底写的一部回忆录。他在书中对苏格拉底的学问、道德和口才做了逼真的描述。此书对研究古希腊社会史和古希腊哲学史有很高的学术价值。

《居鲁士的教育》（第一册 P362 注释②）

《居鲁士的教育》*Cyropaedia*：色诺芬著的政治哲学著作。色诺芬通过叙述居鲁士的性格、品德和生平事迹，提出了他理想中培养政治家的方式，同时也阐发了他的济世方略。

《以弗所传奇》（第二册 P822 注释②）

《以弗所传奇》*Ephesiaca*：色诺芬著。这部作品中最早出现了在西方古典文学中比较多见的情人服药假死而后又复生的情节。因此，从中可以找到《罗密欧与朱丽叶》的故事源头。

【Bible】《管锥编》中引用的《圣经》

《圣经》*Bible*：分为旧约和新约两大部分。新旧约的区分是以耶稣出生为界限的。旧约通常被分类为摩西五经（又称律法书）、圣颂诗、历史书、智慧书和先知书五部分。旧约圣经全在耶稣诞生之前已写成及被辑录成书。新约由福音书（马太福音、马可福音、路加福音、约翰福音）、使徒行传、使徒书信和启示录组成。目前保存的最早希腊文《圣经》抄本为公元 4—5 世纪的抄本，最著名的有西乃山抄本、梵蒂冈抄本和亚历山大抄本。

《〈圣经〉武加大译本》（第三册 P124 注释①）

《〈圣经〉武加大译本》*Vulgate*：又译《拉丁通俗译本》，是 5 世纪的《圣经》拉丁文译本，由耶柔米自希腊文版本翻译过来。8 世纪以后，该译本得到普遍承认。1546 年，特伦特宗教会议将该译本批准为权威译本。现代主要的圣经版本，都源自于这个拉丁文版本。

《撒母耳记下》（第一册 P375 注释②、第一册 P469 注释①）

《撒母耳记》*Samuel*：旧约历史书的一部分，它讲述了君主政体的开始至大卫统治的衰落这段时间的故事。

《路加福音》（第二册 P78 注释①）

《路加福音》*Luke*：《圣经》新约中的一卷书，共 24 章，记载施洗约翰，耶稣的出生、童年、传道、受难、复活。路加是使徒保罗的追随者，所以一般认为他的福音中的内容大多源自保罗口述。

《列王纪上》（第一册 P355 注释①、第三册 P239 注释①）

《列王纪上》*I Kings*：《列王纪上》是《旧约》史书的一卷，定形于公元前 6 世纪中叶，主要讲了大卫晚年至犹大王约沙法和以色列王亚哈谢年间国运兴衰、王朝更迭的历史。

《启示录》（第三册 P270 注释①）

《启示录》*Revelations*：《圣经》新约中的一卷书，共 22 章，作者是使徒约翰；此卷描绘了一场规模巨大、代价沉重，而又波澜壮阔的正邪较量和人类劫难。

《创世记》（第二册 P228 注释①）

《创世记》*Genesis*：基督教经典《圣经》第一卷书，开篇之作，属于旧约摩西五经。本书介绍了宇宙的起源（起初神创造天地），人类的起源（神创造了亚当和夏娃）和犹太民族的起源，以及犹太民族祖先的生活足迹。

《马太福音》（第二册 P49 注释②、第三册 P124 注释①、第三册 P270 注释①）

《马太福音》*Matthew*：《圣经》新约的一卷书，共 28 章，记载了耶稣的生平与职事，其中包括耶稣的家谱、耶稣神奇的出生、童年、受浸与受试探、讲道、上十字架、复活，最后，复活的耶稣向使徒颁布大使命。

《弥迦书》（第二册 P335 注释②）

《弥迦书》*Micah*：《圣经》旧约中的一卷书，共 7 章，记载了弥迦针对南方犹大国的预言，以及他向犹大人发出警告等信息。全书可分为三部分，每部分都以"你们要听"为开始。书中包含谴责、惩罚的警告及祝福的应许。

《耶利米书》(第一册 P287 注释①)

《耶利米书》Jeremiah：《圣经》旧约中的一卷书，共 52 章，记载了先知耶利米的预言——在公元前 586 年耶路撒冷将被巴比伦灭亡，但犹太人并没有听从他的警告。

《约伯记》(第一册 P287 注释①)

《约伯记》Job：《圣经》旧约中的一卷书，共 42 章。记载了义人约伯受苦、他的朋友们与他的辩论，以及上帝给他的回答等，最后约伯因回转心意而比受苦之前更加蒙福。本卷圣经着重探讨了为什么行为完善妥当的人却会受苦的主题。

《帖撒罗尼迦前书》(第三册 P270 注释①)

《帖撒罗尼迦后书》(第一册 P355 注释①)

《帖撒罗尼迦前后书》I Thessalonians，II Thessalonians：《圣经》新约中的部分。一般公认，《帖撒罗尼迦前后书》乃是使徒保罗书信中最早的两封(保罗是基督教真理的主要诠释者，他先后至少写了十三封新约书信)。在保罗所写的书信当中，《帖撒罗尼迦前后书》与《罗马书》和《以弗所书》并称新约三大教义书，各别着重强调"信、望、爱"三大信徒美德。

《以西结书》(第一册 P355 注释①)

《以西结书》Ezekiel：《圣经》旧约中的一卷，共 48 章。记载了先知以西结看到的异象。以西结是耶路撒冷的祭司，他在迦勒底人第三次进攻犹大地时被掳往迦巴鲁河谷；耶和华的手降在他身上，他被圣灵感动，便为被俘的犹太人作预言。

《以赛亚书》(第一册 P355 注释①)

《以赛亚书》Isaiah：《圣经》的第 23 卷书，是上帝默示由先知以赛亚执笔，大约在公元前 723 年之后完成。记载关于犹大国和耶路撒冷的背景资料，以及当时犹大国的人民在耶和华前所犯的罪，并透露耶和华将要采取判决与拯救的行动。

《彼得后书》(第三册 P270 注释①)

《彼得后书》II Peter：《圣经》新约中的一卷书。写作时间很可能在公元 64 年左右，即使徒彼得完成第一封信之后不久。共 3 章：第一章是信的提醒；第二章是爱的警戒；第三章是望的劝勉。

《阿摩司书》(第二册 P335 注释①)

《**阿摩司书**》*Amos*：《圣经》旧约的一卷书，本卷共 9 章。记载了警告列国、惩罚以色列、五个异象、复兴的应许等。以色列王耶罗波安二世原是无道之君，但在他以后的君王比他更坏。当时国民道德沦亡，宗教腐败，不堪言状。阿摩司便在耶罗波安二世第 37 年时奉召为先知。他先预言以色列的敌国要受罚，再论犹大国将受刑，然后再说以色列国将受的灾祸；表明"雅各家"虽是神所眷顾的百姓，但若不悔改，仍不免与列国一样受责罚。但最后说到神的怜悯，成为众人的盼望与安慰。

《管锥编》中引用的古罗马(拉丁语)作家作品

A

【Aelian】艾利安(第四册 P126 注释①)

艾利安(Aelian,175—235),罗马作家、修辞学家,代表作有《论动物的特性》《瓦里亚历史》等。

《瓦里亚历史》(第四册 P126 注释①)

《瓦里亚历史》*Varia Historia*:艾利安著。此作包括轶事和传记、列表、格言,对自然奇观和奇怪地方习俗的描述,以及各种各样的关于英雄和统治者、运动员和智者的道德故事。

【Antipater of Thessalonica】帖撒罗尼迦的安替帕特(第一册 P209 注释①、第四册 P421 注释①)

帖撒罗尼迦的安替帕特(Antipater of Thessalonica,生卒年不详),古罗马奥古斯都时期的警句作家,曾任帖撒罗尼迦总督,故被称为帖撒罗尼迦的安替帕特,著有《希腊诗选》。

《希腊诗选》(第一册 P209 注释①、第一册 P458 注释②、第一册 P460 注释①、第二册 P244 注释①、第二册 P284 注释①、第二册 P463 注释①、第二册 P715 注释①、第二册 P734 注释①、第四册 P421 注释①)

《希腊诗选》*Greek Anthology*:帖撒罗尼迦的安替帕特著,其他不详。

【Lucius Apuleius】阿普列乌斯(第二册 P156 注释①)

阿普列乌斯(Lucius Apuleius,约公元 124—170),古罗马拉丁语语言散文作家,柏拉图学派的哲学家和修辞学家。代表作有《变形记》(也译作《金驴记》)等。

《变形记》(第二册 P156 注释①)

《变形记》*Metamorphoseon*(也译作《金驴记》):阿普列乌斯创作的长

篇小说,是用拉丁语写成的世界最古老的小说之一。小说描写贵族青年鲁齐伊远游途中寄宿友人家中,误以魔药涂身变成一头驴子后的艰辛历程。驴子后来食用埃及女神的玫瑰花环后复现人形。

【Ludovico Ariosto】路德维柯·阿里奥斯托(第一册 P50 注释①、第一册 P371 注释②、第一册 P697 注释②、第二册 P160 注释③、第二册 P181 注释①、第二册 P284 注释①、第二册 P695 注释①、第三册 P96 注释①、第四册 P148 注释①、第四册 P200 注释①、第四册 P200 注释②、第四册 P562 注释①)

路德维柯·阿里奥斯托(Ludovico Ariosto,1474—1533),意大利文艺复兴时期的剧作家、诗人。代表作有《列娜》《妖术》等风俗喜剧,长诗《疯狂的罗兰》。

《疯狂的罗兰》(第一册 P50 注释①、第一册 P371 注释②、第一册 P697 注释②、第二册 P160 注释③、第二册 P181 注释①、第二册 P284 注释①、第二册 P695 注释①、第三册 P96 注释①、第四册 P148 注释①、第四册 P200 注释①)

《疯狂的罗兰》Orlando furioso(又译《疯狂的奥兰托》):阿里奥斯托著,1516 年出版。此作以查理曼率军抵抗北非摩尔人入侵为经,再以数个杰出勇士所从事的诸多冒险为纬交织而成,将充满神话色彩的骑士冒险故事同现实生活事件编织在一起,对欧洲的叙事长诗产生了深远影响。

《讽刺诗》(P150 注释②)

《讽刺诗》Satira:阿里奥斯托早年用拉丁语、俗语写过一些爱情诗和哀歌,《讽刺诗》七首在这其中比较著名,作于 1517 至 1525 年间,是用三韵句写成的致亲友的书信,抒写不得志的境遇,对时政进行针砭。《讽刺诗》是模仿罗马诗人贺拉斯笔法写成的。

《妖术》(第四册 P200 注释①)

《妖术》Il Negromante:阿里斯奥斯托著的风俗喜剧,发表于 1521 年。

【Marcus Aurelius】马可·奥勒留(第二册 P48 注释①、第三册 P436 注释①)

马可·奥勒留(Marcus Aurelius,121—180),罗马思想家、哲学家,

斯多葛学派代表人物之一，公元 161—180 年任罗马帝国皇帝，是著名的"帝王哲学家"。他以希腊文写成的著作《沉思录》传世。

《沉思录》（第二册 P48 注释①、第三册 P436 注释①）

《沉思录》*Meditations*：斯多葛派哲学的一个里程碑著作，马可·奥勒留著于公元前 2 世纪后期。马可·奥勒留在书中阐述了灵魂与死亡的关系，解析了个人的德行、个人的解脱以及个人对社会的责任，要求人们常常自省以达到内心的平静，要正直地思考，而且，还要付诸行动。

【Saint Aurelius Augustinus】圣奥古斯丁（第一册 P14 注释③、第二册 P49 注释②、第二册 P51 注释①、第二册 P83 注释②、第二册 P108【增订四】、第二册 P151 注释④、第二册 P356 注释①）

圣奥古斯丁（Saint Aurelius Augustinus，354—430），古罗马帝国时期天主教思想家，欧洲中世纪天主教神学的重要代表人物，奥斯定会的发起人。对于新教教会，特别是加尔文主义，他的理论是宗教改革的救赎和恩典思想的源头。代表作有《上帝之城》《论自由意志》《忏悔录》《论美与适合》《论三位一体》等。其美学思想主要体现在他的神学著作和《忏悔录》中。

《忏悔录》（第一册 P14 注释③、第二册 P49 注释②、第二册 P83 注释②、第二册 P108【增订四】、第二册 P151 注释④、第二册 P356 注释①）

《忏悔录》*Confessions*：圣奥古斯丁著。本书是以祷告自传手法所写的悔改故事，描写早期圣奥古斯丁归信时的内心挣扎及转变经历，反映了作者的心路历程，具有自传性质，被称为西方历史上"第一部"自传。此书也是晚期拉丁文学中的代表作。

《上帝之城》（第一册 P37 注释①、第二册 P51 注释①）

《上帝之城》*The City of God*：圣奥古斯丁著。全书分 22 卷。第一部分第 1—10 卷主要驳斥对基督教的攻击，第二部分第 11—22 卷则说明地上城和上帝城的不同起源、进展和结局。这书既是历史书、哲学书，也是神学书。

【Decimius Magnus Ausonius】奥索尼乌斯（第二册 P739 注释②、第四册 P293 注释②）

奥索尼乌斯（Decimius Magnus Ausonius，310—395），古罗马诗人，

出身于贵族家庭。曾任修辞学教授。奥索尼乌斯熟悉古代文学,有诗歌才能,但作品内容贫乏,反映了罗马帝国没落时期的时代特点。其作品多为咏叹诗、田园诗、讽刺诗,诗歌语言驳杂,代表作有《莫萨拉河》《诸帝贤能似凯撒》等。

《游戏组诗》(第二册 P739 注释②)

《游戏组诗》*Technopaegnion*:奥索尼乌斯著,是其创作的 20 首田园诗(以诗艺游戏方式写成,每行常以单音节词结尾,整首诗每行长短排列往往模仿某一物品形状),其中最为著名的是纪游诗《莫萨拉河》,它描写了莱茵河和莫萨拉河两岸的优美景色。

C

【Titus Lucretius Carus】T. 卢克莱修(第一册 P284 注释②、第二册 P30 注释④、第二册 P745 注释①、第四册 P64 注释②)

T. 卢克莱修(Titus Lucretius Carus,前 99—前 55),罗马共和国末期的诗人和哲学家,以哲理长诗《物性论》著称于世。他继承古代原子学说,反对神创论,承认世界的可知性,认为物质的存在是永恒的,提出了"无物能由无中生,无物能归于无"的唯物主义观点。

《物性论》(第一册 P284 注释②)

《物性论》*De Rerum Natura*:卢克莱修所著的哲学长诗,全书依据德谟克利特开创的原子唯物论,以大量事例阐明了伊壁鸠鲁的学说,批判了灵魂不死和灵魂轮回说及神创论,将朴素唯物主义的观点贯彻于自然、社会和思维领域。它是现存唯一系统阐述古希腊罗马原子唯物论的著作。

【Marcus Porcius Cato】马尔库斯·波尔基乌斯·加图(第一册 P99 注释②)

马尔库斯·波尔基乌斯·加图(Marcus Porcius Cato,前 234—前 149),罗马共和国时期的政治家、国务活动家、演说家,前 195 年的执政官。他被称为老加图(Cato Maior)或监察官加图(Cato Censorius),以与其曾孙小加图区别。老加图在拉丁文学的发展方面有重大影响。他是第一个使用拉丁语撰写历史著作的罗马人,也是第一个值得一提的拉丁语散文作者。在他之前,罗马主要的文学语言是希腊语。

《加图格言》(第一册 P99 注释②)

《加图格言》*Dicta Catonis*:马尔库斯·波尔基乌斯·加图著,其他不详。

【Catullus】卡图卢斯(第三册 P194 注释①、第四册 P17 注释①、第四册 P45 注释②、第四册 P293 注释①)

卡图卢斯(Catullus,约前 87—约 54),古罗马诗人。他传下 116 首诗,包括时评短诗、爱情诗、神话诗和各种幽默小诗。卡图卢斯的抒情诗不仅影响到其后的罗马抒情诗的发展,而且对后代欧洲抒情诗的发展也产生相当大的影响。

【Marcus Tullius Cicero】西塞罗(第三册 P104 注释②、第四册 P72 注释①、第四册 P112 注释①、第四册 P165 注释①、第四册 P165 注释①、第四册 P396 注释①)

西塞罗(Marcus Tullius Cicero,前 106—前 43 年),古罗马著名政治家、演说家、雄辩家、法学家和哲学家。代表作有哲学著作《论至善和至恶》《论神性》和教育学著作《论雄辩家》等。

《论老年》(第三册 P104 注释②)

《论老年》*De Senectute*:西塞罗著的《三论》中一论,著于公元前 44 年。另外两论是《论友谊》《论责任》。

《论至善和至恶》(第四册 P72 注释①)

《论至善和至恶》*De Finibus Bonorum et Malorum*:西塞罗著的哲学著作,发表于公元前 45 年。

《论演说家》(第四册 P112 注释①)

《论演说家》*Orator*:又称《论雄辩家》,是西塞罗论述教育的主要著作,发表于公元前 55 年。此作是一部空前绝后的关于演说术之奥秘的杰出作品,探讨了一个演说家所必需的学问和应具备的品格。此作共三卷。第一卷从哲学的广度谈真正的演说术;第二卷和第三卷谈演说术的具体方面。

《图斯库兰讨论集》(第四册 P165 注释①)

《图斯库兰讨论集》*Tusculan Disputations*:西塞罗著于公元前 45 年

的伦理学、哲学著作。

【Claudian】克劳狄安（第二册 P278 注释①、第二册 P739 注释②、第四册 P454 注释③）

克劳狄安（Claudian，约 370—404），也译作劳狄埃纳斯，古罗马诗人，西罗马帝国皇帝霍诺里厄斯的宫廷诗人。传世之作有长诗《普罗塞尔平娜被劫记》。其诗作语言简练生动，富有想象力，还保留了若干珍贵的史料。他另写有许多政治性的颂辞和讽刺短诗，一般认为他是罗马帝国晚期最卓越的诗人。

《优罗匹姆》（第二册 P278 注释①）

《优罗匹姆》*Eutropium*：克劳狄安所著诗歌。此诗在意图和效果上都是为了政治宣传。克劳狄安本人生活于由霍诺里厄斯（Honorius）统治的西罗马帝国，此诗是针对当时阿凯多斯（Arcadius）统治下东罗马帝国的一名太监、侍从同时也是东罗马王位背后的重要人物——"优罗匹姆"（Eutropium）而写。

《普罗比努斯和奥利布里乌斯颂词》（第二册 P739 注释②）

《普罗比努斯和奥利布里乌斯颂词》*Eulogy of Probinus and Olybrius*：克劳狄安著。当时他到意大利后放弃了原来的希腊文创作，用精湛的拉丁文写了这首赞誉权臣普罗比努斯（Probinus）和奥利布里乌斯（Olybrius）的政绩的诗。

《吉尔多战争》（第四册 P454 注释③）

《吉尔多战争》*De Bello Gildonico*：克劳狄安著。此作写了吉尔多战争。吉尔多（Gildo，?—398）是摩尔人的君主，原任罗马的非洲大法官和军队长官，后发动反对罗马的叛乱（397—398）。他阻止船舶自非洲驶往意大利，以切断罗马极为重要的粮食供应来源。398 年春，罗马元老院宣布吉尔多为"公敌"，派出部队前往非洲，一举粉碎了叛乱。吉尔多全军覆没，本人遭处决。

E

【Quintus Ennius】恩尼乌斯（第一册 P696 注释②、第三册 P17 注释③）

恩尼乌斯（Quintus Ennius，前 239—前 169 年），又译埃纽斯，是古罗

马诗人、剧作家。他很有诗歌才能,一生致力于向罗马人介绍希腊文学和哲学,在文学创作方面也有所建树,为罗马诗歌艺术的发展作出了贡献。现仅存 600 多行残诗。他的哲学著作、讽刺诗、铭辞及其他著作均已失传。

《编年纪》(第一册 P696 注释②)

《编年纪》*Annals*:恩尼乌斯著。《编年纪》全诗叙述罗马人的历史业绩。叙述从特洛亚毁灭开始,然后顺次叙述罗马的建立、王政时期和共和制的建立、高卢人的入侵、罗马向意大利扩张、迦太基的建立和第一次布匿战争、第二次布匿战争、马其顿战争、对西亚的征服、埃托利亚战争等。

【Epictetus】爱比克泰德(第一册 P74 注释①、第二册 P48 注释①、第三册 P436 注释①)

爱比克泰德(Epictetus,约 55—约 135 年),古罗马斯多葛学派哲学家。爱比克泰德是继苏格拉底后对西方伦理道德学说的发展作出最大贡献的哲学家,对斯多葛派学说有重要的发展和突破。他重心性实践,主张遵从自然过一种自制的生活,聚焦于具体的生活伦理学的思考上。他的思想对欧洲哲学与宗教产生过深远的影响。

《手册》(第一册 P74 注释①、第二册 P48 注释①、第三册 P436 注释①)

《手册》*Encheiridion*:爱氏本身没有著作,爱比克泰德的学生记录整理的授课笔记。他的学生阿利安记录了他的谈话,整理为《爱比克泰德论说集》(*Arrian's Discourses of Epictetus*),从中辑选《手册》(*Encheiridion*)。也有人认为那两本书是爱氏自己著述或大部分由爱氏执笔。

F

【G. G. Ferrero】G. G. 法里罗(第一册 P16 注释①【增订三】、第一册 P301 注释①、第二册 P85 注释②、第二册 P408 注释②、第二册 P707 注释③、第二册 P743 注释④、第三册 P323 注释②、第四册 P15 注释①、第四册 P147 注释②、第四册 P291 注释①、第四册 P293 注释③、第四册 P307 注释①、第四册 P459 注释①、第四册 P533 注释③)

G. G. 法里罗（G. G. Ferrero，生卒年不详）：不详。

《马里诺和马里诺主义》（第一册 P16 注释①【增订三】、第一册 P72 注释①、第一册 P301 注释①、第二册 P85 注释②、第二册 P196 注释②、第二册 P408 注释②、第二册 P646 注释①、第二册 P707 注释③、第二册 P743 注释④、第三册 P323 注释②、第四册 P15 注释①、第四册 P147 注释②、第四册 P291 注释①、第四册 P293 注释③、第四册 P307 注释①、第四册 P459 注释①、第四册 P533 注释③）

《马里诺和马里诺主义》*Marino e i Marinisti*：G. G. 法里罗著，其他不详。

【Sextus Julius Frontinus】S. J. 弗罗蒂努斯（第一册 P347 注释①、第一册 P370 注释①、第一册 P390 注释①、第一册 P513 注释①、第一册 P599 注释①、第三册 P16 注释①、第三册 P16 注释②、第三册 P17 注释①、第三册 P17 注释②）

S. J. 弗罗蒂努斯（Sextus Julius Frontinus，40—103，也译作弗朗提努、弗仑蒂努斯），古罗马政治家和军事理论家，曾任不列颠总督，他一生军事著述很多，但绝大部分已散佚，留传至今的仅有《谋略》。书中记载以曼陀罗酒胜敌的战例。他对流体力学也提出过重要的见解。

《谋略》（第一册 P347 注释①、第一册 P370 注释①、第一册 P513 注释①、第一册 P599 注释①、第三册 P16 注释①、第三册 P16 注释②、第三册 P17 注释①、第三册 P17 注释②）

《谋略》*Stratagems*：弗罗蒂努斯著，成书于公元 84—96 年。这本书旨在叙述战略上获得成功的战例，书中的绝大部分史例，来自古希腊、古罗马的重大战争，以大流士、居鲁士、汉尼拔、腓力、亚历山大、凯撒、马略等世界著名统帅的事迹，来说明军事学的规律，以使将军们提高作战指挥的能力。此书还具有军事史学研究价值。

G

【Aulus Gellius】格利乌斯（第一册 P58 注释①、第二册 P13 注释③、第二册 P48 注释⑤、第三册 P41 注释②、第三册 P95 注释①、第三册 P436 注释②、第三册 P534 注释③）

格利乌斯(Aulus Gellius,125—180 年),古罗马学者、语法学家、哲学家。格利乌斯唯一留存至今的作品是《阿提卡之夜》。

《阿提卡之夜》(第一册 P58 注释①、第三册 P95 注释①、第三册 P436 注释②、第三册 P534 注释③)

《阿提卡之夜》*The Attic Nights*:全书 20 卷,其中第 8 卷只有目录和片段,作者是在阿提卡的冬夜着手整理此书,因而以此作为书名。作者自称此书内容有些是他阅读希腊罗马作家作品的笔记,有些则是谈话或听课的记录。书中内容涉及文学、语言学、哲学、神话、历史、考古、风习、制度以及游记、名人逸事等各方面。由于征引了将近 300 种古人的作品,这些作品大多又已失传,因而此书具有颇高的史料价值。

H

【Hadrian】哈德里安(第四册 P293 注释②)
哈德里安(Hadrian,76—138),古罗马皇帝,也是位诗人。

【Quintus Horatius Flaccus】贺拉斯(第一册 P145 注释③、第一册 P452【增订一】、第一册 P707 注释①、第一册 P720 注释①、第二册 P85 注释③、第二册 P159 注释①、第二册 P310 注释①、第三册 P81 注释①、第三册 P119 注释③、第三册 P150 注释②、第三册 P338 注释①、第三册 P572 注释①、第四册 P45 注释②、第四册 P64 注释③、第四册 P64 注释③、第四册 P209 注释①)

贺拉斯(Quintus Horatius Flaccus,前 65—前 8 年),罗马帝国奥古斯都统治时期著名的诗人、批评家、翻译家。他与维吉尔、奥维德并称为古罗马三大诗人,代表作有《诗艺》等。

《书札》(第一册 P452【增订一】、第一册 P707 注释①、第一册 P720 注释①、第二册 P85 注释③、第二册 P159 注释①、第三册 P81 注释①、第四册 P209 注释①)

《书札》*Epist*:贺拉斯著。第一卷写于公元前 23—前 20 年,主要内容是生活哲理。第二卷全部与文艺批评有关,特别是其中第三首,俗称《诗艺》,是欧洲古典文艺理论名篇。诗人从自己的诗歌创作实践出发,畅谈艺术模仿、艺术与生活的关系、文艺的教育作用、诗人的修养等,对后世欧洲文艺理论很有影响。

《抒情诗集》(第一册 P145 注释③、第二册 P310 注释①、第四册 P64 注释③)

《抒情诗集》*Carmina*：贺拉斯著。

《讽刺诗集》(第三册 P119 注释③、第四册 P45 注释②)

《讽刺诗集》*Sermonum*(也译为《大事记》)：贺拉斯著。此作有 2 卷。贺拉斯继承了罗马讽刺诗传统，以闲谈形式嘲笑欺诈、淫靡、吝啬、贪婪等各种恶习，宣扬中庸之道和合理享乐。

《诗艺》(第三册 P338 注释①、第三册 P572 注释①)

《诗艺》*Ars poetica*：古罗马帝国诗人、批评家贺拉斯著，这是一封写给罗马贵族皮索父子的诗体信简，共 476 行。《诗艺》对诗的措辞、结构和内容、诗人的训练等进行了全面而详尽的评论。它上承亚里士多德，下开文艺复兴和后来的古典主义理论之端，对后期西方的文学创作，尤其是戏剧与诗歌影响深远。

J

【Juvenal】朱文诺(第一册 P573 注释①、第三册 P613 注释①)

朱文诺(Juvenal)，古罗马讽刺诗人，约生活在 1—2 世纪。代表作有《讽刺诗》等。

《讽刺诗》(第一册 P573 注释①、第三册 P613 注释①)

《讽刺诗》*Satires*：朱文诺著。此作收录了他在公元 1 世纪末至 2 世纪初所创作的一系列讽刺诗。

L

【Titus Livy】李维(第二册 P41 注释①、第二册 P51 注释①)

李维(Titus Livius，前 59—公元 17 年)，罗马共和国后期学问渊博的博物学家、历史学家，教授屋大维的继孙克劳狄，即后来的皇帝克劳狄一世；著有《罗马自建城以来的历史》等。

【Marcus Annaeus Lucanus】M. A. 卢坎(第一册 P359 注释①、第二册

P687 注释①、第四册 P51 注释①)

M. A. 卢坎(Marcus Annaeus Lucanus,39—65),罗马诗人。他最著名的著作是史诗《法沙利亚》(*Pharsalia*),也译作《内战》(*The Civil War*)。

《内战》(第一册 P359 注释①、第二册 P687 注释①、第四册 P51 注释①)

《内战》*The Civil War*:卢坎著,用自由诗体写成,此作描述凯撒与庞培之间的内战,虽未完成,却被誉为是维吉尔《埃涅阿斯》之外最伟大的拉丁文史诗。

【Gaius Lucilius】卢基里乌斯(第二册 P785 注释①、第四册 P213 注释①)

卢基里乌斯(Gaius Lucilius,?—前 103 年),古罗马讽刺作家,常年生活于罗马城。曾与古罗马著名作家伊利乌斯等人相交往。他的作品流传至今,取材广泛,对古罗马社会各方面均有辛辣的讽刺。

M

【Marcus Manilius】M. 马尼吕斯(第一册 P452【增订一】)

M. 马尼吕斯(Marcus Manilius,公元 1 世纪),罗马诗人、占星家,著有《天文学》。

《天文学》(第一册 P452【增订一】)

《天文学》*Astronomica*:马尼吕斯于公元 10—20 年著,是一部关于天体现象的拉丁语教学诗,用六步格诗书写,共包含五本书。

【Marcus Valerius Martialis】马提雅尔(第四册 P45 注释②、第四册 P293 注释①)

马提雅尔(Marcus Valerius Martialis,约 38—约 102),古罗马诗人兼讽刺作家,代表作有《铭辞集》等。

【Martial】玛西尔(第三册 P496 注释②)

玛西尔(Martial,约 38—约 102),古罗马诗人。其他不详。

O

【Ovid】奥维德(第一册 P189 注释①、第一册 P212 注释①、第一册 P452【增订一】、第二册 P284 注释①、第二册 P586 注释①、第二册 P695 注释②、第二册 P786 注释③、第三册 P31 注释①、第三册 P341 注释①、第四册 P16 注释①、第四册 P17 注释①、第四册 P45 注释②、第四册 P293 注释①)

奥维德(Ovid,前 43—17 或 18),古罗马诗人,与贺拉斯、卡图卢斯和维吉尔齐名。著有《爱的艺术》《变形记》《女杰书简》《爱情三论》等。

《爱的医疗》(第三册 P31 注释①)

《爱的医疗》Remediorum amoris:奥维德创作早期主要用哀歌体格律写成的爱情诗。这类诗歌中除了《爱的医疗》外,还包括《恋歌》《爱的艺术》《论容饰》《列女志》等。

《爱经》(第四册 P45 注释②)

《爱经》Ars armatoria:也译为《爱的艺术》,奥维德著。全书三卷,第一卷《如何获得爱情》,第二卷《如何保持爱情》。第一、二卷从社会学、心理学基础上对青年男女指导如何处理爱情问题。第三卷《女人的良友》专为妇女说法,提高妇女的社会地位、家庭地位,鼓励妇女要主动地对待爱情。

《变形记》(第一册 P452【增订一】、第二册 P284 注释①、第二册 P284 注释①、第二册 P786 注释③)

《变形记》Metamorphoses:奥维德著。该书用六音步诗行写成,全诗取材于古希腊罗马神话,共 15 卷,包括大小故事 250 多个(其中以爱情故事为主),是古希腊罗马神话的大汇集。奥维德根据古希腊哲学家毕达哥拉斯的"灵魂轮回"理论,用变形,即人由于某种原因变成动植物、星星、石头等这一线索贯穿全书,以阐明"世界一切事物都在变易中形成"的哲理。

《恋歌》(第一册 P212 注释①、第四册 P16 注释①)

《恋歌》Amores:奥维德著,发表于公元 18 年左右,共 49 首。诗歌主要抒发了对一名叫科林娜的女子的爱情。

《朱鹭》(第二册 P695 注释②)

《朱鹭》Ibis:奥维德著,是一首谩骂仇敌的长诗,援引了各种神话典故。

《哀歌》(第四册 P293 注释①)

《哀歌》*Tristia*：奥维德著。此作共 5 卷,收诗 50 首。公元 8 年奥维德被流放后,心情忧郁,生活凄苦,写下《哀歌》,反映流放的生活感受,表达孤寂、怨悔的心情。

《女杰书简》(第一册 P189 注释①、第三册 P341 注释①)

《女杰书简》*Heroides*：此作也被译为《古代名媛》《列女志》,是诗人奥维德假想古代传说中 21 位著名妇女写给丈夫或情人的信。

P

【**Petronius**】佩特洛尼乌斯(第一册 P573 注释①、第二册 P602 注释②、第三册 P8 注释①、第三册 P300 注释③)

佩特洛尼乌斯(Petronius,27—66,也称阿尔比特罗),古罗马讽刺作家。留存于世的就一部作品《萨蒂利卡》。

《萨蒂利卡》(第一册 P573 注释①、第二册 P602 注释②、第三册 P8 注释①、第三册 P300 注释③)

《萨蒂利卡》*Satyricon*(又译为《萨蒂利孔》)：佩特洛尼乌斯著,喜剧故事。此作以讽刺手法描绘了罗马帝国的荒淫生活。该书以散文体写成,中间穿插诗歌,记述了两个年轻人和一个男孩声名狼藉的冒险经历。

【**Phaedrus**】费德鲁斯(第一册 P575 注释①)

费德鲁斯(Phaedrus,生卒年不详),古罗马寓言作家,著有《寓言集》,对后世欧洲的寓言作家如拉封丹、克雷洛夫等人都有较大的影响。他的寓言主要写动物故事,有不少利用神话传说、民间故事、历史笑话、伊索寓言的题材和流行的哲学格言等进行创作,同时也注意从现实生活中取材。

《寓言集》(第一册 P575 注释①)

《寓言集》*Fabulae*：费德鲁斯著,共 5 卷,现存 130 多个寓言。

【**Plautus**】普劳图斯(第四册 P88【增订四】)

普劳图斯(Plautus,前 254 左右—前 184),古罗马戏剧家,第一个有完整作品传世的古罗马喜剧作家。代表作有《孪生兄弟》《一坛黄金》和《撒谎者》等。

《凶宅》(第四册 P88【增订四】)

《凶宅》*Mostellaria*:普劳图斯著的戏剧,创作时间不详。剧中青年乘父亲外出的机会狎妓宴乐,父亲归来后靠机智奴隶的帮助巧设计谋,愚弄了老人,摆脱了困境。

【Plotinus】普罗提诺(第一册 P14 注释②、第一册 P245 注释①、第一册 P626 注释①、第二册 P17 注释①、第二册 P48 注释①、第二册 P48 注释②、第二册 P77 注释②、第二册 P83 注释①、第二册 P175 注释①)

普罗提诺(Plotinus,205—270),又译柏罗丁,新柏拉图主义奠基人。其学说融汇了毕达哥拉斯和柏拉图的思想以及东方神秘主义,视"太一"为万物之源,人生的最高目的就是复返"太一",与之合一。其思想对中世纪神学及哲学,尤其是基督教教义,有很大影响。

《九章集》(第一册 P14 注释②、第一册 P245 注释①、第一册 P626 注释①、第二册 P17 注释①、第二册 P48 注释①、第二册 P48 注释②、第二册 P77 注释②、第二册 P83 注释①、第二册 P175 注释①)

《九章集》*Énnéades*:普罗提诺的代表作。该书提出了一套关于美的理论,在西方美学史上很有影响。全书共 6 集,每集含 9 篇,故名《九章集》。全书在结构上并非统一的整体,内容主要论述哲学问题,同时也论及伦理学、美学问题。相传大部分内容是普罗提诺在自己创办的学校中对听众提出的问题所作的解答,后来由他的弟子波菲利(232—304)编纂而成。作者在书中提出了具有宗教神秘主义成分的客观唯心主义体系,其核心是关于"太一"和"流溢"的理论。

【Sextus Propertius】普罗佩提乌斯(第四册 P16 注释①)

普罗佩提乌斯(Sextus Propertius,前约 50—15),古罗马诗人,维吉尔的朋友,主要创作抒情诗。其他不详。

Q

【Marcus Fabius Quintilianus】M. F. 昆体良(第一册 P60 注释①、第

一册 P318 注释①、第一册 P399 注释③、第一册 P619 注释①、第二册
P420 注释①、第二册 P614 注释①、第三册 P36 注释②、第三册 P69 注释
①、第三册 P568【增订四】、第三册 P572 注释①、第三册 P591【增订四】、
第四册 P65 注释①)

M. F. 昆体良(Marcus Fabius Quintilianus,35—100),又译昆提利
安。古罗马演说家、教育家。他是教育史上极大发展完善教育方法和思
想的先驱。

《雄辩术原理》(第一册 P60 注释①、第一册 P318 注释①、第一册
P399 注释③、第一册 P619 注释①、第二册 P420 注释①、第二册 P614 注
释①、第三册 P36 注释②、第三册 P69 注释①、第三册 P568【增订四】、第
三册 P572 注释①、第三册 P591【增订四】、第四册 P65 注释①)

《雄辩术原理》$Institutio\ oratoria$(也译作《演说家教育》):昆体良著。
此书针对罗马教育当时存在的各种弊端,提出了雄辩家教育的基本原则
和设想,阐明了有关雄辩术的各种理论问题。

S

【Lucius Annaeus Seneca】塞涅卡(第二册 P739 注释②、第三册 P119
注释③、第四册 P64 注释④、第四册 P379 注释①)

塞涅卡(Lucius Annaeus Seneca,或译塞内加,约前 4—65),也称小
塞涅卡,古罗马政治家、斯多葛派哲学家、悲剧作家、雄辩家。他曾担任过
著名暴君尼禄的老师。塞涅卡一生著作颇丰,现存哲学著作有 12 篇关于
道德的谈话和论文,124 篇随笔散文收录于《道德书简》和《自然问题》中,
此外他还写过 9 部悲剧和 1 部讽刺剧,多半取材自希腊悲剧。其作品风
格崇高严肃,夹杂大量的道德说教,使得其笔下的对话和人物都缺乏真实
感。代表作是悲剧《特洛伊妇女》。塞涅卡晚年因参加元老院贵族反对尼
禄暴政而被尼禄赐死。

《希波吕托斯》(第二册 P739 注释②)

《希波吕托斯》$Hippolutus$:塞涅卡著,讲述的是智慧的希波吕托斯
的故事。这部作品被认为是希腊悲剧由英雄神话向凡世神话转变的代表
作,带有浓重的人神矛盾色彩。

《道德书简》(第四册 P64 注释④、第四册 P379 注释①)

《道德书简》*Epistulae Morales*：塞涅卡晚年著述，意在指引青年人通达"至善"的教化著作。此作中表达的伦理学思想对于基督教思想的形成起到了极大的推动作用，其中的言论被圣经作者大量吸收。

《奥塔山上的赫拉克勒斯》（第二册 P739 注释②）

《奥塔山上的赫拉克勒斯》*Hercules Oetaus*：塞涅卡著，是其著名的 9 部悲剧之一。作品取材于希腊神话传说，通过神话题材反映当时的现实生活和作者的思想感情。塞涅卡的悲剧对于欧洲文艺复兴时期的悲剧创作产生了极大的影响。

《神化》（第三册 P119 注释③）

《神化》*Apocolocyntosis*：塞涅卡著于公元 54 年末的讽刺性短篇小说，作者采用散文体和抒情诗的混合形式写作。内容主要写已故的罗马皇帝克劳迪斯（Kaiser Claudius）。此作的标题模仿了"神化症"一词（源于希腊语，也常用于拉丁语，用于神化者的神化）。

【Gaius Plinius Secundus】普林尼（第一册 P380 注释①、第一册 P455 【增订四】、第一册 P525 注释①、第二册 P32 注释①、第二册 P179 注释①、第二册 P237 注释①、第二册 P271 注释②、第二册 P410 注释①、第二册 P566 注释②、第二册 P579 注释①、第二册 P739 注释②、第二册 P782 注释①、第四册 P293 注释②）

普林尼（Gaius Plinius Secundus，23—79），世称老普林尼（与其养子小普林尼相区别），古代罗马的百科全书式的作家，以其所著《自然史》一书著称。

《自然史》（第一册 P380 注释①、第一册 P455【增订四】、第一册 P525 注释①、第二册 P32 注释①、第二册 P179 注释①、第二册 P237 注释①、第二册 P271 注释②、第二册 P410 注释①、第二册 P566 注释②、第二册 P579 注释①、第二册 P739 注释②、第二册 P782 注释①）

《自然史》*Natural History*：普林尼一生写作的 7 部书中，6 部已经散失，仅存片断，仅有 37 卷《自然史》广为流传。全书记叙了近两万种物和事。其内容上自天文，下至地理，包括农业、手工业、医药卫生、交通运输、语言文字、物理化学、绘画雕刻等方面。此作保存了许多已经散佚的古代资料，提供了了解古代的物质与精神文明的丰富资料。《自然史》一书中，普林尼还新创了许多术语和名词，从希腊语和其他语言中借用了许多词，丰富了拉丁文的词汇。这对于后来拉丁文成为欧洲学术界通用的语言起了很大的作用。

小普林尼(Gaius Plinius Caecilius Secundus,约61—约113),古罗马元老和作家。

《书信》(第四册 P293 注释②)

《书信》*Epist*:是小普林尼的代表作。此作一共有 10 卷,369 封信。其中前 9 卷包括 248 封信,这 248 封信是写给 105 个不同的收信人的,其中包括朋友、熟人和当时的知名人士。他的书信涉及罗马上层社会几乎所有的生活问题,为后人提供了当时罗马社会、生活和政治的详细的描述。

【Publilius Syrus】普布里乌斯·西鲁斯(第一册 P101 注释①、第二册 P33 注释②、第二册 P463 注释②、第三册 P192 注释①、第三册 P214 注释①、第四册 P470 注释①)

普布里乌斯·西鲁斯(Publilius Syrus,前 85—前 43),古罗马拉丁文格言作家之一。他是叙利亚人,作为奴隶被带到意大利,但是他的机智和才华赢得了主人的青睐,主人解放并教育了他,不久他即开始文学创作,并闻名遐迩。他的作品现仅存残篇。

《次要拉丁诗人选集》(第二册 P463 注释②、第三册 P214 注释①、第三册 P192 注释①、第四册 P470 注释①)

《次要拉丁诗人选集》*Minor Latin Poets*:普布里乌斯·西鲁斯著,其他不详。

T

【Publius Cornelius Tacitus】P. C. 塔西佗(第一册 P359 注释①、第一册 P630 注释①)

P. C. 塔西佗(Publius Cornelius Tacitus,约 55—120),古代罗马历史学家,代表作有《历史》等。

《编年史》(第一册 P630 注释①)

《编年史》*The Annals*:又名《罗马编年史》,塔西佗创作的历史著作,是罗马帝国早期的一部政治史。《编年史》共有 16 卷,主要记载了从公元

14 年奥古斯都去世至公元 68 年尼禄死去半个世纪的罗马历史。内容包括罗马早期帝国时代的专制统治、权力斗争、对外战争、政治变故、君王生活等等。

《历史》(第一册 P359 注释①)

《历史》Histories(亦译作《罗马史》):塔西佗著的史书,完成于公元109 年。叙述内容包括整个弗拉维王朝(Flavian Dynasty)的史事。但是现在残留部分的内容只到公元 70 年 8 月为止。塔西佗在此书中记载的都是"当代"的史事,其中有许多都是他亲身经历过的,基本上是信史实录。

【Macrobius Ambrosius Theodosius】马克罗比乌斯(第四册 P143 注释①)

马克罗比乌斯(Macrobius Ambrosius Theodosius,生卒年不详),也叫马克拉比,古罗马作家、拉丁语法学家和哲学家,约活动于公元 4 世纪前后,生平不详。著有《农神节》,曾对西塞罗《论国家》一书中的《斯齐皮奥之梦》进行注释。其作品大多已失传。

《农神节》(第四册 P143 注释①)

《农神节》Saturnalia:马克罗比乌斯著,原书共有 7 卷。此作采用了一系列对话的形式,描述一群学者在一场虚构的宴会上针对古物、历史、文学、神话等话题展开的讨论,是一部名副其实的古罗马妙语集。

【Gaius Suetonius Tranquillus】苏埃托尼乌斯(第一册 P8 注释①、第一册 P720 注释①、第二册 P33【增订四】、第二册 P374 注释①)

苏埃托尼乌斯(Gaius Suetonius Tranquillus,约 69/75—130),罗马帝国历史学家。他最重要的作品是《罗马十二帝王传》,另有《语法家》《修辞家》《名人传》《名妓传》等大量著述。《名人传》至少汇集了古代三个门类的著名人物传记,即演说家、历史学家和诗人,包括大约 21 位文法家、16 位修辞学家、33 位诗人和 6 位史家,均仅存残篇。《名人传》和《名妓传》可以说是最早的社会史、文化史范畴的著作。他还著有关于罗马古代、自然科学以及文法方面的作品,多数告佚。

《罗马十二帝王传》(第一册 P8 注释①、第一册 P720 注释①)

《罗马十二帝王传》The Lives of the Caesars:亦称《十二凯撒传》,苏埃托尼马斯著,是关于尤利乌斯·凯撒以及从奥古斯都到图密善前 11 位罗马皇帝的传记,是现存最早的拉丁文传记。

V

【**Vergil**】**维吉尔**(第一册 P243 注释①、第一册 P362 注释③、第一册 P558 注释④、第二册 P739 注释①、第二册 P786 注释③、第三册 P41 注释①)

维吉尔(Vergil 或 Publius Vergilius Maro,前 70 年—前 19 年),古罗马奥古斯都时代的诗人。他早期的重要作品是田园抒情诗《牧歌》10 首;第二部重要作品是他在公元前 29 年发表的 4 卷《农事诗》;晚年著有史诗《伊尼特》(又译《埃涅阿斯纪》)12 卷,语言严谨,画面动人,情节严肃、哀婉,富有戏剧性,堪称后世著作之楷模。

《**农事诗**》(第二册 P739 注释①)

《**农事诗**》*Georgics*:维吉尔著。共 4 卷(约成于前 37—30),每卷 500 余行,分别写种谷物、种橄榄和葡萄、养蜂、畜牧等农事。这部作品的风格特点在于诗人对种种自然现象非常敏感,赋予生产劳动以诗意的表达,描绘了独立小农的情趣。

《**牧歌**》(第一册 P558 注释④、第二册 P786 注释③、第三册 P41 注释①)

《**牧歌**》*Eclogues*:维吉尔早期最重要的作品,被认为是拉丁语文学的典范。《牧歌》充溢着浓郁的古罗马田园风采,共收诗 10 首,主要是关于牧人的生活、爱情故事与美妙的田园风光,有时也涉及一些政治问题,对了解当时的社会及自然环境有很高的史料价值。

《**伊尼特**》(第一册 P243 注释①、第一册 P362 注释③)

《**伊尼特**》*Aeneid*(也译为《埃涅阿斯纪》):维吉尔的著名史诗,共 12 卷,约 12 000 行,写于公元前 30 年—前 19 年,讲述特洛伊战争中的一位英雄伊尼斯历经风险的一生。

【**Vitruvius**】**维特鲁威**(第四册 P592 注释①)

维特鲁威(Vitruvius,生卒年不详),前 1 世纪古罗马御用工程师、建筑师。他学识渊博,通晓几何学、物理学、天文学、美学、音乐、哲学、历史等方面的知识,也钻研过建筑、市政、机械和军工等项技术。他先后为两代统治者恺撒和奥古斯都服务过,任建筑师和工程师。代表作有总结当时建筑经验的关于建筑和工程的论著《建筑十书》等，介绍希腊、伊特鲁里亚、罗马早期的建筑创作经验，从一般理论、建筑教育，到城市选址、选择建地段、各种建筑物设计原理、建筑风格、柱式以及建筑施工和机械等，无所不谈。

《管锥编》中引用的奥地利作家作品

【Alfred Adler】A. 阿德勒（第一册 P582 注释①）

A. 阿德勒（Alfred Adler，1870—1937），奥地利精神病学家、个体心理学的创始人、人本主义心理学先驱。他曾追随弗洛伊德探讨神经症问题，但也是精神分析学派内部第一个反对弗洛伊德心理学体系的心理学家。他在进一步接受了叔本华的生活意志论和尼采的权力意志论之后，对弗洛伊德学说进行了改造，将精神分析由生物学定向的本我转向社会文化定向的自我心理学，对后来西方心理学的发展具有重要意义。代表作有《个体心理学的理论与实践》《自卑与超越》《自卑与生活》《人性的研究》等。

《个体心理学的理论与实践》（第一册 P582 注释①）

《个体心理学的理论与实践》_The Practice and Theory of Individual Psychology_：A. 阿德勒所撰的精神分析心理学著作，1919 年出版。

【Hermann Anastas Bahr】赫尔曼·巴尔（第三册 P294 注释①）

赫尔曼·巴尔（Hermann Anastas Bahr，1863—1934），奥地利剧作家、戏剧和文学评论家。在创作方面，赫尔曼·巴尔历经自然主义、新浪漫派，到印象主义和表现主义。其作品主要分为批判性著作、散文、戏剧和书信等几类。代表作是戏剧《音乐会》等。

《音乐会》（第三册 P294 注释①）

《音乐会》_Das Konzert_：赫尔曼·巴尔所著的最成功的喜剧。1909 年 12 月 23 日在柏林的莱辛剧院进行首演。主要情节如下：音乐教师古斯塔夫借口去参加秘密的音乐会，其实是去山上的小屋与情人约会。其妻玛丽得知真相后与古斯塔夫的女学生汝拉跟随古斯塔夫到山上，最后威胁古斯塔夫与情人结婚。

【Eric Albert Blackall】埃里克·A. 布莱克尔（第三册 P336【增订四】）

埃里克·A. 布莱克尔（Eric Albert Blackall，1914—1989），奥地利学者，美国、德国和奥地利文学研究方面的专家。代表作有《德语作为文学语言的出现》《歌德和小说》《阿德尔伯特·斯蒂夫特：批判性研究》等。

《德国浪漫主义者的小说》（第三册 P336【增订四】）

《德国浪漫主义者的小说》The Novels of the German Romantics：或称《德国浪漫派长篇小说》，埃里克·A. 布莱克尔著于 1983 年。此作研究了以弗里德里希·冯·施莱格尔、荷尔德林、让·保罗、诺瓦利斯、布伦坦诺和霍夫曼等为代表的德国浪漫主义、古典浪漫主义代表及他们的作品，并探讨了他们各自作品的主要特点，诸如小说诗歌结构和主题等。

【Martin Buber】马丁·布伯（第二册 P88 注释①）

马丁·布伯（Martin Buber，1878—1965），奥地利-以色列-犹太裔哲学家、教育家、翻译家，主要研究宗教有神论、人际关系，对社会心理学、社会哲学和宗教存在主义等影响巨大。马丁·布伯的作品富于感染力，采用诗歌般的写作风格。

《人与人》（第二册 P88 注释①）

《人与人》Between Man and Man：马丁·布伯著。这是一部哲学视角中的人类学史论，对自亚里士多德以来的"人是什么"的种种探索加以批判和考察，对人是什么做出了独特的回答。

《我与你》（第二册 P88 注释①）

《我与你》I and Thou：20 世纪最著名的宗教哲学家马丁·布伯的代表作。该著作对现代西方哲学、神学、心理学、教育学以及各门社会科学等多门学科产生了重大影响。马丁·布伯从犹太思想出发，对近代西方哲学进行了批判。他认为，真正决定一个人存在的东西，决不是与自我对立的种种客体，也不是"我思"，而是他自己同世界上各种存在物和事件发生关系的方式。基于此，马丁·布伯论述了人的两种关系，即"我与它"和"我与你"关系。

【Sigmund Freud】弗洛伊德（第一册 P34 注释①、第一册 P286 注释④、第一册 P435 注释③、第一册 P558 注释①、第二册 P146 注释①、第二册 P148 注释①、第二册 P150 注释①、第二册 P151 注释②、第二册 P157 注释②、第二册 P199 注释②、第二册 P289 注释②、第二册 P452 注释②、

第三册 P142 注释②、第三册 P343 注释④、第三册 P496 注释①）

弗洛伊德（Sigmund Freud，1856—1939），奥地利精神分析学家、心理学家，精神分析学的创始人，20 世纪最伟大的心理学家之一。他提出"俄狄浦斯情结""潜意识""自我""本我""超我""力比多""心理防卫机制"等产生重大影响的概念。他著有《梦的解析》《精神分析引论》《图腾与禁忌》等。

《精神分析引论》（第二册 P199 注释②、第二册 P289 注释②）

《精神分析引论》*Vorlesungen zur Einführung in die Psychoanalyse*：弗洛伊德撰写的心理学著作，首次出版于 1917 年。全书共计 28 讲，对精神分析理论具有全面且系统的概括性论述。此书以"心理冲突"和"泛性沦"观点对日常生活中人们的过失行为、梦及神经症三项专题进行了全面的分析和系统的阐述，以潜意识与性欲理论为核心，构成了整个精神分析理论的根基。

《梦的解析》（第二册 P146 注释①、第三册 P343 注释④）

《梦的解析》*Die Traumdeutung*：弗洛伊德著。此书已成为当今最具影响力的心理学经典著作之一。作者在研究大量有关"梦"的文献时对前人的理论进行了大胆的分析和探讨，不仅推翻了前人一些妄自定论的错误观念，同时揭示了左右人类思想和行为的潜意识的奥秘。在对梦的观察研究中，弗洛伊德证实了一些典型梦是可以被科学解释的，梦确实能够展现出人们心底不能认知或没有认知到的心理活动。书中，弗洛伊德对"梦的产生的原因和素材""梦是如何运作""有关于梦与心理之间的联系"等方面进行了详细的探讨。

《日常生活的精神病理学》（第一册 P435 注释③）

《日常生活的精神病理学》*Zur Psychopathologie des Alltagslebens*：弗洛伊德著，1904 年出版。此书用精神分析方法研究日常生活中的错失，提出不仅神经病患者，而且在正常人的日常行为中也可能因潜意识的内部斗争而改变思想行为，从而把早期精神分析方法推广到正常人的心智生活的分析和错失行为的改正上。

《图腾和禁忌》（第一册 P34 注释①、第一册 P558 注释①）

《图腾和禁忌》*Totem und Tabu*：1913 年出版，是弗洛伊德所著的一本人类学及心理分析的著作。其内容主要包括四点：巫术和思想的全能、乱伦的畏惧、图腾崇拜在孩童时期的重现、禁忌和矛盾情感、精灵说。

《笑话与无意识的关系》(第一册 P286 注释④、第三册 P496 注释①)

《笑话与无意识的关系》*Der Witz und seine Beziehung zum Unbe-wussten*：弗洛伊德著。此书中弗洛伊德试图探究"为什么笑话是愉快的"这个问题，弗洛伊德的回答是，从精神能量的节省中获得乐趣；弗洛伊德还将他的玩笑理论与他的释梦理论联系起来，以解释一些比较令人费解的玩笑。

【Ernst Hans Josef Gombrich】E. H. 贡布里希(第二册 P569【增订四】、第二册 P581 注释④、第三册 P244【增订四】)

E. H. 贡布里希(Ernst Hans Josef Gombrich，1909—2001)，奥地利裔英国美学家、艺术史家，艺术史、艺术心理学和艺术哲学领域的大师级人物。代表作有《艺术与错觉》《秩序感》《艺术与人文科学》《艺术发展史》《理想与偶像》《象征的图像》等。

《艺术与错觉》(第二册 P569【增订四】、第三册 P244【增订四】)

《艺术与错觉》*Art and Illusion*：E. H. 贡布里希著，1960 年出版，是 20 世纪西方思想史上的重要文献。此作品的主题旨在回答艺术为什么会有一部历史。

【Theodor Gomperz】西·贡佩茨(第一册 P399 注释③、第二册 P191 注释②)

西·贡佩茨(Theodor Gomperz，1832—1912)，奥地利哲学家、古典学者。代表作有《希腊思想家》等。

《希腊思想家》(第一册 P399 注释③、第二册 P191 注释②)

《希腊思想家》*Greek Thinkers*：(原名为《希腊思想家：古代哲学史》*Greek Thinkers：a History of Ancient Philosophy*)，西·贡佩茨著，其他不详。

【Catharina Regina von Greiffenberg】凯瑟琳娜·里贾纳·冯·格雷芬伯格(第二册 P107 注释②)

凯瑟琳娜·里贾纳·冯·格雷芬伯格(Catharina Regina von Grei-ffenberg，1633—1694)，奥地利人，其他不详。

【Franz Grillparzer】弗朗茨·格里帕泽（第二册 P134 注释①）

弗朗茨·格里帕泽（Franz Grillparzer，1791—1872），奥地利作家。他抵制拿破仑的自由主义风潮，跟政府的保守思想背道而驰，因此大部分作品被禁，身后才名声大振。代表作有戏剧《可怜的玩家》等。

《格言录》（第二册 P134 注释①）

《格言录》*Aphorismen*：弗朗茨·格里帕泽著，其他不详。

【E. Hanslick】E. 汉斯立克（第三册 P397 注释①、第三册 P398 注释①）

E. 汉斯立克（E. Hanslick，1825—1904），奥地利音乐美学家。他对近代西方音乐美学影响较大。代表作有《论音乐的美》等。

《论音乐的美》（第三册 P397 注释①）

《论音乐的美》*Vom Musikalisch-Schönen*：E. 汉斯立克著，其他不详。

【Hugo von Hofmannsthal】雨果·冯·霍夫曼斯塔尔（第二册 P442 注释②、第四册 P251 注释①）

雨果·冯·霍夫曼斯塔尔（Hugo von Hofmannsthal，1874—1929），奥地利作家、诗人。霍夫曼斯塔尔是 19、20 世纪之交德语文学唯美主义和象征主义的重要代表人物之一。其诗抒情性强、语言迷人、情调梦幻，代表作有诗歌《生命之歌》，戏剧《埃勒克特拉》，小说《第 672 夜的童话》等。

《提香之死》（第四册 P251 注释①）

《提香之死》：霍夫曼斯塔尔著的诗歌。

【Franz Kafka】F. 卡夫卡（第二册 P277 注释②、第二册 P287【增订四】）

F. 卡夫卡（Franz Kafka，1883—1924），奥匈帝国德语小说家，犹太人，现代派文学的宗师和探险者，表现主义作家中创作上最有成就者。他深受尼采、柏格森哲学影响，其作大都用变形荒诞的形象和象征直觉的手法，表现被充满敌意的社会环境所包围的孤立、绝望的个人；作品的主题往往是对社会的陌生感、孤独感与恐惧感。代表作有小说《审判》《城堡》

《变形记》等。

《故事集》（第二册 P277 注释②）

《故事集》*Erzählungen*：卡夫卡著的小说,其他不详。

《致某科学院的报告》（第二册 P287【增订四】）

《致某科学院的报告》*Ein Bericht für eine Akademie*：卡夫卡著的小说。此作描写马戏团试图寻找"人类道路"而驯化猿猴成为会说话的人的故事。此作于 1917 年首次在《犹太人》杂志出版,后于 1920 年作为《乡村医生》中的一篇出版。

【Karl Kraus】卡尔·克劳斯（第二册 P577【增订四】）

卡尔·克劳斯（Karl Kraus,1874—1936）,记者、讽刺作家、诗人、剧作家、格言作家、语言与文化评论家,20 世纪早期最著名的奥地利作家之一,曾三次获得诺贝尔文学奖提名。

《言说和矛盾》（第二册 P577【增订四】）

《言说和矛盾》*Sprüche und Widersprüche*：卡尔·克劳斯著,1984 年出版。

【Wolfgang Amadeus Mozart】莫扎特（第一册 P176 注释②）

莫扎特（Wolfgang Amadeus Mozart,1756—1791）,古典主义时期奥地利作曲家,维也纳古典乐派代表人物之一。

《唐·乔万尼》：全名《浪子终受罚,或唐·乔万尼》(*Il dissoluto punito, ossia il Don Giovanni*,作品号 K. 527；又译《唐璜·乔望尼先生》),是莫扎特谱曲,洛伦佐·达·彭特作词的二幕意大利语歌剧,首演于 1787 年,当时由莫扎特本人亲自指挥。唐·乔万尼（唐璜）是歌剧的主人公。

【Arthur Schnitzler】A. 施尼茨勒（第三册 P60 注释①）

A. 施尼茨勒（Arthur Schnitzler,1862—1931）,奥地利剧作家、小说家。共写有 30 多部戏剧。1895 年完成和上演的《调情》获得成功,给作者带来了声誉。《轮舞》是他的代表作,它把性行为搬上舞台,揭露了社会的腐败和道德的堕落。独幕剧《绿鹦鹉》以法国大革命为背景描述了发生在巴黎一家酒吧里的情杀故事。其他剧作还有《阿纳托尔》《孤独之路》

《年轻的梅达尔杜斯》《伯恩哈迪教授》等。小说有《通向野外的道路》《特雷塞》《古斯特少尉》等。

《阿纳托尔》(第三册 P60 注释①)

《阿纳托尔》*Anatol*：A. 施尼茨勒著的剧本，其他不详。

【Ludwig Josef Johann Wittgenstein】L. 维特根斯坦(第一册 P514【增订四】、第一册 P710 注释②)

L. 维特根斯坦(Ludwig Josef Johann Wittgenstein，1889—1951)，奥地利(英国)哲学家，20 世纪最有影响力的哲学家之一，在数学哲学、精神哲学和语言哲学等方面均有建树，曾经师从英国著名哲学家罗素。其代表作有《逻辑哲学论》《哲学研究》等。其著作和思想引导了语言哲学的新走向。

《逻辑哲学论》(第一册 P514【增订四】)

《逻辑哲学论》*Tractatus Logico-philosophicus*：维特根斯坦著，1921年出版。此作考察了任何语言中词和事物(语言和现实)之间的关系，并将这种考察的结果应用于传统哲学的各部分。它提出，传统的哲学问题是由于对符号系统原则的无知和对语言的误用产生出来的。此作标志着哲学的语言学转向。

《哲学研究》(第一册 P710 注释②)

《哲学研究》*Philosophical Investigations*：维特根斯坦著。该书认为，过去的许多哲学问题都源自哲学家对语言的错误理解与使用。因而，哲学的当下任务在于，按照日常语言的规则讲话，在具体用途中考察语词的意义，来治疗这种病症。

《管锥编》中引用的西班牙作家作品

A

【Luis de Gongora y Argote】贡戈拉（第四册 P455 注释①）

贡戈拉（Luis de Gongora y Argote，1561—1627），西班牙诗人，曾任皇室牧师。他是西班牙巴洛克时期最伟大的诗人之一，其诗作代表着巴洛克诗歌的最高成就。贡戈拉以善用比喻，喜用冷僻典故、艰涩词汇，塑造奇崛形象，被时人称之为"贡戈拉主义"，又称"夸饰主义"。其文学创作对后世具有深远影响。代表作有长诗《波吕斐摩斯和加拉特亚的寓言》以及《孤独》。

《孤独》（第四册 P455 注释①）

《孤独》Soledades：贡戈拉著于 1612 年的一首长诗。作者将这首诗分成 4 部分，分别称为田野的孤独、河岸的孤独、森林的孤独、荒地的孤独。

B

【Pedro Calderón de la Barca】卡尔德隆·德·拉·巴尔卡（第一册 P70 注释②）

卡尔德隆·德·拉·巴尔卡（Pedro Calderón de la Barca，1600—1681），西班牙剧作家、诗人。他与维加齐名，是西班牙黄金世纪戏剧两大派之一的代表人物。他所开创的戏剧新风格，一直影响了从 17 世纪中叶至 18 世纪初的黄金时期后期文学。他的戏剧作品共约 120 出，代表作有《精灵夫人》《医生的荣誉》《奇妙的魔术师》《萨拉梅亚的镇长》和《人生如梦》等。其中《奇妙的魔术师》被马克思称为"天主教的浮士德"。

《奇妙的魔术师》（第一册 P70 注释②）

《奇妙的魔术师》EI Mágico Prodigioso：卡尔德隆著，1637 年出版。这

部作品属圣徒喜剧类型。

C

【Guillén de Castro】吉伦·德·卡斯特罗（第四册 P492 注释①）

吉伦·德·卡斯特罗（Guillén de Castro，1569—1631），西班牙戏剧家。代表作有《熙德的青年时代》等。

【San Juan de la Cruz】圣胡安·德·拉·克鲁兹（第二册 P107 注释②）

圣胡安·德·拉·克鲁兹（San Juan de la Cruz），西班牙诗人和宗教徒，其他不详。

《灵魂的黑夜》（第二册 P107 注释②）

《灵魂的黑夜》*Noche Escura del Alma*：圣胡安·德·拉·克鲁兹所著的诗，作者本人未给诗起任何标题。其他不详。

D

【Isaac Disraeli】迪斯雷利（第二册 P73 注释①、第二册 P168 注释①、第二册 P421 注释①、第三册 P142 注释①、第四册 P357 注释③）

迪斯雷利（Isaac Disraeli，1766—1848），西班牙裔意大利学者，一生致力于文学和史学研究，创作了许多极具价值的有趣作品，其中包括《文苑搜奇》《论轶事》《作者的灾难》，同时还研究了詹姆斯一世和查理一世的生平。

《文苑搜奇》（第二册 P73 注释①、第二册 P168 注释①、第二册 P421 注释①、第三册 P142 注释①、第四册 P357 注释③）

《文苑搜奇》*Curiosities of Literature*：迪斯雷利著的趣味读物。全书共 13 章，分别为：文学史上的食物（如《愤怒的葡萄》结尾处的喂奶场景），文学与身体——头脑、肺、心和肠（普鲁斯特和哮喘），文学史上的纪录——最差和最佳小说、最短的诗、最常被错误引用的句子，文学史的刑事观察；姓名游戏；杰出和不够杰出的读者（总统读者和首相读者）；财富和图书贸易；车轮（名人的车祸）；病态的好奇（奥威尔的死因等）。

G

【José Ortega y Gasset】奥特加·伊·加塞特（第二册 P581 注释①、第四册 P185 注释①）

奥特加·伊·加塞特（José Ortega y Gasset，1883—1955），西班牙思想家，于文学和哲学皆有深厚造诣。他被誉为西班牙的陀思妥耶夫斯基。加塞特还是现象学传播史上至关重要的人物。主要作品有《大众的反叛》《无骨气的西班牙》《大学的使命》《面对历史的哲学》等。

《哲学的起源》（第四册 P185 注释①）

《哲学的起源》Oué es filosofía：奥特加·伊·加塞特著，其他不详。

M

【Jorge Manrique】豪尔赫·曼里克（第四册 P379 注释③）

豪尔赫·曼里克（Jorge Manrique，1440—1479），西班牙诗人、战士，以写抒情诗闻名于世。他在诗歌内容和形式上创造出奇迹般的美学平衡，被认为是西班牙中世纪最后一位也是现代诗坛第一位大诗人。代表作有《为亡父而作的挽歌》等。

《为亡父而作的挽歌》（第四册 P379 注释③）

《为亡父而作的挽歌》Coplus por la muerte de su padre：豪尔赫·曼里克为哀悼突然亡故的父亲——一位高贵的骑士——而作的长诗。这首诗情感深沉真挚，在哀悼亡父的同时，表达了对人生短暂、世事浮华的思考，字里行间闪现着新时代的人性光辉。此作被后人认为是西班牙文学有史以来最好的挽歌。

【S. de Madariage】马达里亚（第二册 P743 注释③）

马达里亚（S. de Madariage，生卒年不详）：西班牙作家，1916 年移居伦敦，从事文学创作。他著有散文、小说和戏剧作品。他的主要成就在于文学评论，特别是西班牙文化和西方文化的比较研究方面。代表作有《英国西班牙散文集》《阅读堂吉诃德指导》《莎士比亚的哈姆雷特》《当代文学肖像》等。

《雪莱、卡尔德隆及其他论文》（第二册 P743 注释③）

《雪莱、卡尔德隆及其他论文》*Shelley and Calderon and other Essays*：马达里亚著，其他不详。

【Miguel de Molinos】莫林诺（第二册 P14【增订四】）

莫林诺（Miguel de Molinos，1628—1696），西班牙神秘主义作家和神学家，寂静派主义的创造者。代表作有《简论每日灵修》《灵程指引》等。

《灵程指引》（第二册 P14【增订四】）

《灵程指引》*Guía espiritual*：莫林诺著，出版于 1675 年。在当时就有西欧几种主要语言的译本，影响较大。

O

【Francisco de Ossuna】弗朗西斯科·德奥苏纳（第二册 P134 注释②）

弗朗西斯科·德奥苏纳（Francisco de Ossuna，1497—1540），西班牙方济各会修士，也是 16 世纪创作最有影响力的精神著作的作者之一。代表作有《第三次启蒙精神》等。

《第三次启蒙精神》（第二册 P134 注释②）

《第三次启蒙精神》*Tercer Abecedario Espiritual*：弗朗西斯科·德奥苏纳著，其他不详。

Q

【Francisco de Quevedo】弗朗西斯科·德奎韦多（第二册 P128 注释②）

弗朗西斯科·德奎韦多（Francisco de Quevedo，1580—1645），西班牙诗人、小说家。他的作品涵盖了他那个时代的所有文学体裁。他的风格依赖于机智的概念和精心设计的隐喻，也擅长讽刺。代表作有流浪汉小说《布斯坎的生活史：叫做唐帕布洛斯》等。

R

【Fernando de Rojas】佛朗多·德·洛加斯（第一册 P560 注释①、第

四册 P17 注释①)

佛朗多·德·洛加斯(Fernando de Rojas,1465 或 1473—1541),西班牙作家。生平事迹不详。代表作有《塞莱斯蒂娜》等。

《塞莱斯蒂娜》(第一册 P560 注释①、第四册 P17 注释①)

《塞莱斯蒂娜》*La Celestina*:佛朗多·德·洛加斯著,1499 年出版。此作是继《堂吉诃德》之后最受欢迎的西班牙书籍,全篇以散文的形式创作。在 16 世纪,它在西班牙就已有 100 多个版本并被翻译成世界多种语言。

S

【Miguel de Cervantes Saavedra】塞万提斯(第一册 P99 注释④、第一册 P136 注释①、第一册 P301 注释①、第一册 P455 注释②、第一册 P458 注释⑤、第一册 P620 注释①、第二册 P244 注释③、第二册 P479 注释①、第二册 P602 注释③、第二册 P673 注释③、第三册 P121 注释③、第三册 P322【增订四】、第三册 P324 注释①、第四册 P50 注释①、第四册 P89 注释③、第四册 P126 注释①、第四册 P213 注释②、第四册 P367 注释①)

塞万提斯(Miguel de Cervantes Saavedra,1547—1616),西班牙小说家、剧作家、诗人。其代表作《堂吉诃德》标志着欧洲近代现实主义小说的创作进入了一个新的阶段。

《堂吉诃德》(第一册 P99 注释④、第一册 P136 注释①、第一册 P455 注释②、第一册 P458 注释⑤、第一册 P620 注释①、第二册 P244 注释③、第二册 P479 注释①、第二册 P602 注释③、第二册 P673 注释③、第三册 P121 注释③、第三册 P322 注释①、第三册 P322【增订四】、第三册 P324 注释①、第三册 P487 注释②、第四册 P50 注释①、第四册 P89 注释③、第四册 P126 注释①、第四册 P213 注释②、第四册 P367 注释①)

《堂吉诃德》Don Quijote de la Mancha:西班牙文艺复兴时期的现实主义杰作,塞万提斯于 1605—1615 年分两部分出版的长篇反骑士小说。该作讲述主角因为沉迷于骑士小说,自封为"堂吉诃德"骑士,拉着邻居桑丘·潘沙做自己的仆人,"行侠仗义"、游走天下,作出了种种与时代相悖、令人匪夷所思的行径,结果四处碰壁。此作讽刺了当时西班牙社会十分流行的骑士小说,并揭示现实的黑暗。

《三个范例小说》（第一册 P301 注释①）

《三个范例小说》*Three Exemplary Novels*：塞万提斯著，其他不详。

【George Santayana】桑塔耶拿（第二册 P32 注释②）

桑塔耶拿（George Santayana，1863—1952），西班牙裔美国哲学家、美学家、文学家。代表作有《美感》《理性的生活，或人类进步诸相》《怀疑主义和动物的信念》《存在诸领域》等。

【Santa Teresa de Jesús】圣特雷莎（第四册 P357 注释⑤）

圣特雷莎（Santa Teresa de Jesús，1515—1582），也被称阿维拉的圣特雷莎，她出生于西班牙，是基督教赤足卡门教派的创始人，基督教神学家之一，16 世纪神秘宗的代表人物。

《住宅》（第四册 P357 注释⑤）

《住宅》*Moradas*：圣特雷莎著。其他不详。

V

【Francisco Gomez de Quevedo y Villegas】F. G. 德·克维多（第一册 P707 注释①）

F. G. 德·克维多（Francisco Gomez de Quevedo y Villegas，1580—1645），西班牙作家，曾任外交官、国王秘书等职，代表作有流浪汉小说《骗子，塞戈维亚的堂巴勃罗》，讽刺文集《梦》，诗集《西班牙诗集》《西班牙的最后三位缪斯》，此外还写有神学和哲学论著。

《管锥编》中引用的加拿大、澳大利亚、俄国（前苏联）作家作品

加拿大

【Kathleen Coburn】凯斯琳·科本（第一册 P16 注释①【增订四】）

凯瑟琳·科本（Kathleen Coburn，1905—1991），加拿大学者，是研究诗人柯勒律治的权威专家。

《柯勒律治笔记》（第一册 P16 注释①【增订四】）

《柯勒律治笔记》The Notebooks of S. T. Coleridge：柯勒律治著，凯瑟琳·科本编。

【Northrop Frye】N. 弗莱（第一册 P244 注释④、第一册 P668 注释①、第二册 P318 注释①、第二册 P347【增订四】）

N. 弗莱（Northrop Frye，1912—1991），加拿大文学批评家、理论家，代表作有《批评的解剖》等。他认为文学批评应具有方法论原则和自然科学的连续性。

《精神世界》（第二册 P347【增订四】）

《精神世界》Spiritus Mundi：弗莱著，此作包括 12 篇文章，是弗莱对文学及其他文本思考的升华。《精神世界》的文章分为 3 组，每组 4 篇。第一部分是关于"文学背景"；第二部分关于"神话世界"；最后一部分研究四位伟大的诗人：弥尔顿、布莱克、叶芝和华莱士·史蒂文斯。

《批评的解剖》（第一册 P244 注释④、第一册 P668 注释①、第二册 P318 注释①）

《批评的解剖》Anatomy of Criticism：弗莱著。此书剖析和总结了西方现存各种批评流派的是非得失，又是西方文学批评新动向的明确宣言，称得上是一部划时代的批评专著。

澳大利亚

【Erika Mitterer】艾瑞卡·米特（第一册 P145 注释②）

艾瑞卡·米特（Erika Mitterer，1906—2001），澳大利亚作家，著有大量诗歌及小说《黑王子》等。

【John Passmore】J. 巴斯摩尔（第二册 P56 注释①）

J. 巴斯摩尔（John Passmore，1914—2004），澳大利亚哲学家。他一生探讨了许多哲学问题，共出版著作 20 余本。代表作有《人对自然的责任》《哲学百年新近哲学家》等。

《**哲学思维**》（第二册 P56 注释①）

《哲学思维》*Philosophical Thinking*：J. 巴斯摩尔著，其他不详。

俄国（前苏联）

【Vsevolod Mikhaïlovich Garshin】V. 迦尔洵（第二册 P260 注释①）

V. 迦尔洵（Vsevolod Mikhaïlovich Garshin，1855—1888），俄国作家。其主要成就在短篇故事和短篇小说方面，以心理分析著称，作品多反映革命民粹派的憧憬、追求、自我牺牲精神和效忠人民的思想，但大多流露出悲观彷徨的情绪。代表作《四天》和《胆小鬼》描写俄土战争，表示要分担人民的苦难；《艺术家》反对为艺术而艺术，要求直接为平民服务；《棕榈》和《红花》表现向往自由、为消灭社会的邪恶势力而献身的精神；《偶然事件》和《娜杰日达·尼古拉耶夫娜》写沦为娼妓的妇女的悲剧，表达了作者对被凌辱、被损害者的同情。

【G. H. S. Razran】G. H. S. 拉兹伦（第二册 P212 注释①）

G. H. S. 拉兹伦（G. H. S. Razran，生卒年不详）：苏联生理学家，他被认为是第一位界定了生物反馈概念的学者。他在《当前苏联心理生理学中可观察的无意识和可推断意识》一文中介绍了感受器条件反射、语义条件反射和定向反射等方面的大量研究。关于经典条件反射理论，他认为，以态度对象作为条件刺激，将其与人已经具有的肯定或否定性评价、情感等无条件刺激多次结合强化,则可对其形成特定的社会态度。代表作有《条件反射》等。

【Viktor Shklovsky】V. 什克洛夫斯基(第四册 P345 注释①)

V. 什克洛夫斯基(Viktor Shklovsky,1893—1984),俄国形式主义学派的创始人和领袖之一,俄苏文学评论家和小说家。俄国形式主义对整个 20 世纪的文学理论和文学批评的发展和走向具有奠基性的作用。他的主要思想集中在"陌生化"理论中。他的"务求新奇"(ostranenie)的概念是对俄国形式主义理论的主要贡献。他认为文学绝对不是对生活的模仿,而是生活的变形;他认为文学应以不寻常的新方法反映旧思想或世俗的经验,迫使读者重新观看世界。他的代表作有《艺术及手法》《散文理论》《作家的精妙技巧》《列夫·托尔斯泰》等。

【Lev Nikolaevich Tolstoy】列夫·托尔斯泰(第二册 P463【增订三】)

列夫·托尔斯泰(Lev Nikolaevich Tolstoy,或 Leo Tolstoy,1828—1910),俄国批判现实主义作家、哲学家、思想家,代表作有《安娜·卡列尼娜》《战争与和平》《复活》等。

《安娜·卡列尼娜》(第二册 P463【增订三】)

《安娜·卡列尼娜》Anna Karenina:俄国作家列夫·托尔斯泰创作于 1873—1877 年间的小说。此作直接取材于俄国 19 世纪 60、70 年代现实生活,被广泛认为是写实主义小说的经典代表。

《管锥编》中引用的荷兰、丹麦、芬兰、挪威、比利时作家作品

荷 兰

【Jan Gonda】J. 贡达（第三册 P269 注释②）

J. 贡达（Jan Gonda，1905—1991），荷兰印度学家，乌得勒支的第一位梵语教授。他也是公认的 20 世纪亚洲语言、文学和宗教，尤其是研究印度教和佛教相关的文本和主题方面的主要学者之一。在其长达 60 年的研究生涯中，贡达发表了大量关于印度梵语和印尼爪哇语的学术文章，为文献学和吠陀文学做出了巨大的贡献。

《论梵语文学中的明喻》（第三册 P269 注释②）

《论梵语文学中的明喻》Remarks on Similes in Sanskrit Literature：J. 贡达著于 1949 年。这部作品是贡达基于梵语所做的研究。他从语言学的角度出发，阐述了梵语作者自由使用明喻的原因。

【Johan Huizinga】J. 赫伊津哈（第一册 P375 注释①、第一册 P523 注释①、第二册 P236 注释①、第四册 P185 注释①）

J. 赫伊津哈（Johan Huizinga，1872—1945），荷兰语言学家和历史学家。代表作有《游戏的人》等。

《游戏的人》（第一册 P375 注释①、第一册 P523 注释①、第二册 P236 注释①、第四册 P185 注释①）

《游戏的人》：J. 赫伊津哈在 1938 年写的一本著作，是西方休闲学研究的重要参考书目。此书讨论了在文化和社会中游戏所起的重要作用。

【Herman Meyer】赫尔曼·迈耶（第三册 P111 注释①）

赫尔曼·迈耶（Herman Meyer，1911—1993），德籍荷兰人，文学史家。代表作有《幽默小说的精华》《德国诗歌中的怪人》等。

《德国诗歌中的怪人》（第三册 P111 注释①）

《德国诗歌中的怪人》*Der Sonderling in der deutschen Dichtung*：赫尔曼·迈耶于 1937 年获得博士学位的博士论文。其他不详。

【Desiderius Erasmus Roterodamus】伊拉斯谟（第一册 P455 注释①）

伊拉斯谟（Desiderius Erasmus Roterodamus，1466—1536），中世纪尼德兰（今荷兰和比利时）著名的人文主义思想家和神学家。代表作有《基督教骑士手册》《愚人颂》《论儿童的教养》等。

【Baruch de Spinoza】巴鲁赫·斯宾诺莎（第一册 P10 注释②、第二册 P12 注释④、第二册 P19 注释②、第二册 P30 注释②、第二册 P30 注释⑥、第二册 P127 注释③、第二册 P366 注释①、第三册 P105 注释③、第三册 P214 注释②）

巴鲁赫·斯宾诺莎（Baruch de Spinoza，1632—1677），犹太裔荷兰籍哲学家，与笛卡尔和莱布尼茨齐名。主要著作有《伦理学》《神学政治论》《笛卡尔哲学原理》《知性改进论》等。

《伦理学》（第一册 P84 注释②、第一册 P97 注释①、第二册 P19 注释②、第二册 P30 注释②、第二册 P30 注⑥、第二册 P127 注释③、第二册 P366 注释①、第三册 P105 注释③、第三册 P214 注释②）

《伦理学》*Ethica in Ordine Geometrico Demonstrata*：斯宾诺莎著于 1664—1665 年之间的哲学论文，于 1677 年首次出版，全名为《用几何学方法作论证的伦理学》。该书用几何学的方法写成，认为只有凭理性的能力获得的知识才是最可靠的知识，人有天赋的知识能力，世界是可以认识的。《伦理学》从本体论、认识论开始，最后得出《伦理学》的最高概念"自由"，为人的幸福指明了道路。可以说，自由是斯宾诺莎哲学的核心和最终归宿。

《斯宾诺莎书信集》（第一册 P10 注释②、第二册 P19 注释②）

《斯宾诺莎书信集》*Correspondenc*：这是一部收录斯宾诺莎哲学思想的书信集。

《知性改进论》（第二册 P12 注释④）

《知性改进论》*Treatise on the Improvement of Understanding*：此作是他在 1661 年冬天到 1662 年春天所写的，未能全部完成。内容是关

于方法论和认识论的,可以当作他的中心著作《伦理学》的导言来看。书中探讨寻求知识的途径和方法,指出 17 世纪发展起来的新力学和数学精神可以推广应用到研究存在的认识的整个领域。

丹 麦

【Hans Christian Andersen】安徒生(第二册 P488 注释①)

安徒生(Hans Christian Andersen,1805—1875),丹麦童话作家,被誉为"世界儿童文学的太阳"。代表作有《安徒生童话》,其中最著名的童话故事有《卖火柴的小女孩》《丑小鸭》《小锡兵》《拇指姑娘》《海的女儿》《皇帝的新装》等。

《安徒生童话》(第二册 P488 注释①)

《安徒生童话》*Fairy Tales*:安徒生著,由 163 篇故事组成,已被译为 150 多种语言出版发行。

【Soren Aabye Kierkegaard】克尔凯郭尔(第二册 P59 注释②、第二册 P377【增订四】、第四册 P564 注释①)

克尔凯郭尔(Soren Aabye Kierkegaard,1813—1855),丹麦宗教哲学家、诗人,后现代主义的先驱,现代人本心理学的先驱,现代存在主义哲学的创始人。他认为,哲学研究的对象,不单单是客观存在,更重要是从个人的"存在"出发,把个人的存在和客观存在联系起来,哲学的起点是个人,终点是上帝,人生的道路也就是天路历程。代表作有《人生道路的阶段》《非此即彼》《恐惧与战栗》等。

《非科学的最后附言》(第四册 P564 注释①)

《非科学的最后附言》*Unscientific Postscript*:克尔凯郭尔著,发表于 1846 年。其他不详。

《讽刺的概念》(第二册 P377【增订四】)

《讽刺的概念》*The Concept of Irony*:克尔凯郭尔的博士论文,作于 1841 年,这篇论文论述了讽刺,特别是苏格拉底式的讽刺,是从色诺芬、阿里斯托芬和柏拉图的角度对苏格拉底进行广泛研究的结果。

《日记》(第二册 P59 注释②)

《日记》*Journals*:在克尔凯郭尔写作生涯中,除了大量以假名或真名发表的正式出版物外,他还留下了大量的文稿和日记。实际上,这些日记与其著作是浑然一体的。日记所展现的是活生生的作者本人。克尔凯郭尔把不能向别人直接诉说的,以更为直接且以极其深思熟虑的方式在日记中倾诉了出来。因此,这些日记是理解克尔凯郭尔思想的重要途径。

【Otto Jespersen】奥托·叶斯柏森(第一册 P107 注释①、第四册 P527 注释①)

奥托·叶斯柏森(Otto Jespersen,1860—1943),丹麦语言学家。一生著述多达 487 种,其研究涵盖普通语言学、语言哲学、语法学、语音学、符号系统、语言史、外语教学、国际辅助语等多个领域,在普通语言学和语法学领域的贡献尤为显著,影响了语言学的大批学者。

《语法哲学》(第一册 P107 注释①)

《语法哲学》The Philosophy of Grammar:奥托·叶斯柏森的代表作,是当今世界最重要的几部语言学著作之一。作者从人类社会的实际活动出发研究人类的语言活动,运用其他学科的成果来研究语言,阐述了语言学的基本原理以及语言学与逻辑学、心理学、历史学等学科的联系。

《语言》(第四册 P527 注释①)

《语言》Linguistica:全名为《语言:它的性质、发展和起源》,奥托·叶斯柏森著。此作是一部语言理论作品,与布龙菲尔德的《语言论》,索绪尔的《普通语言学教程》,萨丕尔的《语言》同属西方语言学的经典名著。

芬 兰

【Edward Alexander Westermarck】E. 韦斯特马克(第二册 P92 注释③、第二册 P201 注释①)

E. 韦斯特马克(Edward Alexander Westermarck,1862—1939),芬兰社会学家、哲学家。他是"社会制度的自然史"研究的开创者之一,并在早期婚姻制度史研究中独树一帜。他认为,社会学的目标是解释社会现象,发现它们的原因。他研究的重点是婚姻、家庭、伦理、宗教。

《道德观念的起源与发展》(第二册 P201 注释)

《道德观念的起源与发展》Origin and Development of Moral Ideas:E. 韦斯特马克著,其他不详。

挪　威

【Johan Bojer】约翰·博伊尔（第二册 P765 注释①）

约翰·博伊尔（Johan Bojer，1872—1959），挪威小说家、剧作家，曾五次获得诺贝尔文学奖提名。

《挪威童话》（第二册 P765 注释①）

《挪威童话》：约翰·博伊尔著。此作主要描写穷困的农民和渔民生活。

比利时

【C. Chaim Perelman】佩雷尔曼（第二册 P12 注释①）

佩雷尔曼（C. Chaim Perelman，1912—1984），比利时哲学家，主要研究领域是哲学、法学和新修辞学，关注正义、法律推理和修辞学问题。代表作有《正义》《新修辞学》等。关于正义问题，佩雷尔曼侧重归纳了各种关于正义的解释，并力求在不同解释中发现共同因素——即平等对待，也就是对同一范畴的人同样对待。

《管锥编》中引用的阿拉伯、 叙利亚、叙拉古作家作品

【Iamblichus】杨布里科斯（第二册 P822 注释②）

杨布里科斯（Iamblichus，约 250—约 330 年），新柏拉图主义哲学的重要人物，该学派叙利亚分支的创始人。杨布里科斯致力把新柏拉图主义创始人普罗提诺的哲学和各种宗教的一切礼拜形式、神话、神祇结合起来，发展成一种神学体系。

《巴比伦》（第二册 P822 注释②）

《巴比伦》*Babylonica*：杨布里科斯著，其他不详。

【St John Damascene】大马士革的圣约翰（第一册 P70 注释①、第二册 P289 注释①）

大马士革的圣约翰（St John Damascene，约 675 或 676—749），叙利亚僧侣和神父。他涉猎很广，在法律、神学、哲学和音乐方面都有造诣，撰写了大量阐述基督教信仰的作品，并创作了大量赞美诗，对后世影响极大。

《贝尔拉姆与约瑟伐特》（第一册 P70 注释①、第二册 P289 注释①）

《贝尔拉姆与约瑟伐特》*Barlaam and Ioasaph*：大马士革的圣约翰著。此作是基督教版本的释迦牟尼本生故事，取材于普曜经，以阿拉伯语、希伯来语、波斯语、粟特语和回鹘语写成。故事叙述王子约瑟伐特在修士贝尔拉姆教导下成为基督徒的过程。贝尔拉姆（Barlaam）源自于世尊（Bhagavad），而约瑟伐特，或称为约瑟法（Joasaph），则是由菩萨（Bodhisattva）转化而来。在中世纪，贝尔拉姆与约瑟伐特都被认为是圣徒。

【Ibn Khaldun】伊本·卡尔敦（第四册 P592 注释①）

伊本·卡尔敦（Ibn Khaldun，1332—1406 年），中世纪阿拉伯历史学家，被誉为"世界上第一位研讨历史哲学的作家""近代社会科学与文化史

学的始祖"。代表作有《历史学导论》等。此书曾被英国现代著名史学家汤因比誉为"在任何时间与空间内,由任何富于才智的人所曾写出的同类著作中最为伟大的一部"。

【Moschus】莫斯霍斯(第二册 P672 注释①)

莫斯霍斯(Moschus,生卒年不详),约活动于公元前 2 世纪前后。叙拉古人,诗人,萨摩斯拉斯的阿里斯塔尔库斯的门生。其作品现存 5 首六音步短诗,3 首诗见于他的《田园诗》,其中 1 首以城里人的快乐和渔夫的苦难生活作对比。其名下还有一部名为《欧罗巴》的六音步短篇史诗。

下篇:《管锥编》中的

西方文史哲名家

《管锥编》中的亚里士多德
（又译亚理士多德）【Aristotle】

第一册 P37 注释③："亚理士多德告为君者当使民皆见己之虔奉神道。"

第一册 P588 注释①："亚理士多德所谓'虽不实然，而或当然'。布鲁诺所谓'即非情事，却入情理'。"

第二册 P30 注释①："西人如亚理士多德曰：'苟物不虚生者，则天生禽兽，端为人故'。"

第三册 P19 注释②："行比柳州所骂之尸虫（《柳先生文集》卷一七《骂尸虫文》）。较之'多语''恶舌'之徒，且事半而功倍焉。故太公虽有机心而未善机事也。古希腊操国柄者欲聆察民间言动，乃雇妇女为探子。"

第三册 P150 注释①："亚理士多德欲制律：'女十八而嫁，男三十七而娶，则将来可以同时衰老'。"

《论灵魂》

第一册 P540【增订三】："相而曰'幻'，验物稽事，见其不实失真而云然也。然其物虽非实有，而此相则人曾确睹。亚理士多德尝言：'见有白色者当前，非错觉；见白色者为某物，则或是误会。'马第伯《封禅仪记》言'遥望'见'白者'，非错觉也，而'以为小白石或冰雪'，则是误会；足为亚理士多德补例。达文齐、歌德等谓'感受不误，误出于推断'，正其旨也。《大智度论》卷三三《释初品中四缘义》：'般若波罗蜜于一切法无所舍，无所取。……譬如小儿见水中月，心生爱着，欲取而不能得，心怀忧恼。智者教言："虽可眼见，不可手捉。"但破可取，不破可见。'分疏了当。王世贞、阮元知三神山之果无，是'破可取''无所取'，却亦识蜃市之或有，是'不破可见''无所舍'。'无所舍'即'存照无遗'矣。史家于野老之荒唐言，医家

319

于精神病者之错幻觉,过而存之,若是班乎。又按钱泳《履园丛话》卷三记王昙论秦皇、汉武使人'入海求神仙'曰:'此二君者,皆聪明绝世之人,胡乃乌此捕风捉影、疑鬼疑神之事耶?'后游山东莱州,见海市,始恍然曰:'秦皇、汉武俱为所惑者,乃此耳!'与王世贞、阮元树义大同,皆谓见海市非误,断言海市为三神山则惑矣。"

第四册 P349 注释①:"缜岂用而不知、习而不察乎? 论手、足、眼、耳等'皆神之分'而'是非之虑,心器所主',略同亚理士多德论'灵魂'之'分',有'饮食魂''知觉魂'等等,而以'思虑'为之主。"

《论睡眠中的征兆》

第二册 P149 注释①:"夫既'因乎内',何以不得为'想'? '思'亦'因乎内',何以不得与'内所喜怒'并列为'因'? 进退失据,趣归莫定。'因兼乎外','吉凶所由见',则指梦为预示,可同龟策之卜,梦见于几先,事落于兆后。"

《尼各马可伦理学》

第一册 P398 注释②:"亚理士多德《伦理学》言'中'因人因事而异,故'适得其中,谈何容易',善处者亦各执'与己相应之中'而已。"

第一册 P644 注释①:"亚理士多德推心意弘广之'大人'为群伦表率,其形于外者,行迟缓、声沉着、语从容也。"

第二册 P463【增订三】:"西方文学鼻祖记波斯王叔语曰:'灾难频仍,重之一疾痛为患,人有生之日虽短而只觉其长。'以身事充类至于世事,亦复如《昌言》所谓'乱世长而化世短',理无二致。故国泰民安,其史书必简略沉闷,以乏非常变异可得而大书特书不一书也。此谕由来已久,习焉而不察,亟待标而出之。……叔本华详论:'史诗与剧本皆只写马幸福而求争竞阈之情事,而不写长久圆满之幸福。真正而复长久之幸福既无其事,遂亦不堪马文艺题材。'所见略同焉。托尔斯太名言:'一切欢乐之家庭均相类肖,每一不欢乐之家庭则痛苦各异'实与印可,欺愉既相肖似,遂刻板依样,一言以蔽或不言可喻;愁苦各具特色,变相别致,于是言之而须长言之矣。亚理士多德尝引谚云:'人之善者同出一辙,人之恶者殊途多方',

足资傍参。"

第三册 P104 注释②:"亚理士多德《伦理学》尤诲人百凡行事当严防乐在其中,悦心快意之事如美女之为祸水,足以倾城倾国。"

第三册 P539 注释①:"亚理士多德亦言人之美德既非全出乎性,亦非一反乎性,乃适性而缮,结习以成。"

《欧加农:"工具论"》

第一册 P195 注释①:"亚理士多德首言诗文语句非同逻辑命题,无所谓真伪。"

《诗学》

第一册 P588 注释①:"亚理士多德所谓'虽不实然,而或当然'。"

第三册 P455 注释①:"周履靖《天形道貌·画人物论》'夫描者骨也,着色者肉也',尤片言扼要,可阐张彦远《历代名画记》卷一:'今之画人,……具其彩色,则失其笔法',及盛大士《谿山卧游录》卷二:'画以墨为主,以色为辅,色之不可夺墨,犹宾之不可溷主也'。"

第三册 P573 注释①:"亚理士多德教剧本作者于属稿时,当自身拟演笔下所写之情节举动。"

《物理学》

第一册 P522 注释①:"'今'者,未来之最逼近而几如现在;西语亦然,亚理士多德《物理学》已早言之。"

《形而上学》

第二册 P23 注释②:"'有无相生,难易相成'等'六门',犹毕达哥拉斯所立'奇偶、一……多、动静'等'十门'。"

第二册 **P357** 注释①："亚理士多德论'自然'有五义,其四为'相形之下,尚未成形之原料',其五为'止境归宿之形'。"

《修辞学》

第三册 **P408** 注释①："亚理士多德尝谓品目人伦,贬为'急躁'者亦可褒为'直率',仇言曰'傲慢'者即友所曰'高简',故诚与誉异词而共指一事。"

《政治学》

第一册 **P37** 注释③："亚理士多德告为君者当使民皆见己之虔奉神道。"

第一册 **P453** 注释②："苏格拉底尝谓国家愈统一愈佳,亚理士多德驳之曰:苟然,则国家将成个人,如和谐之敛为独音、节奏之约为幺拍。"

第二册 **P30** 注释①："西人如亚理士多德曰:'物不虚生者,则天生禽兽,端为人故'。"

《管锥编》中的柏拉图【Plato】

第一册 P101 注释①："曰'杂'曰'不一',即所谓'品色繁殊,目悦心娱'。"

(同时引用《艺概》《易·击辞》《国语》《说文通论》《语录》说明可以使用多种多样的材料来构成文章。)

第一册 P399 注释①："盖亦知执中须连'权',不同于执一也。他如柏拉图论谎语时或有益。"

(同时引用《孟子·告子》《庄子·庚桑楚》《伦理学》说明有些标准是因人因事而异,如说谎有时也是有益的。)

第一册 P433 注释①："'乐忧''乐哀'即柏拉图论杂糅不纯之乐趣所言'亦甜亦苦',如怒亦挟喜、哀亦兼乐。"

(同时引用《国语·晋语》《正义》《南涧》说明人的某些情感是可以相互杂糅的,如快乐与忧愁,快乐与哀伤。)

第一册 P453 注释①："赫拉克利都斯反复言,无高下相反之音则乐不能和,故同必至不和而谐出于不一。柏拉图尝引其语而发挥之,并取譬于爱情。"

(同时引用《国语·郑语》《论语·子路》《管子·宙合》《孔丛子·抗志》《淮南子·说山训》《乐记》说明不同会产生和谐,柏拉图也同意这样的观点,并且他认为爱情若要长久和睦两人也得有所不同。)

第一册 P513 注释②："古罗马大将行师,亦既济而焚舟楫,使士卒知有进无退。又按比喻贴而不粘,修询之理。释典每言'如筏喻'者,所谓'到岸舍筏'。"

(原出于佛典,本意是载人的竹筏在上岸后便可丢弃,这里和项羽破釜沉舟的作法相同,指放弃所有退路,背水一战。)

第二册 P18 注释①："亦差同'不知其名',而'强为之名'矣!柏拉图早谓言语文字薄劣,故不堪载道,名皆非常;几可以译注《老子》也。"

(柏拉图认为有些东西是无法用语言来形容描述和记录的,只能够用心去体会。道就是这样的事物，很难用语言去描述。）

第二册 P48 注释②："斯多噶派大师诲人曰：'汝乃幺幺灵魂负载死尸耳'；神秘宗祖师自羞有身体；圣·保罗诫徒众：'毋供养肉体，纵随嗜欲'。"

（同时引用《大智度论·十方菩萨来释论》《法苑珠林》《分别功德论》《譬喻经》《五灯会元》说明一些宗教大师认为身体是痛苦的根源，身体拖累了灵魂。）

第二册 P77 注释①："柏拉图早谓理智之运转作圆相。神秘宗师泼洛丁纳斯引而申之，谓证道乃往而复，其动也圆，如荡子背土迷方而终反故里。"

（同时引用《易·泰》《史记·春申君列传》《文子·自然》《鹖冠子·环流》《列子·天瑞》《仲尼》《庄子·则阳》《寓言》《荀子·王制》《吕氏春秋·大乐》《圆道》《博志》《似顺论》《淮南子·原道训》《主术训》说明万事万物都是循环往复的，即使是两个完全对立的事物是可以相互转化的，正所谓物极必反。柏拉图也认为世界的运转也像圆一样，处于循环往复的过程中。）

第二册 P151 注释③："醒制而卧逸之说与近世析梦显学所言'监察检查制'眠时稍懈，若合符契。柏拉图早窥斯理，正取譬于马之缰络；圣·奥古斯丁尝反躬省察，醒时所能遏止之邪念于睡梦中沓来纷现，乃究问理智此际安往；即'醒制卧逸'也。"

（此处提到柏拉图和明代学者方以智对梦有着相同的理解。）

第二册 P527 注释①："柏拉图说两情相悦慕亦云：'男女本为同气并体，诞生则析而为二，彼此欲返其初，是以相求相爱；如破一骰子，各执其半，庶若左右符契之能合'。"

（同时引用《杨素》《长恨歌》《送人》《仪礼·丧服传》《梁书·颜协传》《全唐文》《经韵楼文集》来说明中外都有用来形容男女重圆的意象，如中国古代的镜、钗以及此处的骰子。）

第三册 P81 注释①："柏拉图《理想国》中一人早曰：'先谋生而后修身'。"

（同时引用《管子·牧民》《论语·子路》说明"平则奸邪生"的观点，即一切"奸邪""不顾廉耻"的行为都是因为温饱问题没有解决导致的，这句话的意思是物质问题解决之后还得有精神追求——良好向上的精神追求。）

第三册 P533 注释①："此亦西方古说,柏拉图即言人性中有狮,有多头怪物,亦复有人,教化乃所以培养'人性中之人'。"

(人性是复杂多变的,有像猛兽一样凶狠的一面,也有理性善良的一面,而教化的作用就是使人能够控制住自己凶恶的一面。)

《管锥编》中的格利乌斯【Aulus Gellius】

第二册 P13 注释③："古希腊文家（Favorinus）曰：'目所能办之色，多于语言文字所能道'。"

（此部分以《道德经》的首句"道可道，非常道。名可名，非常名"开篇，点明论述的关键为"道"和"名"。钱钟书引用大量材料论证了"名者，文字也"和"名皆字也，而字非皆名也，亦非即名也"以及"语言文字为人生日用之所必须，著书立说尤寓托焉而不得须臾或离者也"。钱钟书引用古希腊文家的话论证文字在描述"宣心写妙"时的匮乏。）

第二册 P48 注释⑤："古希腊哲人（Democritus）自抉其眼，以焉视物之明适为见理之障，唯盲于目庶得不盲于心。"

（引用大量古籍，如《老子》《庄子》《高僧传》等，说明"有身为患"。"二者于吾身损之又损，减有而使近无，则吾鲜患而或无所患"，将"身"与"心"分而视之，此处引用也为说明人"盲于目"而不得"盲于心"。《札记》中引申至以"断阴"求"断欲"，终归于"断阴不如断心"。）

第三册 P41 注释②："谈者以此篇拟希腊旧什而作，遂谓译诗可以取则，足矫逐字蛮狠对翻之病。"

（引用大量诗作，如《好色赋》《神女赋》《西江月》等，说明描写女子时的恰到好处表现为"不多不少，减一分太短，增一分太长"，这在许多诗作中都得以体现，意欲做到意密体疏，似近而既远、将来而复旋。这篇希腊原作只道女以苹果掷男，情境精妙。）

《阿提卡之夜》

第一册 P58 注释①："古罗马哲人言，人具五欲，尤耽食色，不廉不节，最与驴若豕相同；分别取驴象色欲，取豕象食欲。"

（此部分的标题为《姤》，姤的卦象是豕，豕即猪，豕象的意思是食欲和色欲。钱钟书引用《左传》《秦始皇本纪》《太平广记》和寒山的诗论证了猪象征色欲,又引用《艺文类聚》和古罗马哲人的话论证猪象征食欲,这句话是说人生欲望,尤其耽溺色食,其色欲像驴,其食欲像猪。此段所谓"古罗马哲人"大概是指格里乌斯本人,但格里乌斯这里征述的是希腊人的意见,并且摘录了亚里士多德《疑义集》一节文字加以论证。)

第三册 P95 注释①:"古希腊哲人辩视觉,斯多噶派主眼放光往物所,伊壁鸠鲁派则主物送象来眼中。"

(引用格里乌斯的话说明身心感受,非我遭物遇物,而是物"来"动我挑我。)

第三册 P436 注释②:"末流且有'无感情派',麻木顽痪,醉生梦死。"

(引用大量作品说明善养性者,不汨于情,亦不灭情,不流于喜怒哀乐,亦不去喜怒哀乐;以及有哀乐而感不过甚,此儒家言也,有哀乐而感非切实,此道家言也。而在最后又出现一类"无感情派",这是以上内容的反面,这类人麻木顽痪,醉生梦死,但被认为是夫喜怒哀乐而不动真情,扩而充之,即后世道士所谓"遍行诸事,言心无染"。)

第三册 P534 注释③:"或谓人兼驴之淫与豕之馋,兼猴之淫与虎之暴。"

(引用大量作品,如《孟子》《北窗炙輠》等,通过对比说明"人性之恶"。动物身上不同的劣性在人身上都可以找到,甚至人性之恶甚于禽兽也。)

《管锥编》中的第欧根尼·拉尔修
【Diogenes Laertius】

第一册 P25 注释②："古希腊怀疑派亦谓反言破正,还复自破,'譬如泻药,腹中物除,药亦泄尽'。"

(引用第欧根尼·拉尔修在《名哲言行录》中的观点,点明《易》象的局限和弊端,并指出解决办法。古哲人有鉴于言词会妨碍意义,有的人就用语言来破除对语言的执着,古希腊的怀疑派也说反面的言论破除了人们对正面言论的执着,反言又需自破,"就像泻药,肚子里的东西泻没了,药本身也随之泻尽"。拟像和比喻也有相互抵消的方法,《易》欲达理,没有象不行,拘泥于象又会出毛病,唯有通过多喻打破《易》象给人们造成的执着,使不同之象相互替换、抵消,以至于得意而忘言,即善取、善替以达善弃。)

第一册 P84 注释①："与古希腊哲人言有道之士契合自然,心如木石,无喜怒哀乐之情者,无以异也。"

(引用第欧根尼·拉尔修在《名哲言行录》中的观点,表明古希腊哲学家认为的圣人应当不受喜怒哀乐影响,心如木石,和何晏"圣人无喜怒哀乐"、王衍"圣人忘情"的说法无异。但钱钟书自己却认为"道无心而有迹,圣人则有心亦有迹",在这句话里,道是指大自然或天,大自然有作为,有贡献,下雨刮风出太阳,动植物依靠自己的力量生成和壮大,动物生龙活虎,植物欣欣向荣。然而,它和圣人不同。大自然无心,没有意识,它"不与圣人同忧"。圣人指一心为民的君主,如尧舜、大禹之类。圣人会有忧虑,圣人有了忧虑,自然会去做一些事解决问题,也便有了"迹"。)

第二册 P79 注释①："并无而无之,并空而空之,忘虚息止,遣其遣而非其非,皆否之否、反之反,所以破理之为障,免见之成蔽。"

第二册 P129 注释①："希腊哲人泰理斯(Thales)亦常曰:'吾有三福(three blessings):吾生得为人而不为畜,是一福也;得为男而不为女,是二福也;得焉希腊上国之民而不为蛮夷,是三福也'。"

第二册 P246 注释①："古希腊哲学家尝宿妓,妓后有身,往告谓是其所种,此人:'脱汝经行刺苇丛中,肌肤剟创,汝能断言某一苇直伤汝尤甚耶?'"

（引用了古希腊哲学家的典故以及中国古代学者的观点,描写了古代多夫与多妇的现象,一妻多夫时,一般无法确定谁是孩子的生父;妓女接客无数,一般无法确定哪个恩客是自己孩子的生父,点明"客胜主人"与"儿必奇慧,方知父谁"。）

第二册 P505【增订四】:"西方言诗人身后在地狱受苦者,莫古于希腊哲人毕达哥拉斯。相传渠自道尝游地狱,观赫西俄德缚于铜柱,呻呼不成语,荷马悬挂树上,蓁蛇绕啮之。"

（引用了第欧根尼·拉尔修在《名哲言行录》中的观点,论证"地狱中皆才子",因此"宁与所欢同入地狱,不乐随老僧辈升天"。）

第三册 P26 注释②:"斯多噶派论想象,或张小物而大之,或敛大物而小之,用比类之法,只须配当适称,谈者或举《海外轩渠录》中大人国、小人国为例。"

（引用了第欧根尼·拉尔修在《名哲言行录》中的观点,表明古今中外的学者常用以小视大,以大视小的手法,中外意象常不谋而合,"极大"用"小"来说明,"极小"用"大"来表现。）

第三册 P31 注释①:"或古希腊、罗马哲人与诗人所谓'爱情乃闲人之忙事'。"

（在此部分,钱钟书引用了第欧根尼·拉尔修在《名哲言行录》中的观点,证明"风情"之事的先决条件是"要有闲工夫"这一观点。《水浒》第廿四回王婆指出,"风情"之事的先决条件是"要有闲工夫"。这与古希腊、罗马哲人与诗人所谓"爱情乃闲人之忙事"类似。）

第三册 P532 注释①:"或柏拉图云:'人者,两足而无羽毛之动物也'。"

（引用第欧根尼·拉尔修在《名哲言行录》中提到的柏拉图的观点,表明古今中外学者对于人的认知,他们认为人就是两足并且没有羽毛的动物,解释了上文所说的"裸虫",为下文对于人性的阐释做铺垫。）

第四册 P165 注释①:"古希腊哲人（Anaxagoras）云:'人生不论何处首涂,赴死则同';古罗马人记其语则作:'四方皆有通入幽冥之路,无远近也'。"

（引用了第欧根尼·拉尔修在《名哲言行录》中的观点,表达'浮生虽多途,趋死惟一轨'的观点,意指人生在世虽然所走之路千差万别,但最终只有死路一条。看似悲观,其实看破世情,看透人生,反成豁达之语。）

《管锥编》中的帖撒罗尼迦的安替帕特
【Antipater of Thessalonica】

第一册 P209 注释①:"古希腊情诗每怨公鸡报晓。"

(在情人眼中,鸡鸣声意味着天亮及分别,因此鸡鸣声便成了可恨之物。憎鸡啼晓即是对欢情顿逝的怨叹。)

第一册 P458 注释②:"一古希腊小诗云:'居丧谅闇,而亦饮食;荷马有言,哀悼以心不以腹'。"

(引用希腊小诗,说明了"人生要经历许多愁苦,只有在吃饭时可以暂时忘却"的道理,即"唯食忘忧"。即使经历着痛苦,那也是以心来体会,而不是由肚腹哀悼的。)

第一册 P460 注释①:"古希腊又一小诗云:'患相思病者之对治无过饥饿,岁月亦为灵药';但丁名句:'饥饿之力胜于悲痛'。"

(再次引用希腊小诗,说明了情感的哀痛或眷恋抵不过腹部的饥饿和岁月流逝,意味着即使心中悲痛,但饥饿的力量是胜于心痛的。这都说明了"唯食忘忧"这一道理。)

第二册 P244 注释①:"希腊古诗屡咏一跛一盲,此负彼相,因难见巧,何缺成全。"

(一位盲人与一位跛脚的残疾人可以相互扶持、取长补短、彼此协作。两位身体各患残疾的人,由于互帮互助,用他们各自的不完美可以整合成一个完美的整体。)

第二册 P284 注释①:"外国古诗文中则每道两女共室而心相得之情境。"

第二册 P463 注释①:"古希腊诗人云:'幸运者一生忽忽,厄运者一夜漫漫'。"

(幸运者由于顺风顺水,一生倒也过得快活,而对于厄运者而言,哪怕是短短一夜也由于痛苦而显得十分漫长。这是由于"幸运者"与"厄运者"对于时间的感知不同,是"主观时间",即"心理时间"的形成的差异。与

"春宵苦短"这类说明"快乐的时间很短暂"的词语，表达的意思是相近的。）

第二册 P715 注释①："按此亦嘲罐匡格，古希腊小诗谓蝮蛇呓一人，其人无恙而蛇则死矣，盖人毒于蝮也。"

第二册 P734 注释①："古希腊大哲学家作小诗，自言前生为男子、为女人、为树、为鸟、为鱼；又鲁辛《鸡谈》写雄父能作人言，自述凤生即大哲学家毕达哥拉士，转世为妓、为国君、为马、为乌鹊、为蛙等，轮回百千度。"

（先是引用《冥祥记》中的《赵泰》，鬼吏对生前不同行径的恶徒的下一生有不同的处置，当"蜉蝣""猪羊""骡驴牛马"等，即"从地狱出、受畜生身"。后又引《牡丹亭》二三折《冥判》中的判官所言等等，最后引用古希腊小诗，展现了人世轮回观念在古代东西方在文学作品中的不同反映。）

第四册 P421 注释①："西方古希腊诗人亦谓书简端为朋友设，分首远隔而能促膝密谈。"

《管锥编》中的阿忒纳乌斯【Athenaeus】

第一册 P57 注释①："古希腊、罗马亦以壮豕、羸豕等词为亵语,与周祈《名义考》卷一〇《猪犯》所言'巴'字同义。"

(在阿忒纳乌斯等古希腊古罗马学者看来,"壮豕""羸豕"这样的词也是污秽的语言,以此来论证前文所谈关于猪的象征意义。钱先生以猪的形象来象征人的色欲和食欲。关于猪象征色欲,钱先生举了四个例证,包括《左传》《史记——秦始皇本纪》,唐朝著名诗人寒山的诗,《朝野佥载》当中的一些例子;关于猪象征食欲,钱先生举了两个例子,包括《封豕赞》中的例子和古罗马哲学家的话,并且还举了猪八戒的例子,说他的形象兼有色欲和食欲二者,贪而无厌。)

第一册 P214 注释②："古希腊大诗人索福克利斯(Sophocles)早言'黄金发'(gold-haired)、'玫瑰指尖'(rosy-fingered)乃诗中滥熟辞藻,苟坐实以作画像,其状貌便使人憎畏。"

(此部分讨论了形容词的"情感价值"与"观感价值"。钱先生对谢肇制和恽敬二人对"舜"是否为木槿的看法做出自己的评论。谢肇制同意毛《传》注,"舜"就是木槿。并且指出,用木槿比喻美人容颜是因为木槿朝开暮落犹如美人容色易衰。用于作诗的比兴,微妙而委婉。恽敬则不同意毛《传》,认为"舜"不是木槿。并且,他觉得黑色不能用来形容女人的美颜,紫色也不适宜用来形容女人的美颜,因为紫中有黑。钱先生本人肯定谢肇制的观点。他指出,谢肇制认"舜"为木槿并解读其朝开暮落的特性暗合女颜的易衰,是"空外听音"。对比恽敬考论草木形状,花卉颜色的论证,谢肇制的说法更符合诗意,也体会出诗人想表达的情感意义。钱钟书推崇谢肇制的观点,而否定恽敬的看法,是因为前者揭示了"舜"为木槿的"情感价值",而后者则斤斤计较"舜"的花色这一"观感价值"。诗文创作除了少量采用直抒胸臆而外,绝大部分都是通过景物描写来表达自己的思想和感情,正如王国维说"一切景语皆情语"。景物描写最常用的就是形容词。因此,一个表达景物的形容词往往就兼具"观感价值和情感价值"。钱先生认为"观感价值"只是表层价值,而情感价值才是其深层价值。后文他以古希腊大诗人索福克利斯的诗为例,说明如果雕塑完全按照诗中描绘的那样去建造,只在乎"观感价值",那将会惨不忍睹,进一步加强了自己的论证。)

第一册 P412 注释②:"倾国倾城之说亦习见古希腊诗文中。"

(指出"美女实无罪"。引用了《晋语》《魏书·道武七王传》《四美人咏》等中的典故,说明中国古代人们对容颜美丽的女性的偏见,认为她们才是导致国破家亡的原因,容颜美丽的女人就是没有道德,怀着恶心的女人,甚至连古希腊诗文和神话中都有出现过类似说法,比如"女祸""倾国倾城",原意是指因女色而亡国。钱先生引用了清朝诗人张问陶《美人篇》中的"美女实无罪",他认为"盖男尊女卑之世,口诛笔伐之权为丈夫所专也","女祸说"其实是掩盖了父权制下真实的两性关系,在这样男尊女卑的社会里,话语权都掌握在男性手中,女性永远处于弱势。)

第二册 P602 注释①:"相传古希腊人造大木马,空其腹,中匿士卒,遂得破特罗伊城,故希腊、罗马盛馔有'特罗伊猪'(porcus Troianus)品目。"

(介绍了"浑羊没忽"在古代中国、古希腊、古罗马、旧时英国和旧时意大利的流行。钱先生引用古希腊学者阿忒纳乌斯作品《诡辩论者》中"特洛伊木马"的故事,说明在古希腊这道菜的由来。)

第三册 P212 注释②:"又一诗人言即以鹰羽箭射鹰。"

(引用《上疏论窦宪》《逸周书·周祝解》《吕氏春秋》《周书》《吕览》《左传》等中国古代书籍中的观点,以及古希腊学者阿忒纳乌斯等西方先哲的观点,进一步论证"以事物本身来对付事物",以毒攻毒、以火救火、以水救水、以汤止沸及"物极必反"的观点。)

第四册 P144【增订三】:"古希腊人每讥柏拉图《对话录》记述不足信。相传苏格拉底尝自言得一梦:'梦柏拉图化骂乌鸦,止吾顶上,啄吾鬓秃处,四顾而噪。柏拉图听之,此乃汝他年迁吾名而肆言诬妄之征'。后世自记与名胜交往,追忆其言行者,当不少'乌生八九子'在。"

(列众多史料,包括中国的《庄子》《列子·易问》等和古希腊学者阿忒纳乌斯作品《诡辩论者》中提到的柏拉图《对话录》,论述了中西著述中的"时代错乱"现象,一些史料看上去描写得很生动、活灵活现,但实际并非真实,所谓的"传",并非实录,只是情志之寄托,理想之寄托。)

第四册 P272 注释①:"希腊古王(Nicomedes)欲食鳀鱼,而所治距海远,不能得,庖人因取萝菔,切作此鱼形,烹调以进,王亦厌饫。"

(引用了《断酒肉文》中的话和出家人嘴上说着"断肉",即不吃肉,但其实却总爱吃肉等例子引出观点:人定难胜天性。也引用了苏轼的《蜜酒歌又一首》表达另一观点:古来百巧出穷人。并使用古希腊学者阿忒纳乌斯作品《诡辩论者》中提到的希腊古王的例子来加强论证,希腊古王没办法吃到鳀鱼,大厨就想到用萝卜做成鱼的形状,古王也吃的很满足,体现了平民百姓的智慧,即"古来百巧出穷人"。最后引用《断酒肉文》中的话以及西班牙主教、一基督教教士和一受洗礼而改信基督教的土耳其人的例子,讽刺了这些人的自欺欺人和虚伪。)

第四册 P294【增订三】:"异于'立身'之'文章',不独诗歌,剧本、小说亦尔。古希腊人尝言欧里庇得斯(Euripides)憎疾妇人,索福克勒斯(Sophocles)闻而笑曰:'渠只在剧本中仇恶女人耳,在枕席上固与之恩爱无间也'。'文章'所恨如怨家者,'立身'则亲为'冤家'焉。嘲谑亦谈言微中。法国近代名小说中男女角色论陀思妥耶夫斯基生平曾否谋杀人一节,又论小说索隐之费心无补一节,尤属当行人语。"

(列举《诫当阳公大心书》《文心雕龙》等中国古籍及古希腊人的例子,论证"文章"与"为人"之各有其"真",立意行文与立身行世,通而不同。通体现在两个地方。第一,我们常说的"文如其人"是说"文"能揭示流露这个人的脾气个性;第二,虽然看文章本身并不能看出作者真实的为人处世,却能看得出他可以成为的、愿意成为的那种人是什么样。)

《管锥编》中的阿里斯托芬【Aristophanes】

第一册 P146 注释②:"西方诗文中亦为常言;费尔巴哈始稍加以理,危坐庄论'爱情乃心与口之啖噬'欲探析义蕴,而实未能远逾词人之舞文弄笔耳。"

(西方诗文中关于爱情的描述如费尔巴哈将其上升为高大上的"爱情心理和口腹之欲",心和口之间的啃咬,一不小心就会伤到心,十分贴切。)

第二册 P346 注释①:"言天神欲远离人世纠扰,故居至高无上之处,不复见下界之交争、闻下界之祷祈,盖多不胜管,遂置不管矣。"

(通过古希腊喜剧中所言论天神并不能管所有人间的琐事,若是管了,天神每天需要千变万化。所以为了避免被打扰,天神选择不管。)

第二册 P639 注释①:"《史记·天官书》记星象,有'天矢'之名,且曰:'矢黄则吉,青、白、黑凶';称雷雨为天之遗溺失气,自是中应有之义,早见古希腊笑剧中,德国俚语尚然。"

(将雷雨看作是天在漏尿、放屁。用通俗的语言来描述自然现象这样的比喻在古今中外皆有。)

第二册 P745 注释①:"黄对何足塞仲任之问哉! 古希腊、罗马诗文亦每以雷不击凶人恶人而劈树破屋为天公愦愦之证。"

(这里论述了雷劈树背后的故事,那是因为天公犯糊涂,不惩罚恶人反而去用雷击树木,正所谓"只解劈牛兼劈树,不能诛恶复诛凶"。)

第三册 P212 注释②:"又一诗人言即以鹰羽箭射鹰,(Not by others, but by thine own fathers art thou caught)。"

(用鹰的羽毛制成的箭射死鹰,正如木能生产火,而火却用来烧木头。)

《管锥编》中的德米特里【Demetrius】

《论文体风格》

第一册 P439 注释①：“古希腊人言修词，早谓句法当具圆相。”

第二册 P714 注释①：“古希腊修词学书言与暴君语，慎毋触讳，举例有马基顿王眇，最恶人道荷马史诗中‘奇目汉’，且不许人谈及眼。”

第三册 P36 注释①：“西方词学命为‘阶进’或‘造极’语法。”

第三册 P192 注释①：“恃强挟贵，而苛察雄猜，憬然严周身之防，镣焉极十目之视，盖众所畏之人，其所畏亦必众耳。”

第四册 P243 注释③：“西方古师教作文谓幽晦隐约则多姿质，质直明了则乏趣味。”

《管锥编》中的黑格尔【G. W. F. Hegel】

第一册 P4 注释①："尝鄙薄吾国语文,以为不宜思辨。"

(黑格尔认为汉语是不适合做哲学的一种语言,但钱先生认为并不是这样;语言是无辜的,写不出伟大的作品,怪罪于语言没有什么道理。语言是无罪的,有罪的只能是运用语言的人。正因为创造性地运用语言是一桩十分困难的事,才需要作者努力创新,才需要"写作时几乎个个字在创造起来",并且"自己造出新的文法来"。)

第一册 P6 注释①："谓其蕴'灭绝'与'保存'二义。"

(德语 aufheben 的音译,意译为:扬弃;包含抛弃、保留、发扬和提高的意思。指新事物代替旧事物不是简单地抛弃,而是克服、抛弃旧事物中消极的东西,又保留和继承以往发展中对新事物有积极意义的东西,并把它发展到新的阶段。)

第一册 P87 注释①："且萌芽毫末渐至于拱把合抱,假以为例,似与亚理士多德以来所称'潜能'或'潜力'易相混淆。"

(树木的生长不是坐飞机,不能忽而升天,须臾落地。而且,"几"也不同于亚里士多德的"潜能"或"潜力"。潜能者,能然而尚未然;几者,已动而似未动,故曰"动之微",《鬼谷子·揣》篇命之曰"几之势"。"几"不是"潜能""潜力"。"潜能""潜力",是"几"产生的可能性,是由事物的性质决定的,不是现实的"几"。例如,鸡蛋有孵出小鸡的可能称潜能、潜力,小鸡出壳才是现实,才可称"几"。)

第一册 P264 注释①："黑格尔谓'伦理本质'彼此凿枘,构成悲剧,亦举家恩与国事不容兼顾为例。"

第一册 P318 注释①："黑格尔称苏锡狄德士史纪中记言印出作者增饰,亦复切当言者为人邻壁之光,堪借照焉。"

("史蕴诗心"不是中国古代史家的专利,也是西方史学的一个特色。)

第一册 P379 注释①："若禽、虫之面,舍大象而外,皆以喙为主,鼻几附属于喙。"

第一册 P423 注释①:"黑格尔书牍尝谓'非抱不能推'。"

(黑格尔的辩证主义哲学证明了事物都是在相互对立和相互转换的矛盾中发展的,即"开即是合";不言"战",皆曰"败之"。)

第一册 P452 注释①:"史不言'彼平此''异物相平',而曰'他平他',立言深契思辨之理。"

第一册 P481 注释①:"黑格尔言东土惟中国古代撰史最伙,他邦有传说而无史。"

第一册 P714 注释①:"释书诚不足以当此,然'亦扫亦包'四字可以借诂黑格尔所谓'奥伏赫变'(参观《周易》卷论《易有三名》);其《哲学史》中论学派之相非相续,亦同斯旨。"

第二册 P12 注释②:"哲学家湛冥如黑格尔、矫激如尼采之流,或病语文宣示心蕴既过又不及。"

第二册 P23 注释①:"窃谓黑格尔尝讥谢林如'玄夜冥冥,莫辨毛色,遂以为群牛皆黑'。"

(在黑夜里看不清牛羊的皮毛颜色,就认为它们都是黑色的;可察知老子《道德经》的矛盾,在于混朴乃一理想境界,事实上人终究要入世,入世即有分别法,于是天下皆知美(善)之为美(善),斯恶(不善)已,这其实也是老子之不得已的两全法。老子学说也不是无价值戏论,它提醒读者人生真正重要的东西,并不一定在于他人或世人的眼光,这点很重要。庄子也说,人生贵在自适,一切都有相对的成分。)

第二册 P54 注释①:"故天地'万物自然',黑格尔所谓'自在';大人'我自然',则习成自然,妙造自然,出人入天,黑格尔所谓'是一是三'。"

(天地自然没有老师,不"法"什么、"学"什么,也不自诩为老师,供什么来"法"、供什么来"学"。天地"万物自然",如黑格尔所谓"自在",圣人的"我自然",是后天学习天地之自然而得到的。老子的"法自然",由人进到地、由地进到天、由天进到道,逐级上升而至自然,说明自然是最高的、是最难企及的。后文提出,"法自然"只是取象设喻。老子关于治理养生,缘用宇宙间的事物来比拟,所谓法天地自然者,不过是借天地自然来设象,哪里是真拜天地自然为老师呢?老子主张人应柔弱、虚心,从观水而知水性,想到人要学水之柔弱,从观谷而知谷势,想到人要学谷之虚心。钱先生认为,老子取象来设喻,用形象来表达思想,不过是把它作为方便的手段,便于人们心领神会,然而,"取向设喻"作为论证方法是有缺陷的,打比方并不是证实,并不足以作为思辨的依据。)

第二册 P72 注释①:充数车、指马之道,有睹于分,无见于合,则不足以知量之增减可致质之变化。

第二册 P74 增订四:"黑格尔《哲学史》论'精神'之运展为'离于己'而即'归于己','异于己'以'复于己'。"

(此则告诉我们,老子的辩证思想和黑格尔的辩证法精神是高度一致的。1.矛盾是宇宙间一切事物运行的动力和生机,也是"道之动"的根据和动力。2.事物运行的轨迹,在老子看来是"反之反",开始是"正"之心"反",而后是"反之反",在新的层面上回归"正";事物运行的轨迹,在黑格尔看来是"否定之否定",开始是对肯定加以否定,而后是对否定加以否定,在新的层面上回归肯定。因此,钱先生说,老子的想法和"黑格尔所谓'否定之否定',理无二致也"。3.事物运行的轨迹为圆形。老子所谓"道之动",它的运行轨迹开始是背离"正"而趋向远,远之极以后便掉转头来开始回返,回返是"反"之"反",画了一个圈。黑格尔"曰辩证法可象以圆形,端末衔接,其往亦即其还"。"黑格尔《哲学史》论'精神'之运展为'离于己而即归于己','异于己'以'复于己'词意甚类老子之'逝曰远','远曰反'。")

第二册 P75 注释①:"黑格尔所谓'否定之否定',理无二致也。"

第二册 P76 注释①:"黑格尔曰矛盾乃一切事物之究竟动力与生机,曰辩证法可象以圆形,端末衔接,其往亦即其还,曰道真见诸反覆而返复。曰思惟运行如圆之旋。"

(《老子》用"反"字,乃背出分训之同时合训,足与"奥伏赫变"(aufheben)齐功比美,当使黑格尔自惭于吾汉语无知而失言者也(参观《周易正义》卷论《易有三名》)。钱先生对汉语的优越性有民族自豪感,他在《周易正义》卷论《易有三名》中曾驳斥了黑格尔说汉字缺乏思辨性的偏颇,这里举"反"字为例重提,说黑格尔如若知悉了"反"字的思辨特征不亚于"扬弃",肯定惭愧自己的失言。根据钱钟书在《易有三名》中的阐述:一字能含多意,对每一层意思分别进行训诂,就叫分训。如果一字所含的两个意思并列而不矛盾,叫并行分训。如果一字所含的两个意思相反和矛盾,叫歧出分训或背出分训。钱先生强调,汉字的思辨性,不仅在于一字数意,而且在于数意可以在一定的语境里同时并存、同时合用,用钱钟书的话是:"脊征不仅一字能涵多意,抑且数意可以同时并用,'合诸科'于

'一言'。")

第二册 P125 注释①："黑格尔论量之渐积以至质之突变,举母腹中儿自怀胎渐至免身为例。"

（随生随死是钱先生论《列子·天瑞》中论述的第六个问题。"运转亡已,天地密移,畴觉之哉? ……损盈成亏,随世随死,往来相接,间不可省,畴觉之哉? 凡一气不顿进,一形不顿亏。……亦如人自世至老,貌色智态,亡日不异,皮肤爪发,随世随落,非婴孩时有停而不易也。间不可觉,俟至后知。"以上是《列子·天瑞》关于生命真相的一段话,翻译如下："万事万物运动转移永不停止,连天地也在悄悄地移动,谁感觉到了呢? 所以事物在那里减损了,却在这里有了盈余;在这里增长了,却在那里有了亏缺。减损、盈余、增长、亏缺,随时发生,随时消失。一往一来,头尾相接,一点间隙也看不出来,谁感觉到了呢? 所有的元气都不是突然增长,所有的形体都不是突然亏损,所以我们也就不觉得它在增长,也不觉得它在亏损。这也像人们从出生到衰老一样,容貌、肤色、智慧、体态,没有一天不发生变化;皮肤、指甲、毛发,随时生长,随时脱落,并不是在婴孩时就停顿而不变化了。人对一点点地变化难以觉察,等到衰老来到了,才突然明白。"这段文字反映了列子对人生自然演变的看法,揭示了人生的真相。列子认为世界万物的变化,都是从量变到质变。列子的看法符合黑格尔量变导致质变的哲学观念:母腹中之胚胎"十月怀胎一朝分娩",和人从出生到老死,都是由渐变而致质变,道理是一样的。）

第二册 P170 注释①："正如《老子》言'反'成人之道而'能婴儿',乃为'玄德';若婴儿者,由焉而不知,初未许语于'玄德'。西人论心性思辩之学,有谓必逆溯寻常思路……"

（"亡情不为"是钱钟书论《列子·仲尼》中论述的第四个问题。"知而亡情,能而不为,真知真能也。发无知,何能情? 发不能,何能为,聚块也,积尘也,虽无为而非理也。"懂得情感而不情感用事,有能力做而不去做,这才是真正的情感、真正的能力。出于无知,哪里会有情感? 出于不能,怎么会有作为? 聚集起来的土块,积累起来的尘埃,虽然它们也毫无作为,但绝非理性选择的结果。钱先生此则意在解读这一段文字,阐述道家"亡情不为"的内涵。理解《列子》这段话的真谛,当如《老子》让成年人的所作所为反其道而行之。如果成年人"能婴儿"（像小孩一样纯真、率性、本然）,便是"玄德";相反,如果是婴儿,本来就茫然无知,能将婴儿的纯真、率性、本然称为有"玄德"吗?! 西方有哲人论述心性思辨之学,说:必须逆溯寻常思路才能把握问题的要领,和我们所说的"反者道之动""顺之即凡、逆之即圣",道理是一样的。"亡情不为"就是反其道而行之——有情而不情感用事,能做而不去做,这样,才能称其为懂"道"和入"道"。)

第二册 P194 注释②:"发身、荣身、娱身而反忘身或且亡身,此又人情世事之常。谭峭《化书·德化》喻之于人制木偶而木偶能祸福人,'张机者用于机',亦即黑格尔论史所谓'愿遂事成而适愿违败事'。"

(本来是追求人身的发达、荣华、快乐,结果却忘记了自身性命甚至自取灭亡,这也是人情世事经常会出现的情况。"以身殉名"正如黑格尔论史所说"愿遂事成而适违愿败事",发生了手段与目的之错位和颠倒,适得其反,事与愿违。)

第二册 P357 注释②:"席勒谈艺谓:'已成器定形之品物亦只是素料朴材,可供意匠心裁'。"

("甚至形成的东西也只与形成精神有关。"即使是已经成形的物品,只要创作者有心,依旧可以进行二次创作。)

第二册 P385 注释①:"二法均有当于黑格尔谈艺所谓'以形而下象示形而上'之旨。"

(赋之叙事无论是"拟物"还是"寓物",都是用形而下的具体物事来表现形而上的心态和情意。)

第二册 P567 注释④:"黑格尔亦隐采其语。"

第二册 P639 注释②:"余读黑格尔《自然哲学》,见其谓繁星丽天有若人肤患癣或群蝇嘬聚,何堪叹美。"

第二册 P787 注释②:"怒影仇镜之喻,又增一边,借以象示黑格尔所谓的自我离异(die eigne Entausserung[剥夺] und Entwesung, eine Entzweiung[一分为二])。"

第三册 P86 注释①:"'渐靡使然',参观《老子》卷论第二章、《列子》卷论《天瑞》篇,即量增减能使质变化之理。"

(世界万物的变化,都是从量变到质变。)

第三册 P399 注释①:"上下古今,察其异而辨之,则现事必非往事,此日已异昨日,一不能再(Einmaligkeit),拟失其伦,既无可牵引,并无从借鉴。"

(自古以来,事物是根据人们观察到的不同而区别开来的。此刻的事肯定不同于往事,今天与昨天也是不同的,近日与昨日无可牵引就无从借鉴。这处意为:世上无教训可言,因为还没等到历史全部重演,便世移势异,后人都没有前车之鉴,仍会重蹈覆辙。)

第三册 P418 注释①:"'其宫商之变也';黑格尔论撰哲学史者弘博而不通义理,亦谓有如禽兽闻乐,聆声孑孑无遗,而于诸音之和,木然不觉。"

(这些撰写哲学的人虽博学却不通义理,也可以说对牛弹琴,牛可以听清音乐,但对于其中的奥秘浑然不觉。)

第四册 P434 注释②:"黑格尔谓急迁不得稍驻之天然事物赖艺术而得迹象长留。"

("自然的冲动会被艺术永久地强化",黑格尔认为艺术美高于自然美,艺术源于模仿自然,但艺术不仅是对自然景象的重建,还是人的情感对自然景象的想象性重建,因此艺术美高于自然美。)

第四册 P503 注释①:"黑格尔教生徒屡曰:'治学必先有真理之勇气'。"

(钱先生一再强调"文学良心"或"文德",而以"真理之勇气"作为其核心内容。"求道为学,都须有'德'","才,学,识,尚须有'德'也",黑格尔说"治学必先有真理之勇气":有学术的雅量和宽容之心,以民主平等的态度对待与己相异的观点。)

《管锥编》中的叔本华【Arthur Schopenhauer】

《附录和补遗》《处世哲学》

第二册 **P192** 注释②:"'名'非必令闻广誉、口碑笔钺也,即'人将谓我何'而已。"

第四册 **P45** 注释①:"隆冬之日,豪毙冻欲疆,乃依偎取暖,而彼此相刺痛,乍亲接即急分离。"

第四册 **P90** 注释②:"叔本华谓翻译如以此种乐器演奏原为他种乐器所谱之曲调。"

(叔本华对翻译的看法。)

第四册 **P229** 注释①:"汝真笨伯! 汝以吾舒香弄色为博人知赏耶? 吾聊以自娱尔。"

第四册 **P245** 注释①:"叔本华云:'作文妙处在说而不说',正合希腊古诗人所谓'半多于全'之理,切忌说尽法国诗人所谓'详尽乃使人厌倦之秘诀'。"

(此处叔本华所说的写作的含蓄美与中国古代的创作理念颇为相似。)

《作为意志和表象的世界》

第一册 **P124** 注释①:"近代叔本华越世高谈,谓音乐写心示志,透表入裹,遗皮毛而得真质。胥足为吾说之笺释。虽都不免张皇幽渺,要知情发乎声与情见乎词之不可等同,毋以词害意可也。仅据《正义》此节,中国美学史即当留片席地与孔颖达。不能纤芥弗遗,岂得为邱山是弃之借口哉?"

(钱先生对"声"与"情"二者的关系进行对比分析。叔本华说"音乐写心示志",这与中国传统美学并不矛盾,虽然中国古代文学中不免张皇幽渺,但在感情抒发过程中"发乎声"和"见乎词"是不可等同的,情"发乎声"

时是情感不加修饰的直接流露,而"见乎词"却多了文学修饰的过程,所以"情发乎声"和叔本华所说的"音乐写心示志"异曲同工。)

第一册 P252 注释①:"叔本华所谓首贵肉岂肌满也。"

(此处为古代对审美的评判标准,无论是"弱骨丰肌"还是"丰肉微骨"都与叔本华所说的"首贵肉岂肌满"高度相似。)

第二册 P31 注释②:"杜甫《新安吏》云:'眼枯即见骨,天地终无情',解老之浑成语也。"

第二册 P127 注释④:"叔本华言吐故泄秽即肉体之部分死亡,人于大死、全死以前,无时无日不小死。"

第二册 P245 注释①:"叔本华因旧喻而翻新样,世尤传诵:愿欲如瞽健儿,强有力而莫知适从,理智如跛瘫汉,炯能见而不利走趋,于是瞽者肩负跛者,相依为命。"

(盲躄相须,无论是在中国古代文学中还是西方早期文学中,都出现过盲人和跛脚之人相互辅助的内容。)

第二册 P463【增订三】:"西方文学鼻祖记波斯王叔语曰:'灾难频仍,重之一疾痛为患,人有生之日虽短而只觉其长'。以身事充类至于世事,亦复如《昌言》所谓'乱世长而化世短',理无二致。故国泰民安,其史书必简略沉闷,以乏非常变异可得而大书特书不一书也。此谕由来已久,习焉而不察,亟待标而出之。……叔本华详论:'史诗与剧本皆只写马幸福而求争竞阈之情事,而不写长久圆满之幸福。真正而复长久之幸福既无其事,遂亦不堪马文艺题材'。所见略同焉。托尔斯泰名言:'一切欢乐之家庭均相类肖,每一不欢乐之家庭则痛苦各异'实与印可,欺愉既相肖似,遂刻板依样,一言以蔽或不言而喻;愁苦各具特色,变相别致,于是言之而须长言之矣。亚理士多德尝引谚云:'人之善者同出一辙,人之恶者殊途多方',足资傍参。"

《管锥编》中的尼采
【Friedrich Wilhelm Nietzsche】

第一册 P23 注释②："古今说理，比比皆然。甚或张皇幽渺，云义理之博大创辟者每生于新喻妙譬，至以譬喻为致知之具(Das Erkennen ist nur ein Arbeiten in den beliebtesten Metaphern)、穷理之阶，其喧宾夺主耶？抑移的就矢也！"

（想讲清楚玄妙的道理，古今都是通过取用贴近生活的比喻，借助现成物象，作为钻研探索的手段，但把比喻的那个物象当做是道理则是本末倒置。钱先生认为，比喻是"致知之具，穷理之阶"。"致知""穷理"是目的，"象"是明理的手段。这里引用了尼采的观点：比喻是致知之具。）

第一册 P418 注释②："又卷三《大宗师》引杖人曰：'贫、病、死是三大恩人'；足以概矣。"

（生于忧患死于安乐。原句："死于安乐，眚疾有益，尤为出世法惯语。"后面引用了很多作品对这一观点的论述，钱先生并未在原文中直接引用尼采的话或转述，但在注释中有引用很多外国学者的相似观点，其中，尼采说：受难是这个世界的积极因素。泰勒(Jeremy Taylor)则说：在疾病的帮助下，灵魂可以挣脱骄傲和自满的束缚。所以说："死于安乐，眚疾有益。"）

第二册 P12 注释③："哲学家湛冥如黑格尔、矫激如尼采之流，或病语文宣示心蕴既过又不及，或鄙语文乃为可落言诠之凡庸事物而设，故'开口便俗'，亦且舍旃。"

（这段引文出自尼采《偶像的黄昏》第 26 节《一个不合时宜者的漫游》。周国平译作："语言似乎只是为平均的、中庸的、可传达的东西发明的。说话者自己用语言使自己平庸化。"钱先生指出，像黑格尔、尼采这样行文或深沉玄墨或特异激切的人都认为语言表达出来就平庸了，用语言文字表达内容要么过了、要么不及，语言文字是为可落言诠之凡庸事物而设。"不落言筌"指不刻意用文辞修饰就给人出彩的感觉，而平庸之物则需要用文辞修饰。)

第二册 P49 注释④："凡仇身绝物,以扃闭为入道进德之门者,胥于心之必连身、神之必系形(Leib bin ich und Seele; und Seele ist nurein Wort fur ein Etwas am Leibe),不识无见也。"

(这段德文引自《查拉图斯特拉如是说》第一卷《论蔑视肉体者》,黄明嘉译作:"我是肉体,也是灵魂。""灵魂只是肉体上某个东西的代名词罢了。"根据上下文,钱先生在谈禁欲苦行以入道时归纳到:心为形役,性与物移,故明心保性者,以身为入道进德之大障。又引《文子·上仁》《吕氏春秋·君守》《淮南子·主术训》:"中欲不出谓之扃,外欲[一作'邪']不入谓之闭",表明世上有普遍认知:身体是入道进德的障碍,心灵的磨炼是最重要的,所以接下来提及自掘眼以求真,自断根以断欲。但钱先生认为这种作法以及看法都是可悲可怜的,他认为轻视肉体只谈灵魂来修行入道是行不通的,不去用肉体看哪来的见识和顿悟。尼采也有相似看法,不赞同轻视肉体、光谈灵魂的作法。)

第二册 P158 注释①："尼采尝说善忘(das Vergessenkonnen)为至乐之本(wodurch Gluck zum Clucke wird),正发明'荡荡'之所以别于'扰扰'。"

(此处尼采的观点与钱钟书先生观点不谋而合,见上文谈:全无记忆则泯过去与未来,不生忏悔希冀种种烦恼。)

第二册 P160 注释②："西洋诗文每写生盲人一旦眸子清朗,始见所娶妇奇丑,或忽睹爱妻与忠仆狎媟等事,懊恼欲绝,反愿长瞽不明,免乱心曲,其病眼之翳障不啻为其乐趣之保障焉。"

(此处举西方诗文中的事例表达无知是福,难得糊涂的观点。尼采在《查拉图斯特拉如是说》*Also sprach Zarathustra* 中也提及这种观点。)

第二册 P271 注释②："近世哲学家云:'人者,能双颊发红之动物也,识羞耻故。'(das Tier, das rote Backen hat ... Scham, Scham, Scham)"

(这段引文出自尼采《查拉图斯特拉如是说》第二卷《论同情者》。黄明嘉译作:"求知者认为,人本身就是会脸红的动物。怎么会脸红呢? 是否因为他经常害羞? 噢,朋友们! 求知者说:羞耻、羞耻、羞耻——此即人的历史!"钱先生将这段引文归纳为:人之所以会脸红,乃能识羞耻之故。)

第二册 P761 注释①："借面长戴,渐夺本相,即习惯成自然,弄假变为真,故曰:'长此作伪者初伪而终失其伪',或曰:'真善每托始于伪善'。"

（引用了尼采的《人性的，太人性的》*Menschliches Allzumenschliches* 中一节"假象如何变成真实"对人性的弱点和缺点进行讽刺批判的一句话，指出"面具称代面，亦称假面；既久假不归，则可取而代"，即长时间伪装自己也会变成那样的人，会导致本性的变化。）

第三册 P144 注释③："或讥史家之貌为不偏不倚，无适无莫者，曰：'岂史学有后宫永巷，非得板宦监守不可乎？'"

（尼采在《历史的用途与滥用》*Vom Nutzen und Nachteil der Historie* 中所要探究的是关于历史对于人生、社会的正反作用。）

第三册 P196 注释①："神魂之于形体犹光焰之于灯烛，亦西方诗文中常喻也。"

（钱先生上文引经据典论中国古文里的形神之喻，如《全北齐文》卷五杜弼《与邢即议生灭论》："邢云：神之在人，犹光之在烛，烛尽则光穷，人死则神灭。"尼采亦有此譬喻。）

第三册 P388【增订四】："莱白尼茨所谓'摩诃末或土耳其式之定命论'尼采尝申言之。渠以为人能与命争，亦即命中注定：自居安命及自信造命，莫非命之定数也。"

（对莱白尼茨（Leibniz）的定命论，尼采曾经试着引申开来说，他认为人能与命争也是命中注定，无论是认命，还是相信人定胜天，都是已经决定好的。钱先生在此处论三国时期李康著作《运命论》，引用了西方莱白尼茨和尼采对于命运的观点。）

第三册 P590【增订三】："尼采尝谓面包淡而寡味，然苟无此物佐餐，佳肴美味，连进即易压腻，推案不欲食矣，故'一切艺术作品中须具有相当于面包者'。"

（钱先生论艺术作品不应全是华丽辞藻，朴实词句亦不可少，"一大小说家自言夹叙夹议处视若沉闷，实有烘云托月之用，犹宝石之须镶边"。如引"诗中词句必工拙相间，犹皇冕上之金刚钻，须以较次之物串缀之"，"人面能美，尤藉明眸，然遍面生眼睛，则魔怪相耳"，此处引尼采之论亦为此。）

第四册 P9【增订四】："尼采云：'人之常情，知名始能见物。有创见者亦每即能命名之人也。'"

（此处钱钟书先生引尼采的观点：有创见之人亦是能命名之人，能使人知名见物。与前文论欧阳建观点呼应，欧阳建认为："名不辨物，则鉴识不显。[《言尽意论》]"意思是,如果名称、概念不能用来辨别事物,那么精辟的认识就不能显露。)

第四册 P200 注释④:"或诋国学师儒之专骛记诵曰:'通晓梵文者之于印度哲学,无异畜兽之于琴瑟奏弹尔。'"

(钱先生在前文就"对牛弹琴"这一典故引经据典,追本溯源,不仅引用了我国古代很多作品,还引用了尼采《作为教育家的叔本华》*Schopenhauer als Erzieher* 中的类似譬喻。)

第四册 P443 注释②:"莱辛谓锐识深究每发为反对。"

(钱先生在此处论批判思维对于写文章的重要性,引证了很多中外类似见解,此处是间接引用恩格尔作品中莱辛、雨果、尼采等人的观点。)

第四册 P560【增订四】:"尼采尝言:'奚考其实,基督教徒只有一人,渠已死於十字架上矣'。"

(钱钟书先生前文引经据典批判"有佛教之名,无佛法之实"现象,又引尼采、马克·吐温等人批判基督教类似现象的话语来相互论证。)

《管锥编》中的 E. R. 库尔提乌斯【Ernst Robert Curtius】

第一册 P184 注释①："释迦则'恐人言佛不知笑故'而开笑口（安世高译《佛说处处经》说笑'光出者有五因缘之二'），且口、眼、举体毛孔皆笑（《大智度论·放光释论》第一四,参观《缘起义释论》第一）；耶稣又悲世悯人,其容常戚戚,终身不开笑口。"

第一册 P360 注释①："盖信事鬼神,而又觉鬼神之不可信、不足恃,微悟鬼神之见强则迁、唯力是附,而又不敢不扬言其聪明正直而壹、冯依在德,此敬奉鬼神者衷肠之冰炭也。"

第二册 P338 注释①："西方诗歌题材有叹'时事大非''世界颠倒'一门,旧萃失正背理不可能之怪事,如'人服车而马乘之''牛上塔顶''赤日变黑''驴骑人背''牲宰屠夫'之类,以讽世自伤。"

第二册 P409 注释①："西方旧日亦有自谦套语,如曰：'小的我'或'小虱我'。"

第二册 P570 注释①："言虽幻诞,而寓旨则谓人能竞天,巧艺不亚于造化,即艺术家为'第二造物主'之西土常谈也。"

第三册 P87 注释③："当世治文学老宿,或谓力求以放大镜与缩小镜并用平施,庶能真知灼见；或言诗文如景物然,谈艺有乘飞机下眺者,有踏实地逼视者,而叹两事之难兼。"

第三册 P193 注释①："古希腊、罗马词章喻事物之无常易坏,每曰'水中书字'。"

第四册 P199 注释①："古希腊常语：'驴声不能听琴。'"

第四册 P455 注释①："书空雁字则如拉丁诗家写大军涌前云：'如群鹤疾飞成行,作字云天之上',谓形似希腊字母'λ',正类吾国谓雁飞作'人'字也；西班牙诗家本之：'天如透明纸,鹄作行书于其上'。"

第四册 P492 注释①："'沥血以书'亦西方诗中词头,17 世纪一法国诗人有《血书怨歌》,怨所欢心坚性傲,作此篇转其意,有曰：'观字色殷红欲燃,见吾情如炎炎大火'。"

《管锥编》中的 E. 罗德【Erwin Rohde】

　　第一册 P285 注释①："古希腊诗人（Theognis）悲愤云：'人莫如不生，既生矣，则莫如速死'；齐心同调实繁有徒。"

　　第一册 P303 注释①："后世有'跳神'之称，西方民俗学着述均言各地巫祝皆以舞蹈致神之格思，其作法时，俨然是神，且舞且成神。"

　　（引用 E. 罗德的观点，讨论了"巫之一身二任"。钱先生说"神保"是巫师举了很多例子，采用了"集例见义"的方法进行训诂。西方学者也称各地巫师庆祝时以舞蹈致意神仙，作法的时候，俨然一副神样，并且跳着跳着仿佛成了"神仙"。封建帝王喜欢自称天子，把统治黎民说成"君权神授"，实际上耍的是巫师那一套把戏。自古以来，各界名流凡是把自己装扮成大神者，均是"一身二任"的"巫师"。）

　　第一册 P626 注释①："亦犹古希腊人所谓'他生公道'或'太古科律'。"

　　（引用了 E. 罗德的观点，证明"积善余庆，积不善余殃"的观点。善有善报，恶有恶报，多做善事的人，就会有好报；如果不做善事，就会遭到报应。）

　　第二册 P121 注释②："变化只言形不常存，轮回则主神不终灭；变化知有形一端而已，轮回则剖形神为两橛，形体可更而昭灵不昧、元神无改。"

　　（引用 E. 罗德的观点，阐释了"《庄子》之变化与释氏之轮回"，变化变的是"形"，轮回不变的是"神"，变化只会改变"形"，轮回则将"形"和"神"分开，形体会变但元神却不改。）

　　第二册 P394 注释①："固结之魂即身魂（Ksrperseele），心肾是也；游离之魂有二：气魂（Hauchseele）、吐息是也，影魂（Schattenseele），则梦幻是矣。"

　　（引用 E. 罗德的观点，阐释了宗教神话学者认为的"固结之魂"和"游离之魂"，掌梦的人可以招魂，那么梦也属于魂魄之一。）

　　第四册 P350 注释①："古希腊亦尝流行有神灵而无鬼魂之俗信，均堪连类。"

（引用了 E. 罗德的观点，表明古希腊人认为世上无鬼魂，但却有神灵，其实并不是完全的唯物主义。）

《管锥编》中的 E. 卡西尔【Ernst Cassirer】

第一册 P82 注释②："故大道真宰无名而复多名。"

第一册 P297 注释①："按科以思辩之学,即引喻取分而不可充类至全也。"

第一册 P303 注释②："其作法时,俨然是神,且舞且成神。"

第一册 P358 注释①："可与'得请于帝'之'帝'参证。奥、灶乃'特殊功能范围之神'。"

第一册 P558 注释②："《平妖传》第九回酆净眼所谓'若没有生辰,须得本人贴身衣服一件及头发或爪甲'。"

第二册 P18 注释①："亦差同'不知其名',而'强为之名'矣! 柏拉图早谓言语文字薄劣,故不堪载道,名皆非常。"

第二册 P30 注释③："如大海所以资人之食有鱼而调味有盐也,瓜形圆所以便阖家团坐而啖也,豚生多子正为供庖厨也,鼻耸人面正为戴眼镜也。"

第二册 P573 注释③："苟'参'之,便知自古在昔,以为影之于形、像之于真,均如皮传肉而肉着骨,影既随形,像既传真,则亦与身同气合体。"

第三册 P95 注释①："古希腊哲人辩视觉,斯多噶派主眼放光往物所,伊壁鸠鲁派则主物送象来眼中。"

第三册 P150【增订四】："康德亦云,世情历练之妇辄戒女毋嫁少年抑且齐年之夫,因光阴催老,女先于男也。"

第三册 P343 注释③："较观念中之辩证愈为纯粹着明。"

第四册 P9 注释①："西方博物学家亦曰:'倘不知名,即不辨物'。"

《管锥编》中的格林兄弟【Brüder Grimm】

格林兄弟

第一册 P485 注释①:"西方童话言仙女与人赌捉迷藏,斯人鱼潜三泉之下为飞九天之上,豹隐万山之中,女安坐一室,转宝镜即照见所在;渠乃穴地穿道,直达女座底而伏处焉,以彼身盖掩己身,女遂遍照不得踪迹。"

第二册 P342 注释①:"西方成人戏稚子,亦谓曾目击,石磨与铁砧浮河面、船张帆行山头、牛卧高屋瓦上、一兔疾走,盲人观之,瘖人大呼,跛足追奔捕得。"

《儿童和家庭童话故事集》(格林童话)

第一册 P485 注释①:"褒姒不好笑,幽王欲其笑,万方故不笑,按贵主不笑,人君悬重赏,求启颜之方,乃西方民间故事惯用题材。如《五日谈》中即三见。格林童话,亦有其事。"

第二册 P326 注释①:"试例以西方童话。猫着难讽术士:'人盛言公能随意幻形,未能信,愿目验焉。请化为象,可乎?'术士嗤之,立地成巨象。猫惊叹曰:'神乎技矣!不识亦解化狮?'术士即转形为雄狮,猫惶恐曰:'莫怖杀偎。'术士忻然意得,猫曰:'公化大物之能,仆已叹现正,苟兼工化成小物如解鼠者,则独步天下而什亦不敢再续矣。'术士曰:'小子可教!老夫不惜为汝一显身手耳。'语毕跃而作鼠,猫扑而咋之。猫之衣履人言与术士之随心幻物,荒唐之坠语也,猫而有鼠则遭猫捕,又真实之常事矣。"

第二册 P327【增订四】:"要皆同归一揆。格林童话又一则述师变公鸡,徒速变狐狸而啮鸡头断……夫以师之神通,岂不能以变猎犬始哉?顾既自择为鸡,则如弃者之落子已错,圆于禽性,不免为狐口中食,徒因得而致其死命焉。斯所谓第一步自主、第二步为奴,亦所谓后起者胜耳。"

第二册 P693【增订四】:"格林童话一则言一小儿七岁夭,母哀之,日夜涕泣,一夕儿现形曰:'阿娘莫啼哭!娘眼泪流注,使儿裹身布淋漓不干,儿不得安眠棺中。'母遂止声收泪。明夕,儿复见,曰:'阿娘视儿!裹身布就燥,儿可栖息地下矣。亦言泣泪滴九泉,吾国古小说只道哭声彻九幽耳。'"

第二册 P652 注释①:"西方童话写小儿女不堪后母之虐,姊携弟出走,适遇雷雨,叹云:'吾侪酸心下泪,天亦同泣矣!'"

第三册 P179 注释①:"童话中灰姑娘长姊斫趾,次姊倒踵,俾足可纳入小妹金履中,二女血随步涌,真所谓'削足适履'者。"

第三册 P301 注释①:"窃谓童话中有九尾雄狐佯死以试牝狐事,正复此意。"

《德国传说集》

第二册 P546 注释①:"德国故事亦谓术士携绳高空,绳引小驹,术士攀马蹄,妻牵夫足,婢牵妇衣,鱼贯入云而逝。"

第二册 P597 注释①:"西方相传俗信,谓操隐身术者,遇镜与水,形状呈映,不能遁匿,与《西洋记》说吻合。"

第二册 P757 注释①:"西方传说每谓水神登岸赴屠肆购肉,则似近舍水味,远求陆珍,殆厌螺蛤而思刍豢耶?"

第二册 P778 注释①:"《韩生》(出《宣室志》)有骏马,清晨每'汗而喘,若涉远而殆者',圉人怪而夜侦之,则黑犬为妖,骑马适城南古墓。按西方志怪亦云人晨起见厩马疲顿,乃夜来焉魇鬼所乘骋也。"

第二册 P812 注释②:"西方旧日亦有'自还钱''出少归多钱''常满钱包'等无稽俗说,《无影人》小说具列诸名;亦号'子母钱',以钱三一枚祝鬼通灵。"

第四册 P356 注释②:"民族学者尝考生人离魂,形态幻诡,有化爬虫者,如蛆、蛇之属,有化物之能飞跃者,如鸟、如蝴蝶、如鼠。"

《管锥编》中的弗兰齐斯科·彼特拉克
【Francesco Petrarca】

第二册 P365 注释②："或咏爱恋罗织而成'情网'。"

（此部分，钱先生讨论了为何常用丝、结等与绳索有关的词来形容人的心情和情感：因为人的情思连绵相续，和绳索一类物品有共性。人心绪繁多不得出路之时正如绳子打了结解不开。他引用了大量将人的情感比作丝、结的作品，如《哀郢》《诗经》《荀子》《汉书》《全唐文》《莺莺传》等，此外他也列举了很多诗人的作品，这些诗人分别是：刘永济、张籍、施肩吾、皎然、鲍溶、李商隐、李清照等。不仅我国文学作品喜欢将人的情感比作丝和结，西方的文学家也喜欢，如彼特拉克、但丁、莎士比亚等。）

第二册 P463【增订三】："兰德论彼德拉卡（彼特拉克）情诗曰：'幸而其意中人心肠坚冷，不许其遂欲如愿，吾辈耽诗者遂有佳什可以吟赏；倘渠好事竟成，则如鸣禽已营巢，不复娇啼恰恰矣。'"

（钱先生在此提出两个论点：如果天下太平，那么史官则无事可写，国家的这段时期就很难在历史中留下痕迹；如果文人生活顺遂不经波折就写不出好的文章；天下太平，对百姓来说是一件好事，对诗人来说却并非如此。古代中国的建安七子、杜陵、李白等人在文学上有所建树，与生活不顺也有关系。为论证这个观点，钱先生引用了《韩非子》《守道》《升平词》《过仁宗陵》《塞下曲》《史记》《水浒传》《历史哲学》《法国革命史》《弗里德里克大帝传》《悔悟集》等多篇著作以及多位名家的观点。）

第三册 P61 注释①："'长歌当哭'；曰'当'，则固如鸟将死之鸣哀，柳宗元《答贺者》所谓'长歌之哀，过于恸哭'，非转而为乐也。"

（有道是喜忧相伴，祸福相倚，乐极易生悲，钱先生此处所引包括贾谊《鵩鸟赋》，班固《通幽赋》，张衡《思玄赋》，扬雄《太玄赋》，元稹《苦乐相倚曲》，《庄子·知北游》，汉武帝《秋风歌》，《淮南子·原道训》，《抱朴子》内篇《畅玄》，王羲之《兰亭集序》，陶潜《闲情赋》，王勃《秋日登洪府滕王阁饯别序》，杜甫《观打鱼歌》《观公孙大娘弟子舞剑器行》，韩愈《岳阳楼别窦司直》,李商隐《锦瑟》,杜牧《池州送孟迟先辈》等,然而乐极生悲常有,悲极生乐却鲜有。)

第三册 P194 注释①:"或历举世事之浪抛心力而终无成济者,盛水以筛亦与焉。"

(中国古代曾大兴文字狱,使用文字时有了很多避讳。各种忌讳太多,使得很多文学作品被曲解,也导致很多人因此获罪。使用文字变得十分困难,就像是在冰上雕刻、水上画画、风中写字一般。古希腊、罗马词章中常常以此来比喻事物无常易生变故,而人身处这众多变故之中无能为力。)

第三册 P317 注释①:"西方情诗每恨以相思而失眠,却不恨以失眠而失去梦中相会,此异于吾国篇什者也。"

(中国古代诗人学者极写相思之苦,恨不能与所思之人梦中相会,然而情思过深,忧愁过多,每每导致夜不能寐,既然不能入睡,如何能在梦中相见? 钱先生引用了众多表达作者不能梦中相会之恨的诗词,如阮瑀《止欲赋》,潘岳《寡妇赋》,孟浩然《除夜有怀》,李商隐《过招国李家南园》,虞集《悼亡》,黄任《香草笺·别后有寄》,柳永《倾杯乐》,欧阳修《玉楼春》,晏几道《阮郎归》,秦观《满园花》,宋徽宗《燕山亭》,吕渭老《鹊桥仙》,陆游《蝶恋花》《武陵春》,吕止庵《后庭花》等。而反观西方,众人不喜因相思之情难以入睡,却不会因梦中无法相会而感到悲伤,因为梦醒之后相思之情只会更加深刻,让人悲伤。)

第三册 P344 注释①:"宋词、元曲以来,'可憎才''冤家'遂成词章中称所欢套语,犹文艺复兴诗歌中之'甜蜜仇人''亲爱敌家''亲爱仇人'。"

(人的情感虽可以大致分为几类,但这不同类别之间的界限却不甚清楚,模糊暧昧。这里钱先生列举了《全汉文》《毛诗》《论语》和魏明帝《报倭女王诏》等,说明就算是同一个字,所传达的意思也不一定相同,就如自然界中有些界限也模糊不清一样。在自然界中,夜晚和黎明,白天和黄昏,动物和植物,季节的更替,在即将转变之时,都难以辨明。宋词元曲中常有"可憎才""冤家"等词,与表面意义不一样,并不含厌恶之情,实乃爱称。同样,西方的诗歌作品中"甜蜜仇人""亲爱敌家",也是一样的道理。)

第四册 P15 注释①:"西方词章中惯道:目睑即唇吻,盼睐亦语言,默默无声而喁喁不止。"

　　（除言语之外，眼波眉梢亦能表情达意，钱先生在此引用了《闲情赋》《都县遇见人织率尔寄妇》，程嘉燧《青楼曲》，《聊斋志异》《绿野仙踪》《儿女英雄传》等。彼特拉克也曾将眼睛比作嘴唇，认为眼睛亦能说话。但是眉目的表情达意终究比不过口舌，为论证这一点，钱钟书又引用了晁元礼《洞仙歌》，董以宁《蓉渡词》，洪亮吉《更生斋诗余》卷一《减字木兰花》。）

《管锥编》中的克罗齐【Benedetto Croce】

第一册 P415 注释①："文艺复兴时意大利人谈艺谓或赞骑士之雄猛，则称其所斫之伤痕曰'美'，或赞僧侣之坚忍，则称其创口及骨节错脱曰'美'。"

（引用了克罗齐在《美学原理》中的论述，说明伤口可被西方人看作是雄猛或坚忍的象征，即伤口不全然是丑陋的，也可被视作美的表征，意在从外表原因解释前文提出的问题："疾疢"何以曰"美"。此处意在论述美疢不如恶石：美言疾病，不如用砭石去治疗。）

第一册 P454 注释①："近世美学家亦论一致非即单调（Eintracht，nicht Einklang）。"

（引用克罗齐在《美学原理》中的观点作为论据之一，补充证明"和而不同"，要追求和谐而非简单机械的完全一致。"和"导向繁荣，"同"导致毁灭。"和"要求一致性与多样性的和谐统一。）

第二册 P14【增订四】："西班牙神秘宗师谓'圣默然'乃无言、无欲、无思之毕静俱寂境界，上帝此际与灵魂密语。"

（引用克罗齐在《诗学》中的论述，说明西方神秘宗认为至理妙道是无法用言语描述清楚的，只能在宁静平和、无欲无求的状态下用心灵去体会、去感悟、与上帝对话。）

第二册 P17 注释②："是以或云诗文品藻只是绕不可言传者而盘旋（ein Herumgehen um das Unaussprechliche）。"

（引用克罗齐在《诗学》中的观点，论证作家的文本，即使极尽描摹刻画之功，也只能无限接近于作者想要表达的中心思想，而终究难以真正完美地将其表达，因为思想是无限的，语言是有限的。）

第二册 P324 注释①："此类盖文中之情节不贯（coherence），犹思辩之堕自相矛盾。"

[引用克罗齐《美学原理》中的"lo stesso principio di contradizione non è altro, in fondo, che il principio estetico della coerenza"，朱光潜译之为"矛盾原则本身其实只是美学上的连贯原则"（克罗齐，《美学原理·美学纲要》，1983，外国文学出版社，P54）。在此部分，钱先生用"前后失照"委婉批评《离骚》中出现的前后矛盾现象。《离骚》中有名句"夕餐秋菊之落英"，有后人从生物学的角度提出"菊不落华"，批评原句失实。钱先生认为，这种批评忽视了文本的文学特性，而是从博物的视角吹毛求疵。写作无须有科学的真实，只要在一个预设的大前提下内部逻辑自洽、自圆其说即可。所以，"秋菊落英"只是"小眚（过失）"，只是肌肤之疾，而情节前后不连贯是缺乏明晰的思辨性、前后矛盾，是心腹之疾。正如克罗齐所言："不善于推理的人也就不善于说话和写作，精确的逻辑分析是好表现品的基础……表现就是对于我们自己的逻辑思考加以直觉的掌握。"《离骚》中前后矛盾的例子如屈原既自喻为飞龙、凤凰，当能凌空蹈虚，又申说需要无翼之蛟龙作津梁方可通途，前后失照。]

第三册 P67 注释①："张融、王若虚揭纲，此数节示目，足见名家名篇，往往破体，而文体亦因以恢弘焉。"

（钱先生从张融之"岂有常体、常有定体"与王若虚之"定体则有、大体则无"出发，论证破体的重要性。只有不拘泥于某种文体规范与限定，而是革故鼎新，有所突破，才能写出好文章。在论述中引用了克罗齐在《美学原理》中的观点："每一个真正的艺术作品都破坏了某一种已成的种类，推翻了批评们的观念，批评家们于是不得不把那些种类加以扩充。"见克罗齐著，朱光潜等译，《美学原理·美学纲要》，外国文学出版社，1983，P45）

第三册 P144 注释④："或曰：'善善恶恶，史家职志攸在，勿容规避，苟模棱骑墙，是为论学论政中之阉宦；夫史岂阉宦所能撰哉！'"

（引用克罗齐在《美学原理》中的观点："如果历史家要避免不可避免的左右袒，他就必变成一个政治的或科学的阉宦，而历史并非阉宦的勾当。"（克罗齐著，朱光潜等译，《美学原理·美学纲要》，外国文学出版社，

1983，P146）克罗齐此处的意思是说历史家等其他学科的学者都应该从确定的观点作全面观察，"从那生糙的顽石堆中雕出一个有定型的雕像"，并且"这与处理事实资料的极端的客观、公正、谨慎都可以并行不悖"，如果没有这种主观的原则或标准，那么写出的东西是无用而软弱无力的。钱先生借克罗齐的观点指出，西方有称历史学家的职责在于客观、如实、分明地记录善恶，若模棱两可，无异于学问政治中的宦官，亦即卑懦的人。而钱先生认为司马迁虽遭宫刑，却能做到不偏不倚，所以又说："使得闻马迁之事，必又有说耳。"）

第三册 P162 注释①："意大利一哲人亦谓中世纪或十六、七世纪厨谱中肴馔，睹名目即已畏却，脱依法烹食，伊于胡底，知者唯天乎！"

（引用克罗齐在《诗学》中的论述，说明与我国古书中的某些记载一样，西方也曾有记录着怪诞食材的食谱，这些名字听起来都让人心生畏怯，更遑论依法烹食会糟到什么地步了。）

第三册 P194 注释②："造艺者期于传世不朽，宁惨淡艰辛，'妙识所难'（《文心雕龙·明诗》），勉为而力排其难（l'ostacolo trionfato）。"

（引用克罗齐在《伦理片段》中的观点，证明学者若想成就传世不朽的作品，就必须了解难处所在，从而认真对待，肯从难处着手，愿从难处用功，经历一番苦工，方能有所成。若是忽视难处所在，轻视之，那么在实际操作的过程中会遇到各种问题，就难有所成了。）

第三册 P334 注释②："或云：'善作者即兼是评者，而评者未遽善作'。"

（引用克罗齐在《诗学》中的观点，论证善于写作的人也都是评论家，但评论家却未必都是好作者。换言之，即使一个人不擅长写作，也可以评价他人的作品，只要他具备评价的能力即可。况且，无特长的人也无偏好，便更能客观地站在旁观者的角度品评。）

第三册 P477 注释②："宋儒严别'血气'与'义理'，未为无见，惜不察两者互相利用，往复交关，环回轮转。"

（引用克罗齐在《诗学》中有关精神循环的观点，说明欲与理不是严格区别开的，二者有相互渗透、相互循环的地方。欲望是人根本具有的，这不可避免。欲望的抒发需要以理来节制。道本身就因人欲而生,理寄寓于人之中。例如"盗亦有道",正是盗贼为了美化自己的苟且之事,利用仁义大道巧饰出来的盗之理。)

第三册 P560 注释①:"顾既不解行,则未保知之果为真;苟不应手,亦未见心之信有得。"

(论述"意""文""无"三者的关系。针对"得心不应手""文不逮意"的现象,即某些人称心中有万千思绪却不得法以流畅地抒发成文的情况,钱先生引用克罗齐在《美学原理》中的观点,强调行动的重要性,批评此类人有逞口舌之能自嘲之嫌。只有实践才能验证是否真的有能力、有思想、有真知。)

第三册 P574 注释①:"且不特描述人事为尔,即刻画兽态,亦有自想变形为兽者;都巴大咏怒马驰骤,于是手足据地,载蹑载跃,口萧萧作马嘶声。"

(此处引用克罗齐,说明作家为了使描写生动,不仅模仿人物,甚至对于动物,也会把自己想象成所描绘的对象,亲身模仿对象的行为情态。此处意在论述作者应该与作品中的角色共情,设身处地地思考,切身体会角色的感受,才能将角色刻画得生动逼真、惟妙惟肖。)

第三册 P574 注释③:"夫'涉乐''言哀',谓作文也,顾'变在颜'之'笑'若'叹'(espressione immediata o sintomatica)非形于楮墨之哀与乐(espressione poetica o spirituale)也。"

(此部分引用了克罗齐在《诗学》中的观点,论述诗人即时或有症状的表达不同于诗文或精神上的表达,换言之,诗人自身心情变化出的哀乐不同于文学作品成品中的哀乐。诗人撰文时,激情已转为凝神,需要对情感进行艺术加工,才能成为文学作品的形式。)

第三册 P591【增订四】:"克罗齐谓:'无平夷则不见高峻,无宁静则不觉浪荡。'"

(此处论烘托技法,援引了克罗齐在《批判性对话》中的观点,说明事物的两方面相反相成,以此物不具备的特性方可烘托彼物具备的特性。具体到行文中,则需有张有弛,有工有拙。如若通篇都是佳词佳句,就无法凸显作品的亮点所在了。)

第三册 P593 注释①:"犹流水一湾,两岸嘉荫芳草,须小桥跨度其上,得以徜徉由此达彼。"

(引用克罗齐在《诗学》中的观点,将精意好句比作两岸的芳草,将凑字数的平庸句比作跨度两岸间的小桥,说明平庸句是不可或缺的,起着点缀于文中引渡佳词好句的作用。写作需要工拙相间,平庸句更能烘托出好句的精妙。倘若通篇都是好句,便如满目全是争奇斗艳的花卉,反而会让人"目眩神疲,应接不暇"。)

第四册 P18 注释①:"况而愈下,甚且愿亲肌肤,甘为蚤虱或溺器者。"

(此部分高度评价陶渊明《闲情赋》中"愿在衣而为领……悲罗襟之宵离"一句,写出了由无聊发虚想,虚想难遂转而成悲的意境。钱先生称此句有"下转语"的禅机。钱先生列举了数个中外文人的类似语句,进行对比,说明其他语句都达不到陶语的境界。此处引用了西方文学中的例子——愿为意中人的溺器与身上的蚤虱,以肌肤相亲,与陶句相比,此例没有美感,意蕴低下。)

第四册 P94 注释①:"古事时事,相影射复相映发(actualization),厥例其众。《荀子·非相篇》曰:'欲观千岁,则数今日。……古今一度也',又《性恶篇》曰:'故善言古者,必有节于今';《后汉书·孔融传》答魏武问曰:'以今度之,相当然耳';《三国志·魏书·文帝纪》裴注引《魏氏春秋》受禅顾谓群臣曰:'舜禹之事,吾知之矣';比物此志也。"

(引用克罗齐在《哲学、诗学、历史》中的观点,论述古事与今事存在相互映射的关系,借古可以喻今。文人常常吟咏古事来寄托表达自己的心意、阐发自己对时事的看法。)

第四册 P201 注释①:"一诗家(Pascoli)因一哲学家(Croce)不取其诗,撰讽喻之篇(I due vicini),略谓菜园中一驴方观赏己粪所培植之白菜(i cavoli nati dal suo fimo),闻树头啼莺百啭,乃自语曰:'费时无聊极矣,吾高歌乎哉? 吾沉思也'(Oh! il tempo perso! Canto io forse? Io penso)。"

（引述 Fausto Nicolini【1879—1965】所著 *Croce* 中一则关于克罗齐被一诗人讽刺的轶事，引出了"对牛弹琴"的一个变体——鸟对驴唱歌。驴自满自足，不能欣赏鸟的歌唱。"对牛弹琴"及其类似的说法讽喻人愚钝无知、冥顽不灵。佛家说"一切众生，皆有佛性"，儒家说"人皆可以为尧舜"，但是人若想成圣成佛，还需要勤于参悟、自我修炼。）

第四册 P288 注释①："即所谓'作者修词成章之为人'（persona poetica）与'作者营生处世之为人'（persona pratica），未宜混为一谈。"

（引用克罗齐在《美学原理》和《哲学、诗学、历史》中的相关观点，论证作者在文本中表现出的人格个性往往与现实中的言行有所出入，故不可混为一谈。）

《管锥编》中的切里尼【Benvenuto Cellini】

《生命》

第二册 P584 注释①:"注家曰:'斜睨也。'"

《传记及其他文章》

第二册 P567 注释②:"至比绘画于诈诳,画师以手代口,浪舌脱空。"

第三册 P399 注释①【增订四】:"上下古今,察其异而辨之,则现事必非往事,此日已异昨日,一不能再,拟失其伦,既无可牵引,并无从借鉴:黑格尔意谓历史无'教训'可言,因未尝全部'重演',世移势异,后来者浑未省前事之可师,不能鉴覆辙而勿蹈。余观文艺复兴时意大利艺人自传名著,有云:'人有常言:第二次便学乖。此大不然。第二次时,情状大异,非意计所及也。'盖新遭之事,与昔所遭者,面目已非,不复能识为第二次重逢,大似'相见不相识,问客何处来'者。列许登伯格极叹此语,云已尝亲切体验,有会于心。文人自道阅历,小言詹詹,而于哲士博综天人,大言炎炎,往往不啻先觉之觉后觉焉。斯其一例耳。"

《管锥编》中的 F. 圭恰尔迪尼
【Francesco Guicciardini】

第一册 P323 注释①："文艺复兴时意大利政论家亦标'待熟'之说。"
（此处论"等待时机成熟"。培根论待时，说机缘有生熟；孟德斯鸠论修改法律，谓筹备之功须数百载，待诸事成熟，则变革于一旦；李伐洛谓人事亦有时季，若物候然。）

第一册 P418 注释①："十六世纪意大利政论家亦谓安乐为人之大敌，其难御远过于苦困。"

第一册 P495 注释①："适时而毋倍时亦马基亚伟利所宁反复者。"

第一册 P570 注释①："过去习常'不必记'之琐屑辄成后来掌故'不可缺'之珍秘者，盖缘乎此。"

第一册 P612 注释①："文艺复兴时意大利史家亦谓君之于臣也，未尝顾藉，为己利便，扇捐屣弃，初勿少假，乃愤叹其营私负主，是亦不思之甚矣。"

第三册 P253 注释①："以重刑深罚为药石，与西方文艺复兴时政论家所谓'猛药'此为对重刑深罚的讨论，宋儒论古，责备求全，苛刻正自不亚于其所掊击之法家用法。"

《管锥编》中的斯宾诺莎【Baruch de Spinoza】

第一册 P10 注释②："'非出于是'，'是亦非也'，犹斯宾诺沙谓：'然即否'，后人申之曰：'否亦即然'。"

（引用黑格尔、斯宾诺莎等人的观点及《左传》《墨子·经》《庄子》等书籍的语句，论证"有无相生"的观点。有即无，无即有，有无相生，相辅相成，两者虽是对立面，但缺少一面，另一面也不可能单独存在。同理，"是非""彼此"也是如此。）

第一册 P84 注释②："二程阐发《易》语，即斯宾诺莎所谓'上帝无情感'（Deus expers est passionum），不忧不喜，不爱不憎也。"

［主要论述了上天（道）到底有没有情。古今中西不同的学者的观点具体可以分为两派：一是上天有情，一是上天无情。有的学者认为上天养育了万物，有情；但有些学者认为上天不会因为人类受苦还是幸福而改变，不会因为尧而存在，不会因为桀而灭亡，所以应是无情。圣人是这天地间最接近道的人，他们是否有情也引发了激烈的讨论。部分学者认为圣人仍然没有脱离人类的范畴，故而有情，有喜有忧，不同于上天。但又有学者认为，圣人已经契合自然，心如草木，无喜无忧，故而无情。也有学者结合了两边的思想，认为无情亦是有情。］

第一册 P97 注释①："斯宾诺莎论思想之伦次、系连与事物之伦次、系连相符（Ordo et connexio idearum idem est，ac ordo et connexio rerum）。"

（论述了思想与自然之间的联系。人生百态，不同的人虽然归途相同，但是因为经历不同，所以思虑有所不同。然而不管什么时代，什么地方，圣人的想法总是非常相似，这是因为他们明白自然之道，自然之道不变，故而他们的想法也一样。钱先生引用了《系辞》《易大传》《幽通赋》《象山全集》《淮南子》等名篇及斯宾诺莎的思想来佐证"人的思想要顺应自然规律"的观点。）

第二册 P12 注释④："如《墨子·小取》谓'言多方'，'行而异，转而危，远而失，流而离本'；《吕氏春秋·察传》谓'言不可以不察'，'多类非而是,多类是而非';斯宾诺莎谓文字乃迷误之源。"

（语言文字是重要工具,却令很多文学家头疼,因为语言文字传递的远不及作者想要表达的。作者在遣词造句时无不精挑细选字斟句酌,然而读者却很少有人能够理解,于是便批评作家不够灵活,不够清楚,太过繁冗。因为表达能力有限,于是有些学科选择用符号来代替文字,也有些哲学家,如黑格尔、尼采认为语言是为平庸之事而穿凿的,开口便俗。语言使用还易犯错误,这点钱先生引用了《墨子》《吕氏春秋》和斯宾诺莎的话来论证:语言是错误的根源。因此在使用文字的过程中一定要仔细检查。）

第二册 P19 注释②:"知美之为美,别之于恶也;知善之为善,别之于不善也。言美则言外涵有恶,言善则言外涵有不善;偏举者相对待。斯宾诺莎曰:'言是此即言非彼'。"

（万物皆有对立面,两者相互对立却又相辅相成。）

第二册 P30 注释②:"后人称天地仁而爱人,万物之生皆焉供人利便。"

第二册 P30 注释⑥:"斯宾诺莎讥此论强以人欲之私焉物理之正。"（老子的《道德经》中称"天地不仁,以万物为刍狗",后人阅读时认为,这是在说天地对万物无情,如苏辙。但王充提出了目的论,在《论衡·自然篇》反驳说:天地有情,创造其余万物来供养人类,造福人类。《列子》中有相似的观点。西方的哲学家亚里士多德赞同这一点。然而古罗马哲学家反对这一观点,认为这一观点颠倒因果,极为可笑。斯宾诺莎认为人类这是将自己的私欲看作是自然之道,加以嘲讽,伏尔泰、海涅也嘲讽这一观点。）

第二册 P127 注释③:"亦有质往年迁之说。斯宾诺莎言人身中新陈代谢,每至通体都失本来,何待横尸,方焉死亡。"

（时间一刻不停地流逝,每一刻的"我"都与前一刻的"我"不同,每一刻都是新"我"。钱钟书在此处引用苏轼、刘禹锡、柳宗元等人作品及佛家典籍,论证这一观点。西方思想家认为人体每一刻都在新陈代谢,身体每一刻都有一部分死去,因此斯宾诺莎认为不必等到最后死的时候人才算死去。叔本华也认为在最后的死去之前,人体无时无刻不在经历小死。）

第二册 P366 注释①:"不为情感所奴,由其摆播,而作主以御使之。"

（钱先生讨论了为何常用丝、结等与绳索有关的词来形容人的心情和情感：因为人的情思连绵相续，和绳索一类物品有共性。他引用了大量将人的情感比作丝、结的作品，如《哀郢》《诗经》《荀子》《汉书》《全唐文》《莺莺传》等，此外他也列举了很多诗人的作品，这些诗人分别是：刘永济、张籍、施肩吾、皎然、鲍溶、李商隐、李清照等。不仅我国文学喜欢将人的情感比作丝和结，西方的文学家和作家也喜欢。情感繁多纠结，此时便需要用文字来宣泄，但斯宾诺莎认为在抒发自己的情感时，要控制住自己的情感，而不是被情感所控制。）

第三册 P105 注释③："真谈言微中矣！人常谓基督教大盛之世，以赏心适体为厉禁而自苦为极则。"

（千百年前，孔孟之道就宣扬克制自己的欲望，警惕让人心情愉悦的事物，因为这些事物容易使人沉湎，在西方也有很多思想家持有此观点，如：席勒、亚里士多德、笛卡尔、康德和斯宾诺莎。在基督教盛行的时候，教会也宣扬克制自己的欲望，要清俭苦修。）

第三册 P214 注释②："略类'以毒攻毒'。西方先哲教人'以情欲克情欲'。"

（中国古代有很多用事物本身去处理事物的例子，比如用木头制作斧头的手柄之后拿斧头伐木，用豆萁煮豆子，用狗毛烧成的灰敷在被狗咬的地方。在西方也存在着这一想法，比如：斯宾诺莎认为可以用情欲来抑制情欲，满足情欲之后，就会减少情欲。）

《管锥编》中的莎士比亚
【William Shakespeare】

第一册 P70 注释①："第三九回谓两面国王'浩然巾内久已藏着一张坏脸','对着人是一张脸,背着人又是一张脸'。则前后表里均为面,初无脑后之背。莎士比亚剧中写摩洛哥王子揭黄金匣盖,中乃髑髅,喻外表之不足信恃。"

（用《镜花缘》中的事例对比表现摩洛哥王子表里不一。）

第一册 P146 注释②："曹植《洛神赋》:'华容婀娜,令我忘餐';沈约《六忆诗》:'忆来时,……相看常不足,相见乃忘饥';马令《南唐书·女宪传》载李后主作《昭惠周后诔》:'实曰能容,壮心是醉:信美堪餐,朝饥是慰';小说中常云:'秀色可餐','恨不能一口水吞了他',均此意也。西方诗文中亦为常言;费尔巴哈始稍加以理,危坐庄论'爱情乃心与口之唼噬'。"

（用曹植、沈约和李后主描写的美人和西方诗文如莎翁作品所写的美人对比,表现"爱情乃心与口之唼噬"。）

第一册 P158 注释①："莎士比亚剧中女角惜夫远行云:'极目送之,注视不忍释,虽眼中筋络迸裂无所惜;行人渐远浸小,纤若针矣,微若蟏蟑矣,消失于空蒙矣,已矣! 回眸而啜其泣矣,'即'眼力不如人远'之旨。"

（用女角惜夫的眼神表现不舍和离别的伤感。）

第一册 P168 注释①："又一剧中夫过听谗言,遣人杀妻,妻叹曰:'我乃故衣（a garment out of fashion）,宜遭扯裂'（ripped）;亦谓妻如衣服耳。"

第一册 P199 注释①："群学家考论初民礼俗,谓赠者必望受者答酬,与物乃所以取物,尚往来而较锱铢,且小往而责大来,号曰投胎,实交易贸迁之一道,事同货殖,即以美洲土著语名之。"

（赠与别人东西的同时也在渴望着获得别人的东西。）

第一册 P222 注释①："莎士比亚剧中写情人欢会,女曰:'天尚未明;

此夜莺啼,非云雀鸣也。'男曰:'云雀报曙,东方云开透日矣'。女曰:'此非晨光,乃流星耳'。"

(莎士比亚通过男女欢会中的对话表现时间之快,表现男女之间依依不舍。)

第一册 P237 注释①:"《江南野史》载李后主降宋,小周后随命妇入宫朝见,辄数日方出:莎士比亚史剧写英王失位幽絷,闻爱马为新王所乘,太息弥襟;又未为鬼而妾、马已充他娱也。"

(将李后主降宋后小周后的命运与英王失位后爱马充他娱的情形对比,表现"黄金用尽教歌舞,留与他人乐少年"。)

第一册 P322 注释①:"莎士比亚历史剧中写一王子弑篡得登宝位,自言生时两足先出母体,即'牾生也:今英语谓之 breech presentation'。"

第一册 P392 注释②:"莎士比亚一再言恐极则反无恐(to be frighted out of fear),驯鸽穷则啄怒鹰(the dove will peck the estridge),更合'鸟穷则啄'之喻。"

(量积累到一定程度会产生质变。)

第一册 P392 注释⑤:"吾国《礼记》中《曲礼》《檀弓》《孔子闲记》,《乐记》诸篇于情感之'盈而反'实早发厥绪,特仅道乐之与哀,而未推及七情五欲耳。"

("盈而反"与前文 P392 注释②同。)

第一册 P398 注释①:"'权'者,变'经'有善,而非废'经'不顾,故必有所不为,而异乎'侥仰逶迤,以窥看为精神,以向背为变通'(李康《运命论》),如老于世故者之取巧投机、诡合苟全。"

第一册 P448【增订四】:"莎士比亚《暴风雨》中半兽人(Caliban)恨见役于主翁嗾裒醉诸水手焚其藏书,曰:毋忘首夺其书;彼失书则愚与我等。焚其书斯可矣。"

(盖"燔书"以"愚主"也,与夫燔书以愚民,如反覆手耳。较之劝读书以窒民智,尚是火攻下策耳。)

第一册 P467 注释①:"莎士比亚剧中人云:'善事而不得当,则反其本性,变成恶事。道德乖宜则转为罪过'。"

(莎士比亚在《罗密欧与茱丽叶》中表现出了善事如果不能妥当去做,则有可能转为恶事。)

第一册 P503 注释①:"莎士比亚剧中英王训太子,谓无使臣民轻易瞻仰（1avish of presence），见稀（seldom seen），则偶出而众皆惊悚（wondered at）。”

（拿莎剧中英王训太子与“人所以畏鬼，以其不能见也，鬼如可见，则人不畏矣。选人不得见令史，故令史势重”对比。）

第一册 P557 注释②：“荷马史诗数言上帝按人命运，为之择偶：莎士比亚剧中屡道婚姻有命（Marriage or wiving comes or goes by destiny）；密尔敦曾出妻，诗中更痛言之（as some misfortune brings him）。”

第一册 P638 注释①：“刘缓《敬酬刘长史咏〈名士悦倾城〉》：‘夜夜言娇尽，日日态还新’，卢思道《后园宴》：‘日日相看转难厌，千娇万态不知穷’。”

（频见则不美。）

第一册 P694 注释①：“盖人言之有罪，而优言之能无罪，所谓‘无邮’‘不恶’者是，亦自即莎士比亚所谓‘无避忌之俳谐弄臣’（all-licens'd fool）。”

第一册 P707 注释③：“憎之则诃为‘倒黑为白、转恶为美、移非为是，变老为少、改怯为勇之黄奴’。”

第一册 P716 注释①：“莎士比亚剧中英王坐地上而叹古来君主鲜善终：或被废篡，或死刀兵，或窃国而故君之鬼索命，或为后妃所毒，或睡梦中遭刺，莫不横死。”

（以莎士比亚剧论述君王鲜善终，处高位而身危。）

第二册 P41 注释①：“‘物之用者，必待不用者。’古罗马大史家尝设喻谓五官四肢恶腹之无所事事，只安享而不劳作也（Vertrem in rnedio quietum nihil aliudquam datis voluptatibus frui），因相约惰息，不为致饮食，终于举体衰敝；又缚手屈尾之充类至尽也。”

（懒惰不用则废退，“走不以手，缚手走不能疾；飞不以尾，屈尾飞不能远。物之用者，必待不用者”。）

第二册 P51 注释②：“西方古说亦有以身心截为两橛，谓犯戒由心不在身，贞洁乃以论心，身遭淫辱固无妨；诗文每以此为诱惑之借口或譬慰之常套。”

（犯戒由心不在身，身遭淫辱固无妨都是范戒律的借口而已，“在‘心头’，而酒肉仅‘穿肠’亦是如此”。）

第二册 P51【增订四】：“莎士比亚《情人怨》中亦道此意（All my offences that abroad you see/Are errors of the blood, none of the mind.—— A Lover's Complaint)。"

第二册 P72 注释②："莎士比亚赋《二鸟》诗以喻爱情，略如陈子昂所谓'相得如青鸟翡翠之婉娈'（《全唐文》卷二——六《馆陶郭公姬薛氏墓志铭》），有云：'可判可别，难解难分'（Two distincts, division none）。"

（用诗喻恋人难解难分。）

第二册 P138 注释④："其《拟西北有高楼》明曰：'佳人抚琴瑟，纤手清且闲；芳气随风结，哀响馥若兰'，岂非'非鼻闻香'？ 有如'昂鼻嗅音乐'（lifted up their noses/As they smelt music）。"

（利用鼻子闻音乐，用通感的手法表现"眼如耳，耳如鼻，鼻如口，无不同"，浑然无彼此，视可用耳乃至用口鼻腹藏，听可用目乃至用口鼻腹藏。）

第二册 P191 注释②："李白《行路难》云：'且乐生前一杯酒，何须身后千载名'，《少年行》云：'看取富贵眼前者，何用悠悠身后名'，或《鲁拜集》云：'只取现钞，莫管支票'（Ah, take the Cash, and let the Credit go）。"

（"莫管身后名，且作今生是。"）

第二册 P209 注释①："莎士比亚剧中一愤世者语群盗（bandits）谓：日、月、水、土莫不行同盗贼（The moon's an arrant thief, etc.），凡百行业亦即穿窬（there is boundless theft/In limited professions），举目所见，人乎物乎，一一皆盗贼也（each thing's a thief; all that you meet are thieves）；亦犹是矣。"

第二册 P239 注释①："西方俗说，亦谓猿猴性淫，莎士比亚剧本中骂人语（yet as lecherous as a monkey）可征也。"

（像许多中国文学所表达的一样，莎士比亚笔下的猿猴等意象也是邪淫的。）

第二册 P365 注释③："诗人或咏此念牵引彼念，纠卷而成'思结'或咏爱恋罗织而成'情惘'，或咏愁虑缭萦而成'忧茧'，或以释恨放心为弛解折叠之思绪俾如新嫁娘卸妆散发，更仆难终。"

（人们通常把思绪比作线，忧郁的思绪则更像蚕茧或新娘卸妆时杂乱的头发。）

第二册 P579 注释②："莎士比亚诗称古希腊图英雄，仅画健腕握长枪，貌不可睹（left unseen），盖昔人绘事，仅示一手、一足、一胫或一头而使观者拟想其全身（A hand, a foot, a leg, a head,/Stood for the Whole to be imagined）。"

（意象有可能是某个事物的局部。作者可以通过对事物局部的描写，引起读者对整体的猜想联想，从而引起阅读兴趣。）

第二册 P632【增订四】："《世说新语·容止》言王夷甫'恒捉白玉柄麈尾，与手都无分别'。'雪隐鹭鸶'一联又早于徐渭《四声猿·狂鼓史》中女乐唱'一个蹊蹺'曲。莎士比亚诗写爱情女神执美少年手，二手一色，如雪裹莲花，雪花石嵌象牙，主白而客亦白。"

第二册 P707 注释②："雨果诗文言黑太阳放射夜色。"

（莎翁也用同样意象。）

第二册 P783 注释①："培根文即道室将圮，鼠必弃，莎士比亚剧即道船已漏，鼠不留。"

（如果一处有老鼠，未必是坏事，说明此处尚未出现较大的隐患，粮食充足。）

第二册 P804 注释③："莎士比亚剧中一角色云：'使此等事而在戏中演出，吾必斥为虚造不合情理耳'。"

第二册 P822 注释③："暂死药（sleeping potion）俾情人终成眷属，西方旧小说亦屡言之，莎士比亚即两用此为剧本中节目。"

第三册 P57 注释①："人事姑置之，已别见《老子》卷论第五八章。人情乐极生悲，自属寻常，悲极生乐，斯境罕证。"

（悲和喜就相当于矛盾的两个方面。中国汉语中也有很多类似的表达：悲喜交加、喜忧参半、否极泰来等等。）

第三册 P61 注释①："'人不堪忧，回不改乐'；曰'不改'，则固不以人所忧者为其忧，原自乐也。'长歌当哭'；曰'当'，则固如鸟将死之鸣哀，柳宗元《答贺者》所谓'长歌之哀，过于恸哭'，非转为乐也。"

第三册 P120 注释①："运命转轮，与时消息，是以《大智度论》引偈曰'时为因'、夏竦诗曰'年光车毂'。莎士比亚诗言时光（Time）百为，运命转轮所属司（And turn the giddy round of fortune's/wheel）。"

第三册 P156 注释①："莎士比亚剧中女角言闻佳乐辄心伤；自作情诗，亦有何故闻乐而忧之问。"

（音乐作为一种艺术形式，能够调动人的听觉，抽象地传递人的某种特定的情感，从而引起共鸣。）

第三册 P301 注释②："胥不外乎莎士比亚名剧所嘲：'不事二夫夸太

早,丈夫完了心变了'。"

第三册 **P311** 注释①:"莎士比亚名剧中赞皇后之美云:'嗔骂、嘻笑、啼泣,各态咸宜,七情能生百媚',用'宜'字不谋而合。"

第三册 **P322** 注释③:"莎士比亚、波德莱亚等都尝赋此。"

(莎士比亚对丑也有一定的描写。例如十四行诗 CXXX 中所写便不是那么美的情妇。)

第三册 **P323** 注释①:"又如靥辅之美,文咏侈称,莎士比亚状美少年微笑,双颊生涡,'乃爱神掘墓穴自葬厥身'。"

第三册 **P570** 注释①:"莎士比亚称心思捷跃,能一举而踰世代、超山海,念动即届。"

第四册 **P58** 注释①:"僧侣与法家均从事于此。盖'正名'乃为政之常事、立法之先务,特可名非常名耳。"

第四册 **P148** 注释②:"莎士比亚剧本写古罗马事,约当汉元帝时,道及自鸣钟,遭人嗤点。"

第四册 **P286** 注释①:"莎士比亚:'山远尽成云。'拉辛:'水里高天连大地,波光物影两难分。'"

(远看高耸的山峰,仿佛直入云霄,与苍天融为一体。)

第四册 **P493** 注释②:"莎士比亚剧中一人被殴言:'苟精皮肤为纸而老拳为墨迹,汝自睹在吾身上之题字,便知吾心中作么想矣。'"

《管锥编》中的培根【Francis Bacon】

第一册 P286 注释①："后世如培根诗叹人生仕隐婚媾,无非烦恼,故求不生,生则祈死(best were it never to have been born)。"

(谈到生死问题时,提到培根的诗词跟前面古希腊诗人的观点如出一辙,人生世事变化,均是增添烦恼的东西。既然这样,除了继续悲叹生命,悲叹出生,或者生而求死,何事尚遗呢?)

第一册 P323 注释②："培根论待时,谓机缘有生熟(the Ripeness or Unripenesse of the Occasion)。"

(谈到时机问题,引用培根在《论待机》中的话。时机有生熟,要观察时机行事,善于抓住时机,然后果断地执行。)

第一册 P434 注释②："培根早谓研求情感(affections),不可忽诗歌小说,盖此类作者于斯事省察最精密。"

(培根认为,诗人和小说家于细微处观察世事人心,并将所得凝结于诗歌小说之中,是研究情感的上好作品,既肯定了诗歌小说的价值,也为后人指明了研究人性、人情的其中一道。)

第一册 P584 注释①："培根名言曰:'非服从自然,则不能使令自然(Nature is only to be commanded by obeying her)'。"

(谈到人与自然的关系,引用了培根的话。培根在看待人与自然时是很明智的,他认为只有顺应自然,遵循自然的运行规律,才能做到真正的利用自然,使自然为己所用。)

第二册 P30 注释⑤："培根谓格物而持目的论,直是无理取闹,徒乱人意(Final causes in physics are impertinent)。"

(培根认为,探寻事物真理的过程中,切忌希望找到一个最终目的,凡带有私欲探索真理的,只会扰乱人心,达不到真正的学术高地。)

第二册 P173 注释②："又有人以首比立法、司法机关,四肢比行政机关。"

(钱先生在总结"以人身为备国家之理者时",引用先秦智者荀子、晏子论述的例子,并指出在西方也存在类似的比较。培根就曾将立法和司法机关看成人的脑袋,将四肢看作是行政机关,各部门各司其职,巧妙地指出了国家运作的方式:立法和行政机关应该是颁布政策法令的源头,而行政机关是落实政策、运行指令的部门。)

第二册 P524【增订三】:"郑君朝宗曰:'培根有《论预言》一文,所斥即西方之"谶"。是也。其文谓奸黠之徒,多闲生事,于事后造作言语,以欺世惑人。谶之为物,只宜鄙视,而谶之流传,则不可掉以轻心;盖其为害非尟,故国法禁之。'"

(谈到培根关于预言的看法。培根认为,一些无根无据的预言不能受到轻视,这些预言往往是被游荡狡猾之徒在事后捏造伪制出来的,曾酿成许多祸害,所以有国家立法加以禁止。这里可以看出培根对于预言所持的反对态度。)

第二册 P783 注释①:"培根文即道室将圮,鼠必弃(It is the wisdom of rats, that will be sure to leave a house somewhere before it fall),莎士比亚剧即道船已漏,鼠不留"。

(钱先生在列举古代作品中猫的意象时,谈到了鼠,说到风土人情的异同导致东西方对鼠的意象有各种解释,如中国江船上视鼠为招财兴旺的动物,而西方既有类似的"有鼠方敢远驶"的说法,也有另一个说法,即鼠能预见坏事的发生,如果一个房子将要倒塌,鼠必先逃走,这里培根就提到了这个观点。)

第三册 P194 注释①:"慨人生危浅者云:'有若书尘上、画水中'。"
(钱先生谈及古代典籍中关于画水的喻义时,引用了培根的这句话。)

第三册 P214 注释②:"西方先哲教人'以情欲克情欲'。"

(此处,钱先生先后引用了《左传》《吕氏春秋》《周易》《三国志》等著作说明古人如何看待世事万物关系,其中一个规律就是因果往复,如以毒攻毒,西方也有同样的说法,古希腊诗人感叹,子出于母,欲复杀母;古罗马人谈到医术时,有以痛治痛之法,从而引出培根这句以情欲克情欲的话,含有深刻的哲理,唯有认识它、了解它、面对它,才能克服它。)

第三册 P274 注释①:"或论尼罗(Nero)失政,弦柱急张、缓张为譬。"
(这里谈到了古代著作中的琴瑟之喻。西方古人常用调琴拉弦比喻治国,培根就在论及尼罗失政时,说他拉弦要么过急、要么过缓,形容他治国没有做到张弛有度。)

《管锥编》中的乔叟【Geoffrey Chaucer】

《特洛伊罗斯与克丽西达》

第三册 P344 注释①："宋词、元曲以来,'可憎才''冤家'遂成词章中称所欢套语,犹文艺复兴诗歌中之'甜蜜仇人''亲爱敌家''亲爱仇人'。"

第四册 P15 注释③："所警策莫过莎士比亚剧中称女角云:'咄咄!若人眼中、颊上、唇边莫不有话言,即其足亦解语';又 17 世纪一诗人云:'诸女郎美目呢喃,作谜语待人猜度',更酷似洪亮吉所咏'眉梢眼角禅'矣。"

《管锥编》中的本·琼森（又译班·琼生）【Ben Jonson】

本·琼森

第四册 P58 注释①："边沁尝言：独夫或三数人操国柄，欲黎庶帖然就范，于是巧作名目，强分流品，俾受愚而信虚称为实际；僧侣与法家均从事于此。"

《炼金士》

第三册 P161 注释①："《东角楼街》节有'羊头肚肺、赤白腰子、妳房'，周密《后武林旧事》卷三载宋高宗幸张俊第，供进御筵，'脯腊一行'有'妳房'，又'下酒'有'妳房签'；古罗马亦尚此，17 世纪英国名剧中一富翁自夸饮食豪奢，金盘玉器，罗列异味，中有'怀孕肥母猪之乳房'。"

《今时不同往日》

第一册 P528—529 注释①："西方旧以却行为辞君退朝之仪容，仕宦者必娴习之。一剧写财房入库视藏金，将出，曰：'奉稟君临万国之至尊，吾不敢无礼转身、背向天颜，谨面对而磬折退走'；一小说谓万不可，以臀尻污皇帝尊目，故辞朝必却行；语虽嘲戏，正道出仪节底蕴。哲学家休谟肥戇，不善行此礼，几致蹉跌焉。"

《人人高兴》

第二册 P823 注释①："谚曰：'疑也自生鬼'，此则'疑私自认龟'也。"（本·琼森剧中一男角怀疑妻子给自己戴绿帽子，即让自己头上"长角"。"心中的角比头上的角要糟得多!")

《人人扫兴》

第二册 P673 注释①:"戏剧及小说每有此情节,班·琼生称为'交错求情',近人或谓之'连锁单相思';窃以为不妨名曰'移笼境地'。"

第四册 P15 注释②:"西方词章中惯道:目睑即唇吻,盼睐亦语言,默默无声而喁喁不止;双目含情,悄无言而工词令,瘖无声而具辩才。"

《管锥编》中的亚历山大·蒲柏（又译蒲伯）【Alexander Pope】

第一册 P100 注释①："又有诗家以蟹爬（Krebsgang，crab）比世人之以退为进、欲高故卑，则亦如蝼屈之取资于娟飞蠕动矣。"

（引用亚历山大·蒲柏《愚人志》中的观点、丹尼尔·冯·契普科等人的观点及《老子》《淮南子》《六韬》《吕氏春秋》等书籍中的语句，论证"曲则全，枉则直"这一观点，即我们做人应当学会忍让，以谦让取得德行的进步，在忍让中不断积累自身实力，最终一跃而起获得成功。遇到各种困难时，可以先采取退让妥协的办法，等待，静观以待变，默默积累自身实力然后再采取一定的行动，从而达到自己的目标。）

第三册 P87 注释①："约翰生尝谓观诗文有恃显微镜者（read with the microscope of criticism），精细而不睹结构行布之全，有藉望远镜者（furnished with a telescope），目穷千里而失之眉睫之前。"

（引用亚历山大·蒲柏《愚人志》中的观点、塞缪尔·约翰逊等人的观点，借用无门慧开禅师的佛诗《饭熟已多时》中前两句话，说明一个道理，即细节决定成败，但过于斤斤计较反而会导致因小失大的局面。"铢铢而称之，至石必差；寸寸而度之，至丈必过。石称丈量，径而寡失。"事情都是有得有失的，计较多了，再得亦失，况且"方其拾玑羽，往往失鹏鲸"，越是斤斤计较，失去的往往也会越多。）

第三册 P334 注释①："此亦西方常谈，蒲伯名句所云：'能手方得诲人，工文庶许摭病。'"

（引用亚历山大·蒲柏《批评论》中的观点，指出中西方许多学者都认为只有写得出好文的人才能评论他人文章，觉得写不出诗文的人就看不出诗文好坏来，其评论也会不深不透，不是盲人摸象，就是隔靴搔痒。钱先生本人并不赞同此观点。他指出，人们都习惯于看到自己的长处而看不见自己的短处,就觉得自己无处不贤,完美无缺。以写文章为例,善写之人评论文章,自己的长处常常成了他人的短处,局于自己所见,以自己所长,作为衡量众家之标准,看不到异量之美,谈不上广大教化。以自己为标准,衡量他人,他人都不如我。成见梗胸,井中窥天,不见异量之美,也不见自己之偏。)

第三册 P579 注释②:"规矩拘缚,不得尽才逞意,乃纵心放笔,及其至也,纵放即成规矩。"

(此处引用了亚历山大·蒲柏《批评论》中的观点,以及《论语》《庄子》《荀子》等中的观点,说明写文章要敢于冲破传统,敢于创新,受传统思维约束,永远写不出好作品。正如哈罗德·布鲁姆所说:"诗人中的强者,就是以坚忍不拔的毅力向威名显赫的前辈巨擘进行至死不休的挑战的诗坛主将们。")

第三册 P591【增订四】:"约翰生屡言'烘话''工拙相间'。柯勒太所谓'偏面生眼睛',早见于古罗马修词学名典:'藻彩譬如词令之眼目。然倘通身皆眼,则其他官肢俱废而失用矣'。贺裳《载酒园诗话》卷一《瀛奎律髓》引方回'未有名为好诗而句中无眼者'一语(卷一〇王安石《宿雨》评语),嘲之曰:'人生好眼,只须两只,何必尽作大悲相千手千眼观世音乎!'用意不异。圣佩韦甚赏儒贝尔之约炼,而微嫌其如天上繁星过密,虚隙无多,使人有应接不暇之感。哈代曰:'剧本固置不论,抒情诗之佳者亦非通篇处处情深文明,特其佳句能烘染平常语句耳'。克罗齐谓:'无平夷则不见高峻,无宁静则不觉震荡';几如阐释蒲柏旧语。爱略脱亦谓长篇诗中必平钝句段为警策句段居间引度。皆有当'庸音济伟''面包下馔'之旨。《文渊阁四库全书补遗——集部》卷一三三沈懋孝《雪后与诸文学讽〈文赋〉》:'缀下里于白雪,吾以济夫所伟':用之当,刍荛可以襄庙谟;得其解矣。"

(引用塞缪尔·约翰逊、柯勒太、贺裳、哈代、克罗齐、亚历山大·蒲柏、爱略脱等人的观点,论述以下观点:好的文章是既有精彩华丽的词藻也有平淡朴素的词句,如果通篇语言都非常优美华丽,那就会让人眼花缭乱、应接不暇,读者会觉得疲倦,文章也就不那么好了。朴实无华的语句可以衬托出华丽辞藻的优美,起到过渡的作用,让读者不至于那么疲惫;

而华丽的句子可以让平淡朴素的词句也熠熠生辉,变得极有内涵。因此两者相互促进、相辅相成,都是好文章不可缺少的元素。)

第三册 P593【增订五】: "蒲伯言作诗当如光黯相衬。"

(引用亚历山大·蒲柏的观点,说明真正的智慧是保持自然最佳状况,用简单真实的句子表达出深刻的道理,更能让读者印象深刻并且牢记于心。有时候我们发现有些东西一看就信服,因为它与脑海中想象的形象无误;而用某些华丽的词藻去形容不恰当的事物,矫揉造作,故弄玄虚,是不可取的。语言的表达形式是思想的外衣,越是适合,就越得体。)

第四册 P225 注释③: "或云:'冷僻无人处,花怏怏然吐幽香'。"

(引用多个中外诗句,例如亚历山大·蒲柏《夺发记》的这句"冷僻无人处,花怏怏然吐幽香"。这些诗句都非常典型,都描写了一些自身非常美好但却苦无人知的事物,它们在某处静静绽放,却无人欣赏,只能独自老去直至死亡。

《管锥编》中的 C. S. 刘易斯
【Clive Staples Lewis】

C. S. 刘易斯

第一册 P27 注释①："若夫诗中之博依繁喻,乃如四面围攻,八音交响,翠轻折轴,累土为山,积渐而高,力久而入,初非乍此倏彼、斗起歘绝、后先消长代兴者,作用盖区以别矣。"

（引用大量作品意欲说明象和理的关系,言理用象,可以多象而喻一理,但不能因用象反而使理造成多义或模糊。诗的多象博喻,不是相互抵消而是相互交融,共助诗之兴发。）

《文字研究》

第一册 P372 注释①："甲之子呼'父',谓甲也,乙之子亦呼'父',不谓甲也;哺儿曰'喂',秣马亦曰'喂',岂得据以齐物论于乳与刍哉？角力者,戏之事,非戏之意也心。"

第三册 P38 注释①："亦犹'够'谓不欠、恰好,而亦可谓太过、多腾,如曰:'够了！够了！少说为妙！'"

（引用大量诗作,如《好色赋》《神女赋》《西江月》等,意欲说明描写时的恰到好处,不多不少。）

《被弃的意象》

第二册 P149 注释①："'因兼乎外','吉凶所由见',则指梦为预示,可同龟策之卜,'梦见于几先,事落于兆后',即《潜夫论·梦列》之'直'与'象'、《论衡·纪妖》之'直梦'、《大智度论》之'天与梦使知未来'。"

（引用大量典籍论述"梦",先提出《周礼·占梦》中的观点,又用苏轼等人的观点进行反驳,认为梦既然是由内因产生,为什么不包括"想"呢,而且"思"的产生也是由于内因,为什么不能和喜怒等情绪一同归为因。此处引用刘易斯的话是对上述观点的进一步论证,即梦不仅要考虑内因,还应该考虑外因,同时把梦看做一种预示,可以预示未来。)

《分割的意象》

第二册 P599 注释①:"欧西之'仙'乃山水草木之精。"

(此处,钱钟书对不同文学作品中妖魔鬼怪的形象进行了描述,引用了《西游记》《金华神记》《魏都赋》等作品。许多作品中描述鬼怪没有影子,照镜子没有头,这里的引用也进一步说明文学作品中的鬼怪形象,此处所言日中无影与其他作品的描述异曲同工,不过这里所提及的鬼怪非凡人修炼缩成,而是山水草木之精。)

《管锥编》中的弥尔顿(又译密尔敦) 【John Milton】

弥尔顿写鬼神

第一册 P183 注释①："密尔敦诗中咏群鬼烂漫卧,喻如瓦朗博罗萨,沼面秋叶委积,累代传诵。而近世亲游其地者以为密尔敦必出耳食,否则植树大变,因弥望皆经霜不凋之松,无它木也。"

(通过列举王禹、苏东坡的例子,说明弥尔顿所言非虚,后人所望与弥尔顿所望不同,是因为泥古不可以例今。)

第一册 P505 注释①："直与《礼运》郑注造车合辙矣!西籍自《圣经》下及但丁、密尔敦、特来敦等名什写上帝,均谓光裹云绕,不许人逼视,但可闻声。"

(提及弥尔顿、郑玄、沈括、苏轼、拿破仑和莎士比亚,并引用《全唐文》《邓析子》《鬼谷子》《封禅书》《太平御览》《事文类聚》《翼圣传》《开元乐词》等典籍,说明作品中上帝与群鬼皆有势,有阴阳之分,凡人不可直视……)

第一册 P505 注释②："至写魔王鬼魁,亦称其高据宝座,能瞡拱服之诸么魔鬼子而不为所睹。"

第二册 P671 注释①："密尔敦诗写地狱大会,无央数庞然巨魔奔赴咸集,室不加广而魔体缩小,遂廓然尽容。"

(与李商隐、冯浩、沈亚之、姚合、温庭筠、齐己、王安石、杜甫进行比较,引用《全晋文》和众多佛家典籍,表现了文学作品如何写"地狱"的特征——"不加广而魔体缩小,遂廓然尽容"。)

第二册 P694 注释①："此意则西方词章常及之,每言鬼魂入无间地狱,受诸苦毒,求再死而不得。"

(同时引用《刘道锡》《睦仁蒨》《许琛》《聊斋志异》《新齐谐》《十八泥犁经》《魏书子文集》《广记》《西游补》来论证文艺作品中常写"人有生死,鬼亦有生死"。)

第二册 P707 注释①:"密尔敦诗写地狱中火无光辉,仅吐黑焰。"

(此处不仅与中国的李贺、李商隐进行了比较,也与西方的雨果、波德莱亚进行了比较,说明了鬼墨淡、鬼火冷、鬼灯黑的特点。)

第二册 P706 注释①:"密尔敦亦写余烬'作光效仿昏黯'。"

(同上。)

第四册 P175 注释①:"密尔敦咏登天临眺,大地只是一点、一粒、一微尘。"

(同时引用鲍照、王嘉、虞骞、戴皓、苏轼、李白、杜甫、李华、白居易、程珌、刘过、贾谊、韩愈、李贺、杨敬之的诗篇和罗赛蒂的片段,说明了文人大家不仅认为相较于无边宇宙,"大地"世界极其渺小,人微小如尘埃,世代的时间也只如一瞬。)

第四册 P225 注释①:"西方赋咏,如云:圆月中天,流光转影,物象得烘托而愈娱目,然了无人见,平白地唐捐耳。"

(同时引用王安石、潘音、王融、王勃、汤显祖、李贺、钟惺、史震林、苏颋、杜甫、李华、韩愈、白居易、王涯、皮日休、施肩吾、许浑、崔橹、苏轼、秦观、谢逸、姜夔、张炎、史达祖,论述景物烘托有助于情感表达。)

弥尔顿写上帝

第一册 P286 注释②:"密尔敦诗写原人怨问上帝云:'吾岂尝请大造抟土使我成人乎?'"

(引用黄庭坚、秦观、朱淑真、王若虚、屈原、古罗马大诗人、海涅、培根和弥尔顿,论述"人生烦恼众多,人莫不如不生"。)

第二册 P415 注释③:"一写天堂诸众闻有携人间消息至者,奔赴问讯,星流云集。"

(引用韩愈、陆游、辛弃疾、屈原、刘禹锡、苏辙、李商隐、康有为、但丁和弥尔顿等人的众多诗篇,探讨了天堂与人世的生活差异。天堂清贫无聊,不可纵欲,人世恣意随心。)

第一册 P557 注释③:"密尔敦曾出妻,诗中更痛言之。"

(引用沈钦韩、朱彝尊、龚自珍、徐陵、荷马、莎士比亚和弥尔顿,论"姻缘天定"。)

弥尔顿写人世

第一册 P697 注释④:"最奇者,烈士暮年,叹己身为活动坟墓,又婴未育而死,母身为其活动坟墓。"

(引用惠洪、王守仁、李渔、曾异、古希腊文家、古罗马诗祖和弥尔顿,讨论了人死及安葬问题。)

第一册 P391 注释①:"或云:'增援兵能增希望,然绝望则生决心','无希冀则亦无恐怖'。"

(引用白居易、桓吉尔、莎士比亚和弥尔顿,论证人处在绝境之中会变得毫无畏惧,放手一搏。)

第二册 P151 注释④:"圣·奥古斯丁尝反躬省察,醒时所能遏止之邪念于睡梦中沓来纷现,乃究问理智此际安往。"

(引用赫兹里特、柏拉图、弥尔顿等西方学者文人,论证了梦与人的心智之间的关系。)

《管锥编》中的 C. K. 奥格登
【Charles Kay Ogden】

第一册 P195 注释⑤:"今人又定名为'羌无实指之假充陈述'。"

(文学作品中虚虚实实,常有夸大之处。有人对于书中之言全盘相信,但这样做其实有坏处,人常说:尽信书不如无书。钱先生认为,对于书中之言,不能尽信,也不能全然不信,不完全相信,才是一个折中的好办法。此处,钱钟书引用了大量典故,如《古籍多虚数说》《万章》《云漠》《文心雕龙·夸饰》《红楼梦》《史记·商君列传》《颜氏家训·勉学》《资治通鉴·唐纪》《闲居赋》等,首先提出文学作品常有夸大,虚实相间,然后又援引亚里士多德、锡德尼、勃鲁诺、维果、奥格登等人的观点,说明文学作品不是逻辑命题,无所谓真假,诗歌的真与现实的真不能打上等号。)

第一册 P540【增订三】:"达文齐、歌德等谓'感受不误,误出于推断',正其旨也。"

(从古至今,许多传说并非空穴来风,但却没有证据能够证明其真实性。于是严谨的文人学者在写作议论时会用"盖、云、焉、若"等表意含糊的字眼,比如《赵德麟字说》《封禅书》《郊祀志》《孔子世家》《伯夷列传》《空同子诗集自序》《史记》《宗子相集》《沧溟先生集》《天佣子全集》等。有时候人会看见一些不甚了解的事物,若仅仅是简要的描述这事物的特性,那么所言为实,若强行去解释这事物的本质,则所言大多为虚。"云雾缭绕,存有幻境",这是有人真实经历过的,是真实存在的,但是否有神仙,却从来没人看见过,故这一点是不实的。西方的文人达尔齐、歌德、奥格登等人认为"我们的感受是真的,但判断是错的"。)

第二册 P13 注释②:"边沁所持'语言能幻构事物'之说,近人表章,已成显学。"

(语言文字是很重要的工具,语言甚至能构造现实,虚构存在。)

第三册 P300 注释①:"法国古诗人讥其君亨利三世,亦同统意。"

(此处,钱先生先点出了一个晋代就已出现的现象,即"闹房""戏妇"

的陋习,不少典籍都记载了这个现象,如《昌言》《抱朴子》《升庵太史全集》《癸巳存稿》《霞外攟/捃屑》《樵隐昔寱》《汉书》《全后汉文》《太玄经》《易》。这一陋习有损风化,于是很多人批评了这一陋习。法国古诗人也曾因此讥讽亨利三世。)

第三册 P557 注释①:"近世西人以表达意旨为三方联系,图解成三角形:'思想'或'提示''符号''所指示之事物'三事参互而成鼎足。"

(如何使得写出的文章完美的传达作者的意思? 中国古代学者们进行了众多研究,总结了三个要素,有人称之为"意、文、物";墨子称之为"举、名、实";《文心雕龙》将这三者称作"情、事、辞"。这三者相互联系,和谐统一才能完美达意。在西方,学者将这之间的联系图解成三角形"思想或提示、符号、所指示的事物"。这些不同的叫法其实本质上是一样的,"意、举、情、思想或提示"这五个名词都是作者借文章想要传达的意思;"文、名、辞、符号"都是指作者的遣词造句;"物、实、事、所指示的事物"都是指作者在文章中描述的事物。奥格登认为这三个要素之间的关系就如同鼎的三足。)

第四册 P8 注释①:"世间事物多有名而无实,人情每因名之既有而附会实之非无,遂挈慎思明辨者所谓'虚构存在'。"

(钱先生在此论述了名和实的有无。老子在《道德经》中说"有名万物之母",有名之后方有实,"名"是心认知事物的工具,有了"名",才能认识到本质。奥格登基于名和实之间的关系,提出了"虚构存在"。)

第四册 P58 注释①:"边沁尝言:独夫或三数人操国柄,欲黎庶帖然就范,于是巧作名目,强分流品,俾受愚而信虚称为实际;僧侣与法家均从事于此。"

(中国古代十分重视"名教",而与其相对立的则是"自然"。"名教"可用以约束百姓。"名教"的重要性在很多典籍中均有体现,如《颜氏家训·名实》《困学纪闻》《春秋》《列子》《范文正公文集》《诚斋集》《钝翁前后类稿》《日知录》《十驾斋养新绿》《退庵随笔》《孔学发微》等。但也有很多人认为世人受其羁绊约束已久,见于《报桓谭》《全汉文》《抱朴子》《四分律宗记·序》《常州孟谏议座上闻韩员外职方贬国子博士有感》《旧唐书·傅奕传》等。)

《管锥编》中的查尔斯·狄更斯(又译迭更司)
【Charles John Huffam Dickens】

第一册 P99 注释①:"吾之小退却,将以大距跃也。"

(此处钱先生讨论的是"欲进先退"这个规律,为论证这个规律的正确性,引用了《系辞》《全唐文》《六韬·武韬·发启》《吕氏春秋·决胜》《淮南子》《人间训》《诚意伯文集》等作品中大量详实的例子。蛟龙欲伸展身躯,必要先蜷起四肢,要上达苍天必要先低下身去;天上的飞鸟要发起攻击,也要先收敛翅膀,俯下其首;猛兽要捕获猎物,也要收起爪牙隐蔽身形。这些现象虽然不同,但其中蕴含的规律却是一致,即"欲进先退"。无独有偶,西方学人也论到这点。商人为发大财,先问别人借取小债;古罗马人懂得要想获得全胜,必须暂时让步。世人以退为进和这些动物的行径,其中蕴含的道理没有什么区别。)

第一册 P401 注释①:"甲之行事,不假乙之目见,而假乙之耳闻亦可,如迭更司小说中描写选举,从欢呼声之渐高知事之进展,其理莫二也。"

(讨论小说中常用的间接描写的手法。引用《左传》《阿房宫赋》以及狄更斯的小说中的相关描写。《左传》中描写晋军的行军准备,并没有直接描写,而是描写了众将聚集,张开与拆卸帐幕,填井平灶,尘土飞扬等一系列意象,侧面反映出了晋军的打算。《阿房宫赋》中为了描写阿房宫的奢华,并不直接写钱财珠宝之多,而是写众多的化妆镜,云彩一样多的鬓发,焚烧的椒兰,驶过的宫车,用过的脂水……这一系列意象侧面反映出了阿房宫的奢华。因此要想知道一件事情的发生,也可以从一些细枝末节推敲。比方说在狄更斯的小说中,他描写了选举的场面,人潮众多,外围的人看不见选举的情况,但也能从欢呼声知道事情的进展。)

第二册 P621 注释①:"迭更司《冰雪因缘》中一愚妄女子作书云:'吾父命我通书,因其足伤,不能把笔,医言恐难复原'。"

(此处钱先生同时引用了《李安期》中的典故,说一位选人书法不佳,就拿坠马导致脚受伤为由为自己辩护。然而脚受伤和用手写字,这两者之间其实没有什么必然联系。在西方也有这样的故事,其一是狄更斯的《冰雪因缘》中,一位女子用脚伤的理由拒绝其父让她写字的要求;其二是《乡镇旧闻》中一男子禁止他妻子写字,只因为他妻子脚受了伤。)

第三册 **P178** 注释①:"迭更司小说中则有'杀头以治斜眼'之喻,与贾让、淮南印可。"

(此处钱先生先引用《奏治河三策》这一典籍,用"治水""止啼"这两个事件引出观点:解决事情要用合适的解决方法。治水要疏通,不能一味地加固堤坝,否则会有溃堤的危险;让小孩儿停止哭泣也不能采用堵住嘴巴的方法,应当适当引导。钱先生引用了大量例子,如《奏治河三策》《淮南子·氾论训》《圆觉经》,狄更斯小说以及童话《灰姑娘》。为了治好斜眼的疾病直接将头砍去,为了穿上不合脚的鞋子将脚趾或者脚后跟削去,这些作法都不是解决问题的合适方法。)

第四册 **P150** 注释①:"吾书所叙乃一八二七年事,而七月革命则一八三零年事也。"

(文人骚客创作文学作品时,为表达自己的主旨思想,常引用一些典故或逸闻趣事,这些事情的真实性其实不必深究。文学作品中朝代错乱的现象也十分多,有的是作者一时疏忽,有的则是作者为了增加文章的趣味性故意为之,利用剧中人称作未卜先知。钱先生列举了文学作品中引据不实、朝代错乱的很多例子,比如《金瓶梅》《红楼梦》《西游记》《西厢记》《镜花缘》《女仙外史》《牡丹亭》《庄子》等。西方的小说家狄更斯也曾在作品中写一位招摇撞骗的人向时人讲述一八三零年的七月革命,而作品中的时间才发展到一八二七年,狄更斯称这个人是未卜先知。)

《管锥编》中的 A. 赫胥黎
【Aldous Leonard Huxley】

第一册 P458 注释④:"许来格称荷马叙述大事,而于饮食卧起等人生琐屑,未尝抛置。"

(引用 A. 赫胥黎《夜之乐》中的观点,来说明"唯食忘忧",意指人生要经历许多愁苦,只有在吃饭时可以暂时忘却。古今中外,不论是谁,经历了什么样的苦难,也不会忘记吃饭睡觉这样琐碎却又重要的事,因为要想做成事,就"必先腹中有物"。)

第二册 P35 注释①:"黄老道德入世而为韩非之刑名苛察,基督教神秘主义致用而为约瑟甫神父之权谋阴贼,岂尽末流之变本忘源哉?"

(此处,钱先生由《老子》第五章的一句话"天地不仁,以万物为刍狗;圣人不仁,以百姓为刍狗"展开,论述"目的论"和"'天地不仁'与'圣人不仁'"。其中提到 A. 赫胥黎《幕后操纵者》中的观点,指斥"圣人不仁"说的末流是"变本忘源"。《老子》"圣人不仁"的观念犹如一棵大树,它也会长出一些枯枝和败叶,不同的主体、学派利用它,把它作为制造各种残忍学说的根据。钱先生认为《老子》所说"天地不仁"中的"不仁"不是残忍,而是麻木。天地只管春夏秋冬,风霜雨雪,万物得此环境和条件,然后按自己的本性,自我繁衍,自相治理,生生死死,天地则毫不在意,无喜无怒,所以说"天地不仁"。但他不同意将"圣人不仁"和"天地不仁"等量齐观。"天地不仁"是因为天地无心,对天地生灵的一切苦难无感无知;"圣人不仁",其情况就大不一样。圣人虽"圣",但终究是"人",人有心,欲效天地之不仁,就要把有心变成无心,把有情变成无情,直至把心中的"残贼"——那一点点恻隐之心也消灭殆尽,对一切在别人眼里不堪容忍的痛苦泰然若素,无动于衷。而要做到如此,人需"刻意矫揉,尽心涵养,拂逆本性",练就铁石心肠,而能达到此境地者万里挑一。)

第二册 P201 注释①:"藉陶醉以博超凡入'圣'、豁妄归'真',乞灵于酒或药,如钱起《送外甥怀素上人归乡侍奉》所谓'醉里得真如'者,是处有之,而域中自庄生以还,祇颂酒德。"

（引用 A. 赫胥黎《正题与借口》中的观点,表明"酒色入道——修行亦可先恣"。）

《管锥编》中的 D. H. 劳伦斯【D. H. Lawrence】

　　第一册 P146 注释②:"小说中常云:'秀色可餐','恨不能一口水吞了他',均此意也。西方诗文中亦为常言;费尔巴哈始稍加以理,危坐庄论'爱情乃心与口之喋噬',欲探析义蕴,而实未能远逾词人之舞文弄笔耳。"

　　(引用了古今中外许多学者的言论,论证"怒如调饥"是以饮食喻男女的观点,把情欲、性欲比喻为食欲,古今中外不乏其例。钱先生在文中所举例子均是说性欲如同食欲,美色胜于美餐,见美色可以忘怀美味、充抵美味、代替美味。)

　　第二册 P205 注释②:"近世英国一小说名家尤昌言男女之事能证入沉冥不可思议境地。"

　　(引用 D. H. 劳伦斯《劳伦斯书信选》的观点,论述男欢女爱可达禅玄大悟之境的观点。在《列子》一书中,公孙穆成为"真人"就从"好色"开始。而西方一浪漫主义论师,也称醉酒可使人返真归朴,情爱可使人得一得全。近世颇招非议的英国小说名家劳伦斯,尤其大说特说"男女之事能证入沉冥不可思议之境地"。)

　　第三册 P34 注释②:"读近世欧美小说,时复一遭。如或记婚仪中女呼男为'己之雨'而男呼女为'己之土'。"

　　(详细考证了"云雨"一词的演变。引用 D. H. 劳伦斯《羽蛇》的观点——他认为男女之事乃天地之大义。从南北朝未渠以"云雨"为好合之代词。到晚唐则大量出现以"云雨"比男女好合,男女交欢就像雨露滋生万物,是天经地义的事。)

　　第四册 P12 注释①:"唯识题意,故言作者之宗旨非即作品之成效(参观《史记》卷论《货殖列传》《左传》卷论昭公十九年)。"

　　[引用了 D. H. 劳伦斯《关于豪猪之死的断想》中的观点。钱先生认为,陶渊明写《闲情赋》这篇赋的创作"宗旨"("题之意")与这篇赋写出后

的客观"成效"（'赋之用'），不仅不相符，而且背道而驰，"旨欲'讽'而效反'劝'耳"，"事愿相违，志功相背"，这是《闲情赋》的不足，这也正是昭明太子萧统《文选》不选《闲情赋》的原因。]

《管锥编》中的克里斯蒂娜·罗塞蒂
【Christina Georgina Rossetti】

克里斯蒂娜·罗塞蒂

第一册 P300 注释②："西方儿歌举'分喻'之例，有曰：'针有头而无发'，'山有足而无股'，'表有手而无指'，'锯有齿不能嗜'，等等，皆'虚名'也。"

第二册 P692 注释①："英国一女诗人篇什中亦屡赋鬼魂见形于所欢，谓其哭声彻地，泪滴及泉，长眠者不能自安。"

《唱歌》

第一册 P79 注释①："尝见英诗人作儿歌云：'针有头而无发，钟有面而无口，引线有眼而不能视'，举例甚伙，皆明'引喻取分'之意。"

（探讨一种比喻手法，是以无知无情的物比喻人。此处引用为一例。白居易《啄木曲》里用锥解肠结、线穿泪珠、火销鬓雪作比，便是举一反三，"出奇见巧"的构想。《管锥编·归妹》节里举引英国诗人罗塞蒂作儿歌"针有头而无发，钟有面而无口，引线有眼而不能视"，与白居易诗，有异曲同工之妙。）

《妖魔集市》

第一册 P669 注释①："西方大家用此法者，首推拉伯雷（Rabelais），评者每称其'馋涎津津之饮食品料连类'……"

（罗塞蒂的《妖魔集市》中也用此法。）

《诗集作品》

第四册 P226 注释②："诸如此类，'何苦于无人处浪抛善物乎！'"

《管锥编》中的但丁·加百利·罗塞蒂
【Dante Gabriel Rossetti】

《被祝福的少女》

第三册 P45 注释①："王禹偁《点绛唇》、晏几道《清平乐》、晁元礼《点绛唇》又《绿头鸭》、王观《苏幕遮》等莫不摹写楼危阁迥,凝睇含愁,阑干凭暖,渐成倚声熟套。"

（罗塞蒂作品中也描写过这一情景。）

第四册 P175 注释③："罗塞蒂咏天上女观地球运转有若——蠛蠓急遽飞旋于太空。"

（此处论各种作品对"地球""宇宙"的描写,引用罗塞蒂、杜甫《同诸公登慈恩寺塔》,李华《登头陀寺东楼诗序》,程泌《水调歌头》等。）

《生命之屋》

第二册 P527 注释②："诗人常取此意入其赋咏。"
（论"判合",情偶之原为合体,分则各残缺不完。）

《诗集与译作》

第二册 P816 注释②："欧洲古说则谓英国人尻生小尾如鹿尾状,故号'尾巴民'或'尾巴鬼'。"

［此为欧洲一传说,《缴濮国》(出《广州记》)其人有尾,欲坐,辄先穿地作穴,以安其尾。按似其尾垂而不能举者,故此民尚勿如猴或狗之坐地自如也。］

《管锥编》中的查尔斯·里德
【Charles Reade】

《患难与忠诚》

第一册 P73 注释①:"正如木槿朝花夕落,故名'日及',《艺文类聚》卷八九载苏彦诗序:'余既玩其葩,而叹其荣不终日',是虽爱其朝花而终恨其夕落也;又载东方朔书:'木槿夕死朝荣,士亦不长贫也',则同白居易《放言》之五'松树千年终是朽,槿花一日亦为荣',纵知其夕落而仍羡其朝花矣。"

(东方朔在写给公孙弘借用马车的信中说"木槿夕死朝荣,士亦不长贫也",此处,东方朔表达了对木槿花的赞颂,进而抒发了士也不要因一时的贫困而失望,对未来应始终充满信心的观念;苏彦说"余既玩其葩,而叹其荣不终日",虽爱其朝花而终恨其夕落,抒发的是惋惜遗憾的感情;白居易在诗中说"松树千年终是朽,槿花一日亦为荣",纵知其夕落而仍羡其朝花,抒发的是赞誉欣羡的感情。东方朔、苏彦、白居易抒发情感的差异来源于他们个人境遇、情感好恶的不同,这论证了钱钟书"喻之二柄"的理论,即同一喻体可具有褒贬好恶迥然不同的感情色彩,旨在强调比喻修辞的灵活运用。)

第二册 P602【增订四】:"十九世纪英国历史小说名著中写勃艮第大公独享之肴,以鹿、兔、羊、鸡、鸭等纳牛空腹中烹之。即'特罗伊猪''浑羊没忽'之类。"

《管锥编》中的伏尔泰【Voltaire】

第一册 P459 注释①:"伏尔泰写一人失其所欢,又杀其所欢之弟,与仆逃,中途,仆请进食,其人慨然曰:'吾肠断心疚,汝何为欲吾食火腿乎?',且谈且啖;斐尔丁亦写悲深忧极而终须饮食。"

(正如《左传》所说的"惟食忘忧",吃饱了饭的人才有心思来忧伤,没吃饱饭的人,想来最大的忧伤就是没有饱饭吃!人之所以为人,固然是因为人有精神,但精神的前提是,必须肚子里有东西。)

第一册 P495 注释①:"适时毋倍时亦马基亚伟利所丁宁反复者。"

(知道变的同时也要知道相对稳定,应时权变,见形施宜。)

第二册 P31 注释①:"斯宾诺莎讥此论强以人欲之私为物理之正(causa autem, quae finalis dicitur, nihil est praepter ipsum humanum appetitum);伏尔泰小说,海涅诗什亦加嘲讽。"

(这里援引并同意西哲们对"目的论"的反驳,认为目的论是荒谬的。目的论主张天地生万物是为人设计、为人服务的,禽兽是为了给人提供肉食,大海有鱼亦有盐是为人提供海鲜和烹饪调料,瓜形圆是方便人阖家团坐品尝,豚生多子是供人庖厨,脸上高耸鼻梁是方便戴眼镜。作者认为此论可入笑林。)

第二册 P51 注释②:"《全唐文》卷九二四司马承祯《坐忘论·收心》篇所谓:'若遍行诸事,言"心无染"者,于言甚美,于行甚非,真学之流,特宜戒此。'西方古说亦有以身心截为两橛,谓犯戒由心不在身,贞洁乃以论心,身遭淫辱固无妨;诗文每以此为诱惑之借口或譬慰之常套。"

(有人认为身体是外在的,并不影响内心和精神,身体如何可以完全不在乎,这也很容易成为放纵自己的借口。)

第二册 P121 注释①:"盖状变形改之'化',是处即有,夫人尽睹。"

第二册 P421 注释③:"伏尔泰谓上帝无肠胃,不饮食,凡人自负于上帝具体而微,乃蹲踞溷上,了不知羞!"

（马丁路德就曾宣称"上帝无大小便"，伏尔泰更是从生理上解释了为什么无大小便，因为"上帝无肠胃，不饮食"。在神灵是否便溺这一点上，中外持论不同。西方尤其是基督教世界持否定态度。）

第二册 P655 注释①："伏尔泰小说中一艳媚智救主角，密约司天四僧同时于地幽会，情节亦酷肖。"

（拿伏尔泰小说里的故事与佛经中女子戏弄五个男子的故事作类比，两者有很大的相似之处，且影响深远。）

第二册 P664 注释①："伏尔泰小说写一少年具历险艰，经哀乐，于身故，然而觉，知是梦，之白奴，言主睡只一小时，死读书，小时中可读毕八千年国史提纲也。"

（在论述《枕中记》中提到了伏尔泰的小说《白与黑》。）

第三册 P27 注释③："伏尔泰讽世小说，命名即曰《小大人》，言寿命之短长、形体之巨细，与灵椿蛄菌、稊米邱山，比物此志焉。"

第三册 P79 注释①："然《史》《汉》旧注虽未得其字之训，而颇得其事之情；钱说足明本义，却未尽涵义。"

（这里论述了赘婿的意思。入赘是以物质钱的意思，而赘婿即入赘的女婿。）

第三册 P93 注释②："伏尔泰尝谓苟不当过甚，无药非虎狼，无食非酖毒，烹调名手正亦下毒凶手。"

（这里用伏尔泰的话进一步说明看似无害甚至诱人的东西很可能会引人掉入陷阱。）

第三册 P590 注释①："一大小说家自言夹叙夹议处视若沉闷，实有烘云托月之用，犹宝石之须镶边。"

（夹叙夹议这种写作手法看似枯燥，但实际上它通过一张一弛，工拙相间，烘托衬托，使得所写更有层次感，也像给宝石镶上边更加精致。）

第四册 P151 注释①："伏尔泰赋十五世纪英、法战争诗中，有武士发手枪中人，附注曰：'前人而用后世器物，吾勿敢断言其当否，然读史诗时何妨从宽不究？'"

（用汉隶书写近体诗，是有失体统的附庸风雅，因为近体诗出现在汉代之后，一位"谨细不苟"的老派书家，决不允许自己犯这种低级错误。但是，如果我们从此视一切"时代错乱"为寇雠，那会有伤欣赏诗歌兴趣。所以钱先生引用了伏尔泰所写的"时代错乱"的例子，来进一步说明这样也无妨。）

第四册 P200 注释③："或慰其友曰：'都人闻君之歌而叹绝，朝贵却嗤鄙之，盖王公皆长耳公也。'"

（诗文若是写给不懂的人，无异于对牛弹琴，所以不必过于在意别人的评价，因为别人未必懂。）

第四册 P443 注释③："或且以为行文多作反对者，其人构思，必擅辩证，如约翰逊是。"

（伏尔泰曾指出，在日常交流中，约翰逊会随意选择正方反方，借机磨砺分析力和判断力。这种有意识的训练，或许可以让他更深入地了解对方观点，使自己最终形成见解，在客观化程度上无懈可击。）

《管锥编》中的狄德罗【Denis Diderot】

第二册 P59 注释②:"肯以躬行自破心匠,不打诳语,哲人所罕。若夫高睨大言,乃所谓蓄备两副哲学,一为索居之适,一供群居之便,亦所谓哲学家每如营建渠渠夏屋,却不能姘豰入处,而只以一把茅盖顶。"

第二册 P466【增订三】:"狄德罗论剧曰:'人相残杀,流血成渠,诗神之桂树赖以灌溉而怒苗敷荣。在太平无事之世,则此树婆娑意尽。何世无才,而非多故不安之世,末由发其才耳。'"

第三册 P80 注释①:"《论语·子路》:曰:'既庶矣,又何加焉?'曰:'富之。'曰:'既富矣,又何加焉?'曰:'教之';皇侃义疏引范宁曰:'衣食足,当训义方也',正此旨。所谓:'饥肠鸣如雷,则良心之呼声弱如丝'。"

第三册 P104 注释①:"常谚有曰:'为善最乐'(语始见《后汉书·东平王苍传》载明帝诏),顾古来修身所主张,实谓人乐为者多非善事,而事之善者每即人所恶为,故人之所应为当为辄反于其欲与愿焉,甚且非其所能为可为。"

第三册 P342 注释②:"狄德罗至谓人、兽、植、矿物皆不即不离,'自然界中区划不严'。"

第三册 P577 注释①:"时贤每称说狄德罗论伶工之善于表演,视之若衷曲自然流露,而究之则一颦一笑、一举一动莫非镇定沉着之矫揉造作。"

第四册 P95【增订三】:"狄德罗《俄国政府开办大学校方案》中历史课程一节云:'学历史当始于本国史,渐增广以包世界,亦当始于近代史,渐逆溯以至皇古',并引格罗秀斯(Grotius)之言自佐;编集者注引基佐(Guizot)语谓此乃当时常论。"

第四册 P243 注释④:"后世名家如狄德罗谓晓达不足感人,诗家当骛隐昧;儒贝尔谓文带晦方工,盖物之美者示人以美而不以美尽示于人。"

《论戏剧诗》

第二册 P324【增订三】："狄德罗论想象,有云:'诗人臆造事情,不异哲人推演事理,有条贯与无条贯之别而已'可与克罗采语合观。"

《管锥编》中的孟德斯鸠【Montesquieu】

第一册 P38 注释①："孟德斯鸠以为庶民不信神道,害犹不大,君主弁髦一切典章法律,若复不畏天惧神,便似虎兕出柙,为所欲为,则欲以其道还治其身。"

（引用《管子》《淮南子》《墨子》等书籍以及吉朋、亚里士多德、马基亚伟利等人的观点,论述了为君者应该具有的对神道鬼神宗教的态度以及不信仰鬼神宗教可能产生的后果。孟德斯鸠对这个问题的看法是,平民百姓若不信仰神道,害处不大,但若为君者也不信仰神道,则会如虎兕出柙为所欲为,这将会让百姓也不再信仰为君者,是为"欲以其道还治其身"。）

第一册 P323 注释③："孟德斯鸠论修改法律,谓筹备之功须数百载,待诸事成熟,则变革于一旦。"

（引用《左传》《韩非子》《汉书》等书籍论述了"待"字,即等待时机成熟。孟德斯鸠以修改法律为例,说明了"待"的重要性,筹备数百载变革于一旦。）

第一册 P453【增订三】："孟德斯鸠尝论亚洲之专制一统不足为训,政体当如音乐,能使相异者协,相反者调,归于和谐。正晏子所言'和'非即'同'也。"

（引用《论语》《管子》《淮南子》等书籍,论述了"和"的重要性,"和"才能"谐"。孟德斯鸠对"和"的看法更为客观,他指明亚洲的专制统一是不足为例的,他用音乐做比,辩证地看待"相异者"和"相反者"。钱钟书拿晏子的观点和孟德斯鸠的观点进行比较。）

第二册 P49 注释①："《四十二章经》《法句譬喻经》均载有人患淫不止,欲自断根,佛曰:'不如断心';《高僧传》二集卷三七《遗身篇·论》云:'又有未明教迹,淫恼缠封,恐漏初篇,割从阉隶。……不晓反检内心,而迷削于外色,故根色虽削,染爱愈增……'"

（同时引用《庄子》《淮南子》《吕氏春秋》等书籍,论述了"身"之于人的重要性,即修身养性。而这段着重论述了"身"之康健中应该对"淫欲"所持态度,"男女为人生大欲",不懂得反省内心,只是从外消除根色并不能消减淫欲,反而欲望更盛。)

第二册 P545 注释①:"孟德斯鸠《随笔》亦引语云:'愿彼美莫呼我为兄;若然,吾亦不得不以妹称之矣!'"

(以《水浒传》《西厢记》等书为例,汇总了部分文学作品中出现的结拜兄妹情节,孟德斯鸠的《随笔》亦是其中一例。对文学作品中所表现的男女之间的情谊做了辨析。)

第三册 P303 注释①:"孟德斯鸠谓冷地之人强有力,热地之人弱而惰。"

(引用《吕氏春秋》《全三国文》等书,论述了地理位置对气候的影响,以及不同气候对人的性格影响。孟德斯鸠认为,寒冷地域的人比较强壮有力,而炎热地域的人则惰性更胜。)

第三册 P425 注释①:"雅之非润色加藻,识者犹多;信之必得意忘言,则解人难索。"

(此部分为钱钟书对翻译中"信达雅"相关问题的论述。他引用了《法句经序》《天演论》中的观点。"信"应注重原文的意义,但不必为原文的形式所拘囿,即"得意忘言",使译文既能充分传达语意,又具有目的语的通顺流畅,从而能够"解人难索"。)

第四册 P147 注释①:"孟德斯鸠《随笔》尝记一三一三年左右欧洲始制眼镜,盖当吾国元仁宗之世;17 世纪意大利诗家尚以为赋咏之新题,《眼镜》《美人戴眼镜》《戴眼镜瞻望美人》等,纷著篇什;歌德晚岁深恶来客有戴眼镜者,自觉内心之隐私、外貌之老丑,悉焉渠一目了然,是 19 世纪初叶,此物在彼土犹未司空见惯也。"

(同时引用了《镜花缘》等书中对"眼镜"的使用,抑且外国尚未发明之洋货,中国小说中每若已舶来而家常狎习者。)

第四册 P517 注释①:"十八世纪英国大史家尝记:'偶忆一大寺长老自言:"吾誓守清贫之戒,遂得岁入十万金;吾誓守巽下之戒,遂得位尊等王公;其誓守贞洁之戒所得伊何,惜余忘之矣。"'"

(引用《封氏闻见记》《朝散集》等书,论述了"宗教行愿,可以连类"。)

《管锥编》中的帕斯卡(又译巴斯楷尔)
【Blaise Pascal】

《思想录》

第一册 P256 注释①："与《苌楚》复貌同心异,而略近西洋所谓原始主义。"

第二册 P185 注释③："巴斯楷尔说虔信云:'使汝蒙昧如畜兽。'"

第二册 P830 注释①："西方诵说巴斯楷尔劝人虔奉上帝语,谓宁可信有神道,如赌博下注然,胜则有大利,负却无毫发损失。"

第三册 P173 注释①："西方暴日论文云:'意初无对而强词对者,譬如筑垣,此边辟窗,彼边亦必虚设假窗,俾能对称。'"

第三册 P477 注释①："本诸欲,信理之心始坚;依夫理,偿欲之也心得放。"

《管锥编》中的笛卡尔【Descartes】

第二册 P61 注释①:"海涅嘲中世纪基督教乃精神与物质之协议,前者居虚位,后者掌实权,一皇而一帝;亦殊途同归于'依二谛'而已。"

《形而上学的沉思》

第二册 P48 注释⑤:"古希腊哲人自抉其眼,以焉视物之明适为见理之障,唯盲于目庶得不盲于心。"

《论灵魂的激情》

第三册 P61 注释①:"'人不堪忧,回不改乐';曰'不改',则固不以人所忧者为其忧,原自乐也。'长歌当哭';曰'当',则固如鸟将死之鸣哀,柳宗元《答贺者》所谓'长歌之哀,过于恸哭',非转而为乐也。"

《管锥编》中的波德莱尔(又译波德莱亚)
【Charles Pierre Baudelaire】

第二册 P138 注释①："西方神秘宗亦言'契合'(Correspontia),所谓：'神变妙易,六根融一'。"

(引用了波德莱尔《恶之花》中的作品 *Tout entière* 来论述通感问题。首先,钱先生探讨了"通感"的认识论前提,区分了两个十分重要的概念："互用"与"易'耳目之用'"。前者是指五官中的每一个都拥有各种功能,且当得道之人全神贯注时,无需感官就能感知外物,这里列举了《列子》[张湛《注》]以及释氏的一些观点佐证。而"易'耳目之用'"则是指各个感官之间各司其职,但可以通过联想达到差不多的效果,这也是通感的前提。这里钱先生引用了三段典籍,而后才引用了波德莱尔的这句话,正式谈到"通感"这一核心问题:"然寻常官感,时复'互用',心理学命曰'通感'[Synaesthesia]"似乎与此前定义的"互用"有些冲突,或许应该是"易'耳目之用'"。)

第二册 P309 注释①："逃避苦闷,而浪迹远逝,乃西方浪漫诗歌中一大题材"。

(此部分出自《离骚经章句序》,主要探讨什么是"离骚"。作者先是谈王逸对"离骚"的定义,即因离别而生愁和项安世的"骚离",即楚国民众因忧愁而叛离,屈原复因民众叛离楚国而忧愁,然后对他们加以否定,提出来自己对于"离骚"的解释——离开、告别、摆脱忧愁。波德莱尔《旅行》[Le Voyage]组诗[钱春绮译]:"我们看到过星光,看到过波涛;我们也曾看到过沙滩;虽然常受到冲击,碰到意外的灾殃,我们却像在这里一样常感到厌倦。太阳的光辉照在一片紫色的海上,城市的光辉映在西沉的夕照之中,在我们心里唤起不安的热烈向往,想跳入迷惑人的映在水中的天空。"波德莱尔《巴黎的忧郁》中著名的散文诗《世界以外的任何所在》(*Anywhere out of the World*)也说:这场生命是一家每个病人都被换床的欲望占据的医院。这一个想要在火炉对面受罪,那一个则相信挪到窗户边上他就会好了,觉得自己总归在目前不在的地方比较好,而这个搬迁的问题是自我不断和灵魂讨论的问题之一。这两首诗均表达了因为现实的忧愁和生活的冲击,诗人萌生了逃离的想法。这与钱钟书先生对于"离骚"的定义不谋而合。)

第二册 P707 注释③:"波德莱亚诗以之喻女之胆者。"

(此处不仅拿波德莱尔与中国的李贺、李商隐进行了比较,也与西方的雨果、弥尔顿进行了比较。)

第二册 P781 注释①:"故波德莱亚散文诗有曰:'中国人观猫眼以知时刻'。"

(此部分主要用来论述"猫眼一线日当午","猫儿眼,时时变"。波德莱尔在《钟表》一诗中写道:一位传教士在南京郊区散步,忘记了戴表,就问旁边一个小男孩什么时间了。那孩子先是踌躇了一下,转身抱出一只肥猫,向猫眼里看了看,毫不犹豫地说:"现在还没到正午呢。"钱钟书以此来说明猫的眼睛可以反映时间,依时间而变。在这部分,作者还引用了其他对猫眼的描摹——唐代段成式的《酉阳杂俎》,宋代陆佃的《埤雅》,宋代托名苏轼的《物类相感志》,元代伊世珍的《琅嬛记》,清代俞樾的《春在堂随笔》。)

第三册 P46 注释②:"情差思役,寤寐以求,或悬理想,或构幻想,或结妄想,余以道阻且长、欲往莫至为因缘义谛。"

(引用众多诗词论述登高望远而生出的愁绪。有愁者更添愁,无愁者亦生愁,而这都是以道阻且长、欲往莫至的企慕为前提的。古往今来,文人墨客为登高生了不少愁,也作了不少诗。而人之所以会产生忧愁也许就是因为人有欲望,有志向,有理想,有幻想甚至是妄想,登高望远之时看见变小的世间万物,愁思和未达成的志向便十分容易被勾起。)

第三册 P151—152 注释①:"司当达《爱情论》记一贵妇曰:'在平民眼中,公爵夫人年貌无逾三十者',复记一小家碧玉自言苟男乃大公或亲王,则已必觉其风貌可人意……盖物论无准,色之盛衰,固由于年之盛衰,亦或由于势有盛衰也。"

第三册 P294 注释②:"波德莱亚咏一女行步风姿,直比于蛇之舞摆。"

(列举中西方文人笔下的美女,来说明美女应是身姿窈窕,轻盈流动的。波德莱尔把美女走路的风姿比喻是蛇的舞摆。蛇腰就是细腰,腰细走起来就像杨柳摇摆。霍加斯也指出,文人笔下的"水蛇腰"乃是"美丽线",展现的是"曲线美"。）

第三册 P322 注释③："莎士比亚、波德莱亚等都尝赋此"。

（这部分谈到莎士比亚以及波德莱尔对于美人形象的塑造。美人与丑女形成了强烈的对比。此外，作者还引用了《明口赋》《三胡赋》《神女赋》《登徒子好色赋》等等来论述诗文中对"丑女"的嘲弄。）

第三册 P536【增订三】："荀子'伪'字西语'人为'，所以别于'天然'。如波德莱亚云：'罪恶出于天然本性；道德反是，出于人为，超越天然'。所谓'artificial'即'伪'字确诂，亦堪为的译。"

（人性本恶，但是道德是后天培养出来的。人可以克服他的邪恶本性成为一个好人。）

第四册 P225 注释③："或云：'冷僻无人处，花怏怏然吐幽香'。"

（此部分作者引用了多位中国古代诗人的诗句，以及几句西方的诗句来表现"徒有美景而无人观赏"的意境。景色也因无人观赏而滋生出寂寞的哀怨、唏嘘。）

《管锥编》中的阿尔弗雷德·德·缪塞
【Alfred de Musset】

第一册 P197 注释①: "今俗语有曰'伤脑筋',西语复称事之萦心撄虑者曰'头痛'或'当头棒'(headache,Kopfschmerzen,cassetete),均此意。"

(引用缪塞《新诗》和《八月之夜》,论证《伯兮》二章三章之遗意——心愁而致头痛"的观点。首先援引《孟子·梁惠王》:"举疾首蹙额。"赵岐注:"疾首,头痛也,蹙额、愁貌。"指出《伯兮》之"首疾"就是头痛,也即现今之"伤脑筋"。古人常常心脑难分。文廷式说心脑互通,相辅相成,《说文》"思"字从"囟"从"心",就是这个道理。《黄庭经》也说,脑是思维之元,即发源地。俞正燮《书〈人身图说〉后》认为西洋人的人身构造与中国人的有区别,他们的脏腑经络不完整,他们的"知觉以脑不以心"。中国人用"心"体会而西洋人是用"脑"体会。其实,俞正燮有失考察,中国古书不仅说到知觉与心有关,也说到与脑有关;知道在心痛的时候,也会头痛。)

第二册 P376 注释①: "西方浪漫诗人每悲一世界或世纪已死而另一世界或世纪未生,不间不架,着己渺躬而罹此幽忧。"

(引用缪塞《一个世纪儿的忏悔》,表达"往世不可及,来世不可待,求己者也"的观点,过去的事情不能触及,未来的理想也不能等待,只有求自己的创造。《登幽州台歌》唱出的是人类共同的心理感受——人类生命短暂。这里的生命意识已不仅仅是在感叹个人生命有限。站在高台上的陈子昂"前不见古人"求而"不致","后不见来者"待而"不至"。"前不见古人,后不见来者"的"半间不架"状态让陈子昂愁从心起。)

第四册 P380 注释①: "又一诗人云:'坐知死为生之了局,人方向死而趋,逐步渐殁'。"

(引用缪塞《新诗》的观点,表明人本就"向死而趋",人一生下来就在向死亡走去。时间对人类的感情有着强烈的影响,因为时间的流逝总是无情地带着人们走向死亡。所以时间感受是悲哀和恐惧的,因为人永远无法真正超越时间的限制,求仙访药也无法拒绝死亡的迫近。不论天堂之日短还是地狱之日长,都反映人类一种最普遍的忧患意识。当人们觉得自己生命存活于世的时间不多时,常常会产生一种恐惧或是伤感。)

第四册 P434 注释③:"雪莱谓生命中一见即没者,诗歌捉搦之,俾勿消失。"

(同时引用缪塞《新诗》的观点,论述有生命的美好事物"易逝而难久存",但艺术作品却可以留住这些事物的美好,这正是艺术的价值之一。)

《管锥编》中的拉兰德【André Lalande】

《哲学批评术语词汇》

第一册 P18 注释①："夫体用相待之谛,思辨所需;释典先拈,无庸讳说,既济吾乏,何必土产? 当从李斯之谏逐客,不须采庆郑之谏小驷也。"

(能够帮助我们解决问题,补足儒家所缺,何必一定要由本土产生呢? 应当采取李斯《谏逐客书》的主张,好东西应不论来源为我所用,不应该像庆郑,阻止晋惠公使用别国进贡的马匹。文化可相通可互鉴。)

第一册 P87 注释①："且萌芽毫末渐至于拱把合抱,假以为例,似与亚里士多德以来所称'潜能'或'潜力'(potentiality)易相混淆。"

(此为对潜能和潜力的辩证讨论,潜能者,能然而尚未然;几者,已动而似未动,故曰"动之微",《鬼谷子·揣篇》命之曰"几之势"。"'知几'非无巴鼻之猜度,乃有朕兆而推断,特其朕兆尚微而未著,常情遂忽而不睹;能察事象之微,识寻常所忽,斯所以为'神'。")

第二册 P121 注释②："变化只言形不常存,轮回则主神不终灭;变化知有形一端而已,轮回则剖形神为两橛,形体可更而昭灵不昧、元神无改。"

(探讨变化和轮回。生死轮回之于形气变化,弥近似而易乱真。)

第三册 P128 注释①："抑古人言'德',有二义。"

(探讨"德"。钱先生说:"德"有两种含义,一指行为之美善者,如《论语·里仁》:"德不孤",皇侃《义疏》引殷仲堪曰:"推诚相与,以善接物";其要在乎修身缮性,如《学而》:"德之不修也,……是吾忧也!"故行前或三思,为后或三省,可以"种德""进德""积德""失德",皆为人说法也。一指性能之固特者,如《礼记·缁衣》:"子曰:'小人溺于水。……夫水近于人而溺人,德易狎而难亲也,易以溺人'";即文子、子产之意,"德"正指水性,郑玄注误。作此或作彼,是为能;作之,长作之,不见异而思迁,不力罢而生怠,是为性;性者,自然而非自由,行素而非专己。)

  第三册 P246 注释①:"复有师其遗意,摄油垢充积之锅底为影,命人心存目想者。"

《管锥编》中的里瓦罗(又译李伐洛)
【Antoine Rivarol】

第一册 P324 注释①："李伐洛谓人事亦有时季,若物候然。"

(论时机。待诸事成熟,则变革于一旦。)

第二册 P173 注释②："又有以人首比立法、司法机关,四肢比行政机关。"

(论以人喻世间万物。用人的头和四肢做比解释立法、司法机关和行政机关的关系。)

第二册 P397 注释①："句法一律,胥取词意易于通融混淆者,严加区别判辨,不使朱乱于紫中。王逸见单词而忽全句也。"

(论"丽而不奇"。"被文服纤,丽而不奇些"是屈原《招魂》中的一句诗。王引之说,汉代以来,注经者注重把经书中实词的意思一一标出,而对于虚词则忽略不计。王逸注"不奇"为"奇",就是贯彻王引之的意见,认为"不"字是没有具体意义的虚词,只是起凑足音节作用的陪衬词。那么,"丽而不奇"的意思,就是"丽而奇",衣饰华丽而新奇。钱先生认为,王引之、王逸这里把"不"字看作没有具体意义的虚词,是一种误解,并不恰当,"丽"和"奇"是近义词,华丽的服饰可称"丽",奇装异服可称"奇","丽而不奇"就是把华丽和奇异这种十分相近的东西认真辨析区分开来。这里"不"并不是没有具体意义的虚词,而是具有否定意思的副词即否定副词,否定服饰存在奇异的情况。)

第三册 P598 注释①："西人谈艺,或以理想之据高责备,比歌德《浮士德》中魔鬼,于现实事物都不许可。文士之'遗恨终篇',与英雄之壮志未酬、儿女之善怀莫遂,戚戚有同心焉。"

《全集》

第二册 P568 注释②："李伐洛曰:'目为心与物缔合之所,可谓肉体与灵魂在此交代。'"

《政治与文学作品》

第三册 P477 注释①:"本诸欲,信理之心始坚;依夫理,偿欲之心得放。"

《致 M. 内克尔先生的信》

第一册 P43 注释①:"西人如李伐洛能兼明二意,既言宗教为法律之补充,复言民不聊生,乞灵宗教,以他生稍慰此生。"

《管锥编》中的查尔斯·索雷尔【Charles Sorel】

第一册 P529 注释①："一小说谓万不可以臀尻污皇帝尊目,故辞朝必却行。"

（讨论了向身份尊贵的人辞行应遵守怎样的礼节。引用了《孟荀列传》《史记·荆燕世家》《楚辞·招魂》《刺客列传》《汉书》等作品及汉高祖刘邦的典故,说明在中国古代面向身份更高贵的人时,辞行时应该倒退离去,而不能转身离去,因为这会被认为是对人的不敬。西方学者索雷尔在小说中写道"不能用臀尻污了皇帝的眼睛"也是同样的道理。）

第一册 P707 注释④："《巨人世家》中有论世间万事百业莫非为糊口充肠。"

（此处中心话题是钱财,谈了一个现象,即钱币的边缘总是圆的,中间有些是方的。根据各国谚语,钱先生提出,钱币之所以为圆形,是因为圆形的边缘是流动的,寓意着钱财的流动,而钱币之所以中间有方孔即十分薄,是因为方形不便运动,寓意着钱财的积累。钱财能为人们提供更好的生活,无论中西,人们总是对其趋之若鹜。索雷尔认为世间万事百业都只是为了养家糊口。）

第二册 P246 注释②："十七世纪法国小说论荡妇生子,亦有此喻,易芦苇为荆棘、身经为手触。"

（论女多夫和男多妇两种现象,引用了《节》《小畜》等篇章及古希腊一哲学家和法国作家索雷尔等的说法。女多夫会造成混乱,生下的孩子无法知道父亲是谁,而男多妇却不会造成这样的问题。古希腊的哲学家将女多夫的现象比喻成脱去衣服走入芦苇丛中,并不能知道是哪一根芦苇划伤了人;索雷尔化用了这个比如,将芦苇换成了荆棘,将走进去换成了用手触摸。）

第二册 P479 注释②："或曰'虽帝王亦须躬亲而钦差不能效劳之事。'"

（此处钱先生先引用了《逸史》《居易录》《与山巨源绝交书》《冬夕会饮联句》《五灯会元》等材料中的典故,点明了"总有些事情他人无法替代"的论点。即使是阮籍这样的名人,即便是在懒散的时候,仍有些事情不得不自己做。西方小说中就经常将便溺称作他人无法代劳之事,法国学者索雷尔也认为即使贵为皇帝,也总有些事情必须亲自去做。)

第三册 P27 注释②:"法国十七世纪小说写一学究侈言世界之大以视人之小,犹人身之于蟣虱蟪蟓,而蟪蟓之体亦有微虫聚族而居,相亲相仇;其人将赋诗咏之。"

(引用《海外轩渠录》《庄子·秋水》,白居易的《禽虫十二章》,《鹖冠子·天则》,蒲寿宬的《登师姑岩见城中大阅悦如阵蚁因思旧从戎吏亦》,徐渭的《天河》,伏尔泰的《小大人》等来论"写作要能够以小喻大,以大喻小"。索雷尔在他的小说中,将世间的人比作群居的小虫子,也是以小喻大。)

第三册 P394 注释②:"十七世纪法国小说家云:'世界偌大,人著其上如蚤虱然'。"

(讨论了一个文学现象,即将人比作天地间的小虫子,以凸显天地之广与人之渺小,钱先生在这里引用了《庄子·徐无鬼》《论衡·本性》《全汉文》《太平经》《夷坚支乙志》,柳宗元的《天说》加以说明。除了中国古代典籍以外,钱钟书还列举了三个西方的比喻:17 世纪意大利哲学家作诗将世界比作巨兽,而人则是其中的蛆虫;17 世纪法国小说家索雷尔认为"世界偌大,人是其上的跳蚤";近代法国诗人纪尧姆在他的作品中,将人称作地虱。)

《管锥编》中的阿尔弗雷·德·维尼
【Alfred de Vigny】

第一册 P44 注释④："或言,世人莫不吸食精神鸦片,以谬误信仰自醉。"

(钱先生从《荀子·天论》出发,提出古代中国人盛行鬼神之说,然后引用李商隐、陆九渊、顾炎武的语篇指出原因有两方面:统治者为巩固自己的统治推行和百姓民众为寄托自己的悲苦而信鬼神。鬼神之说认为,作恶多端的人会受到报应。因而,为少受百鬼的惩罚,减轻自己的报应,民众就会少生恶事,这样就会减少社会的犯罪率,巩固统治,而百姓也能有个心理慰藉。在西方,很多宗教,尤其是基督教,也劝人忍受悲苦,以祈求幸福的来世或升入天堂。不同的学者和思想家对于宗教有不同的看法。李伐洛认为宗教是对法律的补充,也能给人带来慰藉;马克思认为宗教信仰是精神鸦片;也有人认为宗教其实是人民于现状的不满,对穷苦的抗议;阿尔弗雷·德·维尼认为人们对信仰太过依赖,沉浸太深。)

第一册 P504 注释②："法国一诗家言拿破仑不预几务,而若天神然,于日华焕炫中隐形潜迹。"

(引用大量文史典籍,诸如《韩非子》《管子》《秦始皇本纪》《李斯列传》等,提出论点:天子,即统治者应与民众和官员保持距离,不可应以接见外人。疏远不可见,方能增加威信,使百官民众畏惧,太过亲近有损威信。故而天子的自称与常人不同,天子的行迹不为外人知。不论中西,位高权重者总是难以接近或是看见。中国神话中的玉帝出现时总有祥云,使众仙不得见其真面目;西方的挪威王和英后维多利亚也是如此,随意不得相见。在莎士比亚的戏剧中,这点也有体现,英王告诫王子不要轻易会见臣民。柏克、波沃尔、阿尔弗雷·德·维尼、苏轼、沈括等人也有类似观点的表达。)

第一册 P682 注释①："盖凡取虽逆而守能长者,胥可当此语,不限于汤、武,即所谓'成败论人'也。"

（自古以来，汤、武究竟是顺应大势还是弑君一问引起了众多学者的争辩。黄生与辕固生就此也展开过激烈的辩论。黄生认为桀、纣虽然不察民情，不是明君，但是汤、武身为人臣就应该尽职尽责地去规劝天子，而不是顺着民意去推翻他们，汤、武没有尽到臣子的本分，属于弑君谋逆。而辕固生认为汤、武并非自己有心做天子，而是顺民心，乃天选之人，故不算谋逆。孔子、班固、朱熹等人赞成第一种观点，而孟子、左丘明、梁武帝赞成第二种观点。）

第一册 P716 注释②："法国一诗人至曰：'世人于君主之生为正宫嫡出、死为正寝寿终，皆蓄疑而不愿轻信'。"

（引用司马迁的《史记》、莎士比亚的戏剧以及阿尔弗雷所说的话来论君主往往没有好下场。在春秋时期，以下犯上杀戮国君的事情有三十六件，国家被灭亡的事情有五十二次，诸侯被大夫放逐，国君不能保住江山社稷的事例，不胜枚举！世人常以为天子都是正宫嫡出，死时也大多因为寿终正寝而结束了生命，其实不然。莎士比亚的剧中，英王也感叹：自古以来拥有好下场的君王不多，被废黜，受伤而死，被他国的人杀死，被后妃毒死，在睡梦中被刺杀而死。）

第二册 P647 增订四："十九世纪初法国浪漫主义以妇女瘦弱为美，有如《红楼梦》写黛玉所谓'娇袭一身之病'者。圣佩韦记生理学家观风辨俗云：'娇弱妇女已夺丰艳妇女之席，动止懒惰，容颜苍白，声价愈高'。维尼日记言一妇为己所酷爱，美中不足者，伊人生平无病；妇女有疾痛，则己觉其饶风韵、增姿媚。此两名家所言，大类为吾国冯小青'瘦影'、林黛玉'病三分'而发；龚自珍《瘭词》之'玉树坚牢不病身，耻为娇喘与轻颦'，则扫而空之矣。"

（中西不约而同地以妇女瘦弱为美，认为娇弱的妇女比健美的女性更有魅力，如黛玉一样"娇袭一身之病"者更加受人追捧，维尼甚至认为一生无疾病实在是美中不足。）

第三册 P58 注释②："忘悲减痛则有之，生欢变喜犹未许在。转乐成悲，古来惯道。"

（论悲欢喜乐的相互转换。首先，钱先生谈论了吉凶悲喜等说法的由来，见贾谊的《鵩鸟赋》，随后，世人学者开始化用贾谊的语句，比如《意赋》，嵇康的《明胆论》，《晋书·艺术传》《石季龙载记》等。然而事情的吉凶，感情的悲喜之间的间隔其实很小，十分容易转化，故而有"夫吉凶之相承兮"和"乐极生悲"一说。但是情感的这个转化过程又往往是单向的,因为我们很容易"乐极而生悲"而鲜有"悲极而生乐"。对此,钱先生参考《老子》给出的解释:一个人哀伤悲痛久了就会渐渐习惯,整个人日渐麻木,如同草木一般,也就再难感觉到喜悦的情感了。)

第四册 P77 注释①:"十七世纪一博学士尝谓回教天堂中极人世五欲之乐,而基督教天堂中极乐而不知所乐为何。"

(世人看来,佛教中的佛祖与神仙可能过着十分清贫的生活,其实不然,佛教的西天其实堆满了数不清的宝物,众仙与众佛极尽享乐,其奢侈的生活,就算是人世间的富贵日子也要被比成清贫。钱钟书在此引用了《世纪经》《江南野史》《华严经》《入法界品》,李庆孙的《富贵曲》,《西游记》《日烛》等著作加以证实。在西方也有类似的看法,维尼就曾说过回教的天堂中也是极尽享乐的生活。)

第四册 P218 注释①:"一诗人谓人之浮生每为其究竟性灵之反,犹海面独浪怒激而海底止水澄朗。"

(钱先生从讨论云与电等自然现象引出圣人品性的特点。云就像是天的思想一样飘忽,而电又像是天的笑声一样震撼。水能倒映自然万物,却不影响自身,圣人也具有这样的品性。王弼认为:圣人更能够感知世界万物,却不会被万物所影响,即使他们面容惊异,心底也是平静的,可以知道他们的行迹,却无法揣摩他们的心。西方学者维尼将圣人的心比作大海,即使表面汹涌,海底也是十分平静。)

附:《管锥编》中的英国文学文化名家名作

一、钱钟书与英国文学文化渊源

钱钟书与英国文学文化的渊源大致分为三个时期:幼年时期、清华时期、牛津时期。

幼年时期,钱钟书在无锡东林小学阶段接触林纾译的西洋小说,把林译里众多英国作家如哈葛德、司各特、狄更斯、斯威夫特的作品反复地阅览。"假如我当时学习英文有什么自己意识到的动机,其中之一就是有一天能够痛痛快快地读遍哈葛德以及旁人的探险小说。"①

钱钟书中学先上了苏州桃坞中学,后由于学校停办,又考上无锡辅仁中学。由于是教会学校,钱看了不少英国原著,是故其英语水平进步神速,在中学六年里已对英国文学有了大量涉猎。汤晏在为钱写的传记中也提到:"但吾人当知他读的书也比他同时代的人早了好几年,甚至十年或二十年,故怪不得当他进清华时,'文名已满全校'。"②由此可见,英国文学在钱幼年时期就深深地激发了钱学习英文的兴趣。

清华大学求学时期,钱钟书对英国文学的认识与研究提升到了新的阶段。他于 1929 年考入清华。凭借中英文特优,被校长罗家伦破格录取,主修外文系。在外文系,教授阵容强大,许多有留英背景。钱对英国及英国文化的理解深受其影响。系主任王文显,幼时留学英国。"王是一莎士比亚专家,在清华教莎翁名剧及戏剧概论。他对学生的影响较大,也培养了很多同学对戏剧的兴趣。"③叶公超教授曾留学英国,1926 年获剑桥大学硕士学位,教授大一英语、英语文学选读。他十分器重钱钟书。兼课教授温源宁,毕业于剑桥大学。钱也深得其赏识。清华四年,钱钟书在通习西洋文学史、莎士比亚戏剧等课程的同时,几乎横扫清华图书馆,对多种形式英国文学作品有了更广泛更深入的了解。

牛津时期是钱钟书对英国及英国文学研究最为完善的时期。英国是进一步培养钱钟书这一位天才的地方。牛津作为一人一师制的发源地,学术自由之风堪称世界之最。钱钟书在此深受其影响,个人研究更为自由开放。与此同时,归功于牛津图书馆藏量之丰,外借制度之严,钱也养成摘录笔记的习惯,学识进一步得到提升,最终也成功取得 B. Litt 学位。

英国求学阶段诚然是钱钟书学术研究非常重要的阶段,但英国对于钱钟书来说,也只是一个自身水平提升的踏板,钱钟书对英国并无归属感。钱本想以"中国对英国文学的影响"为毕业论文题目,因导师不准,方才改为"17 世纪及 18 世纪英国文学里的中国",而此后他婉拒与外国人合撰书,不重蹈论文覆辙,坚持独立不合作主义,对英国部分人的文化优越感不屑一顾,不做摇尾之才。

总而言之,钱钟书与英国的关系是十分密切的。从钱钟书从幼时接触英国文学,在清华深入了解英国文学,在英国实地求学的个人经历来看,英国为钱钟书个人生涯的选择起到了指引作用,增进了其英国文学的学识基础,深刻影响其今后研究倾向与研究方式。不过,钱钟书始终把英国视为异乡,对于英国文学的兴趣及其研究并未使得钱钟书获得对英国的归属感。

① 《钱钟书》,汤晏著,文化发展出版社,2019 简体字第三版,p.10。
② 《钱钟书》,汤晏著,文化发展出版社,2019 简体字第三版,p.26。
③ 《钱钟书》,汤晏著,文化发展出版社,2019 简体字第三版,p.43。

二、《管锥编》中所引的英国文学文化名人名作

小说家及其著作:

在《管锥编》中,钱钟书引述过的英国小说家有 50 位左右,包括理查德·奥尔丁顿(理查德·奥尔丁顿的《为生而生》),简·奥斯汀(简·奥斯汀的《信件集》),R. H. 巴勒姆(R. H. 巴勒姆的《英格尔兹比传奇故事集》),R. D. 布莱克默尔(R. D. 布莱克默尔的《洛娜·杜恩》),尼古拉斯·布雷顿、克里斯汀·布鲁克·罗斯(克里斯汀·布鲁克·罗斯的《隐喻语法》),范妮·伯尼(范妮·伯尼的《日记》),S. 巴特勒(S. 巴特勒的《阿尔卑斯与避难所》《人物和段落摘记》《埃瑞璜》),刘易斯·卡罗尔(刘易斯·卡罗尔的《爱丽丝镜中世界奇遇记》《西尔薇与布鲁诺》),查尔斯·狄更斯(查尔斯·狄更斯的《大卫·科波菲尔》《尼古拉斯·尼克贝》《匹克威克外传》),丹尼尔·笛福(丹尼尔·笛福的《鲁滨逊的沉思集》),乔治·

艾略特(乔治·艾略特的《织工马南传》《弗洛斯河上的磨坊》),亨利·菲尔丁(亨利·菲尔丁的《阿米莉亚》《歌舞会中的恋爱》《汤姆·琼斯》),大卫·嘉奈特(大卫·嘉奈特的《熟悉的脸庞》),盖斯凯尔夫人(盖斯凯尔夫人的《克兰福德》),M. 吉本(M. 吉本的《杰作与人》),奥利弗·哥德史密斯(奥利弗·哥德史密斯的《威克菲尔德牧师传》《世界公民》),S. 巴林·古尔德(S. 巴林·古尔德的《中世纪的奇妙神话》),罗伯特·格雷夫斯(罗伯特·格雷夫斯的《漫长周末》《白色女神》),托马斯·哈代(托马斯·哈代的《埃塞贝姐的婚事》),艾伦·霍奇(艾伦·霍奇的《漫长周末》),A. 赫胥黎(A. 赫胥黎的《夜之乐》《幕后操纵者》《正题与借口》《橄榄树》《劳伦斯信件》),亨利·詹姆斯(亨利·詹姆斯的《小说的艺术》),詹姆斯·乔伊斯(詹姆斯·乔伊斯的《尤利西斯》),金斯利(金斯利的《酵母》),D. H. 劳伦斯(D. H. 劳伦斯的《关于豪猪之死的断想》《劳伦斯书信选》《羽蛇》),李利(李利的《坎巴斯帕》《尤菲绮斯》),杜·莫里耶(杜·莫里耶的《软帽子》),梅瑞狄斯(梅瑞狄斯的《克劳斯威的黛安娜》),薇奥拉·梅内尔(薇奥拉·梅内尔的《爱丽丝·梅内尔》),C. E. 蒙塔古(C. E. 蒙塔古的《作家的生意日记》),托马斯·纳什(托马斯·纳什的《不幸的旅行者》),皮科克(皮科克的《黑德朗大厅》《险峻堂》),查尔斯·里德(查尔斯·里德的《患难与忠诚》),P. P. 李德(P. P. 李德的《活着》),玛丽·雪莱(玛丽·雪莱的《弗兰肯斯坦》),布莱姆·斯托克(布莱姆·斯托克的《吸血鬼伯爵德古拉》),劳伦斯·斯特恩(劳伦斯·斯特恩的《项狄传》《劳伦斯·斯特恩书信》),R. L.史蒂文森(R. L. 史蒂文森的《我们的萨摩亚历险》),乔纳森·斯威夫特(乔纳森·斯威夫特的《格列佛游记》《一只桶的故事》),威廉·萨克雷(威廉·萨克雷的《名利场》《私信和私人手稿》),特罗洛普(特罗洛普的《自传》),沃波尔(沃波尔的《书信集》),伊夫林·沃(伊夫林·沃的《日记》《荣誉之剑》),丽贝卡·韦斯特(丽贝卡·韦斯特的《叛逆的新意义》),戴维·洛奇、奥斯卡·王尔德(奥斯卡·王尔德的《道林·格雷的画像》),P. G. 伍德豪斯爵士(P. G. 伍德豪斯爵士的《继续,杰维斯》),弗吉尼亚·伍尔芙(弗吉尼亚·伍尔芙的《书信集》)。

剧作家及其作品:

所引的剧作家包括艾迪生、弗朗西斯·博蒙特(弗朗西斯·博蒙特的《是国王,又不是国王》《少女的悲剧》),罗伯特·布里奇斯(罗伯特·布里奇斯的《伦敦的雪》),勃朗宁(勃朗宁的《指环与书》),约翰·德莱顿(约翰·德莱顿的《牝鹿与豹》《宗教》),亨利·菲尔丁、菲尼亚斯·弗莱彻(菲尼亚斯·弗莱彻的《蝗虫》),约翰·福特(约翰·福特的《可惜她是娼妇》),奥利弗·哥德史密斯(奥利弗·哥德史密斯的《威克菲尔德牧师传》《世界公民》),福尔克·格雷维尔(福尔克·格雷维尔的《阿拉姆》),亨利·詹姆斯(亨利·詹姆斯的《小说的艺术》),本·琼森(本·琼森的《今时不同往日》《人人扫兴》《人人高兴》《炼金士》),李利(李利的《坎巴斯帕》《尤菲绮斯》),菲利普·马辛格(菲利普·马辛格的《偿还旧债的新方法》),托马斯·米德尔顿(托马斯·米德尔顿的《女巫》),托马斯·纳什(托马斯·纳什的《不幸的旅行者》),海斯凯茨·皮尔森(海斯凯茨·皮尔森的《萧伯纳的人生与人格》),托马斯·沙德韦尔(托马斯·沙德韦尔的《守财奴》《浪子》),威廉·莎士比亚(威廉·莎士比亚的《安东尼与克里奥佩特拉》《暴风雨》《错误的喜剧》《第十二夜》《凤凰和斑鸠》《哈姆雷特》《亨利四世》《亨利五世》《皆大欢喜》《科里奥兰纳斯》《理查二世》《李尔王》《露易丝受辱记》《罗密欧与朱丽叶》《麦克白》《泰特斯·安德洛尼克斯》《威廉·莎士比亚作品集》《维纳斯和阿多尼斯》《威尼斯商人》《辛白林》《雅典的泰门》《尤利乌斯·恺撒》《约翰王》《仲夏夜之梦》),萧伯纳(萧伯纳的《人与超人》),布莱姆·斯托克、约翰·萨克林、斯温伯恩、辛格(辛格的《圣徒之井》),J. 韦伯斯特(J. 韦伯斯特的《白魔》《马尔菲公爵夫人》),奥斯卡·王尔德(奥斯卡·王尔德的《一个无足轻重的女人》),W. B. 叶芝、杨格。

诗人及其作品：

所引诗人 69 个,包括艾迪生、理查德·奥尔丁顿(理查德·奥尔丁顿的《为生而生》),阿诺德(阿诺德的《雄伟的卡尔特寺院》),W. H. 奥登(W. H. 奥登的《牛津谐趣诗集》),R. H. 巴勒姆、威廉·巴恩斯(威廉·巴恩斯的《诗选集》),威廉·布莱克(威廉·布莱克的《天堂与地狱的婚姻》),尼古拉斯·布雷顿、罗伯特·布里奇斯(罗伯特·布里奇斯的《伦敦的雪》),勃朗宁(勃朗宁的《指环与书》),理查德·伯顿(理查德·伯顿的《选集》),罗伯特·伯顿、乔治·戈登·拜伦(乔治·戈登·拜伦的《唐璜》《她走在美丽的光彩中》),乔叟(乔叟的《特洛伊罗斯与克丽西达》《坎特伯雷故事集》),约翰·克利夫兰(约翰·克利夫兰的《祭其情人》),柯勒律治(柯勒律治的《查莫尼山谷黎明的赞歌》《风弦琴》《柯勒律治书信集》),亚伯拉罕·考利(亚伯拉罕·考利的《论文与散文集》《大卫记》),理查德·克拉肖、约翰·邓恩(约翰·邓恩的《祷告》《邓恩诗歌全集和文章选集》),

约翰·德莱顿、T. S. 艾略特、菲茨杰拉德(菲茨杰拉德的《鲁拜集》),菲尼亚斯·弗莱彻(菲尼亚斯·弗莱彻的《蝗虫》),M. 吉本(M. 吉本的《杰作与人》),E. 戈斯(E. 戈斯的《父与子》),罗伯特·格雷夫斯(罗伯特·格雷夫斯的《漫长周末》《白色女神》),托马斯·格雷(托马斯·格雷的《挽歌》),福尔克·格雷维尔(福尔克·格雷维尔的《阿拉姆》),G. 格里格森(G. 格里格森的《费伯流行诗歌集》),格鲁菲德(格鲁菲德的《里安农》),托马斯·哈代、赫里克(赫里克的《莱肯和色希斯》),乔治·赫伯特(乔治·赫伯特的《箴言集》),艾伦·霍奇(艾伦·霍奇的《漫长周末》),托马斯·胡德、A. E. 豪斯曼、利·亨特、塞缪尔·约翰逊(塞缪尔·约翰逊的《拉塞拉斯》《漫步者》《诗人传》),本·琼森、詹姆斯·乔伊斯、约翰·济慈(约翰·济慈的《书信集》《海伯利安》《拉弥亚》《忧郁颂》《希腊古瓮颂》《致乔治娜·奥古斯塔·怀利》),金斯利(金斯利的《酵母》),G. F. 莱希、W. S. 兰德、D. H. 劳伦斯、安德鲁·马维尔(安德鲁·马维尔的《爱的定义》),爱丽斯·梅内尔、薇奥拉·梅内尔、托马斯·米德尔顿(托马斯·米德尔顿的《女巫》),约翰·弥尔顿(约翰·弥尔顿的《沉思颂》《复乐园》《力士参孙》《失乐园》),托马斯·纳什(托马斯·纳什的《不幸的旅行者》),亚历山大·蒲柏(亚历山大·蒲柏的《夺发记》《批评论》《愚人志》),艾·阿·瑞恰慈、克里斯蒂娜·罗塞蒂(克里斯蒂娜·罗塞蒂的《诗集》《妖魔集市》),托马斯·沙德韦尔(托马斯·沙德韦尔的《守财奴》《浪子》),雪莱(雪莱的《阿多尼》《埃及的奥斯曼迪斯》《自由颂》《全集》),威廉·申斯通、菲利普·西德尼(菲利普·西德尼的《阿卡迪亚》),约翰·萨克林、斯温伯恩、辛格(辛格的《圣徒之井》),斯蒂芬·斯彭德(斯蒂芬·斯彭德的《诗歌的创作》),杰拉梅·泰勒(杰拉梅·泰勒的《金色树林》《神圣死去》),阿尔弗雷德·丁尼生(阿尔弗雷德·丁尼生的《玛里安娜》《悼念》),法兰西斯·汤普生(法兰西斯·汤普生的《不完美的方式》),亨利·沃恩(亨利·沃恩的《奥洛尔·伊斯卡努斯》),华兹华斯、亨利·沃顿爵士、J. B. 叶芝(J. B. 叶芝的《一个男人的青春与暮年》《学童之中》《猫和月》),杨格。

散文家及其作品:

所引的散文家包括艾迪生(艾迪生的《旁观者》),弗朗西斯·培根(弗朗西斯·培根的《随笔集》),马克思·比尔博姆(马克思·比尔博姆的《快乐的伪君子》),卡莱尔(卡莱尔的《法国革命》《普鲁士腓特烈大帝史》),亚伯拉罕·考利(亚伯拉罕·考利的《论文与散文集》《大卫记》),威廉·哈兹里特（威廉·哈兹里特的《全集》《说梦》《席间闲谈》《詹姆斯·诺斯科特的谈话》），利·亨特、亨利·詹姆斯（亨利·詹姆斯的《小说的艺术》），塞缪尔·约翰逊（塞缪尔·约翰逊的《拉塞拉斯》《漫步者》《诗人传》），W. S. 兰德、D. H. 劳伦斯（D. H. 劳伦斯的《关于豪猪之死的断想》《劳伦斯书信选》），李利（李利的《坎巴斯帕》《尤菲绮斯》），德·昆西（德·昆西的《一个英国鸦片吸食者的自白》《德·昆西选集》），杰拉梅·泰勒、W. B. 叶芝。

传记作家及其著作：

所引的传记作家包括约翰·奥布里（约翰·奥布里的《名人小传》），詹姆斯·鲍斯韦尔（詹姆斯·鲍斯韦尔的《约翰逊传》），E. 查特里斯（E. 查特里斯的《埃德蒙·戈斯爵士的生平和书信》），莫里斯·克兰斯顿（莫里斯·克兰斯顿的《约翰·洛克》），O. 埃尔顿（O. 埃尔顿的《英国文学概况（1730—1880）》《散文和演讲》），盖斯凯尔夫人（盖斯凯尔夫人的《克兰福德》），A. 吉尔克里斯特（A. 吉尔克里斯特的《威廉·布莱克传》），E. 戈斯（E. 戈斯的《父与子》），S. 巴林·古尔德（S. 巴林·古尔德的《中世纪的奇妙神话》），J. Y. T. 基利（J. Y. T. 基利的《大卫·休谟书信集》《笑与喜剧心理学》），萨巴·赫兰德（萨巴·赫兰德的《悉尼·史密斯传》），A. 赫胥黎（A. 赫胥黎的《劳伦斯信件》），塞缪尔·约翰逊（塞缪尔·约翰逊的《拉塞拉斯》《漫步者》《诗人传》），J. G. 洛克哈特（J. G. 洛克哈特的《沃特·斯科特的先生的一生》），海斯凯茨·皮尔森（海斯凯茨·皮尔森的《萧伯纳的人生与人格》），P. P. 李德（P. P. 李德的《活着》），G. W. E. 拉塞尔（G. W. E. 拉塞尔的《趣闻回忆录》），G. O. 特里维廉（G. O. 特里维廉的《麦考利勋爵的生活和信件》）。

儿童文学作家、研究者及其著作：

所引用儿童文学作家或研究者 6 位，包括希莱尔·贝洛克、刘易斯·卡罗尔（刘易斯·卡罗尔的《爱丽丝镜中世界奇遇记》《西尔薇与布鲁诺》），安娜·弗洛伊德（安娜·弗洛伊德的《躺卧分析》《西格蒙德·弗洛伊德全集标准版》），金斯利（金斯利的《酵母》），艾奥娜·奥佩和彼得·奥佩（《经典童话故事》《迷信词典》《牛津童谣词典》），克里斯蒂娜·罗塞蒂（克里斯蒂娜·罗塞蒂的《诗集》《妖魔集市》）。

日记体作家及其著作：

所引日记体作家 7 位，包括简·奥斯汀（简·奥斯汀的《信件集》），

N. W. F. 巴别尔里昂(N. W. F. 巴别尔里昂的《失望者日记》),范妮·伯尼(范妮·伯尼的《日记》),E. 罗斯(E. 罗斯的《蜡烛的两端》),G. W. E. 拉塞尔(G. W. E. 拉塞尔的《趣闻回忆录》),R. L. 史蒂文森(R. L. 史蒂文森的《我们的萨摩亚历险》),赫斯特·林奇·斯拉勒(赫斯特·林奇·斯拉勒的《萨拉丽娜》)。

文学批评家、文艺理论家、美学家及其作品：

钱钟书所引英国文学批评家、英国文论家众多,包括 J. W. H. 阿特肯斯(J. W. H. 阿特肯斯的《英国文学批评:中世纪阶段》),E. 查特里斯(E. 查特里斯的《埃德蒙·戈斯爵士的生平和书信》),柯勒律治(柯勒律治的《柯勒律治笔记》《S. T. 柯勒律治漫谈录》《论神圣的思想》《文学传记》《杂论》《柯勒律治书信集》),约翰·德莱顿(约翰·德莱顿的《牝鹿与豹》《宗教》),T. S. 艾略特(T. S. 艾略特的《关于诗歌与诗人》《批评批评家》),E. 戈斯(E. 戈斯的《父与子》),G. 格里格森(G. 格里格森的《费伯流行诗歌集》),亨利·詹姆斯(亨利·詹姆斯的《小说的艺术》),塞缪尔·约翰逊(塞缪尔约翰逊的《漫步者》《诗人传》),浮龙·李(浮龙·李的《文艺复兴时期的幻想与研究》《语言掌握》《音乐及其爱好者》),佩特(佩特的《文艺复兴》《鉴赏集》),德·昆西(德·昆西的《德·昆西选集》),艾·阿·瑞恰慈(艾·阿·瑞恰慈的《意义的意义》),丽贝卡·韦斯特(丽贝卡·韦斯特的《叛逆的新意义》),弗吉尼亚·伍尔芙(弗吉尼亚·伍尔芙的《书信集》),W. B. 斯坦福(W. B. 斯坦福的《希腊文学中的歧义性》《诗歌的敌人》),G. 布尔卢(G. 布尔卢的《思想之镜》),雪莱(雪莱的《爱的哲学》《为诗辩护》《全集》),杨格、利里(利里的《当代文学研究》),S. 李(S. 李的《英格兰的法国文艺复兴》),理查德·麦基翁(麦基翁的《亚里士多德要籍选》),约翰·弥尔顿、伊迪丝·J. 莫利(伊迪丝·J. 莫利的《H. C. 罗宾逊和华兹华斯团体的通信》),G. 圣茨伯里(G. 圣茨伯里的《废书》《卡洛琳时期的诗人》《英国散文韵律史》),戴维·斯科特(戴维·斯科特的《文人》),约翰·塞尔登(约翰·塞尔登的《席间闲谈》),菲利普·西德尼(菲利普·西德尼的《为诗辩护》),J. 司贲思(J. 司贲思的《旧闻录》),R. W. 斯托曼(R. W. 斯托曼的《批评与论批评》《批评者笔记》),A. J. 斯蒂尔(A. J. 斯蒂尔的《三个世纪的法国诗歌》),G. A. 史蒂文斯(G. A. 史蒂文斯的《田园牧歌》),白芝浩(白芝浩的《文学研究》),詹姆斯·萨瑟兰(詹姆斯·萨瑟兰的《牛津文学轶事集》),埃莉诺·特恩布尔

(埃莉诺·特恩布尔的《十世纪的西班牙诗歌》),F. J. 温克(F. J. 温克的《欧洲玄学派诗歌》),依尼德·韦尔斯福德(依尼德·韦尔斯福德的《社会史与文学史中的傻瓜》),C. V. 博克(C. V. 博克的《评论家歌德》),凯瑟琳·玛丽·布里格(凯瑟琳·玛丽·布里格的《童话词典》《英国民间故事与传说:研究样本》《仙女词书》),C. O. 布林克(C. O. 布林克的《贺拉斯论诗》),A. H. 布伦(A. H. 布伦的《玻璃情人》),罗伯特·伯顿(罗伯特·伯顿的《忧郁的解剖》),E. 查特里斯(E. 查特里斯的《埃德蒙·戈斯爵士的生平和书信》),塞缪尔·C. 丘(塞缪尔·C. 丘的《和解的美德》),A. M. 克拉克(A. M. 克拉克的《文学模式研究》),克莱门(克莱门的《米开朗基罗的艺术理论》),E. R. 多德、O. 埃尔顿(O. 埃尔顿的《英国文学概况(1730—1880)》《散文和演讲》),D. C. 弗里曼(D. C. 弗里曼的《语言学与文学风格》),T. R. 格洛弗(T. R. 格洛弗的《希腊的小路》),S. 巴林·古尔德(S. 巴林·古尔德的《中世纪的奇妙神话》),格鲁菲德、德·库茨尔(德·库茨尔的《企鹅图书之德国诗歌》),让·H. 哈格斯特鲁姆(让·H. 哈格斯特鲁姆的《姐妹艺术》),R. 霍加特(R. 霍加特的《识字的用途》),A. E. 豪斯曼、约翰·琼斯(约翰·琼斯的《论亚里士多德与希腊悲剧》),曼塞尔·琼斯(曼塞·尔琼斯的《法国现代诗歌的背景》)。

美学家、艺术史家及其作品:

所引英国美学家包括克莱夫·贝尔(克莱夫·贝尔的《艺术》),伯纳德·鲍桑葵(伯纳德·鲍桑葵的《美学的历史》《美学三讲》),埃德蒙·伯克(埃德蒙·伯克的《论崇高与美丽概念起源的哲学探究》),R. G. 科林伍德(R. G. 科林伍德的《历史的观念》《艺术原理》),E. H. 贡布里希(E. H. 贡布里希的《艺术与错觉》《木马沉思录》),霍加斯(霍加斯的《美的分析》),浮龙·李(浮龙·李的《文艺复兴时期的幻想与研究》《语言掌握》《音乐及其爱好者》),雷诺兹(雷诺兹的《约翰逊杂记》),艾·阿·瑞恰慈(艾·阿·瑞恰慈的《意义的意义》)。

哲学家、经济学家等思想家及其著作:

所引哲学家 35 个,包括约翰·奥布里(约翰·奥布里的《名人小传》),弗朗西斯·培根(弗朗西斯·培根的《论学术的进展》《随笔集》《新工具》),边沁(边沁的《边沁的虚构理论》),伯纳德·鲍桑葵(伯纳德·鲍桑葵的《美学的历史》《美学三讲》),F. H. 布拉德利(F. H. 布拉德利的

《格言》《逻辑原理》《表象与现实》),托马斯·布朗(托马斯·布朗的《常见错误》),埃德蒙·伯克(埃德蒙·伯克的《论崇高与美丽概念起源的哲学探究》),J. 伯内特(J. 伯内特的《早期希腊哲学》),卡莱尔(卡莱尔的《法国革命》《普鲁士腓特烈大帝史》),柯勒律治(柯勒律治的《柯勒律治笔记》《S. T. 柯勒律治漫谈录》《论神圣的思想》《文学传记》《杂论》《柯勒律治书信集》),R. G. 科林伍德(R. G. 科林伍德的《历史的观念》《艺术原理》),莫里斯·克兰斯顿、玛利·伊登(玛利·伊登的《床的哲学》),T. S. 艾略特(T. S. 艾略特的《关于诗歌与诗人》《批评批评家》),菲茨杰拉德(菲茨杰拉德的《鲁拜集》《给芬妮·肯布尔的信》),E. H. 贡布里希(E. H. 贡布里希的《艺术与错觉》《木马沉思录》),J. A. 冈恩(J. A. 冈恩的《社会学角度的艺术》《时间的问题》),托马斯·霍布斯(托马斯·霍布斯的《利维坦》),大卫·休谟(大卫·休谟的《大卫·休谟书信集》《道德和政治论文集》《人性论》),W. 奈特(W. 奈特的《美的哲学》),G. F. 莱希(G. F. 莱希的《霍普金斯传记》),洛克(洛克的《人类理解论》),J. S. 穆勒(J. S. 穆勒的《论文和论述》《逻辑学体系》《宗教三论》),J. H. 米尔黑德(J. H. 米尔黑德的《盎格鲁-撒克逊哲学中的柏拉图传统》),约翰·诺里斯、C. K. 奥格登(C. K. 奥格登编的《边沁的虚构理论》《意义的意义》),约翰·拉斯金(约翰·拉斯金的《现代画家》),罗素(罗素的《西方哲学史》),G. 赖尔(G. 赖尔的《心的概念》),约翰·塞尔登(约翰·塞尔登的《席间闲谈》),沙夫茨伯里(沙夫茨伯里的《人、风俗、意见与时代之特征;沙夫茨伯里选集》),萧伯纳、G. F. 斯托特(G. F. 斯托特的《分析心理学》),L. 维特根斯坦(L. 维特根斯坦的《逻辑哲学论》《哲学研究》)。

历史学家及其著作:

在《管锥编》中,钱钟书引述到的英国历史学家有 15 位,包括卡莱尔(卡莱尔的《法国革命》《普鲁士腓特烈大帝史》),R. G. 科林伍德(R. G. 科林伍德的《历史的观念》《艺术原理》),J. 邓洛普(J. 邓洛普的《小说的历史》),琼·埃文斯(琼·埃文斯的《品味与气质》),詹姆斯·弗雷泽(詹姆斯·弗雷泽的《旧约中的民俗》),爱德华·吉本(爱德华·吉本的《罗马帝国衰亡史》),T. R. 格洛弗(T. R. 格洛弗的《希腊的小路》),E. H. 贡布里希(E. H. 贡布里希的《艺术与错觉》《木马沉思录》),艾伦·霍奇(艾伦·霍奇的《漫长周末》),亨利·亨廷顿(亨利·亨廷顿的《亨利·亨廷顿编年史》),P. P. 李德(P. P. 李德的《活着》),约翰·塞尔登(约翰·塞尔登的

《席间闲谈》),J. 司贲思(J. 司贲思的《旧闻录》),G. O. 特里维廉(G. O. 特里维廉的《麦考利勋爵的生活和信件》)。

政治家及其著作:

所引政治家或论政治话题的作家包括艾迪生(艾迪生的《旁观者》),弗朗西斯·培根(弗朗西斯·培根的《论学术的进展》《随笔集》《新工具》),埃德蒙·伯克、萨缪·亨利·布彻(萨缪·亨利·布彻的《亚里士多德的诗歌和艺术理论》),莫里斯·克兰斯顿(莫里斯·克兰斯顿的《约翰·洛克》),切斯特菲尔德(切斯特菲尔德致他儿子的《信件》),福尔克·格雷维尔(福尔克·格雷维尔的《阿拉姆》),格鲁菲德(格鲁菲德的《里安农》),托马斯·霍布斯(托马斯·霍布斯的《利维坦》),约翰·弥尔顿、托马斯·莫尔(托马斯·莫尔的《乌托邦》),J. H. 米尔黑德(J. H. 米尔黑德的《盎格鲁-撒克逊哲学中的柏拉图传统》),N. 尼科尔森、沙夫茨伯里(沙夫茨伯里的《人、风俗、意见与时代之特征:沙夫茨伯里选集》),G. O. 特里维廉(G. O. 特里维廉的《麦考利勋爵的生活和信件》),亨利·沃顿爵士(亨利·沃顿爵士的《建筑学要素》)。

心理学家及其著作:

所引心理学家 10 个,包括伯纳德·鲍桑葵(伯纳德·鲍桑葵的《美学的历史》《美学三讲》),托马斯·布朗(托马斯·布朗的《常见错误》),亨利·哈维洛克·艾利斯(亨利·哈维洛克·艾利斯的《犯罪人》),J. C. 弗吕格尔(J. G. 弗吕格尔的《人,道德,社会》),弗朗西斯·高尔顿(《遗传的天才》《人类的才能及其发展研究》等),E. H. 贡布里希(E. H. 贡布里希的《艺术与错觉》《木马沉思录》),奥格登的《意义的意义》),C. 斯皮尔曼(C. 斯皮尔曼的《古今心理学》《智力的性质和认知原理》),G. F. 斯托特(G. F. 斯托特的《分析心理学》),安娜·弗洛伊德(安娜·弗洛伊德的《卧躺分析》《西格蒙·弗洛伊德全集标准版》)。

经济学家及其著作:

所引经济学家 4 个,包括白芝浩、边沁(《边沁的虚构理论》),J. 亚当·斯密(J. 亚当·斯密的《国富论》),R. 怀特利(R. 怀特利的《逻辑原理》)。

博物学家及其著作:

所引博物学家 2 个,包括约翰·阿布斯诺特(约翰·阿布斯诺特的《马蒂努斯·斯克里布莱拉斯回忆录》),约翰·奥布里(约翰·奥布里的《名人小传》)。

神学家及其著作：

所引神学家 4 个，包括 C. F. 达西（C. F. 达西的《伦理学简论》），纽曼、M. 萨默斯（M. 萨默斯的《巫术地理》《巫术史与鬼神学》），R. 怀特利。

钱钟书所引英国其他方面的学者包括 E. 贝文（E. 贝文的《后来的希腊宗教》），F. M. 康福德（F. M. 康福德的《从宗教到哲学》），A. 奎勒·库奇、H. W. B. 约瑟夫（H. W. B. 约瑟夫的《逻辑学导论》），E. W. 蓝恩（E. W. 蓝恩的《中世纪的阿拉伯社会》），艾奥娜·奥佩和彼得·奥佩（艾奥娜·奥佩和彼得·奥佩的《经典童话故事》《迷信词典》《牛津童谣词典》），A. 普雷明格（A. 普雷明格的《新编普林斯顿诗歌与诗学百科全书》）。

后　记

钱钟书是我国当代著名学者,也是现代以来中国社会科学界顶尖人物之一。他的学术思想和治学方式,影响了中国现当代一批学人。他所著的《管锥编》对当代中国的学术复兴、比较文学复苏和文学批评发展影响巨大。《管锥编》是文言文笔记体著作。全书约一百三十万字,考论古今中外词章及义理,涉及文史哲多方面的知识,书中遍布中西比较的生动实例,涉及四千位著者的上万种著作和数万条书证,其中西方文史哲名家和名作也数量可观。对于钱钟书"颇采二西之书,以供三隅之反"的治学路径,普通学人一般是可望而不可及,能够"通读"和"读通"就很不容易,更不用说学习模仿。构成钱钟书"难懂"的有两大困难:第一,他使用文言写作,又使用了中国古代文人"注疏体"写法。这对当代年轻读者来说,阅读理解难度较大;第二,其著作引用大量西文资料。光是《管锥编》,就引用和转述了一千多位西文作(论)家和一千七百多种西文书籍,直接引用涉及英、法、德、意、西班牙等多个语种的上万条引文,这对不能同时兼懂几门外语的读者来说,也有一定的困难。对于读懂《管锥编》这两个困难中,第二个困难尤其难于克服。

本书把《管锥编》(生活·读书·新知三联书店,2001 年)中所引用的西文资源,特别是西文书目和著者,按照一定顺序编排并形成索引,使普通读者和钱学研究者在面对钱钟书丰富多彩而又"庞大驳杂"的西学知识和西学思想时,能够"一目了然"。

"钱学"研究已经成为当代学术研究的一个不可忽视的领域。多年以来,国内"钱学"研究已经取得了很多成果,对钱先生的学术造诣、学术建树和影响公论凿凿。在今天,钱氏作品在中国当代学人依旧影响很大,"钱学"研究还有很大的空间,特别是一些基础性、细部性的研究,需要我们加以开拓,本书就是这方面的崭新尝试。本书从钱钟书《管锥编》的西文注释着手,搜索、整理出钱钟书所有的西文引注和西学目录,并由此窥测钱先生的西学研究概貌,这对目前的"钱学"研究而言,是一个较新的角度,也是一种新的方法。同时,加强对钱钟书这样学贯中西的现当代学术人物及其作品资料收集、编纂和研究,是文学批评领域和比较文学领域发掘传统学术资源及西方影响的一种有益尝试,也是探究像钱钟书一样"睁眼看世界"的知识分子对中国本土文化精神具体贡献的一条路径。

参与整理、检索和撰写工作的还有无锡科技职业学院基础部的丁宁老师、无锡商业职业技术学院的王文渊老师、北京黄城根小学的马金鑫老师、西班牙德利贝斯学院(Colegio Delibes)的傅灵渊同学、上海外国语大学的冯泽寰博士、江苏省如皋中学的陈晴老师、江苏省南通市第二中学的余丽丽老师、江南大学外国语学院硕士生马珂同学、江苏省无锡市侨谊实验中学的彭丹老师、江苏省无锡市格致中学的吴栖凤老师、南京机电职业技术学院的马坤豪老师,及本人所指导的江南大学国家级大学生创新项目——"钱钟书《管锥编》的西文注释研究"团队(付亚楠、童星如、向雪艳、杨旸、刘心怡)和校级大学生创新项目——"从《管锥编》管窥英国文学文化"团队(吴燕、高妍青、褚小龙、苏欣、肖雨)。

本书得以出版首先要感谢"江南(无锡)文化国际翻译与传播研究"项目、江南大学基本科研计划——重大项目培育课题和江南大学基本科研计划重点项目"语言认知与跨文化研究"(编号分别为 JUSRP1910ZD 和 2020JDZD02)的资助;感谢江南大学外国语学院方文开教授、陈伟教授、严敏芬教授和朱义华博士给予的支持;感谢外国语学院的朋友和学生;也感谢上海三联书店的殷亚平编辑及其同事的倾力相助。

张俊萍

图书在版编目(CIP)数据

《管锥编》西文文献类纂笺释/张俊萍著.—上海：
上海三联书店,2023.12
ISBN 978 - 7 - 5426 - 8342 - 7

Ⅰ.①管…　Ⅱ.①张…　Ⅲ.①《管锥编》-研究
Ⅳ.①C539

中国国家版本馆 CIP 数据核字(2023)第 235585 号

《管锥编》西文文献类纂笺释

著　　者 / 张俊萍

责任编辑 / 殷亚平
装帧设计 / 徐　徐
监　　制 / 姚　军
责任校对 / 王凌霄

出版发行 / 上海三联书店
　　　　　(200030)中国上海市漕溪北路 331 号 A 座 6 楼
邮　　箱 / sdxsanlian@sina.com
邮购电话 / 021 - 22895540
印　　刷 / 上海惠敦印务科技有限公司

版　　次 / 2023 年 12 月第 1 版
印　　次 / 2023 年 12 月第 1 次印刷
开　　本 / 640mm×960mm　1/16
字　　数 / 440 千字
印　　张 / 27.75
书　　号 / ISBN 978 - 7 - 5426 - 8342 - 7/C·638
定　　价 / 98.00 元

敬启读者,如发现本书有印装质量问题,请与印刷厂联系 021 - 63779028